개 정 판

교육행정 및 교육경영의 이론과 실제

이병환 · 장기풍 공저

Educational Administration and Management : Theory and Practice

태영출판사

머리말

『교육행정 및 교육경영』이라는 교과목은 학교 내에서 당면하게 되는 조직 운영 및 경영상의 제 문제를 파악할 수 있도록 해 주며 학교를 둘러싸고 있는 다양한 환경과 제도를 종합적으로 이해할 수 있도록 해 준다. 그렇다면 지금까지 『교육행정 및 교육경영』이라는 제목으로 출간된 많은 저서들은 이 교과목의 존립의 근거를 충실히 반영하고 있는가?

그렇지 않다고 본다. 기실 『교육행정 및 교육경영』에서 다루는 대부분의 이론은 외국 학문에 뿌리를 두고 있어서 우리의 현실에는 생경(生硬)한 점이 있고, 교육행정 실제에 대한 문제의식이 결여되어 있음은 부인할 수 없다.

이 책은 지금까지 간행된 수많은 『교육행정 및 교육경영』 저서에 대한 반성적 성찰에서 비롯되었다. 이 책의 공저자들은 사범대학 교육학 전공과목 혹은 교직과목으로서 『학교와 학급경영』 혹은 『교육행정 및 교육경영』 교과목을 강의해 오면서 기존의 교육행정 이론과 우리의 교육행정 실제 간의 괴리를 누구보다 많이 느껴 왔다. 이러한 문제의식이 합치되면서 보다 현장성을 염두에 둔 교재의 집필 필요성을 고민하게 된 것이다. 이후 우리 저자들은 예비교사들이 우선적으로 알아야 할 내용의 우선 순위를 기준으로 교재의 차례를 구성하면서 본격적으로 교재의 집필에 착수하게 되었다.

이 책은 제1장 교육행정 및 교육경영의 기초, 제2장 교육행정이론, 제3장 교육행정조직, 제4장 사회체제와 교육행정, 제5장 조직구성원의 동기, 제6장 인간관계와 갈등관리, 제7장 교육인사행정, 제8장 교육재정, 제9장 장학, 제10장 지도성(리더십), 제11장 교육정책, 제12장 의사결정과 참여, 제13장 교육법규와 제도 등 총 13개 장으로 대학의 강의 일정을 감안하여 구성하였으며, 제1장, 2장, 3장, 5장, 8장, 10장의 1, 2, 3절은 장기풍 교수가, 제4장, 6장, 7장, 9장, 10장의 4절, 11장, 12장, 13장은 이병환 교수가 분담하여 집필하였다.

특별히 이 책이 주의를 기울인 부분은 각 장을 시작하면서 학습목표를 제시한 것과 마무리 단계에서 교재의 내용을 실제 사례에 적용할 수 있는 공간을 할애한 점이다. 이를 통해 학생들은 각 장의 학습의 시작과 끝을 분명히 이해할 수 있을 것이다.

이 책은 교육행정현상을 학문적으로 탐구하고자 하는 교육학도와 장차 교사로서의 전문적인 지식과 소양을 갖추려는 학생들을 의식하면서 집필하였다.

이 책은 다음과 같은 몇 가지 측면에서 특히 노력을 기울였다.

첫째, 각종 법규와 제도가 자주 바뀌는 환경적 특성을 감안하여 가급적 최신 자료를 제시하도록 노력(교육부 직제, 지방교육자치제 등)하였다.

둘째, 학급경영을 주도하는 교사의 입장에서 요구되는 실천적 역할과 전략을 제시하면서 예비 교사에게 요구되는 실무적 경험이 안배되도록 하였다.

셋째, 교직 수행에 필요한 지식과 경험을 한 권의 교재에 다 담기 어렵다고 판단하여 교사로서 숙지해야 할 내용의 우선 순위를 설정하고 이 기준에 따라 내용을 구성하였다.

그러나 막상 탈고하고 보니 처음 의도한 것에 비해 미진한 곳이 여러 군데 눈에 띈다. 소홀하게 다루어졌거나 추가로 집필이 필요한 부분은 개정판을 통해 수정 · 보완하도록 하겠다.

끝으로 이 책이 새롭게 빛을 볼 수 있도록 묵묵히 지원과 격려를 아끼지 않은 태영출판사 김현태 사장님과 오세복 상무님 그리고 편집인에게 깊은 감사를 드린다.

을미년 봄

이병환 · 장기풍 씀

차 례

제13장 교육법규와 제도 389

제1장

교육행정 및 교육경영의 기초

제1절 행정 및 경영의 의미
제2절 교육행정 및 교육경영의 개념
제3절 교육행정의 성격
제4절 교육행정의 원리

학습목표

1. '행정'과 '경영'이란 단어가 어떤 어원적 의미를 가지고 있으며 그 유사점과 차이점이 무엇인지를 이해할 수 있다.
2. 교육행정의 개념을 '교육에 관한 행정'과 '교육을 위한 행정'으로 구분하여 설명할 수 있다.
3. 교육경영의 개념을 교육행정과 비교하여 설명할 수 있다.
4. 교육행정의 일반적 성격과 독자적 성격을 구분할 수 있다.
5. 교육행정의 원리에는 어떤 것들이 있으며 실제에 어떻게 적용되는지를 설명할 수 있다.

오늘날 기업, 병원, 군대, 학교 등의 조직체뿐만 아니라 일상생활 속에서도 '행정'과 '경영'이라는 용어를 자주 접하고 실제로 많은 사람들이 이를 사용하고 있음을 발견하게 된다. 교육학의 세부 영역으로서의 교육행정 및 교육경영은 교육이 지향하는 목적을 효과적으로 달성하기 위해 여러 자원을 구비하고 활용하여 교육활동을 지원하는 데에 그 의의가 있다.

본 장에서는 교육행정과 교육경영을 이해하기 위한 기초 작업으로 다음과 같은 질문을 제기하고 그 해답을 찾아보고자 한다.

첫째, 행정과 경영은 어떤 의미를 가지고 있고 그 유사점과 차이점은 무엇인가?

둘째, 교육행정과 교육경영은 어떻게 정의되고 있으며, 그 차이는 무엇인가?

셋째, 교육행정의 성격에는 어떤 것들이 있는가?

넷째, 교육행정의 원리란 무엇이며 어떻게 실제에 적용되는가?

제1절 행정 및 경영의 의미

1. 행정과 경영의 어원적 의미

administration의 어원 및 의미

교육행정과 교육경영의 본질을 이해하기 위해서는 '행정'과 '경영'이라는 단어가 갖는 어원적 의미를 살펴볼 필요가 있다. '행정'을 뜻하는 영어의 'administration'은 고대 라틴어 'administrare'라는 동사에서 유래한 것으로, 두 가지의 의미를 지니고 있다고 본다(Waldo, 1980). 첫째는 돕고, 보조하며, 봉사한다는 뜻이고, 둘째로는 관리하고, 다스리고, 통치한다는 뜻이다.

동사 administer의 의미

동사 'administer'는 ad(=to) + minister(=serve)의 합성어로 그 의미는 '봉사하다', '이바지하다'임을 알 수 있다. 여기서 영어 'minister'의 사전적 의미를 좀 더 분석해 보면, 'minister'가 동사로 쓰일 때는 섬기다, 봉사하다, 공헌하다,

다스리다의 뜻을 갖고 있고, 명사로 쓰일 때는 목사, 장관의 뜻을 갖고 있다. 문제는 동사로 쓰일 때의 '봉사하다'와 '다스리다'의 뜻이 그 의미상 서로 맞지 않는다는 데에 있다. '봉사적'인 것과 '지배적'인 것이 같은 어원적 뿌리를 갖게 된 것은 1620년 신앙의 자유를 찾아 미국 Massachusetts 주 플리머스(Plymouth)에 도착한 초기 청교도들의 삶을 통해 이해할 수 있다.

미국 청교도들의 삶

신대륙에 도착한 청교도들은 공동체를 이루어 살면서 상하수도나 자녀교육 등 공동의 문제를 해결하는 과정에서, 신앙의 지도자인 성직자(=목사)가 중심적인 역할을 하였고 신에게 봉사하는 사람이 행정을 맡았던 당시의 삶의 방식에서 '행정의 본질은 봉사'라는 의미가 통용되게 되었다(주삼환 외, 2009).

management의 어원 및 의미

다음으로 '경영'을 뜻하는 'management'는 일반적으로 '관리'라고 번역되어 사용되기도 한다. 영어 'management'는 라틴어의 'manus'에서 유래한 것으로 '손'(hand)이라는 뜻을 가지고 있으며, 이탈리아어 'maneggiare', 불어 'maneuver', 영어 'manage'도 모두 이 용어에서 파생되었다고 본다(정용덕, 2002).

즉 '손으로 통제하고 다룬다'는 의미를 갖는 'manus'는 '고삐를 잡고 말을 다룬다'는 뜻이었는데, 이는 중세기에 귀족이 전쟁(귀족은 기마병으로, 평민은 보병으로 소집됨)에 대비해 말을 자유자재로 다룰 수 있는 기술을 연마해 두어야 했다는 데서 유래한다. 자본주의가 정착되면서 기업의 사장도 귀족 가문에서 말을 돌본 것처럼 직원들을 한편으론 보살피고, 한편으론 고삐를 잡아 통제한다는 뜻에서 'management'가 '경영'이라는 뜻으로 발전하게 되었다(조선일보, 2013. 7.27). 또한 'management'라는 단어를 사람이 나이 들어 지혜로워지면서 할 수 있는 행동(man-age-ment)으로 해석(임창희, 2008)하기도 한다.

2. 행정과 경영의 의미 비교

행정이나 경영의 개념을 한 마디로 정의하기는 매우 어렵다. 행정의 경우, 행정의 영역이나 범위가 명확하게 설정되어 있지 않고 그 한계도 분명하지 않으며 그 내용이나 기능도 확대 · 변동되고 있기 때문이며(김규정, 1988), 경영의 경우에는 운영, 관리라는 용어와 혼재되어 사용되는 데서 오는 개념상의 혼란과 영리조직인 기업뿐만 아니라 가계, 국가, 학교, 종교단체 등 비영리조직의 경영까지도 경영의 개념에 포함(지호준, 2006)되면서 그 개념을 명확하게 규정하기가 어렵다고 볼 수 있다.

행정의 개념에 대한 구분

일반적으로 행정학 교과서에서는 행정의 개념을 행정법학적 개념과 행정학적 개념으로 구분하여 진술하고 있는데, 좁은 의미로서의 행정은 조직의 목표를 달성하기 위한 인간의 협동적 집단행위에 주목하고 있고, 넓은 의미로서의 행정은 정부행정과 비정부행정을 모두 포괄하는 개념으로 보고 있다. Fesler(1980)는 공행정(public administration)과 사행정(business administration)을 구분하여 공공행정은 공적(public)이기 때문에 '정부문제에 관한 행정'이라고 그 범위를 한정하면서 사행정과의 차이점을 분명히 하고 있다.

행정과 경영의 차이

정진환(1987)은 행정과 경영이 서로 다른 뜻을 갖는 것으로 또는 동의어로 보기도 한다고 전제하면서 경영은 발전에 관심을 두고 있는 운영수준이며, 행정은 현상유지에 관심을 쏟고 있는 운영수준이라고 주장한다. 박동서(1987)는 행정과 경영 양자 간 유사성과 차이성을 가진다는 것에 의견의 일치를 보이고 있지만 현재는 차이를 강조하는 입장이 강하다고 보고 있고, 오석홍(2004)은 기업의 거대화는 공공성의 강화를 수반한다고 보며 총칭적 행정(administration)은 공행정과 사행정을 포괄하는 것으로 파악한다.

행정과 경영의 의미 비교

한편 주삼환 등(2009 : 22)은 행정과 경영의 의미를 다음과 같이 비교하고 있다.

첫째, 행정은 공공의 이익이나 편익을 추구하는 데 중심 목적을 두지만, 경영은 이윤을 높이는 데 초점을 둔다.

둘째, 행정은 평등이나 형평성의 가치를 중시하지만, 경영은 효율성의 가치를 더 중시한다.

셋째, 행정은 정치권력을 기반으로 한 강제성을 띠지만, 경영은 그렇지 않다.

넷째, 행정은 법률적 제약을 많이 받고 합법성을 중시하지만, 경영은 상대적으로 법적 제약을 덜 받는다.

다섯째, 행정은 독점성을 가져 경쟁력을 갖기 어렵고 봉사의 질이 낮아지는 경우가 많지만, 경영은 자유로운 경쟁을 본질로 하므로 고객에 대한 봉사의 질을 높이는 데 더 관심을 기울인다.

여섯째, 최근에는 국가 전체의 교육행정에서 경영의 관점을 강조하는 제도적 변화가 나타나고 있다.

이를 좀 더 구체적으로 이해하기 위해 1980년대 이후 우리나라 연구자들이 언급하고 있는 행정과 경영의 유사점과 차이점의 내용을 정리하여 제시하면 〈표 1-1〉과 같다.

표 1-1 행정과 경영의 유사점과 차이점

유사점	박동서 (1987)	백완기 (1989)	유훈 (1991)	유종해 (1998)	김규정 (1999)	최창호 (2000)	박연호 (2001)	백승기 (2009)	박연호 외 (2010)	박경효 (2013)
목적달성의 수단	○		○		○	○	○		○	○
관료제적 성격	○	○	○	○	○	○	○	○	○	
협동행위			○	○	○	○	○		○	○
관리기술		○	○	○	○	○	○	○	○	○
의사결정				○	○					
봉사성							○		○	
차이점	**박동서 (1987)**	**백완기 (1989)**	**유훈 (1991)**	**유종해 (1998)**	**김규정 (1999)**	**최창호 (2000)**	**박연호 (2001)**	**백승기 (2009)**	**박연호 외 (2010)**	**박경효 (2013)**
목표(목적)	○	○		○	○	○	○		○	○
권력성 (권력유무)	○	○	○	○	○	○		○		○
능률성	○		○		○		○		○	
법적 규제	○	○	○	○	○	○	○	○	○	○
정치적 성격		○	○	○	○	○	○		○	○
평등성 (평등원칙)	○	○	○	○	○	○	○	○	○	
독점성 (비경쟁성)	○	○		○	○		○	○	○	○
활동의 규모와 영향의 범위		○	○	○	○			○		○
공개성 (정책결정)		○			○					
자율성과 획일성					○					○
조직구성원의 신분보장		○								
활동의 주체					○					
가치관 & 윤리			○							○

〈표 1-1〉에서 보는 바와 같이 행정과 경영의 유사점으로 그 빈도가 높게 나타나고 있는 항목은 관료제적 성격, 관리기술, 협동행위, 목적달성의 수단 등이다. 또한 양자 간 차이점으로 빈도가 높은 항목은 법적 규제, 평등성, 정치적 성격, 권력성, 독점성, 목표(목적), 능률성, 활동의 규모와 영향의 범위 등이다. 즉 행정은 경영에 비해 법적 규제가 강하고 정치권력을 내포하여 강제성이 크며 권력수단을 가지고 있다. 경영이 고객에 따라 대우와 취급을 달리하는 데 반해 행정은 모든 국민에 대하여 평등하게 취급하며 독점적이고 비경쟁적인 특징을 갖는다. 경영은 이윤의 추구를 목표로 하지만 행정은 공익의 추구를 목표로 한다는 점에서 차이를 보인다.

제2절 교육행정 및 교육경영의 개념

1. 교육행정의 개념

교육행정에 대한 정의

교육행정이란 무엇인가?라는 질문에 답하기 위한 학자들의 관심과 노력은 교육행정에 대한 정의를 통해 구체화되었다. 학자들의 교육행정에 대한 정의는 교육과 행정과의 관계에서 어디에 우선적 가치를 두느냐에 따라 크게 '교육에 관한 행정'과 '교육을 위한 행정'으로 구분할 수 있다.

교육에 관한 행정

교육을 위한 행정

'교육에 관한 행정'은 교육보다는 행정에 더 무게중심을 두는 입장으로 행정의 종합성과 효율성이 강조되어 상대적으로 교육행정의 자주성과 전문성이 훼손될 수밖에 없는 한계를 갖는다. 반면 '교육을 위한 행정'은 행정보다는 교육에 더 무게중심을 두는 입장으로 교육의 자주성과 특수성이 존중되어 교육 본래의 목적에 맞는 교육행정을 펼칠 수 있다는 장점을 갖고 있지만 행정적 가치가 경시되고 행정능률이 저하될 수 있다는 문제점이 있다.

백현기(1964, 1977)는 초창기에 교육행정을 법규해석적 정의와 조건정비적 정의로 구분하였으나 이후에 '권력기관이 교육정책을 실현하는 과정'을 추가하여 교육행정에 대한 학자들의 정의를 3가지로 종합하고 있다. 신중식 등(1982)은 ① 수단적 봉사활동으로 보는 견해, ② 구체적인 행정과정에 초점을 두는 입장, ③ 사회적 과정으로 보는 입장, ④ 일반행정의 일부로 정의하는 입장, ⑤ 협동적 행동으로 보는 견해 등 5가지로 학자들이 내린 정의를 분류하였고, 이형행(1992)은 ① 법규해석적 정의, ② 조건정비적 정의, ③ 정책실현설, ④ 행정행위설 등으로 범주화하였다.

국내 학자들의 교육행정에 대한 정의 분류

또한 정일환(2003)은 ① 조건정비론, ② 행정과정론, ③ 사회적 과정론, ④ 행정일반론, ⑤ 협동적 행위론 등으로 종합하였고, 주삼환 등(2009)은 ① 행정영역구분설, ② 기능주의설, ③ 행정과정설, ④ 정책실현설, ⑤ 협동행위설, ⑥ 교육지도성설 등으로 설명하고 있으며, 이병환 · 장기풍 · 김규태(2012)는 교육에 관한 행정으로 ① 법규해석론, ② 정책실현설, ③ 행정과정론을, 교육을 위한 행정으로 ④ 기능주의론, ⑤ 협동행위론, ⑥ 교육지도성론을 소개하고 있다.

이상의 교육행정에 대한 정의를 종합해 보면, 용어상 다소간의 차이는 있지만 그 내용면에서는 동일하다고 할 수 있고 교육지도성론이 최근에 새롭게 부각되고 있다고 볼 수 있다. 이상의 고찰을 바탕으로 교육행정에 대한 학자들의 정의를 몇 가지로 나누어 정리하면 다음과 같다.

1) 법규해석론

국가의 통치 작용을 3권 분립에 의거 입법, 사법, 행정으로 나누고, 다시 행정을 내무, 외무, 군무, 법무, 재무 등으로 나눌 때 교육행정은 내무행정의 한 분야라고 보는 입장이다. 더 구체적으로 말하면 내무행정은 다시 경찰행정과 보육행정으로 나누어지고 보육행정 속에 교육행정이 속한다고 보는 것이다.

- 교육에 관한 행정
- 공법학적 정의
- 교육행정에 대한 전통적 관점의 정의

이와 같이 교육행정을 일반행정의 한 분야로 봄으로써 교육의 전문성과 특수성이 경시되고 그에 따라 교육행정이 관료적이고 통제적인 형태로 흘러갈 가능성이 높다. 중앙교육행정기관의 명령과 지시중심의 행정은 시 · 도 교육청을 거쳐 일선학교에 일방적으로 전달되고, 일선학교는 상부의 명령과 지시에 충실한 '복종문화'와 법규해석과 적용에 안주하는 '보고문화' 위주의 수동적인 자세로 교육에 임하게 되는 문제점을 드러내게 된다. 이러한 입장의 정의를 공법학적 정의라고도 하며 '교육에 관한 행정'이라고 한다.

이러한 정의의 교육행정은 교육행정에 대한 전통적 관점의 정의로서, 행정이 교육보다 우위에 있게 되고 일반행정으로부터의 분리·독립의 원리가 시행되지 못해 인사와 재정면에서 일반행정에 예속되어 교육행정의 전문성, 독자성, 특수성이 구현되지 못하고 행정의 종합화와 효율화라는 미명 아래 교육의 획일화를 초래하는 한계를 갖는다고 볼 수 있다.

2) 조건정비론

- 교육을 위한 행정
- 기능주의설
- 행정의 어원적 의미에 부합하는 관점

기능주의설이라고도 하며 행정보다는 교육에 우선적 가치를 부여하여 교육을 지원하고 조성하는 '교육을 위한 행정'으로 보는 입장이다. 이러한 정의는 행정 그 자체가 목적이 아니라 수단으로서 기능한다고 보아 교육의 중핵적 요소인 교수-학습이 원활히 이루어질 수 있도록 인적·물적 제반 조건을 잘 정비하고 지원하여 주는 수단적이고 봉사적인 관점에서 교육행정을 정의하는 방식이다.

조건정비에 기초한 교육행정은 행정을 뜻하는 'administration'의 어원적 의미(=봉사)에 부합하는 관점으로, 강제적, 권력적 요소가 배제되고 봉사적, 기술적 요소가 강조되며 분권적이고 자율적인 교육행정이 장려된다. 이 정의는 교육행정이 실제에 어떠한 작용을 하고 있는가 하는 사실인식에서 출발하여 교육행정의 본질을 파악하려는 입장(이형행, 1992 : 16)이다.

Moehlman(1951 : ix)은 수업적 필요(instructional needs)에서 생겨나는 조직과 행정은 수업목표의 달성이라는 점에서 목적이 아니라 수단으로 고려되어야 하고, 행정은 본질적으로 교육과정(educational process)의 기본목표들을 보다 충분하고도 효율적으로 달성하기 위한 봉사활동이며 작용이라고 보고 있다. Campbell, Bridges, & Nystrand(1977 : 102)도 어떠한 조직이건 행정의 중심적 목적은 목표성취를 향해 사람들의 노력을 조정하는 것이라고 보고, 교육조직에서의 행정은 교수-학습의 향상이 중심적인 목적이 되어야 하며 행정가의 모든 활동은 궁극적으로 이 목적에 기여해야 한다고 보고 있다.

이와 같은 조건정비적 정의는 교수-학습활동을 보다 효과적으로 전개하기 위한 학교운영의 자율성과 교사의 자율성을 신장시키게 되고 지방분권적 교육행정을 실시하게 된다. 또한 종래의 교육부 중심의 지시 · 통제위주의 행정체제가 단위학교 중심의 교수-학습 지원체제로 전환되는 계기를 마련하게 될 것이다. 따라서 교육부나 교육청이 군림하는 자리에서 봉사하는 자리로 바뀌고, 학교장도 지배하는 권력이 아닌 봉사하는 권력의 행사를 통해 '전문적 학습공동체'로서의 교사들을 도와주고 지원하며 격려하는 새로운 학교문화를 만들어 나가게 될 것이다.

3) 행정과정론

행정의 과정(administrative process)에 강조점을 두고 교육행정을 정의하려는 시도로서, 행정이 이루어지는 구체적인 단계나 과정에 주목하여 교육행정을 이해하려는 관점이다. 이 관점은 1916년 프랑스의 Fayol(1949)이 관리 또는 행정기능의 5가지 요소로서 ① 기획(planning), ② 조직(organizing), ③ 명령(commanding), ④ 조정(coordinating), ⑤ 통제(controlling)를 제시한 이후 여러 학자들이 용어와 단계를 달리하면서 행정과정의 요소를 강조해 왔다. Gulick과 Urwick(1937)은 미국 Roosevelt 대통령(1882-1945)의 직무를 기능적으로 분석하여 POSDCoRB라는 약어를 창안하였는데, 그 7단계의 행정과정의 요소는 ① 기획(planning), ② 조직(organizing), ③ 인사(staffing), ④ 지시(directing), ⑤ 조정(coordinating), ⑥ 보고(reporting), ⑦ 예산편성(budgeting)이다.

Fayol의 행정기능 5가지 요소
① 기획(planning)
② 조직(organizing)
③ 명령(commanding)
④ 조정(coordinating)
⑤ 통제(controlling)

Gulick과 Urwick의 7단계 행정과정 : POSDCoRB

이러한 일반행정 영역에서의 행정과정 요소를 교육행정의 요소로 적용한 최초의 사람은 Stanford 대학의 Sears(1950)였는데, 그는 Fayol의 5가지 관리요소를 그대로 교육행정에 차용하면서 명령(commanding)이라는 요소를 지시(directing)로 바꾸었다. 그 이후에 Wisconsin 대학의 Gregg(1957)는 ① 의사결정(decision-making), ② 기획(planning), ③ 조직(organizing), ④ 의사소통(communication), ⑤ 영향(influencing), ⑥ 조정(coordinating), ⑦ 평가(evaluating)로 보다 세분화하여 행정과정의 요소를 제시하였다.

한편 Knezevich(1975 : 12)도 학교행정이란 "미리 설정된 목표를 달성하기 위하여 하나의 통합된 체제 내에서 공식적이고 비공식적으로 조직된 인적, 물적 에너지를 확인하고(identifying), 유지하고(maintaining), 자극하고(stimulating), 통제하고(controling), 단일화하는(unifing) 사회적 과정"이라고 정의함으로써 교육활동의 과정 요소에 주목하고 있다.

4) 정책실현론

이 정의는 교육행정을 '국가의 권력기관이 교육정책을 실현하는 과정'으로 보는 입장이다. 종전의 정치 · 행정 일원론의 입장은 정책의 형성(결정)과 정책의 집행을 분리하여 결정된 정책을 집행하는 것만을 행정으로 간주하였으나, 정책실현론으로 정의되는 교육행정은 정책의 결정과 집행을 동시에 행정의 범주에 포함시켜 논의하는 입장이다. 이러한 정의는 권력을 행정의 성립요소로 하는 점과 교육의 공공성을 강조한다는 점에서 교육행정 실제에 가장 접근(백현기, 1977)하고 있다는 평가를 받고 있다.

정치 · 행정 일원론

조건정비론이 교육행정을 교수-학습의 향상이라는 목표를 달성하기 위한 수단이라고 보아 권력적, 강제적 요소를 배제하고 있지만 교육행정 실제에 있어서 교육목표는 국가권력에 의해 지지된 이념이기 때문에 권력이나 권한의 행사를 도외시한 교육정책의 실현은 현실적으로 설득력을 얻기 어렵다. 정책실현론의 관점에서의 교육행정은 정권이 바뀔 때마다 새로운 교육정책이 등장하고 이를 국가의 권력기관(=교육부)이 권력행사라는 방식을 통해 일선 교육청과 단위학교에 확산시키려는 노력이 지속되고 있음을 보더라도 교육의 공공성 강화라는 긍정적 측면도 있지만 교육정책의 안정성과 지속성 측면에서는 많은 문제점을 노정시키고 있다고도 볼 수 있다.

교육행정 실제에 가장 접근하는 관점

국가 권력기관의 권력 행사

우리나라의 교육정책 중 고등학교 평준화정책, 외국어고등학교 지역제한

정책, 3불(不)정책, 학교체제 다양화 정책, 사교육비 경감정책, 선행학습 금지법 등은 많은 사회적 논란에도 불구하고 특정 정권의 정치적 의도와 맞물려 시행되고 있다는 점에서 정책실현과 관련한 국가권력기관의 권력행사의 순기능과 역기능이 동시에 고려되어야 할 것이다.

5) 협동행위론

이 정의는 행정을 '협동적 집단행위'(Simon, Thompson, & Smithburg, 1991 : 4)로 보는 관점에서 출발하여 교육행정을 '교육조직의 공동목표를 달성하기 위한 합리적 협동행위'로 보는 입장이다. Waldo(1955 : 5)도 '고도의 합리성을 지닌 협동적 행위'를 행정으로 봄으로써 조직의 공동목표를 달성하기 위한 합리적 협동행위를 강조하고 있다. 여기서 합리적 협동행위란 최소의 비용과 노력으로 최대의 효과를 얻어 내기 위해 두 사람 이상의 노력과 힘을 합하는 과정을 말한다.

조직의 공동목표를 달성하기 위한 합리적 협동행위

이러한 행정의 개념을 교육행정에 적용하면, 교육행정이란 "합리적으로 계획된 과정과 절차에 따라 교육목적을 최대한 효과적으로 달성하기 위해 교육활동과 관련된 제반 조직과 조건을 체계적으로 정비하고 조성하는 협동적 행위"(윤정일 외, 2007 : 18-19)라고 정의할 수 있다.

한편 Halpin(이형행, 1992 : 19에서 재인용)은 교육행정이 타 분야의 행정과 마찬가지로 행정 앞의 형용사인 「교육」을 강조한 나머지 정작 강조되어야 할 명사인 「행정」은 간과해 왔다고 보면서, 행정 앞의 한정사와는 관계없이 행정은 행정 그 자체로서 과학적인 연구주제가 될 수 있다고 주장함으로써 많은 사회과학자들과 행동과학자들에 의한 학문간 협동연구(interdisciplinary approach)를 촉진하게 되어 이론화운동이 본격화하게 되었는데, 이러한 행정에 대한 행동과학적 접근이 협동행위로서의 교육행정을 인식하는 직접적 계기가 되었다.

행정에 대한 행동과학적 접근

6) 교육지도성론

교육경영론적 관점에서의 접근

이 정의는 최근에 부각되고 있는 교육행정을 보는 입장으로 교육경영론의 관점에서 접근하고 있다는 특징을 갖는다(윤정일 외, 2007). 경영이란 어떤 과업을 달성하기 위한 목표지향적 활동이며, 인적·물적 자원, 정보 등 여러 자원을 모으고 이를 활용하는 능력(장영광·정기만, 2010)이라는 관점에서, 교육의 목적을 효과적으로 달성하기 위해 제반 조건을 마련하고 그 환경을 조성하는 과정에서 발휘되는 지도력에 주목하는 입장이다.

학교장의 경영마인드와 변혁적 지도성

교육행정을 경영의 관점에서 파악하는 교육지도성론은 학교를 경영함에 있어 학교장의 경영마인드가 중요함과 동시에 학교의 교육목적을 효과적으로 달성하기 위한 변혁적 지도성의 행사가 중요함을 강조한다. 오늘날 크게 주목받고 있는 단위학교책임경영제는 단위학교의 최고 책임자인 학교장의 책무성과 의사결정과 관련한 분권화를 요청하고 있다는 점에서, 교육행정의 수행과 관련한 지도성의 발휘가 매우 중요하다고 할 수 있다.

교육의 책무성

오늘날 학부모들의 학교교육에 대한 참여가 증대하고 그 권한행사가 커지고 있는 것과 학생들의 다양한 학습요구에 대한 요청이 증대하고 있는 상황에서 교육목표 달성을 위한 학교장의 효과적인 지도성 발휘는 그 어느 때보다 중요하고 학교교육의 성패를 결정짓는 관건이 된다고 볼 수 있다. 이런 측면에서 교육지도성에 입각한 교육행정은 교육행정가들로 하여금 교육의 목표설정에서부터 실천, 평가에 이르는 전 과정에 책무성을 갖고 능동적인 지도성을 발휘토록 함으로써 교육기관의 존재가치를 높이는 데 헌신해야 함을 일깨우고 있다.

2. 교육경영의 개념

정태범(1986)은 교육경영이란 경영학적 지식을 교육에 적용하여 교육목표를 효과적으로 달성할 수 있도록 체제의 제 변인을 합리적으로 조정 · 관리하는 활동으로 보고 있고, 정진환(1987)은 교육경영을 교육목적을 달성하는 모든 수단적 · 봉사적 협동행위 및 작용으로 파악하고 있다. 한공우 · 황희철(1975)은 교육경영을 교육행정과 구분하여, 교육경영은 고도로 불확실하며, 구조화되어 있지 않으며 기획도 되어 있지 않은 하나의 결론을 매듭지어 나가는 경영관리의 과정으로 보면서 교육경영을 교육행정의 상위개념으로 설명하고 있다.

교육경영과 교육행정의 차이

이러한 개념적 정의를 종합해 보면, 교육경영은 교육행정과 비교할 때 교육목적의 효과적 달성이라는 측면에서는 공통적이지만 그 과정에서 차이점을 드러낸다고 볼 수 있다. 즉 교육행정이 고도로 확실하고 구조화되고 기획화된 결정을 달성하기 위한 과정에 주목하는 반면 교육경영은 그 반대의 과정으로 접근한다고 본다. 어떤 면에서는 오늘날 교육조직을 둘러싼 불확실한 대외환경 속에서 교육의 성과를 최대한 이끌어내야 한다는 과제가 교육경영에 더 많이 부과되고 있다고 하겠다.

경영과 관리의 차이

영어 단어 'management'를 우리말로 '관리'라고 번역하여 쓸 경우에는 인사관리, 재무관리, 교육과정관리, 시설관리 등에서 보는 것처럼, '경영'이란 용어에 비해 더 기술적이고 사무적인 차원의 행정업무를 처리하는 것으로 이해할 수 있고, '경영'은 그에 반해 더 창의적이고 자율적인 차원의 행정업무를 처리하는 것으로 이해할 수 있다. 일반적으로 관리보다는 경영이 더 상위의 개념이라고 보는 이유는 기업에서 'top management'를 최고 경영, 'middle management'를 중간관리로 보는 시각에 연유한다.

제3절 교육행정의 성격

1. 일반적 성격

1) 공공적 성격

교육행정의 공공성

교육이 전 국민을 대상으로 하는 공공적 사업이라는 측면에서 교육행정도 공공성(公共性)을 토대로 이루어진다. 공공성이란 공익(public interest)의 추구를 그 본질로 하기 때문에 기업이 추구하는 사익(private interest)과는 구별된다. 교육행정이 공공적 성격을 띤다는 것은 행정의 기본 개념과도 밀접하게 연계된다. 행정이란 "공공목적을 달성하기 위한 두 사람 이상의 합리적인 협동행위"(최창호, 2000 : 40)라는 정의에서 보는 바와 같이 행정의 공공성은 교육행정의 공공성과 연결되고 있다.

교육의 공공적 성격은 교육의 설립 및 경영 주체가 국가나 지방자치단체뿐만 아니라 사학법인인 경우에도 적용된다. 우리나라의 고등학교 평준화제도는 국·공립뿐만 아니라 사립학교에도 시행되어 국가의 재정지원이 이루어지고 있는 사례를 보더라도 그 공공성의 일면을 엿볼 수 있다. 헌법 제31조 ①항 "모든 국민은 능력에 따라 균등하게 교육을 받을 권리가 있다", ⑤항 "국가는 평생교육을 진흥하여야 한다"는 것과, 교육기본법 제3조 "모든 국민은 평생에 걸쳐 학습하고, 능력과 적성에 따라 교육받을 권리를 가진다", 제4조 ①항 "모든 국민은 성별, 종교, 신념, 인종, 사회적 신분, 경제적 지위 또는 신체적 조건 등을 이유로 교육에서 차별을 받지 아니한다", ②항 "국가와 지방자치단체는 학습자가 평등하게 교육을 받을 수 있도록 지역 간의 교원수급 등 교육여건 격차를 최소화하는 시책을 마련하여 시행하여야 한다"고 규정하는 것에서 교육의 공공성의 근거를 찾을 수 있다.

교육의 공공성의 법률적 근거

사립학교법 제1조에 "이 법은 사립학교의 특수성에 비추어 그 자주성을 확보하고 공공성을 앙양함으로써 사립학교의 건전한 발달을 도모함을 목적으로 한다"고 명문화함으로써 사학의 경우에도 교육의 공공성이 강조되고 있다. 이와 같이 국·공립, 사립을 막론하고 교육활동을 지원하고 조장하는 교육행정은 그 공공성이 매우 강하다고 볼 수 있다.

2) 봉사적 · 수단적 성격

교육행정이 봉사적 성격을 띤다는 것은 행정이란 단어가 갖는 어원적 의미에서 이미 밝혀진 사실이고, 교육행정의 조건정비적 정의에서도 소개한 바가 있다. 교육행정은 '교육을 위한 행정'일 때 봉사적 · 수단적 성격이 분명하게 드러난다. 학교에서 교수-학습과정이 조직의 핵심(Hoy & Miskel, 2013 : 30)이 된다고 볼 때, 교수-학습의 향상이라는 학교의 주목적을 달성하기 위한 교육행정의 성격은 조장적이고 봉사적인 측면이 강조된다. 교육행정은 교육목적의 달성을 위한 제반 조건을 정비하고 확립하여 교육활동이 원활히 전개될 수 있도록 지도 · 감독한다(합리성과 능률성을 보장할 수 있는 수단과 기술의 구비)는 면에서 수단적이고 기술적이며 조장적이고 봉사적이라고 말할 수 있다.

교수-학습의 향상

교육행정기관의 공무원들이 행정우위의 사고를 바탕으로 교육의 본질에 대한 이해나 교육의 특수성에 대한 인식이 결여된 상태로 교육행정업무를 처리할 경우, 교육을 위한 행정이 아니라 행정을 위한 행정 또는 행정을 위한 교육을 하게 된다고 볼 수 있다. 교육행정기관의 행정서비스헌장이 명목상의 선언이 아니라 행정실제에서 그대로 이행될 때 교육행정의 봉사적 성격이 구현될 수 있을 것이다. 교육행정업무를 담당하는 사람들에게 요구되는 '교육을 위한 행정'의 사고와 가치는 교육활동의 본질을 이해하는 데 매우 중요하다.

'교육을 위한 행정'의 사고와 가치

3) 민주적 · 중립적 성격

헌법 제1조 ①항에 규정된 대한민국의 정체성(=민주공화국)은 교육 전반을 규제하는 성격을 갖는다. 따라서 교육행정의 민주적 성격은 가장 중시되어야

민주공화국의 정체

할 내용이다. 헌법 제31조 ④항 "교육의 자주성, 전문성, 정치적 중립성 및 대학의 자율성은 법률이 정하는 바에 의하여 보장된다"는 조항과 교육기본법 제5조 ①항 "국가와 지방자치단체는 교육의 자주성과 전문성을 보장하여야 하며, 지역실정에 맞는 시책을 수립 · 실시하여야 한다"라는 조항을 통해 교육행정의 민주적인 성격을 엿볼 수 있다.

교육행정의 민주화

즉 교육은 자주성과 전문성, 정치적 중립성을 보장받으며 외부의 간섭 없이 그 특수성에 비추어 교육 본래의 목적에 맞게 운영 · 실시되어야 한다고 보며, 학교를 둘러싼 외부환경의 변화와 내부적 요소의 변화를 적절히 수용하여 민주적으로 학교를 운영해야 할 필요성이 높다. 의사결정 권한의 분산과 학교 구성원의 참여 확대, 학교운영위원회의 활성화, 학생인권조례 및 교권조례의 탄력적 운용, 단위학교 및 교사의 자율성 증대 등은 교육행정의 민주화를 위해 실천되어야 할 중요한 과제이다.

4) 전문적 성격

전문직 종사자로서의 교사

전문적 관리의 원리

위에서 살펴본 헌법 제31조 ①항 및 교육기본법 제5조 ①항은 교육의 전문성이 보장된다고 규정하고 있다. 교사들은 전문직 종사자로서 전문적 지식과 기술을 구비하고 있고 교과 전문가로 인정받고 있다. 아울러 교육행정이 전문적 지식과 경험을 가진 전문가에 의해서 이루어져야 한다는 전문적 관리의 원리도 오늘날 매우 중시되고 있다. 따라서 학교현장의 교장, 교감이나 교육청의 장학직이나 연구직, 그리고 교육장과 교육감은 교육의 전문성과 특수성을 구현하기 위한 행정적 노력을 강화해야 할 것이고 교육행정의 전문화를 위한 제도적 · 정책적 방안들이 강구되어야 할 것이다.

5) 정치적 성격

교육행정이 정치적 성격을 갖는다는 것은 교육정책의 결정과 집행, 교육문제의 해결에 있어 다양한 집단의 이해관계를 조정하고, 협력을 이끌어 내는 등 역동적 성격을 띠고 있다는 것(주삼환 외, 2009)을 말한다. 교원단체를 중심으로 한 이해관계의 충돌과 협상, 학교구성원들 간의 이해관계의 대립과 해결모색 등은 학교가 정치에 깊숙이 관여되고 있음을 보여주는 단적인 예가 될 것이다.

정치는 조직생활의 불가피한 부분이고, 조직의 구성원들은 항상 정치적 권력게임에 개입하게 되고, 정치적 전술, 협상, 갈등해결 등 권력관계가 여러 방식으로 전개된다는 점에서 Hoy와 Miskel(2013)은 사회체제로 본 학교의 전환과정 요소에 정치체제(political system)를 포함시켜 논의하고 있다. 즉 학교는 비공식적이고 비합법적인 권력관계 속에서 개인이나 집단의 특정 이익을 쟁취하기 위해 대립하며 충돌하는 정치적 장소일 수 있다는 것이다.

따라서 교육행정가들은 다양한 집단의 이해관계를 조정하고 통합하는 능력을 갖추어야 하고 자신에 반대하는 집단에 대해서도 설득하고 소통함으로써 조직목적을 효과적으로 달성하도록 노력하여야 할 것이다.

2. 독자적 성격

교육행정의 독자적 성격은 교육의 특수성에 기인한 교육행정에서만 찾아볼 수 있는 특성이라 볼 수 있다. 교육조직은 다른 여타 조직들과 비교할 때 공통점도 가지고 있지만 구별되는 차이점도 가지고 있다는 측면에서 교육행정이 다른 부문의 행정과 구별되는 독자적 성격을 갖는다고 보는 것이다.

Campbell, Bridges, & Nystrand(1977 : 107-111)는 교육행정이 공공행정, 병원행정, 기업행정, 기타 다른 조직의 행정과 많은 공통점을 지니고 있으면서도 그 나름의 특수성을 지니고 있다고 전제하고, 다음의 네 가지 질문을 제기하면서 그에 따른 6가지의 교육조직의 특성을 제시하고 있다.

첫째, 조직이 제공하고자 하는 서비스는 무엇인가?
둘째, 이러한 서비스를 수행하기 위한 조직에서의 활동의 성격은 무엇인가?

셋째, 조직에서 일하는 사람들의 특성은 무엇인가?
넷째, 조직의 활동은 어떻게 평가할 수 있는가?

교육조직의 특성

▣ 교육조직(=학교)의 특성

① 사회에 대한 중요도 : 사회화, 정치화, 문화적 적응을 돕는 기관으로서 가장 중요함
② 공적 가시성 및 민감성 : 학교는 공적 기관으로서 공공에 대하여 가장 민감함
③ 기능상의 복잡성 : 교수-학습을 주 기능으로 하는 학교는 기능상 상당히 복잡한 활동을 수행함
④ 필요한 관계성의 친밀도 : 조직목표를 달성하기 위해 필요한 인간관계의 친밀성이 강한 편임
⑤ 직원의 전문화 : 교사라는 전문가 집단으로 구성되고 분권화된 구조 속에서 운영됨으로 전문화가 높은 편임
⑥ 평가의 곤란성 : 학교조직의 성과는 학생 행동의 변화(지식, 기술, 태도의 변화)이며, 이는 쉽게 인지할 수 없고 또한 명확하게 측정할 수 없으며 그에 따라 평가도 곤란한 편에 속함

교육목적을 달성하기 위한 수단

이러한 6가지의 교육조직의 특성은 곧 교육행정의 성격적 특성으로 대치될 수 있다. 왜냐하면 교육행정은 어디까지나 교육목적을 효과적으로 달성하기 위한 수단으로 볼 수 있기 때문이다.

한편 이형행(1992 : 24)은 교육행정의 특수한 성격으로, 교육은 장기적 투자이며 그 성과를 평가하기도 지극히 어렵다는 점과 교육에 관여하는 사회집단의 독자성(=교사집단과 학생집단의 특수성 + 교육전문가와 비교육전문가의 참여의 한계 불분명)을 들고 있고, 윤정일 등(2007 : 24-25)은 장기성(교육행정이 지향하는 목표)을 교육행정의 특성으로 제시하고 있다.

제4절 교육행정의 원리

교육학용어사전(1981 : 390)에 의하면, 원리란 '행위의 근본이 되는 규범'으로 설명되고 있다. 즉 교육행정을 담당하는 사람들이 그 직무를 처리함에 있어 적용되는 규범으로서, 교육정책의 수립, 집행 및 평가에 있어 기본적 기준이 되는 것으로, 이는 법규상의 원리와 운영상의 원리로 크게 나눌 수 있다. 우리나라 교육행정학자들이 주장하는 교육행정의 원리를 정리해 보면 〈표 1-2〉와 같다.

국내 학자별 교육행정의 원리

표 1-2 교육행정의 원리

기본원리	백현기 (1964)	김종철 (1982)	김창걸 (1985)	김윤태 (1986)	윤정일 외 (2008)	남정걸 (2009)	한공우 외 (2009)	주삼환 외 (2011)
평 등 성	○	○			○	○	○	○
민 주 성	○	○	○	○	○	○	○	○
분 권 성	○	○			○	○	○	○
자 주 성	○	○	○	○	○	○	○	○
타 당 성	○	○	○	○		○		
효 율 성	○	○	○	○	○	○	○	○
적 응 성	○	○	○			○	○	○
안 정 성	○	○		○	○	○	○	○
균 형 성		○				○	○	
합 법 성		○	○	○	○	○	○	○
효 과 성			○		○	○	○	
전 문 성							○	○

출처 : 이병환 · 장기풍 · 김규태(2012 : 23)

〈표 1-2〉에서 보는 바와 같이, 교육행정의 원리로 가장 높은 빈도를 보이는 항목은 민주성, 자주성, 효율성이고 그 다음으로 합법성, 안정성, 평등성, 분권성 등도 높은 빈도를 나타내고 있다.

1. 법규상으로 본 기본원리

법규상으로 본 교육행정의 기본원리에는 합법성의 원리, 자주성의 원리, 기회균등의 원리, 지방분권의 원리 등이 있는데, 각 원리를 간략하게 설명하면 다음과 같다(이형행, 1992; 김윤태, 2006; 윤정일 외, 2007 참조).

1) 합법성의 원리

법치행정의 원리

이 원리는 교육행정뿐만 아니라 일반행정의 원리로도 강조되고 있다. 모든 행정은 합법적으로 제정된 법률에 근거하여 시행되고 집행되어야 하기 때문에 법률에 저촉되거나 위배되어서는 안 된다고 보는 법치행정의 원리이다. 교육행정은 헌법을 비롯하여 교육기본법, 초·중등교육법, 교육공무원법, 사립학교법 등의 제 법률과 그것을 기초로 하는 각종 대통령령, 교육부령 및 훈령 등에 의거하여 집행되고 있다.

합법성의 순기능과 역기능

합법성에 의하여 국민의 교육권이 보장되고 국가예산이 효율적으로 집행되며, 공무원의 부당한 직무수행과 행정재량권의 남용이 방지될 수 있고, 공무원의 신분이 안정적으로 보장될 수 있다. 그러나 합법성을 지나치게 강조하면, 행정의 합목적성, 전문성, 기술성이 경시되고 법규만능으로 인하여 형식적이며 경직화된 행정이 초래되기 쉬우며, 사회적 능률을 저하시킬 가능성과 관료주의로 인한 형식화의 위험이 있다.

2) 자주성의 원리

이 원리는 교육의 본질적 가치를 구현하기 위하여 교육행정이 일반행정으로부터 분리 · 독립되어야 하고 정치나 종교로부터 중립성을 견지해야 한다는 것이다. 교육기본법 제5조 ①항에는 "국가와 지방자치단체는 교육의 자주성과 전문성을 보장하여야 하며, 지역 실정에 맞는 교육을 실시하기 위한 시책을 수립 · 실시하여야 한다", ②항에는 "학교운영의 자율성은 존중되며, 교직원 · 학생 · 학부모 및 지역주민 등은 법령으로 정하는 바에 따라 학교운영에 참여할 수 있다"고 규정하여 교육의 자주성이 존중되어야 함을 명시하고 있다.

일반 행정으로부터의 분리 · 독립 & 정치나 종교로부터의 중립성

또한 제6조 ①항에는 "교육은 교육본래의 목적에 따라 그 기능을 다하도록 운영되어야 하며, 정치적 · 파당적 또는 개인적 편견을 전파하기 위한 방편으로 이용되어서는 아니 된다", ②항에는 "국가와 지방자치단체가 설립한 학교에서는 특정한 종교를 위한 종교교육을 하여서는 아니 된다"고 규정하여 교육의 중립성이 보장되어야 함을 명문화하고 있다.

이와 같이 교육의 자주성과 중립성이 보장되어야 하는 이유는 교육이 특정 당파나 특정 종교의 이해관계를 떠나 교육본래의 목적에 맞게 실시되고 운영되어야 하기 때문이다. 따라서 오늘날 거대한 국가적 공기업으로서의 교육의 특수성은 필연적으로 교육행정의 독자성과 특수성을 수반하게 된다. 교육행정의 독자성과 특수성이 구현되기 위해서는 반드시 교육재정의 자주성과 교육인사행정의 자주성이 뒷받침되어야 한다.

3) 기회균등의 원리

이 원리는 민주주의의 기본원리로서, 모든 사람에게 교육기회를 동등하게 제공한다는 뜻으로 교육에 있어 성별, 종교, 인종, 사회 · 경제적 지위 등에 따라 차별을 하지 않는다는 원리이다. 기회균등의 원리는 교육행정에 있어 가장 뚜렷하게 실현되고 있는 원리라고 볼 수 있으며, 이러한 기회균등의 원리를 구현하기 위한 헌법과 교육기본법상의 근거를 보면 다음과 같다.

기회균등 원리의 법률적 근거

- 헌법 제31조

① 모든 국민은 능력에 따라 균등하게 교육을 받을 권리를 가진다.

② 모든 국민은 그 보호하는 자녀에게 적어도 초등교육과 법률이 정하는 교육을 받게 할 의무를 진다.
③ 의무교육은 무상으로 한다.
④ 국가는 평생교육을 진흥하여야 한다.

- 교육기본법 제3조

모든 국민은 평생에 걸쳐 학습하고, 능력과 적성에 따라 교육받을 권리를 가진다.

- 교육기본법 제4조

① 모든 국민은 성별, 종교, 신념, 인종, 사회적 신분, 경제적 지위 또는 신체적 조건 등을 이유로 교육에서 차별을 받지 아니 한다.

- 교육기본법 제8조

① 국민의 평생교육을 위한 모든 형태의 사회교육은 장려되어야 한다.

이상에서 언급한 법률적 근거에서 보듯이, 교육은 국민의 기본권이자 능력에 따라 균등하게 교육받을 권리임을 천명하고 있고, 6년의 초등교육과 3년의 중등교육을 의무교육(교육기본법 제8조)으로 하여 모든 국민에게 교육기회를 보장해 주면서 무상교육으로 함을 명시하고 있으며, 국가가 모든 국민으로 하여금 평생에 걸쳐 학습할 수 있는 기회와 권리를 보장해야 한다고 구체화하고 있다.

의무교육과 무상교육, 평생학습의 기회와 권리 보장

누리과정(만 3-5세 유아)에 대한 무상보육, 고등학교까지의 무상교육의 확대, 특수교육에 있어서 통합교육의 실시, 평생교육시설의 확충 및 재정적 지원 등 제반 교육행정 시책은 모두 기회균등의 원리를 구현하려는 국가적 노력의 일환이라고 말할 수 있다.

4) 지방분권의 원리

이 원리는 지방교육자치제를 실시하게 되는 근거가 되는 것으로, 교육행정에 있어서 중앙정부의 획일적이고 독단적인 통제와 지시에서 벗어나 지방의 특수성과 다양성을 반영하고자 하는 제도적 장치라고 볼 수 있다. 다시 말하면 중앙정부가 가지고 있는 많은 권한을 지방정부에 위임하거나 이양함으로써 지방 나름의 특수한 실정에 맞는 행정을 실시해야 한다는 것이다.

지방교육자치제 실시의 근거

지방의 실정에 맞는 행정

우리나라의 교육행정은 오랫동안 중앙집권적 형태로 발전해 온 관계로 지역주민의 교육행정에의 참여가 제한되었고 지역의 특수성을 반영한 교육행정을 펼치지 못하였다. 따라서 지방분권의 원리가 구체화될 수 있도록 중앙교육행정기관인 교육부는 교육정책 수립과 전문적 · 기술적 지도, 조언 및 재정적 보조의 역할만을 수행하고, 지역사회와 그 주민의 공정한 민의에 의해 교육이 실시되도록 정책적, 제도적 노력을 강화해 나가야 할 것이다.

지나친 중앙집권(=프랑스나 한국)과 지방분권(=미국이나 영국)의 문제를 해결하고자 양자 간에 균형을 취하려는 노력, 즉 중앙집권과 지방분권 사이에 최적의 균형점을 찾으려는 노력이 나타나게 되었는데 이를 적도집권의 원리(principle of optimal balance)라고 한다.

적도집권의 원리

2. 운영상으로 본 기본원리

운영상으로 본 교육행정의 기본원리로는 타당성, 민주성, 효율성(생산성), 안정성, 적응성, 균형성의 원리 등을 들 수 있는 데, 각 원리를 간략하게 설명하면 다음과 같다(김종철, 1982; 이형행, 1992; 남정걸, 2009 참조).

1) 타당성의 원리

이 원리는 교육행정이 바람직한 교육계획을 세우고 그것을 운영해 나가는 데 있어서 타당하고 보조적인 활동이 되어야 함을 의미한다. 앞에서도 언급하였듯이 교육행정은 그 자체가 목적이 아니라 교수-학습 활동을 효과적으로 지원하는 수단적 활동이기 때문에, 올바른 교육목표를 설정하고 그 목표달성에 필요한 제반 조건을 정비·확립하여야 한다는 것이다. 이런 측면에서 타당성의 원리는 합목적성의 원리라고 할 수 있다.

합목적성의 원리

2) 민주성의 원리

이 원리는 국민의 의사를 행정에 반영하고 국민을 위한 행정을 해야 한다는 것을 의미한다. 민주성의 원리는 국민의, 국민을 위한 행정을 한다는 점에서 모든 행정활동이 법에 근거하여 이루어져야 한다는 합법성의 원리보다 더 적극적인 개념이다. 행정의 민주성에는 행정에의 주민참여, 행정의 공개성, 행정과정의 민주화, 행정의 공익성, 공평한 대우 등이 포함(백완기, 1989 : 58)된다고 볼 때, 교육정책을 수립하고 집행하는 데 있어서 광범위한 참여를 통한 공정한 민의를 반영하고, 민주적 절차를 존중해 나가도록 노력해야 할 것이다.

행정의 민주성

국민의 의사를 교육행정에 올바르게 반영하기 위해서는 다수의 의견이 존중되는 공개적 정책결정이 되어야 할 것이고, 국민을 위한 교육행정이 수행되기 위해서는 공익성을 우선적 가치로 하여 모든 국민을 공평하게 취급하는 투명한 정책집행이 이루어져야 할 것이다.

3) 효율성의 원리

능률성과 효과성

이 원리는 능률성(efficiency)과 효과성(effectiveness)을 동시에 고려한 개념으로 사용되며 행정학 교과서에서는 생산성의 이념으로 표현하기도 한다. 능률성은 최소의 투입으로 최대의 효과를 얻는 경제성의 원리(투입-산출의 비율에 초점)인 반면, 효과성은 목표의 달성도와 관련이 있는 개념이다. 따라서 효율성의 원리는 가장 능률적인 방법으로 최대의 목표를 달성하고자 하는 원리이다.

교육조직은 인간을 대상으로 하는 특수한 조직이기 때문에 능률성만으로 교육의 성과를 판단하는 데 한계가 있고 발전과 변화라는 측면에서 학교교육의 목표달성도에 관심을 가져야 한다. 오늘날 교육조직을 둘러싼 급격한 환경의 변화는 능률성과 효과성을 동시에 고려할 것을 그 어느 때보다 강력하게 요청하고 있다고 볼 수 있다. 교육의 책무성과 경영마인드에 대한 요청, 교육의 질에 대한 관심의 증대, 학교변화와 혁신에 대한 사회적 압력의 증대 등은 효율성의 문제가 교육조직에서 매우 중요한 과제임을 부각시키고 있다.

교육환경의 급격한 변화

4) 안정성의 원리

이 원리는 교육행정의 일관성과 지속성을 유지해 나가야 한다는 원리로서, 교육의 성과가 오랜 시간에 걸쳐 서서히 나타난다는 점에서 지나친 변화를 자제하고 안정적으로 교육행정이 시행되어야 한다고 보는 것이다. 새로운 것이나 서구적인 것이 모두 좋은 것도 아니고 우리의 전통적인 것이 모두 보수적이 아니라는 점에 착안하여, 우리의 전통 가운데 좋은 것은 계속해서 발전시켜 나가야 하고 이러한 바탕 위에서 새로운 것을 수용해 나가는 행정적 보수주의가 필요하다.

행정적 보수주의

학제개편이 거론될 때마다 신중한 접근으로 대응하는 것이나 고등학교 평준화정책의 근간이 오랫동안 유지되어 오는 것 등은 안정성의 원리를 반영하고자 하는 정책적 노력으로 볼 수 있다. 정권이 바뀔 때마다 달라지는 교육정책과 제도(예 : 방과후학교, 집중이수제, 교과교실제, 자유학기제 등)는 안정성의 원리를 해치는 독소가 아닐 수 없다.

안정성의 원리를 반영하고자 하는 정책적 노력

5) 적응성의 원리

이 원리는 안정성의 원리에 대응하는 개념으로 교육행정이 내 · 외적 환경변화에 신축적으로 대처해 나가야 한다는 원리이다. 급격한 사회변화에 능동적으로 대처해 나가면서 한편으론 사회변화를 바람직한 방향으로 조절해 나가기 위해서는 적응성의 원리가 매우 중요함을 알 수 있다.

환경변화에의 신축적(능동적) 대처

'창의적 인재의 육성'이라는 교육의 시대적 과제가 요청되고 있음에도 전통적 교육관에 집착하여 변화를 주저하거나 저항한다면 소기의 성과를 거둘 수 없음은 자명한 일이다. 따라서 창의적 인재를 육성하기 위한 교육정책상의 변화를 수용하려는 적극적 자세와 태도, 의식상의 혁신적이고 실천적인 변혁이 수반되어야 한다고 보는 것이다.

6) 균형성의 원리

균형적 판단의 원리

이 원리는 균형적 판단의 원리로 지칭되기도 하며 교육정책의 수립과 그 집행에 있어서 우선순위를 분별하고 노력과 경비의 공정한 분배를 기할 수 있어야 한다고 보는 것이다. 행정의 실제에 있어서는 동일한 상황에 양립하기 힘든 원리들이 동시적으로 적용되는 경우가 많이 있게 되는데, 이럴 경우 여러 원리간의 상충을 조절하여 양극화를 배제하고 조화와 균형의 적정선을 유지할 필요가 있다. 즉 적응성을 너무 강조한 나머지 안정성이 훼손되는 경우도 있고, 능률성을 강조한 나머지 민주성이 희생되는 경우도 있기 때문에, 교육행정가는 건전한 상식과 경험, 그리고 전문적 지식에 입각한 올바른 판단을 통해 원리들 간의 상충이나 쏠림을 방지하고 전체 원리간의 조화와 균형을 도모하도록 힘써야 할 것이다.

전체 원리간의 조화와 균형 도모

생각해 볼 문제

1. ‘행정’과 ‘경영’의 어원적 의미가 교육행정에 주는 시사점을 논의해 보자.
2. ‘교육에 관한 행정’과 ‘교육을 위한 행정’의 관점이 학교구성원의 동기유발, 의사소통, 의사결정, 지도성의 행사 등에 있어서 어떠한 차이가 있는지를 검토해 보자.
3. 교육행정의 독자적 성격에 대해 논의해 보자.
4. 교육행정의 원리들이 학교현장에 어떻게 적용되며, 그 문제점은 무엇인지 논의해 보자.

제2장

교육행정이론

제1절 고전적 조직이론
제2절 인간관계론
제3절 행동과학론
제4절 체제이론
제5절 대안적 이론

학습목표

1. 과학적 관리론의 기본 관점 및 교육행정에의 적용을 설명하고 비판할 수 있다.
2. 인간관계론의 기본 관점 및 교육행정에의 적용을 설명하고 비판할 수 있다.
3. 과학적 관리론과 인간관계론의 유사점 및 차이점을 비교하여 설명할 수 있다.
4. 행동과학론의 기본 관점 및 교육행정에의 적용을 설명하고 비판할 수 있다.
5. 체제이론의 기본 관점 및 교육행정에의 적용을 설명하고 비판할 수 있다.
6. 대안적 이론의 주요 흐름 및 패러다임 간 논쟁을 이해하고 설명할 수 있다.

과학으로서의 교육행정학

교육행정학이 하나의 과학(science)으로 체계화되기 시작한 것은 1950년대 이후이기 때문에 철학이나 물리학과 같은 전통적 학문의 역사에 비해 교육행정학의 역사는 매우 일천하다. 하나의 어린 학문(a young science)으로서의 교육행정학은 학문의 역사가 짧은 관계로 이론적 측면과 방법론적 측면에서 일반 행정학과 경영학 등의 학문으로부터 그 기본개념과 지식을 빌려와 학문적 토대를 구축하지 않을 수 없었지만, 한편으론 독자적인 연구대상과 연구방법을 통해 미국을 중심으로 눈부신 학문적 발전을 이룩해 왔다.

교육행정이론의 전개

교육행정의 이론적 발전은 일반 행정학이나 경영학의 이론적 발전과 그 맥을 같이 한다고 볼 수 있다. 즉 고전적 조직이론, 인간관계론, 행동과학이론, 체제이론, 상황적응이론, 그리고 포스트모더니즘에 이르기까지 시대적 상황과 맞물리면서 발전을 거듭해 왔다. 이러한 이론 발전의 역사는 단절적인 개념으로 접근하기보다는 새로운 이론의 등장으로 인해 기존 이론의 영향력이 약화되기는 하지만 완전히 사라지는 것은 아니라는 시각으로 접근하는 것이 필요하다. 경우에 따라서는 시대적 조류를 타고 기존의 이론이 다시 부상하여 실제에 강력한 영향을 미치기도 한다. 교육행정 이론은 교육행정 현상과 교육행정 행위를 설명하고 예측하고 통제하는 데 중요한 기능을 수행하고 있다. 본 장에서는 교육행정 이론의 발전과정을 개략적으로 살펴보고자 한다.

제1절 고전적 조직이론

20세기 초에 시작된 고전적 조직이론은 크게 과학적 관리론, 산업관리론, 행정관리론 및 관료제론으로 대별된다.

1. 과학적 관리론

1) 기본 배경 및 내용

과학적 관리론의 창시자인 Taylor(1856-1917)는 19세기 후반 미국의 근대적 공장제도가 확립되는 과정에서 경영자와 노동자간의 대립과 반목을 직접 목격하고 작업상황에 대한 관찰과 분석을 통해 작업현장의 문제점을 구체적으로 인식하면서, 이를 효율적으로 타개하기 위한 새로운 관리기법으로 과학적 관리론을 주창하게 되었다. Taylor가 확인한 당시의 작업상황은 표준화된 작업도구가 없이 주먹구구식으로 작업을 수행하였으며, 작업수행의 결과를 과학적으로 측정할 방법도 없었다. 그리하여 Taylor는 시간연구와 동작연구를 통해 불필요한 작업상의 시간과 동작상의 낭비를 제거하여 작업의 효율화를 도모하고자 하였다.

Taylor(1856–1917)

Taylor(1911)는 과학적 관리의 목적이 경영자와 노동자 모두 '최대한의 번영'(maximum prosperity)을 성취하는 데 있다고 보았다. 경영자의 최대한의 번영은 기업의 모든 부서에서 영원한 번영의 상태로 발전되어 나가는 것이고, 노동자의 최대한의 번영은 그의 타고난 능력에 적합한 작업을 최고 수준에서 능률적으로 수행할 수 있도록 자기 자신을 발전시켜 나가는 것을 의미한다고 보았다. 이를 위해 하루 작업량(a daily task)에 대한 과학적인 조사를 통해 표준작업량을 설정하고 이 표준작업량을 달성하기 위해 노동자의 과학적인 선발과 과학적인 훈련 및 개발이 필요하다고 보았으며, 경영자와 노동자 간에는 수행하는 과업의 차이에도 불구하고 협력(협동)이 중요하다고 보았다.

과학적 관리의 목적

Taylor(1911)가 제시한 과학적 관리의 네 가지 원리는 다음과 같다.

Taylorism

① 과학적 직무분석(scientific job analysis) : 관찰과 자료수집 및 신중한 측정을 통해 경영자는 각 직무를 수행하는 '하나의 최선의 방법'을 결정한다.

그러한 직무분석은 낡은 작업방법을 대체할 수 있다.

② 직원의 선발(selection personnel) : 직무가 분석되면 다음 단계는 노동자들을 과학적으로 선발하여 훈련시키고 가르쳐서 발전시킨다. 과거에는 노동자들이 스스로 일을 선택하고 훈련하였다.

③ 협력 관리(management cooperation) : 경영자는 모든 일이 과학적 관리의 원리가 발전시킨 것과 일치하도록 노동자들과 협력해야 한다.

④ 기능적 감독(functional supervising) : 경영자는 기획, 조직, 의사결정 활동을 담당하고, 노동자는 그들의 직무를 수행한다. 과거에는 거의 모든 일과 더 많은 부분의 책임이 노동자들에게 떠맡겨졌다.

과학적 관리의 원리

한편 Villers(1960 : 29)는 Taylor의 과학적 관리의 원리를 더 구체적으로 요약해서 제시하고 있는데, 그 내용은 다음과 같다.

① 시간연구의 원리(time study principle) : 모든 생산적인 노력은 정확한 시간연구와 공장의 모든 작업을 위하여 설정된 표준시간에 의하여 측정되어야 한다.

② 성과급의 원리(piece rate principle) : 임금은 산출에 비례하여야 하며, 그 비율은 시간연구에 의하여 결정된 표준에 근거하여야 한다. 당연히 노동자에게는 그가 할 수 있는 최고수준의 작업이 주어져야 한다.

③ 기획과 작업수행 분리의 원리(separation of planning from performance principle) : 경영자는 노동자로부터 작업을 기획하고 그 작업수행을 물리적인 면에서 가능하도록 하는 책임을 떠맡아야 한다. 기획은 생산과 관련된 시간연구와 여러 자료를 근거로 수립되어야 하며, 그러한 시간연구와 자료는 과학적으로 결정되고 체계적으로 분류되어야 한다. 또한 그것은 도구와 방법의 표준화에 의하여 촉진되어야 한다.

④ 과학적 작업방법의 원리(scientific method of work principle) : 경영자는 노동자로부터 작업방법에 대한 책임을 떠맡아야 하며, 최선의 작업방법을 과학적으로 결정하고 그에 따라 노동자들을 훈련시켜야 한다.

⑤ 관리적 통제의 원리(managerial control principle) : 경영자는 관리와 통제의 과학적인 원리를 적용할 수 있도록 훈련과 교육을 받아야 한다.

⑥ 기능적 관리의 원리(functional management principle) : 군대조직 원리의 직접적인 적용은 재고되어야 하며 산업조직은 여러 전문가들의 활동을 조정하는데 최대로 기여하여야 한다.

Taylor는 말단 노동자로부터 최고경영자에 이르기까지 작업현장에서 직접적이고 다양한 경험을 하면서 인간을 효율적인 기계로 프로그램화할 수 있다는 신념을 갖게 되었으며, 그에 따라 노동자들을 생산성을 높이기 위한 수단으로 인식하게 되었다. '인간을 기계처럼(man as a machine)'이라는 과학적 관리의 기저는 훗날 노동조합을 중심으로 한 거센 비판에 직면하지 않을 수 없었다. 과학적 관리의 원리는 작업현장에서 낭비와 비능률을 제거하고 노동자들의 생산성을 극대화하기 위한 방편으로 초기에는 미국의 철강회사와 철도회사를 중심으로 적용되었으며, 그 이후에는 학교를 포함한 거의 모든 조직에서 이 과학적 관리의 원리를 적용하게 되었다.

2) 교육행정에의 적용

과학적 관리는 1910년에서 1925년 사이에 미국교육에 강력한 영향을 끼쳤다(Griffiths, 1979 : 11). 이 당시의 미국적 상황은 국민의 세금으로 운영되는 공립학교들이 비능률의 전형이라는 비판을 받고 있었다. 이러한 상황에서 과학적 관리의 원리는 학교현장에서 일종의 메시야로 인식되었으며 낭비와 비능률을 제거하고 효율성을 제고하는 데 크게 기여하게 되었다.

이러한 효율성에 대한 요구를 반영한 미국의 교육혁신은 Gary Plan, Platoon System, 2-3학기제(뉴욕시)의 도입 등으로 구체화되었으며, 1925년경에는 교육감직(Superintendency)이 교육적 지위보다는 관리적 지위가 되었다(Griffiths, 1979 : 12-13).

미국의 교육혁신운동

과학적 관리론을 교육에 적용하여 '교육을 기업과 같이' 보다 능률적으로

Spaulding 교육감

운영되어야 한다고 주장한 대표적인 사람은 Spaulding 교육감과 시카고대학의 Bobbitt 교수였다. Spaulding 교육감은 1910년 미국전국교육학교수협의회 연차대회에서 「공교육행정을 위한 대학교육과정의 목적, 범위, 방법」이라는 주제발표를 통해, 교육행정의 비능률이 교육사업의 큰 약점이라고 비판하고, 교육행정가의 양성은 단순하면서도 건전한 기업운영의 원리에 입각하여 교육행정의 실제적인 직무를 강조하여야 한다고 주장하였다(이형행, 1994 : 76에서 재인용). 또한 수업경비가 교육의 효율성을 추구하는 데 있어서 통제되어야 할 중요한 요인임을 강조하면서, 교사 1인당 담당 학급 수와 학생 수를 늘림으로써 많은 경비 절감이 이루어질 수 있고 학교조직의 효율성은 교사의 생산성과 직접적으로 관계가 있다고 보았다(노종희, 1994 : 48에서 재인용).

Bobbitt 교수(1876–1956)
- 능률지향적 학교개혁론자
- 교육과정에 대한 과학적 접근
- 시카고대 교육행정학 교수

특히 Bobbitt 교수는 교육도 기업에서와 마찬가지로 생산품(학생)의 표준화, 생산방법(교육방법), 생산자(교원)의 자격 및 생산자의 교육과 훈련에 과학적 관리론을 적용해야 한다고 주장함으로써, 학교에서의 교육을 마치 공장에서 제품을 생산하는 과정과 같은 것으로 생각하는 오류를 범하기도 하였다. 이에 대해 Gruenberg는 교육의 과정은 인간 유기체와 그의 독특한 개성을 다루는 것이기 때문에 공장에서 규격화된 제품을 생산하는 과정과는 비교될 수 없다고 비판하기도 하였다(이형행, 1994 : 77-78).

2. 산업관리론

Fayol의 행정과정의 요소

Taylor의 과학적 관리론이 미국을 중심으로 엄청난 영향력을 끼치고 있을 당시에 프랑스에서는 Fayol이 행정에 대한 과학적 접근을 통해 행정과정과 조직운영에 대한 새로운 지평을 넓혀 가고 있었다. Fayol은 Taylor와 달리 노동자보다는 경영자에게 초점을 둔 과학적 관리론을 전개하였다. 자신이 프랑스의 광산개발 책임자(경영자)로서의 경험이 있었기 때문에 이를 토대로 자신의 행정이론을 구축해 나갈 수 있었다. Fayol(1949)은 행정과정의 보편적 요소로 다음의 다섯 가지를 제시하였다.

① 기획(planning) : 미래를 예측하고 미래에 대비한 행동계획을 수립하는 것
② 조직(organizing) : 인적 · 물적 조건을 정비하고 체계화하는 것
③ 명령(commanding) : 조직에서 종업원이 최선을 다하도록 자극하는 것
④ 조정(coodinating) : 조직목표 달성을 위한 노력을 통합하는 것
⑤ 통제(controlling) : 규칙과 명령에 따라 모든 일이 수행되었는가를 확인하는 것 / 취약점을 교정하고 그 재발을 방지하는 것 / 발전의 정도를 평가하는 것 등.

Fayol의 조직운영의 원리

Fayol은 또한 자신의 오랜 경험을 바탕으로 다음과 같은 14가지 조직운영의 원리를 주장하였다(Griffiths, 1979 : 15-16).

① 분업(division of work)의 원리
② 권한(authority)의 원리
③ 규율(discipline)의 권리
④ 명령일원화(unity of command)의 원리
⑤ 지시일원화(unity of direction)의 원리
⑥ 일반적 이익에 대한 개인적 이익의 종속(subordination of individual interest to general interest) 원리
⑦ 보상(remuneration of personnel)의 원리
⑧ 집권화(centralization)의 원리
⑨ 책임계열(scalar chain)의 원리
⑩ 질서(order)의 원리
⑪ 공정성(equity)의 원리
⑫ 임기 안정성(stability of tenure of personnel)의 원리
⑬ 자발성(initiative)의 원리
⑭ 단체정신(esprit de corps)의 원리

3. 행정관리론

1) 기본 배경 및 내용

POSDCoRB

행정관리론을 대표하는 Gulick과 Urwick은 Fayol의 행정과정의 다섯 가지 요소를 공공행정 분야에 적용하여 POSDCoRB라는 일곱 가지의 머리글자를 딴 약성어를 창안하였다. Gulick은 미국 대통령(Franklin D. Roosevelt)의 일반적 직무를 기능적으로 분석하여 최고행정가의 직무를 통한 구체적 행정행위를 이해하고자 노력하였다. POSDCoRB의 내용을 기술하면 다음과 같다(Gulick, 1937 : 13).

① 기획(planning) : 조직의 목적을 달성하기 위한 일과 방법을 개괄적으로 발전시키는 일(미래의 행동과 조직의 방향을 예견)

② 조직(organizing) : 설정된 목적을 달성하기 위하여 직무를 배분하고 규정하며 조정하는 공식적 권한구조를 수립하는 일

③ 인사(staffing) : 직원을 채용하고 훈련하며 작업에 유리한 근무조건을 유지하는 일

④ 지시(directing) : 조직의 장으로서 여러 가지 결정을 하고, 그 결정을 구체적이며 일반적인 명령과 지시와 봉사의 형태로 구체화하는 일

⑤ 조정(coordinating) : 업무의 여러 부분을 상호관련시키고 통합하는 일

⑥ 보고(reporting) : 조직의 장이 작업의 진전 상황을 하위 직원들에게 알리는 일로서 기록, 조사, 감독 등을 통하여 자기 자신 및 하위 직원들에게 그 상황을 알려주는 일

⑦ 예산편성(budgeting) : 조직의 목적달성에 소요되는 제반 예산의 편성, 회계 및 재정통제, 결산 등을 포함하는 모든 일

2) 교육행정에의 적용

Sears 교수(1876–1973)
「The Nature of Administrative Process」(1950)

Fayol의 다섯 가지 행정과정의 요소를 교육행정의 과정에 최초로 적용한 사람은 스탠포드대학의 Sears 교수였다. 그는 1950년에 Fayol의 기획, 조직,

명령, 조정, 통제 중 명령을 지시(directing)로 바꾸고 나머지는 그대로 차용하여 교육행정에 적용하였다.

또한 Gregg는 교육행정의 과정을 일곱 단계로 더 세분화하여 제시하였다(Griffith, 1979 : 17). 그 단계는 ① 의사결정(decision-making), ② 기획(planning), ③ 조직(organizing), ④ 의사소통(communicating), ⑤ 영향주기(influencing), ⑥ 조정(coordinating), ⑦ 평가(evaluating)의 7가지로서, 이 행정과정의 각 요소는 서로 밀접하게 관련되어 있다고 본 점, 의사결정을 기획과 구분하여 첫 번째로 제시하고 있는 점, 그리고 명령, 지시 등의 용어보다 더 부드럽고 온건한 의사소통, 영향주기 등의 용어를 사용하고 있는 점이 하나의 특징이라고 할 수 있다. 이 행정과정의 요소에 대한 발전과정을 보면 그 시대적 상황과 교육이론에 맞는 용어들로 바뀌고 있다는 것이다(예 : commanding → directing → stimulating → influencing).

Gregg 교수(1876–1973)
· 위스콘신대 교육행정학 교수
· 「Administrative Behavior in Education」(1957)

4. 관료제론

Weber의 이상형으로서의 관료제론은 오늘날 학교를 포함한 현대조직을 이해하고 설명하는 주요한 이론적 도구가 되고 있다. 이 관료제론에 대한 내용은 제3장에서 자세하게 기술하고 있는 관계로 여기서는 생략하도록 한다.

▣ 고전적 조직이론에 대한 평가

고전적 조직이론은 기계모형(machine model)으로 지칭되며 '인간 없는 조직'의 이미지를 갖는 것으로 묘사된다. 작업의 과학화와 행정의 과학화를 통한 능률의 향상에 이바지하였지만 생산성 향상을 위한 인간의 수단화와 기계화가 이루어졌다.

기계모형

고전적 조직이론 시대에 조직을 연구하는 관점은 폐쇄체제였으며 공식조직이 강조되었고 의사소통의 통로는 일방적, 하향적이었다. 또한 경제적 보상에

고전적 조직이론의 관점

의한 동기부여와 전문화가 강조되었고 인간은 감독과 통제의 대상이 되었다. 조직에서의 갈등은 파괴적이라고 생각하여 부정적으로 접근하였으며 중요한 의사결정과정에 노동자를 참여시키는 것에 대해 부정적 관점(조직의 위협요인)을 견지하였다.

제2절 인간관계론

1. 기본 배경 및 내용

인간관계론은 고전적 조직이론에 대한 반발에서 비롯되었으며, 특히 과학적 관리론의 효과에 대한 의심이 커지면서 경영합리화의 관점에서 새로운 이론의 출현을 바라는 시대적 요청에 의해 나타나게 되었다. 특히 1920년대 말에서 1930년대 초반의 미국은 경제대공황으로 인해 수많은 사람들이 직장을 잃고 삶의 희망이 보이지 않는 절망적인 상황에 빠져 있었다. 인간을 기계의 부속품으로 또는 생산단위로 인식했던 과학적 관리론은 당시의 노동조합의 저항과 노동자의 권리에 대한 관심의 증대 등으로 인해 주도권을 점차 상실하게 되었으며 인간관계론자들의 주장이 더 설득력을 얻게 되었다.

호손연구

인간관계론은 1924-1932년까지 약 8년간 미국 Chicago 근교의 서부전기 회사의 호손공장에서 Mayo와 그의 동료들에 의해 수행된 호손연구(Hawthorne Studies)를 토대로 성립된 이론이다. 이 호손연구는 4차에 걸친 일련의 실험과정을 통해 물리적 조건과 인간적 요인의 변화에 따라 생산성이 어떻게 달라지는가를 규명하고자 하였다. 호손연구의 주요 내용을 보면 다음과 같다.

1) 조명실험(illumination test)

이 실험은 작업장의 조명도와 노동자의 작업능률 간의 관계를 분석하기 위한 것으로, 3단계로 실시되었고 통제집단과 실험집단을 비교하였다. 이 1차 실험은 '작업장의 조명도를 높이면 작업능률도 올라갈 것이다'라는 가설을 검증하는 데 목적이 있었으며 실험의 결과, 이 가설은 부정되었고 생산량은 조명도와는 아무런 관계가 없는 것으로 밝혀졌다.

2) 전화계전기 조립실험(relay-assembly test)

이 실험은 2차에 걸쳐 실시되었으며 1차 실험에서는 서로 사이가 좋은 2명의 여공으로 하여금 자기들이 좋아하는 4명의 여공을 선발토록 하여 6명 1조로 일반여공과는 별도로 별실에서 작업을 하도록 했고, 2차 실험에서는 5명의 여공을 선발하여 집단임금제도의 영향을 관찰하였다.

이 실험에서는 휴식, 주당 근무시간, 간식, 성과급(봉급인상) 등 여러 작업조건의 변화에 따른 생산성을 조사하였으나 작업조건의 변화에 관계없이 생산량은 계속 증가하였다. 이 실험의 결과, 물리적 작업조건보다도 별실에서 작업한다는 자부심, 관리층의 인정, 좋아하는 사람들끼리 같이 일한다는 즐거움, 자기표현의 기회 등 인간적, 사회적 요인이 작업능률에 더 크게 영향을 미친다는 사실이 밝혀졌다.

3) 면접프로그램(interview program)

이 실험은 21,126명의 노동자를 대상으로 그들의 관심사와 불만을 갖고 있는 사항들을 면접을 통해 알아보고자 하였으며 실험의 결과, 노동자들의 감정과 태도 및 신념 등이 중요하다는 사실과 공식조직 내의 비공식조직의 존재가 드러나게 되었다.

4) 배전기 권선작업 관찰실험(bank wiring observation room test)

작업장 내에 비공식조직이 존재하고 이것이 생산성에 영향을 미친다는 사실이 밝혀지면서 이에 대한 보다 정확하고 자세한 정보를 수집할 목적으로 4차 실험이 계획되었다. 이 실험은 14명의 남자 직공(9명의 전선공, 3명의 납땜공, 2명의 감독관)을 대상으로 3개조로 나누어 진행되었다. 2차 실험과의 차이점은 남자직공들에게 아무런 인위적 변화도 주지 않고 관찰이 이루어졌다는 것이다.

실험이 진행되는 동안 자연스럽게 2개의 비공식집단이 형성되었으며, 비공식집단의 성원들을 지배하고 통합하는 심지어 생산량까지도 통제하는 비공식적 집단규범의 중요성이 크게 부각되었다.

비공식적 집단규범

호손실험의 결론

호손실험의 결론을 요약하면 다음과 같다(Hoy & Miskel, 1996 : 15).

- 경제적 유인(incentive)은 유일한 중요 동기요인이 아니다. 사실, 비경제적인 사회적 제재가 경제적 유인효과를 제한한다.
- 노동자들은 개인으로서가 아니라 비공식집단의 성원으로서 관리층에 반응한다.
- 생산수준은 생리적 능력에 의해서보다는 비공식조직의 사회적 규범(norms)에 의해 더 제한된다.
- 전문화가 반드시 작업집단의 가장 효과적인 조직을 만들어 내는 것은 아니다.
- 노동자는 경영자의 독단적 결정으로부터 자신을 보호하기 위하여 비공식조직을 이용한다.
- 비공식적 사회조직은 관리층과 상호작용한다.
- 협소한 통솔범위(span of control)는 효과적인 지도 · 감독의 전제조건이 아니다.
- 비공식적 지도자는 종종 공식적 지도자만큼 중요하다.
- 개인은 적극적 존재이지 수동적인 기계의 톱니바퀴가 아니다.

인간관계론은 이상과 같이 호손연구를 통해 그 이론적 근거가 확립되었지만 인간관계론의 발전에 기여한 사람으로 Follett, Lewin, Rogers, Moreno 등을 들 수 있다.

Follett 여사는 행정의 심리적인 측면을 최초로 인식하여 인간관계론의 이론적 성립에 큰 영향을 끼쳤고, 조직에서의 갈등은 자연스럽고 불가피하다고 보아 새로운 갈등관을 정립하였다. 그녀는 갈등해결의 방법으로 지배(domination), 타협(compromise), 통합(integration)을 제시하면서, 통합에 의한 갈등해결방법이 가장 건설적인 방법이며 쌍방이 승리를 거두는 양승(win-win) 전략이라고 보았다(이형행, 1994 : 52-55에서 재인용).

Lewin(1939)은 그의 제자 Lippitt, White와 함께 '지도성에 관한 실험연구'(1938)를 수행하여 3가지 유형의 리더십(전제형, 민주형, 자유방임형 리더십)을 소개하였으며, 특히 '민주적 리더십(democratic leadership)'이 구성원의 만족도, 생산성, 공작품의 질 그리고 작업에 대한 관심도에서 더 효과적이라고 하였다.

Rogers(1951)는 비지시적 상담 또는 내담자중심의 상담으로 유명하며 인간 본성에 대한 긍정적 시각을 전제로 자신의 상담이론을 전개하였다. 마지막으로 Moreno(1953)는 학급 내의 인간관계의 구조를 밝히기 위한 사회성측정기법(sociometric technique)을 개발하였다.

인간관계론의 공헌자

Follett(1868–1939)
- 집단네트웍으로서의 조직>위계적 구조

Lewin(1890–1947)
- B = f(P · E)

Rogers와 Moreno

2. 교육행정에의 적용

인간관계론은 교육행정의 민주화와 학교경영의 민주화에 크게 기여하였다. 교육행정에서의 인간관계론적 접근은 Dewey(1916)의 「민주주의와 교육」(Democracy and Education) 그리고 그가 중심이 된 진보주의 교육사조의 영향으로 민주적 교육행정, 민주적 장학, 민주적 교수, 민주적 의사결정 등의 이름으로 교육현장에 적용되기 시작하였다. 특히 개성의 존중, 학생과 교사의 자유 증진과 상호신뢰, 학교의 민주주의의 실험 등은 학교현장을 민주적으로 변화시키는 데 크게 공헌하였다.

인간관계론 시대에 교육행정의 발전에 기여한 학자로는 Moehlman, Griffiths, Koopman, Yauch 등이 있다.

Dewey(1859–1952)
- 시카고대(1894–1904)
- 컬럼비아대(1904–1930)

Moehlman(1889–1952)

Moehlman(1951)은 「학교행정」이라는 저서를 통해 조직이나 행정의 과정은 교수의 필요(instructional needs)에 의해서 발생하는 것이기 때문에 조직이나 행정은 교수목표를 달성하는 데 목적이 있는 것이 아니라 단지 수단으로서 고려되어야 한다고 보아 교육행정의 수단적이고 봉사적인 성격을 강조하였다. 또한 행정작용에 있어서 전제적, 권력적, 강압적 요소보다 민주적, 기술적, 봉사적 요소가 더 중요하다고 보았다.

Griffiths

Griffiths(1956)는 성공적인 인간관계를 위해 학교행정가가 이해해야 할 인간관계의 내용으로 ① 동기유발(motivation), ② 지각(perception), ③ 의사소통(communication), ④ 권력구조(power structure), ⑤ 권한(authority), ⑥ 사기(morale), ⑦ 집단역학(group dynamics), ⑧ 의사결정(decision-making), ⑨ 리더십(leadership) 등 9가지를 제시하였다.

Koopman

Koopman(1943)은 학교를 민주화하기 위해 학교장이 가져야 할 과제로 ① 교육에 대한 사회적 책임의 규명, ② 민주적 지도성의 개념 발전, ③ 조직의 민주적 형태 확립, ④ 모든 사람의 참여 유도, ⑤ 교원의 역할 규명 등을 들었다.

Yauch

Yauch(1949)는 교육행정에 있어서 인간관계의 중요성을 강조하면서 민주적인 교육행정의 원리를 다음과 같이 제시하였다.

① 민주주의는 주로 인간관계와 관련된다. 따라서 학교장이 가장 중요하게 생각할 것은 교사들과 개인적 또는 집단적으로 좋은 관계를 유지하는 것이다.
② 단순한 인간관계 문제라도 보다 광범위한 준거의 틀을 가지고 있다.
③ 학교의 교사들은 가장 자연스럽고 효율적인 민주적 활동의 구성단위이다.
④ 학교장은 교사들이 민주적 경험을 쌓도록 리더십을 발휘하는데 가장 유리한 위치에 있다.
⑤ 교사들은 자신의 욕구를 최대한 실현하는데 관심을 갖는 복잡한 사회집단이다.
⑥ 학교장의 1차적 책임은 교사들에게 최대의 이익이 돌아가도록 교사집단 간의 상호작용을 촉진하는 것이다.

⑦ 어떤 결정의 집행으로 영향을 받게 되는 모든 개인들은 그 결정의 성격과 형태를 결정하는 데 참여해야 한다.

인간관계론의 문제점

이상과 같이 인간관계론은 교육전반에 민주주의의 원리를 반영하여 학교를 민주화하고 교육행정을 민주화하는 데 큰 영향을 끼쳤지만 문제점도 여러 측면에서 제기되었다. 즉 '민주'에 대한 개념이 모호했기 때문에 '민주'는 지나치게 단순화되었거나 때로는 오도되어 온 경우도 없지 않았다는 점과 학교행정에서 인간관계를 지나치게 강조함으로써 학교장들이 교직원들과 좋은 인간관계를 유지해야 한다는 강박관념으로 인해 단호한 결정을 내리기를 주저하고, 교직원의 무능을 묵인하고, 학급방문을 통한 장학활동을 소홀히 하기도 하였다(Griffiths, 1979 : 26)는 점이다.

인간관계론의 공헌과 한계

인간관계론은 고전적 조직이론과 마찬가지로 생산성 향상을 위한 수단으로 인간을 다루었지만 조직의 구조나 과업보다는 개인의 감정과 태도에 주목하였고, 비공식적 조직과 그 지도자의 중요성, 집단규범, 사기, 자유, 친화감, 협동, 민주적 리더십, 양방향(two way) 의사소통, 민주적 · 참여적 의사결정, 인간관계의 중요성 등을 학교현장에 확산시키는 데 기여하였다. 그러나 인간관계론은 조직을 연구하는 데 있어서 여전히 폐쇄체제의 관점을 가지고 있었고 과학적 방법이 아닌 사변적 처방이나 체험사례 등을 중심으로 이론적 논의가 전개되는 한계를 지닐 수밖에 없었다.

제3절 행동과학론

1. 기본 배경 및 내용

고전적 조직이론과 인간관계론은 '인간 없는 조직'과 '조직 없는 인간'이라는 표현에서 보는 바와 같이 너무 한쪽에 치우치는 경향을 보였다. 고전적 조직이론은 조직을 너무 강조한 나머지 인간을 등한시하였으며, 인간관계론은 인간에 너무 집착한 나머지 조직(공식조직)을 상대적으로 등한시하는 한계를 드러내게 되었다. 행동과학자들은 이러한 양자 간의 입장이 불완전하다고 생각하여 두 이론 간의 갈등을 통합하려는 노력을 전개하는 과정에서 행동과학적 접근(행동연구의 다학문적 접근)을 시도하게 되었다.

변증법적 논리

철학자 Hegel의 변증법의 논리가 행동과학적 접근에 적용되었다. 즉 고전적 조직이론(正)과 인간관계론(反)의 통합(合)을 통해 조직과 개인의 조화로운 관계를 파악하고자 하였던 것이다. 행동과학론은 이론적 연구에 무관심했던 양 이론과는 달리 개념을 조작하고 가설을 검증하여 일반화하려는 이론(theory)의 개발과 발전에도 많은 관심을 기울이게 되었다. 행동과학론 시대를 대표하는 학자로는 Barnard와 Simon을 들 수 있다.

Barnard(1886-1961)
「The Functions of the Executive」(1938)

Barnard(1938)는 뉴저지 벨 전화회사의 사장으로서의 조직관리의 경험과 사회학 및 조직심리학에 대한 광범위한 독서 등을 통해 「경영자의 기능」이라는 경영학 분야의 고전을 저술하여 행정에 대한 행동과학적 접근을 처음으로 시도하였다. 그는 공식적 조직과 비공식적 조직(공식조직 속에서 자생적으로 발생)의 관계를 중시하였으며, 조직의 요소로서 의사소통, 자발적으로 협력하려는 의지, 공동의 목적을 들었다.

또한 Barnard는 효과와 능률의 개념을 구분하고 양자 간의 조화를 강조하였다. 즉 효과(effectiveness)는 조직지향적으로 조직목적의 달성에 관련되는 반면 능률(efficiency)은 인간지향적인 것으로 조직구성원의 만족과 관계된다고 보았다. 이 효과와 능률의 개념은 조직지향적이었던 고전적 조직이론과 인간지향적이었던 인간관계론을 조화시킨 것이라고 볼 수 있다.

Simon(1916-2001)
- 카네기멜론대 교수 (1949-2001)
- 노벨경제학상 수상 (1978)

한편 Simon은 1945년에 출판한 「행정적 행위 : 행정조직에서의 의사결정과정의 연구」를 통해 행정이론의 궁극적 목적은 조직결정의 합리성을 증가시키는 것이라고 보았으며, 조직구성원들에게 영향을 주는 의사결정과정(decision- making process)이 행정의 핵심이며 행정과정은 곧 의사결정과정이라는 전제하에 조직에서의 의사결정의 방안으로 '제한된 합리성'(bounded rationality)에 근거한 행정인(administrative man) 모형을 제시하였다.

Simon은 또한 논리실증주의에 입각하여 사실(fact)과 가치(value)를 엄격히 구분하고 행정연구는 사실만을 연구대상으로 삼아야 한다고 주장하였고, 조직을 헌신(공헌)과 유인의 교환체제(exchange system)로 파악하였다.

논리실증주의

그 밖에 예일대학의 Bakke는 개인과 조직 모두가 서로의 목적달성을 위해 개인은 조직을, 조직은 개인을 활용한다고 보고, 개인의 인격화 과정(personalizing process)과 조직의 사회화 과정(socializing process)이 융합(fusion)되는 과정(Lunenburg & Ornstein, 2008 : 9)에 주목함으로써 행동과학적 접근에 공헌하였다.

Bakke

2. 교육행정에의 적용

교육행정에의 행동과학적 접근은 이론화 운동으로 집약될 수 있다. 1950년대 이전까지의 교육행정은 행정가의 체험사례와 대학교수의 공리사변, 그리고 이들의 조제처방이 주류를 이루어 왔다(Hoy & Miskel, 1978 : 13). 따라서 교육행정에 행동과학적 접근이 이루어지게 된 것은 1950년대 이후라고 볼 수 있다. 신운동(new movement)이라고도 불렸던 이 이론화 운동은 종전의 실무중심, 실제 개선 중심의 사고를 과학중심, 이론중심으로 변화시키는 동인이 되었으며 이론의 개발과 연구 측면에서 상당한 성과를 거두게 되었다.

이론화운동

교육행정의 이론화 운동을 주도하였던 대표적 단체와 공동연구로는 1947년에 결성된 미국교육행정학교수협의회(NCPEA), 1950년에 시작된 교육행정협동연구(CPEA), 그리고 1956년에 구성된 교육행정대학협의회(UCEA) 등을 들 수 있다. 이들 단체의 활동과 공동연구에는 교육행정학자, 행동과학자, 교육행정가들이 참여하였으며 유기적인 협력을 통해 교육행정의 이론화에 크게 공헌하였다(Griffiths, 1959). 주요 내용을 간략히 정리하면 다음과 같다.

교육행정 이론화에의 공헌

NCPEA

CPEA

UCEA

1) 미국교육행정학교수협의회

뉴욕 주 Endicott에서 결성, 1954년 콜로라도 주 덴버대학에서 열린 연차대회에서 행동과학자들과 교육행정학 교수들이 함께 공동관심사를 논의, 1957

년 「교육에 있어서의 행정적 행위」 출간, 교육행정의 연구에 이론을 적용해야 한다는 점과 이론에 바탕을 둔 새로운 연구의 필요성을 강조하였다.

2) 교육행정협동연구

Kellogg 재단의 지원, 실제의 개선이 이론연구에 크게 의존한다는 사실을 깨닫게 되면서 이론연구에 관심을 갖게 됨, 8개 대학 협동연구센터의 공헌, 이론모형의 개발과 경험적 검증(Getzels & Guba)을 하였다.

3) 교육행정대학협의회

대학 회원제로 운영, 교육행정에 대한 이론적 연구의 촉진과 심화, 1957년 '교육행정이론의 발전'이라는 주제의 세미나(시카고대학교) 개최, 정기간행물을 발간(Educational Administration Quarterly / Educational Administration Abstracts)하였다.

이론화 운동의 결과

결론적으로 이론화 운동은 ① 교육행정을 연구하는 데 이론의 역할이 중요함을 인정하고 이론에 근거한 가설 · 연역적 연구방법을 택하여야 한다는 점, ② 교육행정을 일반행정이나 기업행정 등과 다르게 보려는 편협한 관점을 버리고, 행정은 그 자체로서 과학적인 연구주제가 될 수 있다는 점, ③ 교육기관은 사회체제로서 가장 잘 이해될 수 있는 것이기 때문에 교육행정의 연구는 행동과학적인 접근방법에 크게 의존하지 않을 수 없다는 점(이형행, 1994 : 87에서 재인용)을 강조함으로써 이론과 실제 간의 관계를 새롭게 해석하고 교육행정을 과학화 · 이론화하는 데 크게 기여하였다.

제4절 체제이론

1. 체제의 개념과 속성

체제(system)라는 단어는 희랍어의 systema에서 유래한 것으로 '복합된 전체'라는 의미를 가지고 있으며, 오스트리아의 생물학자인 Bertalanffy가 1947년 생체(living system)를 개방체제로 파악하면서 자연과학에서 발달한 개념이다. Bertalanffy는 "유기체(organism)는 상호의존적인 구조와 기능을 갖는 하나의 통합된 체제이다. 유기체는 세포들(cells)로 구성되고 다시 세포는 조화롭게 작동하는 분자들(molecules)로 구성된다"(Owens, 1991 : 57)고 주장하여 체제의 개념을 이해하는 데 유용한 시각을 제공하였다.

Bertalanffy(1901–1972)
일반체제이론의 창시자
비엔나대학, 런던대학, 남가주대학, 뉴욕주립대 교수 역임

이러한 생물학에서의 체제 개념을 사회과학에 도입한 것이 일반체제이론인데 Bertalanffy의 기본 개념 중 유기체를 조직(organization)으로, 세포를 집단(groups)으로, 그리고 분자를 개인(persons)으로 대치하여 조직현상을 동일한 관점으로 설명하고 있다. 체제라는 것은 그것을 정의하는 학자들에 따라 상이한 의미를 갖는다고 보지만 그 정의들을 종합해 보면 상당한 공통점도 발견하게 된다.

체제의 정의

Knezevich(1975 : 166)는 체제를 '모든 조직된 실체의 정해진 목표를 달성하기 위하여 상호작용하면서도 상호독립적인 구성요소들의 집합체'로 보았고, Griffiths(1964 : 428)는 체제를 '상호작용하는 요소들의 복합체'라고 하였으며, Turner(1972 : 3)는 체제를 '경계에 의해 둘러싸인 상호관련된 부분들의 복합체로서 어떤 환경 속에 존재하는 것'으로 정의하였다.

종합적 정리

이러한 체제에 대한 학자들의 견해를 종합해 볼 때, 구성요소(또는 요소, 부분들), 상호작용, 집합체(또는 복합체)라는 단어가 공통적으로 나타나고 있고 목표, 경계, 환경이라는 단어도 등장하는 것을 볼 수 있다. 이것을 종합적으로 정리해 보면 다음과 같다(이형행, 1994 : 195).

① 체제는 여러 하위체제(subsystem)들로 구성되며, 이것들은 상호의존관계에 있다.

② 체제는 환경으로부터의 일정한 투입을 필요로 하며, 이것을 전환 혹은 처리과정을 통해서 산출로 변화시킨다. 이러한 산출의 일부는 피드백을 통해서 다시 체제 속으로 흘러 들어가게 되고 다른 일부는 체제의 환경으로 흘러 나간다.

③ 이러한 한 묶음의 상호작용, 즉 하나의 체제는 경계(boundary)라는 개념에 의해서 다른 체제들과 구별되며, 한 체제의 경계 밖에 속하는 상호작용은 그 체제의 환경이 된다.

체제는 외부환경으로부터의 일정한 투입(예 : 음식물)을 필요로 하고 전환과정(예 : 소화의 과정)을 거쳐 산출(예 : 배설물)을 하게 되며, 이 산출은 피드백을 통해 후속 투입을 결정하게 된다. 체제의 기본 모형을 도식화하면 [그림 2-1]과 같다.

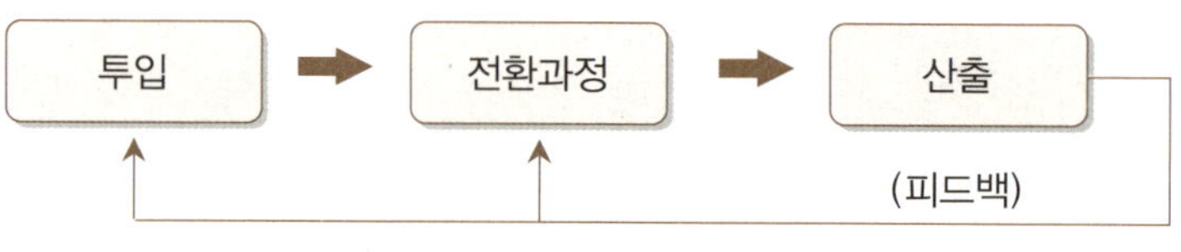

[그림 2-1] 체제의 기본 모형

체제의 속성

체제는 또한 여러 가지 속성을 지니고 있는데 이를 정리해 보면 다음과 같다(Immegart & Pilecki, 1973 : 34-39).

① **소멸하려는 경향**(tendency toward entropy) : 모든 체제는 그 성질이나 규모 또는 형태와 관계없이 두서없고, 무질서하며, 무력하게 되어 궁극적으로 소멸하려는 경향이 있다.

② **시 · 공간 내에서의 존재**(existence in time-space) : 모든 체제는 시간과 공간 속에서 존재한다. 이것은 모든 체제가 특정한 공간을 차지한 채 시간의

연속적인 흐름 속에서 진화하고 생성하며 성장하는 것을 의미한다.

③ 경계영역(boundaries) : 모든 체제는 그 체제의 안과 밖을 구분하는 한계인 경계영역이 있으며 체제에 따라서는 그 경계영역이 매우 임의적일 수도 있다.

④ 환경(environment) : 모든 체제는 환경을 가지고 있으며 이 환경은 체제영역 밖의 모든 것을 의미한다.

⑤ 변인과 매개변수(variables and parameters) : 모든 체제는 체제의 구조와 기능에 영향을 주는 요소를 가지고 있는데 체제 안의 요소를 변인이라 하고, 체제 밖의 환경에 속하는 요소를 매개변수라고 한다.

⑥ 하위체제(subsystems) : 가장 작은 체제를 제외한 모든 체제는 하위체제를 가지고 있다. 하위체제도 체제와 같이 구성요소, 관계, 속성으로 구성되어 있다.

⑦ 상위체제(suprasystem) : 가장 큰 체제를 제외한 모든 체제는 상위체제를 가지고 있다. 상위체제와 환경과의 차이점은 환경이 전체에서 체제 자신을 제외한 부분임에 반하여 상위체제는 체제 자신도 한 부분으로 포함되어 있다는 점이다.

개방체제와 폐쇄체제

이상과 같은 다양한 속성을 갖는 체제는 이미 언급한 대로 주변 환경과 구분되는 경계영역이 있으며 그 경계영역을 넘어 환경과 상호작용하는 체제를 개방체제(open system)라 하고 상호작용이 없는 체제를 폐쇄체제(closed system)라고 한다. 개방체제는 외부환경으로부터 끊임없이 에너지와 정보를 받아들이고 환경으로 산출을 내보내기 때문에 역동적인 살아있는 상태에 있지만, 폐쇄체제는 체제 내의 구성요소만이 존재하고 그 자체로서 모든 것이 충족된다고 가정하기 때문에 환경과의 상호작용에 관심이 없는 죽어 있는 상태에 있다고 할 수 있다.

전형적인 개방체제로서의 학교

우리가 관심을 갖는 학교는 전형적인 개방체제라고 볼 수 있다. 환경으로부터 학생(투입)을 받아들여 교육시킨 다음(전환과정) 이를 다시 사회에 배출시켜(산출) 사회발전에 이바지하도록 모든 노력을 경주하고 있기 때문이다. Owens

(1991 : 59)는 이러한 개방체제로서의 체제의 기본 모형을 학교교육에 적용하여 사회로부터의 투입(지식, 가치, 목적, 재정) → 교육의 과정(구조, 사람, 기술, 과업) → 사회로의 산출(전인적 변화를 통해 자신과 사회에 더 공헌할 수 있는 개인들)의 모형으로 제시하고 있다.

2. 개방체제의 특징

학교체제는 보다 큰 환경인 국가사회의 정치, 경제, 사회, 문화 등의 영향을 받으면서 교육활동이 전개되기 때문에 개방체제로서의 성격이 매우 강하다. 이러한 개방체제의 특징을 정리해 보면 다음과 같다(Katz & Kahn, 1978 : 23-30).

1) 에너지의 이입(importation of energy)

개방체제는 외부의 환경으로부터 여러 가지 에너지를 이입하여 생존을 유지한다. 예를 들면, 세포가 혈맥을 통하여 산소를 공급받고, 인체가 외부환경으로부터 공기와 음식을 공급받는 것과 같다.

2) 전환(throughput)

개방체제는 이입된 에너지를 그들이 이용할 수 있는 형태로 전환시킨다. 예를 들면, 인체는 외부환경으로부터 투입한 전분과 당분을 체열과 활동으로 변형시키듯, 조직은 새로운 산물을 창조하고 물질을 가공하며 사람을 훈련시키기도 한다.

3) 산출(output)

개방체제는 체제의 생산물을 환경으로 내보낸다. 예를 들면, 유기체는 폐로부터 이산화탄소와 같은 산출물을 밖으로 내보냄으로써 식물의 성장을 돕기도 한다. 촛불은 외부로부터 산소를 공급받아 소모하면서 다시 외부로 이산화탄소를 발산한다.

4) 순환체제(systems as cycles of events)

개방체제에서 에너지의 교환활동은 순환적인 성격을 띤다. 예를 들면, 생산 공장은 원료와 인력을 투입하여 산물을 생산하고, 그 산물의 수익으로 다시 원료와 인력을 확보하여 재생산에 들어가는 순환의 과정을 밟는다.

5) 부정적 엔트로피(negative entropy)

Entropy의 개념

원래 엔트로피란 모든 형태의 조직이 해체 또는 소멸로 향해서 움직여 가는 과정을 말한다. 그러므로 개방체제가 생존하기 위해서는 엔트로피적인 과정을 없애야 하는데, 그것은 부정적 엔트로피를 지녀야 함을 뜻한다.

6) 정보투입(information input), 부정적 피드백(negative feedback), 정보의 선택적 흡수과정(selective coding process of information)

체제에 투입되는 것은 에너지뿐만 아니라, 환경과의 관계에 있어서 체제의 기능에 관한 정보도 투입된다. 그리고 부정적 피드백이란 체제로 하여금 정보가 그 진로로부터 이탈하는 것을 막아 주는 것이다. 한편 체제는 투입되는 모든 정보를 흡수하는 것이 아니라 적절한 정보만을 선택적으로 받아들이게 된다. 이런 체제의 선별과정을 정보의 선택적 흡수과정이라고 한다.

7) 안정된 상태와 역동적 항상성(steady state and dynamic homeostasis)

개방체제에서는 앞서 기술한 엔트로피의 발생을 저지하기 위하여 에너지를 받아들이는데 이와 같은 에너지의 교류활동이 순조롭게 이루어지면 안정상태를 유지하게 된다. 이처럼 개방체제는 스스로 조절할 수 있는 자기규제 장치를 가지고 있어서 항상 평형상태를 유지하려고 노력하는 것이다. 그리고 항상성이란 생물체에 있어서 내장의 균형을 유지하기 위한 불변성을 의미하는 것인데, 개방체제에 있어서는 환경으로부터 계속 에너지가 이입되고 그와 동시에 생산물이 계속 유출되지만 체제의 특질은 변동되지 않는 것을 말한다.

8) 분화(differentiation)

개방체제는 역할을 정교하게 하고 기능적으로 전문화하는 방향으로 움직여 나가는 특징이 있다.

9) 통합과 조정(integration and coordination)

개방체제는 단일화를 성취함에 있어서 두 가지 다른 통로를 가지고 있는데, 통합은 소집단 수준에서 그들이 공유하는 규범과 가치를 단일화하는 노력을 말하며, 조정은 보다 큰 사회조직에 있어서 과업과 역할의 기능적 분화를 도모하는 한편 통제와 배합을 위해 노력하는 것을 뜻한다.

Ex., 서울 강남지역과 도서 벽지 지역의 교수-학습의 결과

10) 이인동과성 또는 동일궁극성(equifinality)

이것은 처음에 각기 다른 상태에서 출발한 체제들이 서로 다른 경로를 밟더라도 동일한 종국상태에 도달할 수 있다는 원리이다. 그러므로 이 특징은 개방체제들이 어떤 목표에 도달하는 데는 여러 가지 수단이 있을 수 있다는 것을 암시해 준다.

3. 교육행정에의 적용

체제적 사고, 체제접근, 체제분석 등은 체제이론을 토대로 발전된 사고방식이나 기법으로서, 교육행정가가 체제의 목표를 효과적으로 달성할 수 있도록 문제분석의 새로운 시각이나 관점을 제공해 주고 학교경영을 보다 효율적으로

할 수 있는 기법에 대한 안목을 제공해 주었다.

정태범(1998 : 96-99)은 체제 개념은 학교행정가로 하여금 기획 모형을 구축하는데 활용되었고, 체제접근은 학교경영에서 능률적 관리를 할 수 있는 절차를 제시하였으며, 체제분석은 교육조직과 그 운영의 분석에 필요한 각종 지식과 기법의 개발을 가능케 하였다고 보고 있다.

체제이론의 적용상의 유의점

그러나 체제이론을 교육행정에 적용하는 데 있어서 유의할 점(이형행, 1994 : 216에서 재인용)은 ① 체제이론은 교육행정의 모든 문제를 해결해 주는 만병통치약이 아니라는 점, ② 체제이론에서 빌린 체제모형이나 절차가 교육행정가들이 다루어야 할 다양한 역동성과 변인들에 적합한가의 여부를 따져 보아야 한다는 점, ③ 체제이론을 이용하는 데 있어 과도하게 계량적인 측면에 사로잡혀 또 다른 측면의 가능성을 보지 못할 가능성이 있다는 점, ④ 체제이론이 최근에야 교육행정 분야의 주목을 받기 시작했기 때문에 경험이 많은 교육행정가들까지도 아직 체제이론 및 그 방법에 미숙한 실정이라는 점 등이다.

제5절 대안적 이론

교육행정 이론의 발전과정을 다룬 최근의 우리나라 교육행정 교재들을 보면 저자들에 따라 상이한 시각의 차이를 엿볼 수 있다. 보통 고전적 조직이론에서 행동과학적 접근에 이르는 시기(1910-1950)의 이론의 소개는 대동소이한 입장을 보이고 있으나 행동과학론 시대 이후의 흐름에 대해서는 다소 다른 관점으로 접근하는 경우를 볼 수 있다.

교육행정 이론의 발전 과정에 대한 관점

신현석 · 안선회 등(2011)은 교육행정이론의 발달을 기술하면서 행동과학론 속에 사회체제이론을 포함시키고 있으며 대안적 관점으로 '전문적 학습공동체'(professional learning community)를 제시하고 있다. 저자들이 대안적 관점으로 전문적 학습공동체를 내세우는 이유는 다른 교육행정개론서에서 다루고 있는 대안적 관점 및 이론에 해당하는 해석적 관점, 비판론, 포스트모더니즘, 페미니즘과 같은 내용의 성격이 다소 포괄적이면서 실제로 이후의 장에서 논의되고 있는 다양한 교육행정 현상을 설명하는 비중이 낮기 때문이라고 보고 있다.

박성식(2011)은 교육행정이론의 최근 동향을 일목요연하게 제시한다는 것은 사실상 어렵다고 진단하면서, 이론발달에 있어 개방체제 관점, 상황중심이론의 관점이 중요한 위치를 점해 왔다고 평가하고 다양한 이론적 관점이 제시되는 가운데 새로운 패러다임으로의 전환을 모색하고 있는 중이라고 보고 있다. 또한 박성식은 교육행정 현상을 온전히 파악하려면 균형잡힌 관점에 입각한 포괄적 접근방법을 채택해야 한다는 것이 오늘날의 교육행정이론의 기본 명제인 것 같다고 기술하고 있다.

진동섭 · 이윤식 · 김재웅(2011)은 교육행정이론의 발달을 구조중심 접근, 인간중심 접근, 정치적 접근, 문화적 접근의 네 시기로 대별하여 기술하고 있다. 특히 이들은 문화적 접근이 조직에 관한 주관적 인식론에 터하고 있어 앞의 세 접근과는 차별되는 관점임을 소개하고 있으며, 남정걸(2009)은 행동과학시대 이후의 흐름을 탈행동과학적인 질적 연구(민속학적 연구, 사례연구, 참여관찰적 연구, 상징적 상호작용론적 연구, 현상학적 연구, 네오막시즘, 포스트모더니즘의 관점 등)에서 찾고 있다.

주삼환 등(2009)은 대안적 행정이론으로 해석학적 관점, 비판이론적 관점, 포스트모더니즘적 관점을 제시하고 있으며, 박세훈 등(2008)도 대안적 이론을 해석학적 관점과 급진적 관점으로 대별하고, 급진적 관점으로 비판이론, 포스트모더니즘, 페미니즘을 소개하고 있다.

윤정일 등(2007)은 교육행정학의 발달과정을 고전적 조직이론, 인간관계론, 행동과학론, 다원론으로 소개하면서 다원론 속에 체제이론(개방체제론과 사회과정이론)과 대안적 관점과 이론(해석적 관점과 급진적 관점)을 포함시키고 있다. 또한 이상기 · 옥장흠(2007)은 고전적 조직이론, 인간관계론, 행동과학이론, 체제이론 등 네 가지의 이론적 입장만을 소개하고 있고, 조성일 · 신재흡(2006)은 고전적 조직이론기(1900-1930), 인간관계론기(1930-1950), 행동과학적 접근기(1950-1970), 새로운 이론의 정글기(1970년 이후부터 현재까지)로 그 시기를 나누어 기술하고 있다. 특히 조성일 · 신재흡(2006)은 행동과학적 접근기에 조직행위론과 상황적합론을 포함시켰으며 새로운 이론의 정글기에는 체제이론, 해석론, 비판이론, 포스트모더니즘, 페미니즘 등 다섯 가지의 이론적 관점을 소개하고 있다.

김윤태(2006)는 교육행정이론의 발달을 고전적 조직이론, 인간관계론, 행동과학적 접근, 개방체제론, 정책결정론, 새로운 동향 등으로 구분하여 비교적 상세하게 기술하고 있다. 새로운 동향 부분에서는 교육행정의 전통적 이론을 지지하는 학자들과 이를 반박하는 학자들 간의 관점의 차이를 소개하고, 1980년대에는 현장연구와 정책연구가 강조되었다고 보면서 최근에 주목할 만한 대표적인 대안적인 관점으로 포스트모더니즘, 비판이론, 페미니스트 이론을 들 수 있다고 하였다.

정일환(2002)은 교육행정의 이론발달을 고전적 이론, 사회정치체제 이론, 개방체제 이론, 대안적 이론으로 구분하고, 대안적 이론을 주장하는 학자들로 Greenfield, Clark, Guba, Cohen, March & Olsen, Weick, Meyer & Rowan을 들고 있으며 포스트모더니즘, 비판이론, 페미니즘에 대해 간략하게 소개하고 있다.

합리체제, 자연체제, 개방체제의 관점

한편 Hoy와 Miskel(2008 : 8-37)은 교육행정이론의 발전사를 다루면서 Scott가 분류한 3가지 관점, 즉 합리체제, 자연체제, 개방체제 관점을 바탕으로 과학적 관리론은 합리체제로, 인간관계론은 자연체제로, 그리고 개방체제는 이 둘을 종합하는 것으로 설명하고 있으나, 그 이전의 5판(1996 : 9-20)에서는 고전적 조직이론의 사고, 인간관계론적 접근, 사회과학적 접근, 현존하는 비전통적 관점으로 나누어 기술하고, 비전통적 관점에 포스트모더니즘과 후기구조주의적 접근, 비판이론, 페미니스트이론을 포함하였다. Hoy와 Miskel(2008)은 또한 학교를 '학습조직(learning organization)'으로 규정하면서, 학교는 교수-학습에 전념하는 서비스조직이며 학교의 궁극적인 목적은 학생의 학습에 있다고 보고 있다. 아울러 학교의 기술적 핵심(technical core)은 바로 교수-학습이며, 학교에서의 교수-학습과정은 조직의 핵심이 된다고 주장하고 있다.

학습조직으로서의 학교

이상의 논의를 통해 알 수 있는 것은 교육행정의 이론 발달에 있어 전통적이고 실증주의적인 패러다임과 이를 비판하는 대안적이고 자연주의적 패러다임 간의 갈등과 대립이 학문적으로 존재하고 있다는 사실과 대안적 관점으로는 포스트모더니즘, 비판이론, 페미니스트 이론, 해석론 등이 주류를 형성하고 있다는 사실이다. 따라서 이 부분에서는 교육행정에 있어서의 패러다임 논쟁을 고찰해 봄으로써 교육행정이론의 최근 발전 동향을 개관해 보고자 한다.

교육행정학 분야에서의 패러다임 논쟁

신현석(1996 : 209-213)은 교육행정학 분야에서의 패러다임에 대한 논쟁을 소개하면서 구조기능적 패러다임에서 해석적 패러다임으로 그리고 다시 비판적 패러다임으로 패러다임이 변화되어 왔다고 보고 있다.

구조기능적 패러다임은 1950년대부터 미국에서 논리실증주의의 철학적 사고를 바탕으로 형성된 행동과학의 연구방법이 도입되면서 해석적 패러다임이 등장할 때까지 지배적인 패러다임으로 군림해 왔다. 구조기능적 패러다임은 연구대상으로서의 사회현상인 교육행정 현상을 일종의 자연현상으로 간주하고 이를 경험적으로 측정 · 평가하여 가설연역적 방법에 의한 객관화의 과정을 거쳐 과학적 이론과 지식을 축적해 나가는 것이었다.

Greenfield : Griffiths 논쟁

해석적 패러다임은 1970년대 중반 현상학의 철학적 사고를 바탕으로 형성된 Greenfield 중심의 패러다임으로 객관적 혹은 본질적으로 존재하는 교육행정 현상을 부정하고 개인의 주관적 지각에 따라 구성되어진 의미로서의 현상, 그리고 인간의 상호작용으로 인해 비롯된 생활 속에서 합의된 의미로서의 현상을 강조하였다. 1970년대 중반부터 시작된 Greenfield와 Griffiths의 논쟁은 구조기능적 패러다임과 해석적 패러다임 간의 충돌로 나타나 1980년대 초반까지 이어졌고 Willower와 Bates까지 가세하면서 한층 가열되었다. 이러한 Greenfield의 새로운 주장은 그 동안 교육행정학 분야에서 무비판적으로 수용되어 왔던 경험과학적 탐구 논리를 반박하면서 보다 현실에 가까운 사회적 실재(reality)의 탐구 논리를 제시함으로써 교육행정학 연구의 지평을 넓히는데 기여하였다.

Greenfield의 9가지 명제

Greenfield(1980 : 38-49)는 조직의 실재를 새롭게 연구하기 위한 9가지의 명제를 제시하였는데, 이를 정리해 보면 다음과 같다.

① 조직은 사람들에 의해서 목표가 성취되며 사람들은 조직 속에서 일어나는 일에 책임이 있다.
② 조직은 의지(will), 의도(intention) 및 가치(value)의 표현이다.
③ 조직은 있는 그대로가 아니라 변화되어 가는 것(becoming)을 표현한다.
④ 인간의 행위와 관심에 의해 있게 된 것을 제외하고 사실(facts)은 존재하지 않는다.
⑤ 인간은 행동을 하게 되고 그 행동을 판단하게 된다.
⑥ 조직은 본질적으로 상징에 의해 만들어진 실재(reality woven in symbols)와 언어로 표현된 실재(reality expressed in language)를 임의적으로 한정한다.
⑦ 인간행동에 대한 맥락(contexts)으로 표현된 조직은 의미, 도덕적 질서, 권력으로 분해될 수 있다.
⑧ 조직이 이바지하는 목적을 성취하기 위한 기술(technology)은 없다.
⑨ 우주나 지구상에서의 삶에 대한 묵시적이고(apocalyptic) 초월적인 비전을 제공하는 것 이상으로 행정가들을 훈련하는 방법은 없다.

비판이론

비판적 패러다임은 1970년대 후반 Greenfield-Griffiths 논쟁이 한창 진행되던 때에 급부상하였으며, Maxism의 지적 전통에 영향을 받은 Frankfurt 학파의 사회비판철학을 배경으로 성립한 패러다임이다. 이 패러다임은 주로 인간으로 하여금 자신과 그 주변상황에 대하여 회고적 반성을 통해 이해시키고 궁극적으로는 온갖 권력과 지배형태, 소외, 압제 등과 같은 사회의 제도적 불합리로부터 인간을 해방시키는데 목적이 있다. 1980년대 교육행정학 연구의 한 경향으로 자리잡은 비판이론적 접근은 교육행정학이 갖고 있는 기존의 체제유지적 연구풍토와 탐구대상으로서의 행정현상의 성격상 많은 호응을 얻지는 못했지만 일군의 연구자들 사이에 그 맥이 이어져 오고 있다(신현석, 1994 : 93).

비판이론은 현대조직이 지배계급의 이익을 위해 어떠한 기능을 수행하는지를 드러냄으로써 사회적 실재를 해체하려는 관점을 표방하고 있다. 해체주의적 방법을 통해 현대의 조직이론을 신랄하게 비판한다는 점에서 포스트모더니즘과 맥을 같이 하지만, 그 지식기반에 대한 비판을 넘어 인간의 소외와 억압,

불평등을 야기하는 사회구조 및 조직을 변혁하려 한다는 점에서는 차이가 있다(Hoy & Miskel, 1996 : 19).

신현석(1994 : 98-109)은 패러다임의 논쟁을 세 가지로 분류하고 있는데, 첫 번째는 Greenfield와 Griffiths 간의 논쟁(구조기능적 패러다임 : 해석적 패러다임)이고, 두 번째는 기존의 두 패러다임에 대한 비판적 패러다임의 가세에 따라 나타난 세 패러다임 간의 경쟁적 관계이며, 세 번째는 기존의 주류 패러다임 대 포스트모더니즘이라는 반성적 패러다임의 도전을 들고 있다. 패러다임 논쟁의 세 가지 입장을 정리한 내용은 〈표 2-1〉에서 보는 바와 같다.

표 2-1 교육행정학 연구의 세 가지 패러다임 비교

기 준	구조기능적 패러다임	해석적 패러다임	비판적 패러다임
배경철학	논리실증주의	현상학	비판철학
배경과학	경험과학	해석학	규범과학
성 격	기술적	실제적	해방
관심사	경험(행위)	상호작용	권력구조
주요 개념	합리성, 효율성, 표준화, 목표지향	조직문화, 신념체계, 실제사건, 해석	가치, 갈등, 권능화, 변화
탐구논리	· 통제와 확실성의 원리 · 경험적으로 증명할 수 있는 법칙·명제의 구성 · 가치중립적인 객관적 지식의 추구 · 효율성과 경제성의 중시 · 사회현상을 자연현상으로 간주	· 대화에 의한 이해와 의사소통의 강조 · 인간을 능동적인 지식 창출자로 봄 · 일상생활 속에 담겨져 있는 의미와 가정을 중요시함 · 간주관적으로 구성된 현실과 그것의 사회적 맥락을 중시함 · 언어생활 속에 포함된 의미에 관심	· 현실을 이해하는 권력구조에 대한 이해 · 사회현실과 인간행동에 대한 이데올로기적 비판 · 허위의식에 대한 경각심 강조 · 왜곡된 개념과 불평등한 가치의 역기능성 강조 · 정의와 가치체제의 면밀한 분석
연구방법	양적	질적	사변적

출처 : 신현석(1994 : 98)

포스트모더니즘

포스트모더니즘은 20세기 후반에 나타나기 시작한 새로운 인간의 생활양식을 설명하고 정당화하기 위한 문화논리로서 등장하여 현대사회의 다국적 자본주의화, 후기산업사회화, 소비사회화, 정보사회화라는 성격변화를 체계적으로 설명하는 철학적 · 사회적 논리로서 자리잡아 가고 있다. 포스트모더니즘의 특징을 살펴보면 다음과 같다(주삼환 외, 2009 : 81-82).

① 절대적인 진리의 존재 부정 : 인간사회를 지배하는 보편적이고 절대적인 법칙이 있다는 근대 자연과학과 계몽사상의 입장을 비판하고 인간사회의 다양성을 강조한다.
② 대서사보다는 소서사 지향 : 모든 사람, 모든 사회에 적용될 수 있는 대서사를 거부하고, 개인이나 소집단에 초점을 맞춘 소서사에 관심을 둔다.
③ 거대이론보다 국지이론 지향 : 거대이론보다는 개인과 소집단에 현실적으로 적용될 수 있는 국지이론을 지향한다.
④ 이론과 실제의 결합 지향 : 실제 생활을 추상화시켜 현실과는 거리가 먼 이론보다는 현실에 적용될 수 있는 이론을 더 강조한다.
⑤ 인간의 유한성과 다양성 존중 : 보편적이고 객관적인 이성을 추구하는 계몽사상에서 벗어나, 인간은 현실세계라는 한계 속에서 살고 있으며, 자신의 가치에 따라 현실을 다르게 인식하고 행동하는 다양성을 지닌 존재라고 본다.
⑥ 지식의 보편성과 객관성 부정 : 인간의 인식을 통해 형성되는 지식이 보편적이고 객관적인 것이 아니라 상대적이라는 인식을 갖는다.

포스트모더니즘의 문화적 특징

목영해(1991 : 116-119)는 포스트모더니즘의 문화적 특징을 첫째, 주체적 자아가 해체되는 문화, 둘째, 대중들이 유희적인 행복감을 향유하는 문화, 셋째, 탈정전화를 추구하는 문화에서 찾고 있다. 오늘날 우리나라 학교에서 일어나고 있는 문화적 일탈성의 문제는 포스트모더니즘의 관점으로 문제의 본질에 접근해야 함을 역설적으로 증명한다. 즉 교육현장은 이미 포스트모던한 행태들이 난무하고 있는데도 불구하고 많은 교육가들은 여전히 모더니즘의 사유를 지닌 채 청소년들을 지도하려는 데서 발생하는 교육적 한계를 극복해야 할 필요(박의수 외, 2003 : 423)가 커지고 있는 것이다.

보완적 패러다임론

신현석(1994)은 포스트모더니즘의 관점에서 기존의 주류 패러다임에 대한 반성론으로 표현되는 양자 간의 관계형성을 보완적 패러다임론과 부정적 패러다임론으로 대별하였다. 보완적 패러다임론은 기존의 주류 패러다임이 갖고 있는 철학적 의미가 포스트모더니즘으로 대표되는 다원주의적, 다문화주의적 사회를 설명하는 데 부족하다는 견지에서 출발하였으며, 패러다임의 논지를 부정하는 논리로서가 아니라 더 이상 주류 패러다임을 고집하지 않고 주류의 범위를 다원적 패러다임으로 확장시키는 입장을 취한다.

부정적 패러다임론

반면에 부정적 패러다임론은 현재 주류를 점하고 있는 패러다임들을 정면으로 부정하면서 현재의 패러다임이 효율성과 기능성을 중시하는 근대과학의 실증주의적 영향의 소산이라고 보고, 이러한 경향이 이제 더 이상 포스트모던한 상황에서 지식의 조건을 해명하는 데 설득력이 없다고 주장한다. 여기서 접두어로서의 post는 모던한 사회의 계속적 관점에서 '후'(後)의 의미보다는 '탈'(脫)의 의미를 강조하고 있다.

페미니즘

페미니즘은 현대의 조직이 권위에의 복종, 충성, 순응, 경쟁, 공격성과 효율성 등을 강조하는 남성중심 문화의 산물이며 그에 지배받고 있다고 주장한다. 여권주의자들(feminist)은 조직의 연구와 이론이 남성중심이거나 남성지향적이라고 비판하고 남성적 특성(독립성, 합리성, 경쟁)은 지배적인 수단으로, 여성적인 특성(의존성, 감정, 협동)은 종속적인 속성으로 간주되는(Hoy & Miskel, 2008 : 103) 구조상의 문제를 지적하고 있다.

페미니즘은 현존하는 조직사회를 주어진 것으로 보고, 그 사회에서 여성의 역할을 부각시키려는 자유주의적 여권주의자들과 기존의 관료제를 대체함으로써 사회를 변혁시키고자 하는 급진적 여권주의자들로 구분되며(Hoy & Miskel, 1996 : 19-20), 두 부류 모두 여성이 조직에 의해 억압을 받고 있다는 점에서는 입장을 같이하지만 그 타개방안에 있어서는 차이점을 보이고 있다. 특히 급진적 여권주의자들은 현대조직에 저항할 수 있는 여권주의자 담론(discourse)을 형성하고자 하며 반관료적 구조를 주장한다.

전문적 학습공동체

끝으로 신현석 등(2011 : 77-83)이 대안적 관점으로 제시한 '전문적 학습공동체'는 교사들이 함께 일하는 것에 가치를 두며 이 협조를 통해 교사의 교수활동과 학습활동을 개선하는 데 지속적인 노력을 기울이는 것에 초점을 두고 있다. 전문적 학습공동체의 특징은 다음과 같다.

① 전문적 학습공동체는 학생에게 초점을 두고 있으며, 교육과정상 학생이 이수해야 할 내용과 진도에 대한 책임을 공유한다.

② 전문적 학습공동체는 새로운 교수법 개발에 힘쓴다.

③ 학생이 배워야 할 개념에 기초하여 학생에게 가장 알맞은 교육과정을 편성한다.

④ 전문적 학습공동체에서는 학업성취도와 관련된 정보를 활용하여 성적이 낮은 교사를 지원하고 개선을 위한 협력활동을 조장하는 경향이 있다.

⑤ 전문적 학습공동체는 서로의 사정을 배려해 주는 문화와 결합됨과 동시에 장기적인 신뢰, 안전성, 타인에 대한 배려 등을 기꺼이 하는 마음 등이 바탕이 되는 경우 그 공동체가 원활하게 작동된다.

생각해 볼 문제

1. 과학적 관리론과 인간관계론의 차이점을 인간관, 조직관, 동기관, 능률관, 의사소통관, 의사결정에의 참여관 등의 관점에서 표로 만들어 비교해 보자.
2. 현재 우리나라 일선학교에서 과학적 관리론과 인간관계론의 원리들이 적용되어 시행되고 있는 예를 찾아보고 그 장·단점에 대해 토론해 보자.
3. 교육행정에서의 이론화 운동의 의의에 대해 토론해 보자.
4. 교육행정의 대안적 이론 중 자신이 가장 선호하는 것을 택하여 그 이유를 설명하고 다른 이론과의 차이를 비교해 보자.

제3장

교육행정조직

학습목표

1. 오늘날 현대사회에서 조직의 중요성을 설명할 수 있다.
2. 학자별 조직 유형의 차이점을 이해하고 학교가 어떤 유형에 속하는지를 설명할 수 있다.
3. 공식조직과 비공식조직의 차이점을 설명할 수 있다.
4. 관료제의 특징을 기술하고 그 역기능에 대해 설명할 수 있다.
5. 학교조직의 성격을 관료적, 전문적, 독자적 측면에서 이해하고 설명할 수 있다.
6. 우리나라 중앙교육행정조직에서 대통령의 권한행사와 영향력, 그리고 발언권에 대해 설명할 수 있다.
7. 우리나라 교육부의 조직을 이해하고 교육부장관의 위상과 한계를 설명할 수 있다.
8. 해방 이후 현재까지의 교육부장관의 재임기간과 교육정책의 안정성 및 일관성과의 관계를 설명할 수 있다.
9. 교육자치제의 원리와 우리나라 교육자치제의 발전과정에 대해 설명할 수 있다.
10. 현행 교육자치제의 기본 틀을 이해하고 교육위원회의 위상에 대해 설명할 수 있다.
11. 교육감의 위상과 권한, 그리고 선출방법에 대해 설명할 수 있다.
12. 교육감 직선제의 여러 대안에 대해 설명하고 자신의 입장을 개진할 수 있다.

Etzioni(1964 : 1)는 1960년대 초에 우리가 살아가는 현대사회는 '조직사회'라고 갈파하였다. 인간은 조직 속에서 태어나고 조직에 의해서 교육을 받으며 인생의 대부분의 시간을 조직을 위해 일하면서 살아간다. 심지어 죽는 순간까지도 매장을 위한 국가의 공적 허가를 받아야 한다. 이렇듯 인간은 태어나서 죽을 때까지 조직의 영향을 받고 살아갈 수밖에 없는 존재로서 조직을 통해 개인의 욕구를 충족하며 동시에 조직목표 달성에도 기여한다.

학교도 하나의 조직으로서 교육목적이 존재하며 이 목적을 달성하기 위해 다양한 교육활동이 전개된다. 학교는 기본적으로 보수적 성격을 띠고 있기에 변화에 더디고 심지어 변화에 저항적인 경우도 볼 수 있다. 1990년대 중반 이후 학교를 둘러싼 외부 환경이 급변하면서 학교도 변화하지 않으면 살아남을 수 없는 방향으로 상황이 전개되고 있다. 오늘날 학교현장이 각종 교육개혁으로 몸살을 앓고 있고 학교조직 내의 구성원들의 관계도 상당히 변화하고 있으며 교권의 추락과 교사들의 정치적 관여 등으로 인해 학교의 기본질서가 크게 흔들리고 있다.

교육부로부터 비롯되는 공급자 중심의 교육체제는 새로운 도전에 직면하게 되었고 지방교육행정체제와 지방교육자치 구조상의 변화는 교육행정의 분권화와 지방교육재정 자주화의 과제를 크게 부각시키고 있다. 따라서 본 장에서는 조직 일반론(개념, 유형, 구조)과 학교조직 그리고 우리나라 교육행정조직(중앙과 지방)에 대하여 살펴보고자 한다.

제1절 조직의 개념

현대를 살아가는 우리 모두는 어떤 형태로든지 조직의 영향을 받으며 조직화된 사회 속에서 조직생활을 영위해 가고 있다. 조직의 개념을 밝히기 위해서는 조직이란 무엇인가? 에 대해 학자들이 내린 정의를 살펴보는 것이 필요할 것이다. 그런데 조직에 대한 정의는 학자들이 가지고 있는 조직관에 따라 상당한 관점의 차이를 드러낸다. 여기서는 몇몇 대표적인 학자들이 내린 조직의 정의를 바탕으로 그 공통점을 찾아보고자 한다.

조직에 대한 정의

Weber(1947 : 151)는 조직을 '계속적이고 의도적인 특정한 종류의 활동체제'(a system of continuous and purposive activity of a specified kind)라고 정의하였으며, Barnard(1938 : 73)는 조직을 '두 사람 이상의 힘 또는 활동이 의식적으로 조정되는 체제'(a system of consciously coordinated activities or forces two more persons)라고 정의하면서 조직의 구성요소로서 의사소통, 봉사 또는 협력하려는 의지, 공동의 목적을 들었다.

Etzioni(1964 : 3)는 조직이란 '특정한 목적을 추구하기 위하여 신중하게 구성되고, 재구성된 사회적 단위(또는 인간의 집합)'[social units(or human groupings) deliberately constructed and reconstructed to seek specific goals]라고 정의하였으며, Katz와 Kahn(1966 : 26-28)은 체제모형을 도입하여 조직을 '개방체제인 사회적 체제의 일종'으로, Simon(1976 : 16-17)은 조직의 중요성을 첫째, 조직의 환경이 개인의 특성과 습관을 형성하고 발전시키는 대부분의 힘을 제공하며, 둘째, 조직은 책임 있는 지위에 있는 사람들에게 타인에 대한 권한과 영향력을 행사할 수단을 제공하고, 셋째, 의사소통의 구조화를 통해 조직은 의사결정을 내리는 데 있어서의 정보의 환경을 결정해 주기 때문이라고 언급하면서 조직을 '인간집단의 의사소통과 관계의 복합적 형태'(the complex pattern of communication and relationships in a group of human beings)라고 정의하였다.

또한 Selznick(1957 : 5)은 조직이란 '직무를 수행하기 위하여 설계된 도구이며 의도적으로 조정된 활동의 체제'로 보았으며, Schein(1980 : 12-15, 228-229)은 조직에서 중요한 아이디어로 조정, 공동의 목적, 분업, 통합을 제시하면서 체제모형의 개념들을 동원하여 조직을 다음과 같이 정의하였다. ① 조직은 환경과 끊임없이 상호작용하는 개방체제이다. ② 조직은 환경과 여러 가지 상호작용을 하는 다목적, 다기능적인 체제다. ③ 조직은 역동적으로 상호작용하는 여러 가지 하위체제들로 구성되어 있다. ④ 조직 내의 하위체제들은 상호의존적이기 때문에 그 중 하나에서 일어난 변화는 다른 하위체제들에 영향을 미친다. ⑤ 조직은 그보다 작기도 하고 크기도 한 다른 체제들로 구성된 역동적인 환경 속에서 존재한다. ⑥ 조직과 환경 사이에는 여러 가지 연계가 있기 때문에 조직의 경계를 명백히 하기는 어렵다. 그러므로 조직의 개념을 명백하게 하는데 보다 더 기여하는 것은 규모, 형태, 기능, 또는 구조의 특성이 아니라 투입, 처리, 산출의 안정된 과정이 지닌 특성이라고 할 수 있다.

조직의 정의에 나타난 특징들의 종합

이상에서 살펴본 여러 학자들의 조직의 정의에 나타난 특징들을 종합해 보면 다음과 같다(이형행, 1994 : 174).

① 조직은 어떤 특정한 목적 또는 목표를 가지고 있다.
② 조직은 사람들로 구성되지만 개별적인 구성원의 존재와는 별개의 실체를 형성한다.
③ 조직 내에는 분화와 통합에 관한 공식적인 구조와 과정이 있으며, 반드시 비공식적 또는 자생적 관계가 형성된다.
④ 조직에는 경계가 있어서 조직과 그 환경을 구별하게 해 준다.
⑤ 조직은 개방체제로서 언제나 그 조직이 놓여 있는 환경과 영향을 주고받는 상호작용을 한다.
⑥ 조직은 규모가 크고 그 구성이 복잡하여도 어느 정도 합리성의 지배를 받는다.

제2절 조직의 유형과 구조

1. 조직의 유형

조직의 유형에 대한 연구는 학자들을 중심으로 폭넓게 이루어져 왔다. 유형론(typology)은 기업, 학교, 교도소, 교회와 같은 다양한 조직들을 비교 · 연구할 수 있게 해 주며, 설명적이기보다는 기술적이고, 좋은 유형론은 논리적이고 이론과 일치하며 종합적이라는 특징을 갖는다(Hoy & Miskel, 1982 : 32).

따라서 학교라는 조직이 어떻게 기능하는가를 이해하는 한 방법은 유형(론)이나 분류체계를 발전시키는 것이다. 여기서는 몇몇 학자들의 유형에 대한 연구를 소개하면서 학교가 수행하는 주요 기능이 어디에 있는가를 알아보고자 한다.

1) T. Parsons의 유형

Parsons(1960 : 45-46)는 조직이 수행하는 사회적 기능에 따라 조직의 유형을 네 가지로 분류하였으며, 조직의 사회에 대한 기여에 주목하였다.

Parsons(1902–1979)
하버드대 교수
(1927–1973)

조직이 수행하는 사회적 기능

(1) 경제적 생산조직(economic production organization)

사회가 소비하는 재화나 용역을 생산하는 기능이다. 적응기능(adaptation)에 기여하는 조직이다.

예 : 기업체

(2) 정치적 목표지향의 조직(political goal-oriented organization)

사회의 공동목표의 설정과 달성 및 권력의 창출과 배분의 기능이다. 목표달성(goal attainment)에 기여하는 조직이다.

예 : 정부기관, 금융기관

(3) 통합적 조직(integrative organization)

사회구성원의 결속과 통일을 유지하는 사회통합의 기능이다. 통합기능(integration)에 기여하는 조직이다.

예 : 정당, 법원

(4) 유형유지 조직(pattern-maintenance organization)

교육, 문화 등의 활동을 통하여 사회의 지속성을 유지하는 기능이다. 잠재기능(latency)에 기여하는 조직(독특한 문화와 가치의 창조, 보존 및 전수)이다.

예 : 학교, 교회, 박물관

2) P. M. Blau와 W. R. Scott의 유형

Blau와 Scott

조직에 의해 혜택을 받는 수혜자

Blau와 Scott(1962 : 42-58)는 조직에 의해 혜택을 받는 수혜자가 누구냐를 기준으로 조직의 유형을 네 가지로 분류하였다.

(1) 호혜조직(mutual-benefit associations)

주 수혜자는 조직의 참여자나 구성원이다. 구성원의 조직운영 참여와 조직에 대한 통제여부가 중요하다.

예 : 노동조합, 정당, 종교단체, 재향군인회, 교육연합회 등

(2) 사업조직(business concerns)

주 수혜자는 조직의 소유주나 경영자이다. 조직운영의 효율성을 높이는 것이 중요하다.

예 : 제조공장, 무역회사, 보험회사, 금융기관 등

(3) 봉사조직(service organizations)

주 수혜자는 고객이다. 고객에 대한 전문적 봉사가 강조되고, 고객에 대한 전문적 봉사와 행정적 절차 사이에서 생기는 갈등이 이 유형의 특징이다.

예 : 사회사업기관, 법률상담소, 학교, 병원, 재활원 등

(4) 공공복리 조직(commonweal organizations)

주 수혜자는 일반대중이다. 일반대중에 의한 조직의 통제여부가 중요하다.
예 : 군대, 경찰, 소방서, 국세청, 조사연구기관 등

3) D. Katz와 R. L. Kahn의 유형

Katz와 Kahn(1966 : 111-115)은 조직이 가지는 본원적(기본적)인 기능(genotypic functions)을 기준으로 조직의 유형을 네 가지로 분류하였다.

Katz와 Kahn

조직의 본원적 기능

(1) 생산적 또는 경제적 조직(productive or economic organizations)

사회전반 또는 그 일부를 위해서 부를 창조하고 재화를 생산하며 용역을 제공하는 기능이다.
예 : 공장, 농장, 광산업체, 운수업체, 백화점 등

(2) 유지(기능)적 조직(maintenance organizations)

사회구성원들을 사회화시키는 기능이다.
예 : 학교, 교회

(3) 적응적 조직(adaptive structures)

새로운 지식의 창출, 이론의 개발과 검증 및 정보를 실제문제에 적용하는 기능이다.
예 : 대학, 각종 연구기관 등

(4) 관리적 또는 정치적 조직(managerial or political function)

인적 · 물적 자원 및 하위체제에 대한 재결(adjudication), 조정, 통제의 기능

이다.

예 : 정부기관, 정당, 노동조합, 각종 압력단체 등

4) A. Etzioni의 유형

Etzioni(1929~)
미국 컬럼비아대 사회학과 교수 역임

조직에서의 복종관계

Etzioni(1961 : 12-67)는 조직에서의 복종관계(compliance)를 기준으로 하여 여기에 복종관계의 기초가 되는 3가지 권력(power)과 3가지 관여(involvement)를 결합시켜 9가지의 조직유형을 제시하였다. Etzioni가 제시한 복종관계의 유형은 〈표 3-1〉과 같다.

표 3-1 복종관계의 유형

관여의 종류 / 권력의 종류	소외적 (alienative)	타산적 (calculative)	도덕적 (moral)
강제적(coercive)	1 강제적 조직	2	3
보상적(remunerative)	4	5 공리적 조직	6
규범적(normative)	7	8	9 규범적 조직

출처 : Etzioni(1961 : 12)

이러한 9가지의 조직유형 가운데, Etzioni는 1, 5, 9에 해당하는 세 가지 유형은 권력과 관여가 일치하는 전형적인 조직유형인데 반해, 나머지 유형은 이론적으로는 가능하나 권력과 관여가 일치하지 못하기 때문에 적합하지 않은 유형이라고 보았다.

(1) 강제적 조직(coercive organization)

강제적 권력과 소외적 관여가 결합된 형태의 조직으로서, 물리적인 힘을 주된 통제수단으로 하며 조직구성원들이 소외의식을 지니는 경우다. 예 : 교도소

(2) 공리적 조직(utilitarian organization)

보상적 권력과 타산적 관여가 결합된 형태의 조직으로서, 보상(보수)을 주된 통제수단으로 하며 조직구성원들이 타산적 의식을 가지는 경우다. 예 : 회사

(3) 규범적 조직(normative organization)

규범적 권력과 도덕적 관여가 결합된 형태의 조직으로서, 규범적 상징(존경, 위신)과 사회적 상징(애정, 수용)을 주된 통제수단으로 하며 조직구성원들이 높은 귀속의식을 지니는 경우다. 예 : 학교

5) R. O. Carlson의 유형

Carlson(1964 : 262-276)은 봉사조직에 국한하여 조직의 고객선발 방법과 고객의 조직참여 여부를 기준으로 4가지 형태의 조직유형을 제시하였다. Carlson이 제시한 봉사조직의 유형은 [그림 3-1]에서 보는 바와 같다.

Carlson

조직의 고객선발 방법과 고객의 조직참여 여부

조직 \ 고객		고객의 조직참여권	
		예(Yes)	아니오(No)
조직의 고객 선발권	예 (Yes)	제Ⅰ유형 (야생조직)	제Ⅲ유형
	아니오 (No)	제Ⅱ유형	제Ⅳ유형 (사육조직)

[그림 3-1] Carlson의 봉사조직의 유형

출처 : Carlson(1964 : 265)

(1) 제 I 유형

이 유형은 조직이 고객을 선발할 수 있고 고객도 조직에의 참여를 선택할 수 있는 형태다. Carlson은 이 유형의 조직을 야생조직(wild organization)이라고 하였는데, 이는 동일유형의 조직들 간에 치열한 생존경쟁을 벌여야만 하기 때문이다. 이러한 조직은 고객의 확보를 위하여 업적의 질(quality) 경쟁을 하게 되고 이것이 바로 생존에 직결된다고 본다. 미국의 경우, 사립대학과 사립의료기관이 이 I유형의 가장 대표적인 예가 된다. 매년 순위경쟁을 통해 우수한 고객을 확보하고자 하는 노력이 지속적으로 경주되기 때문일 것이다. 우리나라의 경우는 이론적으로는 국·공립대학도 이 유형에 포함시킬 수 있지만 그 실질적 내용면(경쟁의 강도)에서는 거리가 멀다고 볼 수 있다.

야생조직

(2) 제 II 유형

이 유형은 조직이 고객을 선발하지 못하지만 고객은 조직에의 참여를 선택할 수 있는 형태다. 이 유형에 속하는 조직의 예로는 미국의 주립대학과 지역사회 대학(community college)을 들 수 있다. 이들 대학들은 학칙에 그 주(州) 내의 모든 고졸 지원자를 받도록 명시하고 있기 때문이다.

(3) 제 III 유형

이 유형은 조직이 고객에 대한 선발권을 가지고 있으나 고객이 조직에의 참여를 선택할 수 없는 형태다. 이 유형은 이론적으로는 존재할 수는 있으나 현실적으로는 실재할 수 없는 조직이다. 이런 조직의 예로는 군대를 들 수 있으나 군대는 봉사조직이 아니기 때문에 적합하지 않다.

(4) 제 IV 유형

이 유형은 조직이 고객을 선발하지 못하고 고객도 조직에의 참여를 선택할 수 없는 형태다. 이 유형은 제I유형과 정반대의 경우가 되며 법에 의해서 조직이 고객을 받아들이지 않을 수 없고 고객도 조직에의 참여를 선택할 수 없는 경우다. 이런 조직의 예로는 의무교육을 실시하는 공립학교, 교도소, 정신병원 등이다. Carlson은 이러한 유형의 조직을 사육조직(domesticated organization)이라고 하였는데 이는 생존이 법에 의해서 보장되기 때문이다. 이 사육조직은 온상조직, 가내(家內)조직, 보호된 조직이라고도 불리며 경쟁이 거의 없고 변화에 둔감하다는 특징을 보인다.

온상조직, 가내조직, 사육조직

2. 조직의 구조

1) 공식조직과 비공식조직

학교를 비롯한 모든 조직은 조직구조를 갖고 있다. 조직의 목표를 효과적으로 달성하기 위한 과업과 역할을 맡고 있는 개인이나 집단의 연결 관계는 조직구조로 표현된다. 이러한 조직구조를 그림으로 표시한 것이 바로 조직도 또는 조직표(organization chart)이며, 공식적인 조직도에 나타난 조직을 공식조직이라고 한다. 조직도에는 조직의 계층과 감독관계, 분업, 인원의 배치, 권한과 책임, 그리고 의사소통의 통로가 명확하게 드러나 있다.

조직도

공식조직(formal organization)은 고전적 조직이론 시대에 중시된 조직구조로서 외면적이고 가시적인 조직이며 문서화된 조직이라고 볼 수 있다. 공식조직에서는 전체적인 질서가 강조되고 과업의 분담이 명확하며 능률의 논리가 지배한다.

공식조직

반면 비공식조직(informal organization)은 공식조직의 내부에 자연발생적으로 파생되는 자생(自生)조직으로서 내면적이고 불가시적(invisible)인 조직이며 자라나온 조직이라고 볼 수 있다. 비공식조직은 인간관계론 시대 이후에 주목을 받기 시작하였는데, 부분적인 질서가 강조되고 구성원들의 역할분담이 모호하며 감정의 논리가 지배하게 된다.

비공식조직

이와 같이 조직이 공식조직과 비공식조직을 함께 가지고 있는 것은 조직이 공식적 측면과 비공식적 측면을 공유하고 있기 때문이다. 조직을 빙산에 비유할 때, 드러난 측면(목표, 구조, 기술 및 능력 등)은 공식적 구조측면이 되고 드러나지 않은 깊은 면(태도, 감정, 가치, 집단규범, 상호작용 등)은 비공식적 측면이 된다(양창삼, 1990 : 32).

비공식조직의 순기능과 역기능

비공식조직의 순기능으로는 ① 공식조직의 경직성 완화, ② 공식조직의 통로 보완, ③ 사회 · 심리적 욕구충족, ④ 조직의 사기진작, ⑤ 욕구불만 등의 안전판 역할, ⑥ 조직의 진면목과 생리파악에 도움이 된다는 점을 들 수 있고, 그 역기능으로는 ① 공식적 기능의 약화, ② 의사소통상의 문제 야기, ③ 파벌조성 및 정실인사의 문제, ④ 조직의 사기 저하, ⑤ 사집단화의 가능성, ⑥ 행정의 정치적 중립성 저해 등을 들 수 있다.

비공식조직의 형성요인

비공식조직은 다양한 요인에 의해 형성되는데, 박연호(1991 : 160-161)는 크게 선천적 요인과 후천적 요인으로 구분하였다. 선천적 요인으로는 ① 직원의 기질 및 성격의 동질성, ② 성별, ③ 연령, ④ 혈연관계 등이고, 후천적 요인은 조직 내부에 존재하는 요인과 조직 외부에 존재하는 요인으로 구분하였다. 조직 내부의 요인으로는 ① 업무의 유사성, ② 집무장소의 근접성, ③ 근무기간, ④ 계급 또는 직위 등이고, 조직 외부의 요인으로는 ① 동향관계, ② 지인이나 연고관계, ③ 출신학교 관계, ④ 학력과 교육정도, ⑤ 주거지의 근접성 등이다.

일선학교의 비공식조직의 유형

오늘날 우리나라 초 · 중등학교에서 흔히 볼 수 있는 대표적인 비공식조직의 유형으로는 교직원 친목회, 동학년 담임모임, 동일교과 교사모임, 여교사 모임, 동창회, 동향모임, 전근무교 교직원 모임, 교직원 부인모임, 각종 동아리 모임, 식도락모임, 교직원 계모임, 처총회(미혼 남녀교사 모임) 등이 있다. 공식조직과 비공식조직의 차이점은 〈표 3-2〉에 제시한 바와 같다.

표 3-2 공식조직과 비공식조직의 차이점

공식 조직	비공식 조직
합리적 · 이성적 조직	비합리적 · 감성적 조직
인위적 조직	자연발생적 조직
조직도와 직제상에 명문화	동태적인 인간관계에 의한 조직
능률과 합리성의 논리	인간감정의 논리
외재적 · 전체적 질서	내재적 · 부분적 질서
강제참여	자발적 참여
상부로부터의 조직	하부로부터의 조직
의식적 · 합리적 체계가 중심문제	인간관계가 중심문제
조직화 정도가 높음	조직화 정도가 낮음
규모 확대	소집단 상태 유지

출처 : 강성호(1998 : 5)

2) 계선조직과 참모조직

조직의 조직도 상에는 수직적인 선(vertical line)과 수평적인 선(horizontal line)이 함께 나타나 있다. 여기서 수직적인 선으로 연결된 것이 계선조직(line organization)이고 수평적인 선으로 연결되어 있는 것이 참모조직(staff organization)이다. 따라서 조직은 구조상 계선조직과 참모조직이 혼합된 계선참모조직의 형태를 취하고 있다. 계선조직은 군대조직에서 흔히 볼 수 있는 지휘명령의 계통처럼 상사의 명령이 일사불란하게 부하에게 전달되도록 편성된 조직이다. 즉 명령일원화의 원리에 따라 상사의 지시나 명령이 부하에게 직선적으로 전달되도록 하는 조직이다.

계선조직

참모조직

계선참모조직

이러한 계선조직의 장점으로는 ① 권한과 책임의 한계가 명확하여 업무수행이 능률적이며, ② 명령통일이 잘되어 명령에 혼란이 없고, ③ 의사결정이 신속하며, ④ 지도자의 강력한 통솔이 가능하며, ⑤ 조직이 안정성을 확보할 수 있고, ⑥ 경비가 절약된다는 것이고, 단점으로는 ① 특수 분야에 대한 전문가의 지식과 경험을 이용하기 힘들고, ② 지도자의 주관적 독단을 막을 수

계선조직의 장 · 단점

없으며, ③ 조직이 경직화되기 쉽고, ④ 계선의 업무량이 과대화되고, ⑤ 통솔범위가 한정되며, ⑥ 조정이 곤란하다는 점 등이다(송화섭, 1992 : 186-187).

참모조직

반면에 참모조직은 막료조직이라고도 하며 보통 계선조직의 상층부에 위치하여 계선에 대하여 전문적 지식과 경험을 토대로 조언, 자문, 권고, 보조하는 역할을 담당함(전문화의 원리 반영)으로써 조직의 목표달성에 간접적으로 기여하는 조직이다. 참모는 계선과 달리 명령권한이 없어 명령에 따른 책임을 지지 않는다.

참모조직의 장 · 단점

참모조직의 장점으로는 ① 조정, 통제, 통솔범위의 확대로 최고책임자의 인격을 확장해 주며, ② 지식, 기술, 경험 집단 지혜의 이용으로 합리적 의사결정을 할 수 있고, ③ 조직의 경직성을 완화하고 신축성을 부여하며, ④ 조정과 협조를 용이하게 할 수 있다는 점이며, 단점으로는 ① 계선과의 불화를 초래할 수 있고, ② 조직의 비대화로 경비가 증가되고, ③ 중앙집권화가 될 우려가 있으며, ④ 책임전가 현상이 일어날 수 있으며, ⑤ 의사소통의 통로가 혼돈될 우려가 있다는 점이다(송화섭, 1992 : 187).

제3절 관료제 조직

1. Weber의 관료제이론

이상형으로서의 관료제

관료제(bureaucracy)는 Weber가 합리적인 의사결정과 능률을 극대화할 수 있는 이상적인 조직의 형태를 구안한 이상형 또는 이념형(ideal type)에서 비롯되었으며, 고전적 조직이론의 대표적인 이론의 하나로서 현대사회의 조직을 설명하고 연구하는 데 지대한 영향을 끼치고 있다. Silver(1983 : 73-75)는 Weber의 관료제의 이미지를 합법성(legality)에 토대를 두고 능률성(efficiency)과 합리성(rationality)을 연결시킨 피라미드 형태로 파악하고 있다. Weber(1947 : 324-363)는 복종(통제)의 기초가 되는 권위를 합법성 또는 정당성(legitimacy)에 근거하여 전통적 권위(traditional authority), 합법적 권위(legal authority), 카리스마적 권위(charismatic authority)로 구분하여 제시하였다.

전통적 권위

전통적 권위란 부하가 상사의 명령을 옛날부터 전통적으로 그렇게 해왔기 때문에 정당한 것으로 받아들이는 경우인데, 예를 들면 아프리카 원주민들이 추장이나 족장의 명령을 정당한 것으로 받아들이거나 학교에서 학생들이 교사의 명령이나 지시를 수용하는 것 등이다.

합법적 권위

합법적 권위는 복종의 근거가 법에 있는 것으로 어떤 개인이나 지위 그 자체에 대해서 복종하는 것이 아니라 그러한 복종의 내용을 규정하고 있는 법 때문에 복종하는 것이다. 부하가 상사의 명령이나 지배를 정당한 것으로 받아들이는 것은 법에 의해 부과된 권위를 수용하는 범위 내에서만 가능하다. Weber의 관료제는 이 합법적 권위에 기초하고 있다.

카리스마적 권위

카리스마적 권위는 복종의 근거를 개인의 예외적 힘이나 능력, 영웅적 자질(heroism), 인품 또는 매력 등에서 찾는 것으로 부하는 상사의 명령을 상사의 인품이나 정신적 감화력 때문에 정당한 것으로 수용하는 경우다. 예를 들면, 미국의 케네디 대통령이나 인도의 간디 수상, 우리나라 김대중 전 대통령 등을 들 수 있다.

관료제의 특성

Weber는 이상형으로서의 관료제를 행정가들이 조직 내의 비능률의 영역과 정도를 보다 명확하게 확인하고 이해할 수 있도록 도움을 주는 하나의 개념적 도구(Hanson, 2003 : 17)로서 파악하였는데, 그 특성을 구체적으로 살펴보면 다음과 같다(Hoy & Miskel, 2008 : 90-92).

① 분업과 전문화(division of labor and specialization) : 대부분의 조직에서 수행하는 업무는 개인이 혼자 처리하기에는 너무 복잡하기 때문에 지위간의 업무의 배분은 효율성을 증진시킬 수 있다. 학교에서의 수업도 분업에 의한 전문화가 이루어지고, 이러한 전문화를 통해 전문가(교과전문가)가 되는 것이기 때문에 효율성이 증진된다고 보는 것이다. 이와 같은 분업과 전문화는 직원 채용에 있어서의 자격요건의 구비와 직무수행상의 전문적 지식과 기능을 갖추도록 요구한다.

② 비정성 또는 몰인정성(impersonal orientation) : 관료조직의 작업분위기는 사적 감정이 배제된 공식적인 비정성이 지배한다. 따라서 관료조직의 구성원들은 감정이 아닌 객관적인 사실에 기초하여 의사결정을 하게 된다. 이 비정성은 고용인들을 차별 없이 균등하게 대우하고 의사결정에 있어서의 합리성을 촉진시킨다.

③ 권위의 위계(hierarchy of authority) : 관료제에 있어 모든 직위는 계층적(또는 수직적)으로 배열된다. 하위직들은 상위직들로부터 통제와 감독을 받으며 이러한 관료제의 특징은 조직의 조직도에 명확하게 나타나 있다. 위계는 현대조직의 가장 보편적인 특징이다. 조직의 다양한 업무 및 기능들을 원활하게 수행하기 위해서는 하위자들이 상급자들의 지시에 따라야 한다.

④ 규칙과 규정(rule and regulation) : 모든 관료조직은 의도적으로 만들어진 일관된 형태의 추상적인 규칙체제인 규칙과 규정을 가지고 있다. 이들 규칙과 규정은 어느 경우에나 일관되게 적용되어야 하며, 이러한 규칙들은 각 직위에 부여된 권한과 의무에 관한 사항들을 포함하고 있고 각 활동을 조정하는데 도움을 준다. 규칙과 규정이 확고하게 마련됨으로써 인사이동 및 변화 시에 조직운영의 계속성을 유지할 수 있고, 고용인들의 행동에 관한 통일성과 안정성을 확보할 수 있게 한다.

⑤ 경력지향성(career orientation) : 관료제 조직에서 채용은 기술적인 자질(technical qualifications)에 기초하기 때문에 고용인들은 자신의 일을 경력으로 생각한다. 경력지향적 조직에서는 연공서열, 성취 혹은 이들 양자에 의해 승진이 이루어지고 승진은 상위자들의 판단에 달려 있다. 조직에 대한 충성도를 높이기 위해서는 특정한 기술을 가진 개인들이 임의로 해고되거나 승진이 거부되지 않도록 보호해야 한다. 상위자들이 감정에 치우친 결정을 내리지 않는다는 의미에서 고용인들은 보호된다. 관료제는 이러한 행위들을 통해 고용인들에 대한 보호를 제도화하고 있다.

⑥ 능률성(efficiency) : 관료제는 합리적 의사결정과 행정능률을 극대화시킨다. 분업과 전문화를 통해 전문가가 배출되며 비정성을 가진 전문가는

사실에 근거하여 기술적으로 정확하고 합리적인 결정을 내린다. 합리적 의사결정이 이루어지면 권위의 위계를 통해 지시에 대한 훈련된 복종, 그리고 규칙과 규정과 함께 잘 조정된 시행체제와 조직운영상의 통일성과 안정성이 확보된다. 끝으로 경력지향성은 고용인들을 조직에 충성하며 특별한 노력(extra effort)을 하도록 유인(incentive)을 제공한다. 이와 같은 관료제의 특성은 헌신된 전문가들(committed experts)이 훈련된 방법으로 실행되고 조정되는 합리적 결정을 하기 때문에 행정능률을 극대화하는 기능을 한다.

관료제의 순기능과 역기능

이상의 특성을 갖는 관료제는 〈표 3-3〉과 같이 순기능에 못지않게 역기능도 갖고 있다.

표 3-3 관료제의 순기능과 역기능

관료제의 특성	역기능	순기능
분업	지루함(권태)	전문성
비정성(몰인정성)	사기저하	합리성
권위의 위계	의사소통의 차단	훈련된 복종 및 조정
규칙과 규정	경직성과 목표 전도	계속성과 통일성
경력지향성	성취와 연공서열간의 갈등	유인(incentive)

주 : 목표 전치(goal displacement) : 규칙과 규정은 조직의 목표달성을 위한 수단이나 이것을 너무 강조하다 보면 그 자체가 목표인 것처럼 여기게 되는 현상(수단의 목적화). 예 : 학습지도안의 작성(효과적인 수업 : 결재)

출처 : Hoy & Miskel(2008 : 94)

관료제에 대한 비판

관료제에 대한 비판도 많이 제기되었는데, 신유근(1991)은 첫째, 관료제는 경직되고 정적이며 비탄력적이라는 점, 둘째, 질서, 예측가능성, 합리성을 중시함으로써 기계적인 모형이라고 불리며, 인간을 생산요소나 생산을 위한 한 수단으로 여겨 무시하였고, 개인을 조직에 종속시켰다는 점, 셋째, 조직이 분화하여 많은 단위로 나뉘어질 때 각 단위는 조직 전체의 목표보다는 각 단위의 목표를 우선적으로 달성하려 한다는 점, 넷째, 조정과 전문화의 이점을 살리기 위해서는 관료제는 활동이나 인간을 엄격하게 구분하여야 한다는 점, 다섯째, 통제의 비용이 들고 구성원들의 심리적 불안을 야기시킨다는 점을 들고 있다.

Hoy와 Miskel(2008 : 97-103)은 비공식조직에 대한 경시, 관료적 모형의 이중구조, 여권주의자들의 비판이라는 세 가지 관점에서 접근하고 있으며, 남정걸(2009 : 89-91)은 비공식조직의 간과, 교원의 전문성 잠식, 여성의 입지 무시, 탈근대주의자들의 비판을 통해 관료제의 문제점을 지적하고 있다. 이 지적에 의하면 관료제는 모든 공식조직에 자생적으로 형성되는 비공식조직의 여러 측면, 즉 비공식적 역할과 규범, 가치관, 지도자, 공식조직에의 불만자 등을 간과하거나 무시하였으며, 분업에 의한 전문화(자기가 맡은 일에 대한 반복적 숙련)와 전문직은 다르다는 점(관료제와 전문직의 이중구조)과 관료제의 여러 원칙이 능력 있는 여성을 남성과 동등하게 대우하거나 보상하지 않는다고 보고 있다. 그리고 관료제의 집권적 구조는 창의성과 상호의존성을 무시하고 외부의 변화에 적응하지 못한다는 점, 계층적 구조와 규칙과 규정의 강조는 젊은이의 새로운 지식과 기술, 아이디어를 무시하고 개인의 자율과 권한의 행사를 제한한다는 점, 경력 위주의 연공서열에 의한 직업의 안정성은 조직의 요구에 동조하고 충성케 한다는 점 등을 비판하고 있다.

2. Mintzberg의 구조이론

Mintzberg의 5가지 조직구조 형태

한편 Mintzberg(1979)는 5가지 조정기제(coordinating mechanism)[상호적응, 직접적 감독, 작업과정의 표준화, 산출의 표준화, 기술의 표준화]와 5가지 핵심부분(key parts)[운영핵심층, 전략적 고위층, 중간관리층, 기술구조층, 지원부서]을 결합하여 다음과 같은 다섯 가지 조직구조 형태를 제시하였다(Hoy & Miskel, 2008 : 114-122).

1) 단순구조(simple structure)

전략적 고위층이 핵심부분이며 직접적인 감독이 핵심적인 조정 장치이다. 중요한 의사결정권이 최고 행정가들에게 집중되어 있는 경향을 보이며 최고 행정가의 전문지식 및 기술, 상상력 및 열정에 크게 의존한다. 이 단순구조는 강압적, 전제적 때로는 카리스마적인 학교장에 의해 학교가 운영되며, 조직 성장 및 발전과정에서 나타나는 비교적 지속적인 형태로서 유일한 비관료적 구조이고 유기적인 성격을 갖고 있다.

2) 기계적 관료제(machine bureaucracy)

기술구조층이 핵심적인 부분이며 작업과정의 표준화가 핵심적인 조정 장치이다. 이 조직은 표준화된 책임, 기술적 자격, 공식적 의사소통 체계, 규칙과 규정 및 권위의 위계 등이 강조되는 베버형 관료제 구조다. 많은 공립학교 구조는 Minzberg가 지칭한 단순구조와 기계적 관료제 사이에 걸쳐 있는 단순 관료제(simple bureaucracy)이다.

3) 전문적 관료제(professional bureaucracy)

운영핵심층이 핵심부분이며 기술의 표준화가 핵심적인 조정 장치이다. 이 유형은 분권화와 표준화를 동시에 허용하는 구조로서 전문화가 핵심과정이 되며 실무를 맡은 전문가들의 지식과 기술에 의존한다. 전문적 관료제는 전문가들이 훈련과정에서 획득한 기술의 표준화에 의존함으로써 간접적인 조정이 이루어지고 행정구조는 상대적으로 덜 위계화되어 있다. 권력의 상당부분이 운영 핵심의 전문가들에게 위임되며 전문가들은 업무수행상 동료들과 이완적인 관계를 유지한다.

4) 사업부제(divisionalized form)

분업화된 형태로서 중간관리층이 핵심부분이며 산출의 표준화가 핵심적인 조정 장치이다.

5) 애드호크러시(adhocracy)

임시조직으로서 지원부서가 핵심부분이며 상호조정이 핵심적인 조정 장치이다.

제4절 학교조직의 성격

1. 학교조직의 구조 및 특성

조직구조 : 의식구조

오늘날의 학교는 규모의 거대화, 조직과 기능의 복잡화, 행정업무의 증가, 상급 교육행정기관의 일선학교에 대한 간섭과 압력의 증가 등으로 인해 관료적 경향을 강하게 띠고 있으며, 관료제라는 조직구조 속에서 일하는 교원들은 전문직 종사자들로서 그 의식구조면에서는 전문적 경향이 매우 강하다. Sergiovanni와 Starratt(1979 : 50-54)는 Hage의 이론을 기초로 구조-조직적 수단의 4가지(복잡성, 집중성, 형식성, 계층성)와 기능-조직적 목표의 4가지(생산성, 능률성, 적응성, 직무만족)의 8가지 변인을 관련지어 관료제 지향의 학교와 전문성 지향의 학교를 구분하였다.

관료제 지향의 학교 & 전문성 지향의 학교

여기서 관료제 지향의 학교(bureaucratically oriented school)는 집중성, 형식성, 계층성, 생산성, 능률성을 중심으로 구성되고 전문성 지향의 학교(professionally oriented school)는 복잡성, 적응성, 직무만족을 중심으로 구성된다고 보았다.

한편 Hoy와 Miskel(2008 : 104-106)은 Hall의 6가지 관료적 구조의 특성을 토대로 네 가지의 학교조직 구조의 유형을 제시하였다(표 3-4, 그림 3-2 참조). 이 네 가지 조직유형을 간단히 설명하면 다음과 같다.

Hoy와 Miskel의 학교 조직구조 유형

① 베버형 구조(weberian structure) : 전문화와 관료화가 상호보완적인 관계에 있는 구조로서, 이 유형은 Weber가 기술한 이상형(ideal type)과 유사하다.

베버형

② 권위주의형 또는 전제형 구조(authoritarian structure) : 이 유형은 전문화는 낮고 관료화는 높은 형태의 조직으로서 관료적 권위가 강조되며, 권위는 직위 및 위계에 기초한다. 규칙, 규정 및 명령에 대한 훈련된 복종은 조직운영의 기본원리가 되고, 권력은 집중되며 위에서 아래로 내려간다.

전제형

규칙과 절차는 몰인정적으로 적용되며 상급자가 늘 최종결정을 한다. 전형적으로 조직과 상급자들에게 충성을 해온 사람들이 행정직으로 승진을 한다. 여러 면에서 이 권위주의형 구조는 Gouldner가 기술한 처벌중심적 관료제와 유사하다.

③ 전문형 구조(professional structure) : 이 유형은 전문화는 높고 관료화는 낮은 형태의 조직으로서 실질적인 의사결정이 전문직원에게 위임된다. 직원들은 조직의 중요한 의사결정을 할 수 있는 전문성과 능력을 가진 전문가로 간주된다.

전문형

표 3-4 학교상황에서의 합리적 조직의 두 가지 유형

[조직특성]	[조직형태]
권위의 위계 규칙 절차의 상세화 비정성	관료적
기술적 능력 전문화	전문적

출처 : Hoy & Miskel(2008 : 105)

		전문적 형태	
		높음	낮음
관료적 형태	높음	베버형	권위주의형
	낮음	전문형	혼란형

[그림 3-2] 학교조직 구조 유형

출처 : Hoy & Miskel(2008 : 105)

규칙과 절차는 동일하게 적용되는 엄격한 양식이라기보다는 오히려 안내서(guides)와 같은 기능을 한다. 교사들은 조직의 의사결정과정에서 보다 많은 권력을 갖는다.

혼란형

④ 혼란형 또는 무질서형 구조(chaotic structure) : 전문화와 관료화가 모두 낮은 형태의 조직으로서, 혼란과 갈등이 일상적인 조직운영의 특징이 된다. 부조화(모순), 반목 및 비효과성이 조직전반에 퍼져 있다. 불가피하게 다른 조직 유형의 하나로 이동하도록 압력이 가해진다.

학교조직의 특성

Sergiovanni와 Carver(1980 : 163-164)는 학교조직의 특성으로 ① 학교는 전문성 지향의 조직이라는 점, ② 학교의 고객인 학생이 학교선택권과 서비스를 결정할 선택권이 없다는 점, ③ 학교가 받는 재정지원의 양이 지방의 부(富)나 학생 수에 의존한다는 점, ④ 학교는 목표모호성(goal ambiguity)으로 고통을 받는다는 점, ⑤ 학생은 특수하면서도 이중적인 지위를 가지고 있다는 점, 즉 학생은 학교가 제공하는 서비스의 소비자이지만 제공되는 교육적 서비스의 성격에 대해 발언권이 거의 없다는 점을 제시하였다.

정태범 등(1995 : 164-165)은 ① 학교조직의 목적은 인간육성으로 그 성격은 지 · 정 · 의의 다면적이며 추상적 · 고차적 · 통합적인 것이다. ② 학교조직은 미성년자인 학생조직과 성년인 교사집단으로 구성되어 있어 다른 조직에 비해 대조되는 이원적 집단구조를 갖는다. ③ 교육과정면에서 보더라도 수행될 과업이나 그 실제인 수업활동은 교사 나름대로 각기 달라질 수 있어 그 관리가 표준화되기 어려운 점이 많다. ④ 수업의 전개과정에서 어떤 절차나 적용기법이 효과적인가는 모두 교사의 주관적인 판단에 의존한다. ⑤ 학습성과의 산출인 '교육된', '길러진', 지적, 정의적 특성들도 양적 또는 가시적 · 획일적으로 측정 · 평가되기 어려운 점이 많다는 점을 학교조직의 특성으로 설명하고 있다. 한편 백현기(1976)는 학교조직을 ① 변화 속도가 느린 조직, ② 목표가 분명하지 않은 조직, ③ 성인집단과 학생집단이 공존하는 전문적 기관, ④ 환경의 영향을 많이 받는 조직이라고 보고 있다.

이상에서 살펴본 바와 같이 학교조직은 크게 관료적 성격, 전문적 성격, 독자적 성격을 갖고 있다. 이러한 세 측면을 좀 더 구체적으로 설명하면 다음과 같다.

2. 전문적 관료제

학교조직의 관료적 성격

학교조직은 Weber의 관료제의 특성을 공유하고 있다. 즉, 교사자격증 제도와 복수교감제, 교수(teaching)조직 등을 통한 분업과 전문화의 구현, 교장-교감-보직교사-교사로 이어지는 수직적 위계에 따른 권한과 직위의 배분, 규칙과 규정(각종 법령, 복무지침, 업무편람, 내규 등)을 통한 행동의 규제, 각종 장부와 문서 중심의 문서주의, 경력 중시의 승진제도, 신분과 정년의 보장 등은 관료적 성격을 뒷받침한다. 그러나 학교조직은 ① 교사들이 교과전문가라는 점, ② 교사들의 직무는 학생을 교육하는 것이라는 점, ③ 교사들의 활동은 교실 내에서 많은 자율권을 행사한다는 점에서 순수한 관료제와는 구별된다.

학교조직의 전문적 성격

또한 교직은 전문직이라는 점에서 전문직의 8가지 특성들(Lieberman, 1956 : 2-6)이 교직에도 적용된다고 볼 수 있다. 다만 전문직의 특성 중, 장기간의 전문적인 훈련과 광범위한 자율권의 행사는 교직을 전문직으로 규정하는 데에 논란이 되고 있는 부분이다.

이중구조

학교는 조직구조면에서는 관료제가 지배하고 있으나 그 내부적인 측면, 즉 의식구조면에서는 전문직 종사자들의 전문적 가치가 중시되기 때문에 관료적 기대와 전문적 가치 사이의 상충과 갈등은 불가피하다. 예를 들면, 충성의 대상이 누구인가?라는 질문에 충성의 대상이 학교장이나 재단이라고 보는 경우와 학생이라고 보는 경우는 가치지향에서 차이를 보이기 때문이다. 학교조직의 관료화와 교사들의 전문성은 계속 증가하고 있기 때문에 이러한 갈등은 계속될 것 같다(Hoy & Miskel, 2008 : 126). 따라서 학교조직은 단순한 관료제로서 설명하기에는 한계가 있고 관료적 성격과 전문적 성격이 혼합된 '전문적 관료제'로 보는 것이 보다 더 타당할 것이다.

3. 조직화된 무정부(무질서)

조직화된 무정부 모형

학교조직의 특수한 한 측면은 Cohen, March, 그리고 Olsen(1972 : 1-18)이 개념화한 '조직화된 무정부'(organized anarchies) 모형으로 설명될 수 있다. 이러한 조직은 불분명한 목표(goal ambiguity or problematic preference), 불명료한 기술(unclear technology), 유동적 참여(fluid participation)를 특징으로 한다. 학교는 하나의 조직으로서의 체계를 갖추고 있으나 그 내부의 모습은 목표, 기술, 참여의 측면에서 매우 혼란스럽고 무질서하다는 데에 착안하여 '무정부'라는 표현을 사용하였다.

1) 불분명한 목표

교육조직의 목표는 구체적이지 못하고 모호하며 추상성이 강하다. 또한 이러한 목표는 수시로 변하며 목표 간의 상충과 교사, 학생, 학부모 집단 간에 목표에 대한 해석상의 차이도 존재한다. 따라서 교육의 방향을 분명하게 설정하기가 어렵다는 한계가 있다.

2) 불명료한 기술

교육목표를 달성하는 데 있어서의 방법과 기술이 불명료하다. 교육조직에서는 아주 다양한 기술이 활용되지만 그것이 학생들의 학업성취에 어떠한 효과를 가져올 지에 대해서는 확신하기 어렵다. 교실에서 상이한 교수방법과 기술을 가지고 학생들을 가르칠 때 어느 것이 더 효과적인 지를 판단하기도 쉽지 않다.

3) 유동적 참여

교육조직에서의 참여는 유동적이다. 학생들은 입학 후 일정기간이 지나면 졸업한다. 교사와 행정가도 때때로 이동하며(전보 발령), 학부모와 지역사회 관계자 등도 필요시에만 참여한다. 의사결정에의 참여도 일관되게 이루어지는 것이 아니라 형편에 따라 유동적으로 이루어지기 때문에 누가 참여하느냐가 중요하게 작용한다.

4. 이완결합체제(loosely coupled system)

이완결합으로서의 학교조직

Weick(1976 : 1-19)은 조직의 요소들이 견고하게 결합되어 있는 일반적인 이미지와 달리 느슨하게 결합(loose coupling)되어 있는 측면을 주목함으로써 학교조직을 이해하는 새로운 관점을 소개하였다. 학교의 체제를 이완체제로 보는 것은 무정부 상태 조직의 세 가지 특성에다 조직과 환경과의 상호작용 관계를 중시하는 개방체제적인 관점을 더한 것이라고 할 수 있다(남정걸, 2009 : 115).

결합과 이완의 개념

Weick은 결합(coupling)의 개념을 connection, link(연결, 연계), interdependence(상호의존)와 동의어로 보았으며, 이완(loose)의 개념을 circumscribed(제한적인), infrequent(빈번하지 않은), weak(약한), unimportant(중요하지 않은), slow to respond(반응이 느린)로 파악하였다. 즉 교장실의 교장과 상담실의 상담교사와의 관계는 어느 정도 연결은 되어 있지만 각자는 나름대로의 정체성(identity)을 가지고 있으며 상호간에 제한적이고, 빈번하지도 않고, 영향력이 약하고, 중요하지 않고, 서로 반응이 느리고 물리적 또는 논리적으로 분리(separateness)되어 있다고 보았다.

이완결합체제로서의 학교조직의 특수성

남정걸 등(1995 : 72-73)은 이완결합체제로서의 학교조직의 특수성을 다음과 같은 다섯 가지로 설명하고 있다.

① 교육조직에서 이루어지는 다양한 과업이나 활동들은 약하게 연결되어 있으며, 단위 부서들은 분리되어 독자적인 역할과 기능을 수행한다.

② 한 부분의 성공이나 실패가 다른 부분의 성공이나 실패와 별로 연결되지 않는다.

③ 교원의 직무수행에 대한 엄격하고 분명한 감독이나 평가방법이 없다.

④ 학교에서는 활동과 그 결과가 분리되어 있다.

⑤ 교육조직에서의 제반 계획은 지속적으로 연계되어 추진되기보다는 단절적이다.

신뢰의 논리

이중조직

이러한 이완결합으로서의 체제는 교수(teaching) 분야에서의 교사의 전문적 자율성과 전문적 판단을 존중하고 결합된 사건(coupled events)간의 신뢰의 논리(예 : 교장과 교실에서 수업 중인 교사)를 충족시켜 준다는 장점을 가지고 있다. 그러나 비교수(non-teaching)분야의 활동(예 : 교사의 채용, 성적평가, 출결관리, 회계관리 등)은 엄격하게 통제되고 견고하게 결합된 형태로 이루어진다는 점에서 그 이론적 설명의 한계를 갖는다. 따라서 학교조직은 견고하게 결합된 형태와 이완적 결합의 형태가 혼합된 이중조직으로 설명할 수 있다.

끝으로 우리나라 일선학교의 교무업무조직과 다면적 성격을 갖는 학교조직의 구조틀을 예시한 자료는 [그림 3-3]에 제시하였다.

[그림 3-3] 학교조직의 다기능적 구조틀(예시)

출처 : 이형행 · 고전(2001 : 115)

제5절 우리나라의 교육행정조직

세계의 대부분의 나라들은 교육행정을 실시하기 위한 조직체계를 갖추고 있으며, 그 체계는 크게 중앙교육행정조직과 지방교육행정조직으로 구성되어 있다. 우리나라는 교육부 → 시·도 교육청 → 시·군·구 교육지원청 → 단위학교로 연결되는 교육행정체제를 이루고 있으며, 1991년 이후 본격적인 지방화시대가 전개되면서 종전의 과도한 중앙집권에서 지방분권으로의 행정권의 이양이 이루어지고 있다. 서구 선진국에 비해 우리나라는 교육행정기관의 관료적 색채가 아직도 많이 남아 있고 교육행정이 전문가에 의해 행사되는 정도도 미약하다.

지역주민의 요구에 따라 해당 지역의 특색에 맞는 교육정책을 수립하여 실천하고 교육의 정치적 중립을 지키기 위해서는 현행대로 교육감 직선제를 유지해야 한다고 강조하고 있으나, 현재 깜깜이 선거 논란(시민들의 관심 저조), 교육행정 이원화에 따른 비효율 문제, 교육감 선거 비용의 과다 등의 문제점이 발생되고 있어, 국민 합의를 거쳐 선거공영제를 시행해야 한다며 직선제 개선 방안에 대한 논의가 정치권과 언론계 및 학계를 중심으로 활발히 진행되고 있다. 여기서는 우리나라 교육행정조직을 중앙과 지방으로 나누어 고찰하고자 한다.

1. 중앙교육행정조직

1) 대통령과 국무회의 및 국무총리

지휘권한체계

우리나라 중앙교육행정조직은 교육부가 핵심이지만 그 범위를 확대하여 대통령-국무총리-교육부장관 등으로 이어지는 지휘 권한 체계를 이해할 필요가 있다. 왜냐하면 중앙교육행정의 권한체계는 헌법과 정부조직법에 규정되어 있고 교육부는 헌법과 정부조직법상 국가행정 조직체제의 한 하위체제(subsystem)로 볼 수 있기 때문이다. 또한 중앙의 교육행정은 교육관계법령을 심의하고 제정하는 국회(교육문화체육관광위원회)의 영향도 중요하게 고려되어야 할 것이다.

대통령

헌법 제66조 ④항에 "행정권은 대통령을 수반(首班)으로 하는 정부에 속한다"라고 되어 있고, 동법 제78조에 "대통령은 헌법과 법률이 정하는 바에 의하여 공무원을 임면한다"고 되어 있다. 이러한 법 규정에서 알 수 있는 바와 같이 대통령은 행정부의 최고 수반으로서 교육행정을 포함한 모든 국가행정권의 정점에 위치하고 있다. 교육행정에 관한 대통령의 주요 권한으로는 첫째, 교육에 관한 대통령령의 발포(헌법 제75조), 둘째, 긴급처분과 명령(헌법 제76조), 셋째, 주요 교육공무원의 임면(헌법 제78조), 넷째, 국무회의 의장으로서 교육정책 심의에 영향력 행사(헌법 제88조 및 정부조직법 제12조 ①항), 다섯째, 중앙행정기관의 장에 대한 지휘 · 감독(정부조직법 제11조 ①항) 등을 들 수 있다.

국무회의

헌법 제88조에는 ① 국무회의는 정부의 권한에 속하는 중요한 정책을 심의한다. ② 국무회의는 대통령, 국무총리와 15인 이상 30인 이하의 국무위원으로 구성한다. ③ 대통령은 국무회의의 의장이 되고, 국무총리는 부의장이 된다고 규정하고 있다. 국무회의는 대통령과 국무총리 그리고 국무위원으로 구성되는 합의제기관으로서 정부의 권한에 속하는 중요한 정책을 심의하는 최고정책심의기관이다. 국무회의의 심의 사항 중 교육행정과 관련된 것을 제시하면 다음과 같다(헌법 제89조).

① 국정의 기본계획과 정부의 일반정책
② 예산안, 결산, 국유재산 처분의 기본계획, 국가의 부담이 될 계약, 기타 재정에 관한 주요 사항
③ 행정 각부간의 권한의 획정
④ 정부안의 권한의 위임 또는 배정에 관한 기본계획
⑤ 국정처리 상황의 평가, 분석

⑥ 행정 각부의 중요한 정책의 수립과 조정
⑦ 정부에 제출 또는 회부된 정부의 정책에 관계되는 청원의 심사
⑧ 국립대학교 총장 및 기타 법률이 정하는 공무원의 임명
⑨ 기타 대통령, 국무총리 또는 국무위원이 제출한 사항

국무총리

한편 국무총리는 국무회의의 부의장으로서 국무회의를 통해 교육부에 영향력을 행사할 수 있고(헌법 제88조 3항), 대통령을 보좌하며 행정에 관하여 대통령의 명을 받아 행정 각부를 통할하는 권한(헌법 제86조 ②항 및 정부조직법 제16조 ①항)을 가지고 있다. 권위주의 정부시절 국무총리는 '대독(代讀) 총리'라는 오명이 붙을 정도로 그 권한이 미약하였으나 노무현 정부에서는 국무총리의 권한을 강화하여 국무위원 제청권(헌법 제94조)을 실질적으로 부여하기도 하였다.

이상에서 살펴본 바와 같이 우리나라 대통령과 국무총리는 국무회의의 의장과 부의장으로서 교육정책에 관한 중요한 사항들을 심의하는 가운데 지시하고 조정하는 역할을 담당하게 된다. 이 과정에서 교육정책 전반에 대한 대통령의 발언권(발언권의 무게)과 영향력은 매우 크다고 볼 수 있다.

2) 교육부 및 교육부장관

교육부

중앙교육행정조직의 핵심

앞에서도 언급한대로 중앙교육행정조직의 핵심은 교육부이다. 교육부는 교육행정의 중추적 기능을 담당하며 교육관계 법령과 대통령의 지시 · 명령 및 국무회의의 결정에 따라 국가의 교육에 관한 정책을 입안하고 집행하는 최고의 교육행정기관이다(남정걸, 2009 : 127-128).

교육부는 정부조직법 제26조에 의한 행정 각부의 하나로서 교육부와 그 소속기관 직제(2013. 3. 23. 일부 개정)에 따라 인적자원개발정책, 학교교육, 평생교육, 학술에 관한 사무를 관장(제3조)하도록 규정되어 있다.

교육부의 직제 변천

현재의 교육부는 정부수립 직후인 1948년 11월 4일 문교부직제에 의거 문교부로 창설되어 1990년까지 존속하다가 문교부직제와 정부조직법의 개정으로 1991년 1월 1일부터 교육부로 명칭이 바뀌었으며, 다시 정부조직법

의 개정에 의해 2001년 1월 1일부로 교육인적자원부로 개편되고 장관은 부총리로 승격되었다. 2008년 2월 29일 정부조직법이 개정되어 종래의 교육인적자원부와 과학기술부를 통폐합하여 2009년 3월 1일부로 교육부로 개편하였으며 장관 1명과 장관을 보조하는 차관 2명을 두도록(정부조직법 제22조 ②항) 하였다.

그 후 2013년 3월 23일 정부조직법이 또다시 개정되어 종래의 교육과 과학기술 업무를 담당하던 교육부는 다시 교육부로 명칭이 바뀌었으며(종전의 과학기술 업무는 신설된 미래창조과학부가 담당함), 장관 1명과 장관을 보조하는 차관 1명을 두도록 하였다(정부조직법 제29조 ②항).

또한, 2014년 11월 19일 2차 정부조직법 개편으로 교육부장관이 겸임하는 교육 · 사회 · 문화 부총리제도를 신설하였다(정부조직법 제19조 ①항 · ③항, 제19조 ⑤항 신설). 2015년 3월 현재의 교육부 조직도는 [그림 3-4]에 제시하였다.

교육부장관

교육부장관은 인적자원개발정책, 학교교육, 평생교육, 학술에 관한 사무를 관장(정부조직법 제 28조 ①항)하도록 되어 있으며, 대통령의 임명에 의해 업무를 관장하는 정무직 공무원으로서 독임제 집행기관의 성격을 갖는다.

교육부장관의 평균재임기간

교육부장관은 국민 누구나가 이해당사자라는 교육의 특성과 정치적 외풍을 많이 받는 자리라는 점에서 그 장관직을 오래 유지하기가 매우 힘들었던 것이 사실이다. 정부의 17개 행정부서 가운데 가장 자주 바뀌는 장관이 행정자치부(과거의 내무부), 국방부, 교육부장관이라는 점을 감안하면 '교육은 국가백년지대계'라는 것이 무색할 정도로 교육부장관의 재임기간이 문제시되고 있다.

교육부의 자료(www.moe.go.kr)를 토대로 이를 분석해 보면(표 3-5 참조), 초대 안호상 장관에서부터 56대 현 황우여 장관에 이르기까지의 평균재임기간은 약 1년 2개월(14.4개월)로 나타나고 있으며, 최장수 장관은 제5공화국(전두환 정권) 시기의 이규호 장관으로 3년 4개월 23일을 재임하였고 최단명 장관은 참여정부(노무현 정권) 시절의 이기준 장관으로 5일을 재임한 것으로 되어 있다. 제2공화국의 윤택중 장관(16일 재임), 김대중 정부의 송자 장관(23일 재임), 참여정부의 김병준 장관(18일 재임) 등은 1개월 미만의 장관직을 수행하기도 하였다.

교육부 조직도

조 직			
차관보	실	국 · 관	과(담당관)
1	3	4 · 10	51

※ '온종일돌봄체계현장지원단' 및 '지방교육자치강화추진단' 제외

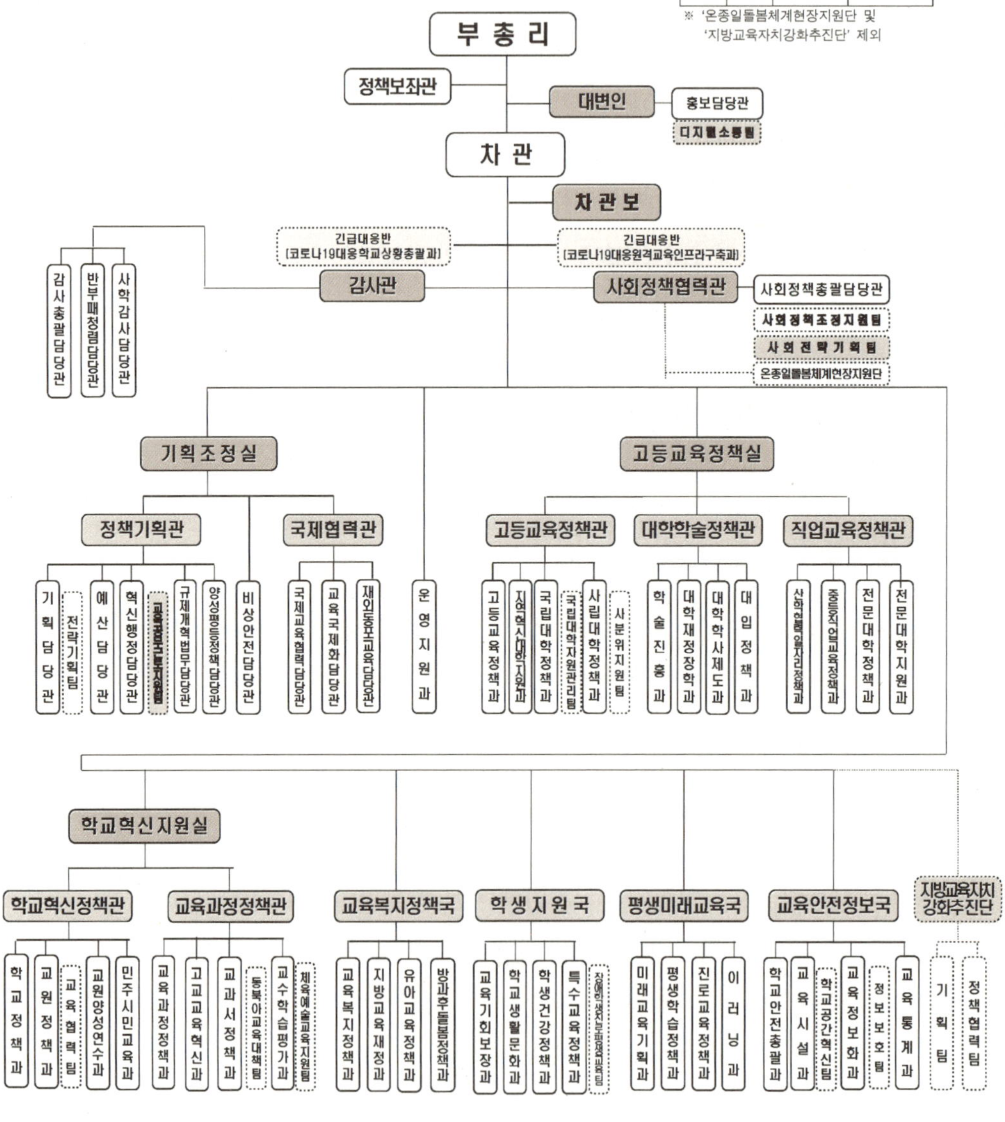

[그림 3-4] 교육부 조직도(2020. 7. 현재)

출처 : 교육부(www.moe.go.kr)

교육부 장관의 재임기간과 교육정책의 안정성과 일관성

교육부장관의 재임기간을 중요하게 보는 것은 장관의 재임기간과 교육정책의 일관성이 깊은 관련을 맺고 있기 때문이다. 이는 장관이 자주 교체됨으로 인하여 교육정책의 안정성과 지속성이 결여되고 국민들의 교육정책에 대한 신뢰가 무너지기 때문일 것이다. 실제로 역대 교육부장관들의 이력은 매우 화려하였으나(주로 명문대 총장이나 저명 교수출신, 4~6선 국회의원 등) 그 화려한 이력만큼 교육현안을 제대로 해결하지 못하였고 교육현장에 의미 있는 변화를 가져오지 못하였다. 교육부장관은 임기가 정해져 있지 않은 정무직 공무원이기 때문에 사안이 불거질 때마다 대통령 자신이 임명한 장관을 교체함으로써 정치적 위기를 벗어나는 것이 지금까지의 일반화된 관행이라고 볼 때, 대통령의 인사상의 난맥을 시정하는 것과 대통령의 교육에 대한 철학 또는 비전이 매우 중요한 과제임을 알 수 있다.

표 3-5 우리나라 교육부장관의 재임기간(1948. 8.- 2020. 7. 현재)

代	장관 명	재임기간	비 고
1	안호상	1948. 8. 3 – 1950. 5. 3	제1공화국 내각
2	백낙준	1950. 5. 4 – 1952. 10. 29	
3	김법린	1952. 10. 30 – 1954. 4. 20	
4	이선근	1954. 4. 21 – 1956. 6. 7	
5	최규남	1956. 6. 8 – 1957. 11. 26	
6	최재유	1957. 11. 27 – 1960. 4. 27	
7	이병도	1960. 4. 28 – 1960. 8. 22	과도 내각
8	오천석	1960. 8. 23 – 1961. 5. 2	제2공화국 내각
9	윤택중	1961. 5. 3 – 1961. 5. 19	
10	문희석	1961. 5. 20 – 1962. 1. 8	군사정부/최연소장관
11	김상협	1962. 1. 9 – 1962. 10. 14	
12	박일경	1962. 10. 15 – 1963. 3. 15	
13	이종우	1963. 3. 16 – 1963. 12. 16	
14	고광만	1963. 12. 17 – 1964. 5. 10	제3공화국 내각
15	윤천주	1964. 5. 11 – 1965. 8. 26	
16	권오병	1965. 8. 27 – 1966. 9. 25	
17	문홍주	1966. 9. 26 – 1968. 5. 20	
18	권오병	1968. 5. 21 – 1969. 4. 10	장관 2회 역임
19	홍종철	1969. 4. 11 – 1971. 6. 3	
20	민관식	1971. 6. 4 – 1974. 9. 17	고교평준화 시행

21	유기춘	1974. 9. 18 – 1976. 12. 3	제4공화국 내각
22	황산덕	1976. 12. 4 – 1977. 12. 19	
23	박찬현	1977. 12. 20 – 1979. 12. 13	
24	김옥길	1979. 12. 14 – 1980. 5. 21	
25	이규호	1980. 5. 22 – 1983. 10. 14	제5공화국 내각/최장수
26	권이혁	1983. 10. 15 – 1985. 2. 18	
27	손제석	1985. 2. 19 – 1987. 7. 13	
28	서명원	1987. 7. 14 – 1988. 2. 24	
29	김영식	1988. 2. 25 – 1988. 12. 4	제6공화국 내각
30	정원식	1988. 12. 5 – 1990. 12. 26	
31	윤형섭	1990. 12. 27 – 1992. 1. 22	교육부로 명칭변경
32	조완규	1992. 1. 23 – 1993. 2. 25	
33	오병문	1993. 2. 26 – 1993. 12. 21	문민정부(김영삼)
34	김숙희	1993. 12. 22 – 1995. 5. 12	
35	박영식	1995. 5. 16 – 1995. 12. 20	
36	안병영	1995. 12. 21 – 1997. 8. 5	
37	이명현	1997. 8. 6 – 1998. 3. 2	
38	이해찬	1998. 3. 3 – 1999. 5. 24	국민의 정부(김대중)
39	김덕중	1999. 5. 24 – 2000. 1. 14	
40	문용린	2000. 1. 14 – 2000. 8. 7	
41	송 자	2000. 8. 7 – 2000. 8. 31	
42	이돈희	2000. 8. 31 – 2001. 1. 29	
43	한완상	2001. 1. 29 – 2002. 1. 29	초대부총리겸 교육인적자원부장관
44	이상주	2002. 1. 29 – 2003. 3. 6	
45	윤덕홍	2003. 3. 7 – 2003. 12. 24	참여정부(노무현)
46	안병영	2003. 12. 24 – 2005. 1. 4	장관 2회 역임
47	이기준	2005. 1. 5 – 2005. 1. 10	최단명 장관
48	김진표	2005. 1. 28 – 2006. 7. 21	경제부총리 출신 장관
49	김병준	2006. 7. 21 – 2006. 8. 7	
50	김신일	2006. 8. 31 – 2008. 2. 5	
51	김도연	2008. 2. 29 – 2008. 8. 5	이명박정부/교육부
52	안병만	2008. 8. 6 – 2010. 8. 30	
53	이주호	2010. 8. 30 – 2013. 3. 10	
54	서남수	2013. 3. 11 – 2013. 3. 22	교육부 차관 겸임/정부조직법 미확정
55	서남수	2013. 3. 23 – 2014. 7. 17	박근혜정부/교육부
56	황우여	2014. 8. 8 – 2016. 1. 13	사회부총리겸 교육부장관
57	이준식	2016. 1. 14 – 2017. 7. 4	사회부총리겸 교육부장관
58	김상곤	2017. 7. 4 – 2018. 10. 2	문재인정부 부총리겸 교육부장관
59	유은혜	2018. 10. 2 ~ 현재	

출처 : 교육부(www.moe.go.kr)의 자료를 토대로 내용을 보완함.

대통령 선거공약

대통령 선거가 있을 때마다 등장하는 단골메뉴 중의 하나가 자신이 교육대통령이 되어 교육의 현안을 해결하겠다는 공약을 천명하는 것이었다. 그러나 저마다 가장 좋은 교육정책을 수립했다고 목소리를 높였어도 역대 대통령들 역시 교육의 현안을 제대로 해결한 경우가 없었고, 자신들이 임명한 장관들도 교육정책 전반에 큰 영향을 주는 경우가 많지 않았다(양정호, 2004 : 213)고 보고 있다.

특히 교육대통령이 되어 교육부장관과 임기를 같이 하겠다고 공약했던 김대중 전 대통령 자신도 장관을 7명이나 바꿨다. 미국의 클린턴(Clinton) 대통령이 연임에 성공하면서(8년 재임) 자신이 임명한 라일리(Railey) 교육부장관과 그 임기를 같이했던 경우는 우리에게 시사하는 바가 매우 크다고 하겠다.

교육부와 교육정책에 대한 비판

언론에서 보도하는 교육부나 교육정책에 대한 비판들을 보면, 문교지시부, 폭력교육부, 못된 시어머니, 백년무계, 일년대계, 탁상행정, 부실행정, 땜질식 정책, 오락가락 정책, 이벤트성 정책, 갈지(之)자 정책, 조령모개 정책 등으로 표현되고 있다. 아울러 진정한 교육개혁을 위해서는 먼저 교육부를 개혁해야 한다고 하여 교육부 해체론 또는 발전적 해체론 등이 거론되기도 하였다.

2. 지방교육행정조직

교육자치제

우리나라의 지방교육행정조직은 세계의 많은 민주주의 국가들과 마찬가지로 교육자치제를 기본으로 하고 있다. 우리나라 교육자치제는 헌법 제31조 ④항과 교육기본법상의 법 규정을 토대로 교육의 자주성, 전문성 및 정치적 중립성을 보장하고 지역의 특수성을 신장하는 것을 기본정신으로 하고 있다.

지방교육자치

「지방교육자치에 관한 법률」(법률 제12844호, 2014.11.19. 일부개정)에 의하면, 교육의 자주성 및 전문성과 지방교육의 특수성을 살리기 위하여 지방자치단체의 교육 · 과학 · 기술 · 체육 그 밖의 학예에 관한 사무를 관장하는 기관의 설치와 그 조직 및 운영 등에 관한 사항을 규정함으로써 지방교육의 발전에 이바지함을 목적으로 한다(제1조)고 규정하여 지방교육자치를 실시하는 목적을 분명히 하고 있다. 지방교육자치란 지방자치와 교육자치의 두 가지 요소가 포함된 것으로 이해할 수 있다.

교육에 관한 지방자치

교육자치란 교육에 관한 지방자치이므로 지방자치를 전제로 성립되는 개념이며 지방자치와의 연계 속에 실현된다(남정걸, 2009 : 130). 우리나라는 1952년에 교육자치제가 처음으로 실시되었으나, 지방자치가 실시되지 않은 상태에서의 교육자치제로 계속되다가 1991년 3월 8일에 「지방교육자치에 관한 법률」(법률 제4347호)이 제정·공포되면서 일반 지방자치(시·도 단위 및 시·군·구 단위)가 실시되고 그 해 7월 1일부터 교육자치제(시·도 단위)가 본격적으로 실시되게 되었다.

1) 교육자치제의 기본원리

(1) 주민자치의 원리

교육위원회제도

이 원리는 민주주의의 이념을 반영한 것으로 교육정책을 심의하고 의결하며 집행하는 과정에 어떤 형태로든지 다양한 배경을 가진 지역사회 주민의 대표가 참여할 수 있도록 제도적 장치를 마련하여야 한다는 것이다. 이 주민자치의 원리는 주민통제의 원리 또는 민중통제의 원리로 불리며 이 원리를 가장 구체적으로 구현하려는 제도가 바로 교육위원회 제도이다. 주민자치(아래에서 위로의 형태)는 단체자치(위에서 아래로의 형태)와 구별되며, 이 양자의 결합에 의해 지방자치가 성립된다고 본다.

주민자치와 단체자치

(2) 지방분권의 원리

이 원리는 중앙정부의 획일적이고 직접적인 통제와 지시를 지양하고 지방의 실정과 특수성을 고려하여 지방의 교육행정기관이 독자적·자율적·창의적으로 교육을 해야 한다는 것으로, 민주주의의 이념을 반영하고 있다. 이 지방분권의 원리는 교육자치를 실시함에 있어 지역 간의 다양성을 최대한으로 보장하

민주주의의 이념 반영

고 최소한의 통일성을 유지토록 하며 교육활동에 지역주민의 자율과 자치정신을 신장하도록 하여야 한다는 것이다.

(3) 일반행정으로부터의 분리·독립의 원리

이 원리는 교육의 독자성과 자주성 그리고 정치적 중립성을 확보하기 위하여 일반행정으로부터 교육행정이 분리·독립해야 한다는 것으로 자주성 존중의 원리라고도 한다. 이렇게 일반행정으로부터 분리·독립이 이루어지려면 교육재정의 독립과 교육인사행정의 자주성이 확보되어야 한다.

자주성 존중의 원리

(4) 전문적 관리의 원리

이 원리는 교육의 본질에 대한 깊은 이해와 교육행정에 관한 전문적 지식과 경험을 가진 전문가가 교육행정을 담당해야 한다는 것이다. 전문적 관리의 원리를 구체적으로 반영한 제도가 바로 교육감(장) 제도로서, 교육감(장)은 아무나 할 수 있는 것이 아니라 교육과 교육행정에 정통한 전문가가 담당해야 한다는 것이다.

교육감(장)제도

2) 우리나라 교육자치제의 전개과정

우리나라의 교육자치제는 해방 이후 미군정 하에서 논의하기 시작하여 1949년 교육법이 제정·공포되면서 교육자치제가 규정되었으나 한국전쟁(1950. 6. 25)으로 그 실시가 지연되어 오다가 1952년에 교육법 시행령이 마련되어 시·군 단위의 교육자치제가 실시되게 되었다. 그러나 5.16(1961) 군사 쿠데타로 인하여 교육자치제가 폐지되었다가 1964년에 시·도 단위의 교육자치제로 부활되었다. 1988년에는 대한민국 헌법에 규정된 지방자치의 정신을 바탕으로 시·도 단위의 교육자치제를 시·군·구까지 확대 실시토록 하였으나 지방의회가 구성되지 않은 관계로 형식적인 틀만을 갖춘 채 유지되어 오다가 1991년 3월에 「지방교육자치에 관한 법률」이 제정·공포되면서 진정한 의미의 지방교육자치시대를 맞게 되었다.

「지방교육자치에 관한 법률」(1991. 3. 8)

교육위원회의 위상

그 이후 2000년 1월에 「지방교육자치에 관한 법률」이 개정되어 학교운영위원회 대표에 의해 선출되던 교육위원과 교육감 선거가 각급 학교운영위원 전원으로 구성된 선거인단에서 선출하도록 변경되었다. 2006년 12월 20일 「지방교육자치에 관한 법률」(전부개정)이 다시 개정되어 교육위원회가 시·도 의회의 상임위원회의 하나가 되었고, 시·도 의회의원과 교육의원으로 구성되게 되었다.

결국 종전의 위임형 의결기관(전심의결)으로서의 교육위원회는 유명무실하게 되었고 정당을 배경으로 정치적 색채가 강한 시·도 의회에서 의결이 이루어지게 되어 정치적 중립성이 훼손되는 문제점도 안게 되었다. 이와 함께 2010년 지방자치법 개정 과정에서 2014년 6.4 지방선거부터 교육의원제도를 폐지하기로 했으나, 교육자치를 말살한다는 주장이 있어 찬반 여론이 팽팽했었다.

교육위원 일몰제

교육의원제 폐지가 보수와 진보를 가리지 않고 모든 교육 관련 단체들의 반발을 샀던 사안이지만, 교육의원 일몰제 시행으로 2014년 3월 11일 헌법재판소의 최종 판결로 2014년 6월 30일까지 유효했던 교육의원제도는 사실상 폐지되었다. 한편, 일몰제란 법률이나 각종 규제의 효력이 일정 기간이 지나면 자동적으로 없어지도록 하는 제도이다. 교육위원회 위원 정수는 〈표 3-6〉과 같다.

표 3-6 각 시·도별 교육위원회 위원 정수

시·도	교육위원회 위원 정수	시·도	교육위원회 위원 정수
서울특별시	13명	충청북도	6명
부산광역시	7명	충청남도	8명
대구광역시	5명	전라북도	7명
인천광역시	7명	전라남도	9명
광주광역시	5명	경상북도	9명
대전광역시	5명	경상남도	9명
울산광역시	6명	세종특별자치시	7명
경기도	15명	제주특별자치도	9명
강원도	8명	**계**	**135명**

출처: 법제처 국가법령정보센터(www.law.go.kr)

3) 현행 지방교육자치제

(1) 교육위원회

(설치 및 구성) 시 · 도의회에 교육 · 학예에 관한 의안과 청원 등을 심사 · 의결하기 위하여 상임위원회(이하 "교육위원회"라 한다)를 두며, 교육위원회의 구성은 시 · 도의회의원과 지방교육자치에 관한 법률 제10조 제2항에 따른 경력을 가진 사람으로 구성한다.

시 · 도 의회의 상임위원회

- 교육의원 일몰제로 인해 2014년 6월 30일부로 교육의원이 없어짐에 따라 교육의원에 관한 지방교육자치법 상의 조항은 새로운 법률개정이 이루어지기까지 그 효력이 정지됨
- 「지방교육자치에 관한 법률」(법률 제12844호, 2014.11.19)에는 교육의원 일몰제에도 불구하고 교육의원 관련 법률조항들이 종전대로 규정되어 있으나, 현재까지 교육의원 제도의 부활에 관한 법률 개정이 이루어진 바가 없어 교육의원과 관련한 모든 규정은 사실상 사문화됨

(의결사항) ① 교육위원회는 당해 시 · 도의 교육 · 학예에 관한 다음 각 호의 사항을 심의 · 의결한다.

교육위원회의 심의 · 의결 사항

- 조례안
- 예산안 및 결산
- 특별부과금 · 사용료 · 수수료 · 분담금 및 가입금의 부과와 징수에 관한 사항
- 기채안(起債案)
- 기금의 설치 · 운용에 관한 사항
- 대통령령으로 정하는 중요 재산의 취득 · 처분에 관한 사항
- 대통령령으로 정하는 공공시설의 설치 · 관리 및 처분에 관한 사항
- 법령과 조례에 규정된 것을 제외한 예산 외의 의무부담이나 권리의 포기에 관한 사항

- 청원의 수리와 처리
- 외국 지방자치단체와의 교류 · 협력에 관한 사항
- 그 밖에 법령과 시 · 도 조례에 따라 그 권한에 속하는 사항

② 제1항 제5호 내지 제11호에 규정된 사항에 대하여 행한 교육위원회의 의결은 시 · 도의회 본회의의 의결로 본다(이 조항도 2014년 6월 30일까지 유효함).

(선거) 교육의원의 선거는 주민의 보통 · 평등 · 직접 · 비밀선거에 따라 선출한다.

겸직 등의 금지 조항

(겸직 등의 금지) ① 교육의원은 다음 각 호의 어느 하나에 해당하는 직을 겸할 수 없다(개정 2011.7.21).

- 지방자치법 제35조 제1항 제1부터 제6호까지, 제8호 및 제9호에 규정된 직
- 사립학교법 제2조의 규정에 따른 사립학교(이와 동등한 학력이 인정되는 교육기관 또는 평생교육시설로서 다른 법령에 따라 설립된 교육기관 또는 평생교육시설을 포함한다)의 교원. 다만 고등교육법 제2조의 규정에 따른 학교(이와 동등 이상의 학력이 인정되는 교육기관 또는 평생교육시설로서 다른 법령에 따라 설립된 교육기관 또는 평생교육시설을 포함한다)의 조교수 이상의 교원을 제외한다.
- 사립학교경영자 또는 사립학교를 설치 · 경영하는 법인(이와 동등한 학력이 인정되는 교육기관 또는 평생교육시설로서 다른 법령에 따라 설립된 교육기관 또는 평생교육시설을 설치 · 경영하는 자를 포함한다)의 임 · 직원

(2) 교육감

교육감의 지위

(지위) ① 시 · 도의 교육 · 학예에 관한 사무의 집행기관으로 시 · 도에 교육감을 둔다.

② 교육감은 교육 · 학예에 관한 소관 사무로 인한 소송이나 재산의 등기 등에 대하여 당해 시 · 도를 대표한다.

(국가행정사무의 위임) 제19조 국가행정사무 중 시 · 도에 위임하여 시행하는

사무로서 교육·학예에 관한 사무는 교육감에게 위임하여 행한다. 다만, 법령에 다른 규정이 있는 경우에는 그러하지 아니한다.

교육감의 관장사무

(관장사무) 교육감은 교육·학예에 관한 다음 각 호의 사항에 관한 사무를 관장한다.

① 조례안의 작성 및 제출에 관한 사항
② 예산안의 편성 및 제출에 관한 사항
③ 결산서의 작성 및 제출에 관한 사항
④ 교육규칙의 제정에 관한 사항
⑤ 학교, 그 밖의 교육기관의 설치·이전 및 폐지에 관한 사항
⑥ 교육과정의 운영에 관한 사항
⑦ 과학·기술교육의 진흥에 관한 사항
⑧ 평생교육, 그 밖의 교육·학예진흥에 관한 사항
⑨ 학교체육·보건 및 학교환경정화에 관한 사항
⑩ 학생통학구역에 관한 사항
⑪ 교육·학예의 시설·설비 및 교구에 관한 사항
⑫ 재산의 취득·처분에 관한 사항
⑬ 특별부과금·사용료·수수료·분담금 및 가입금에 관한 사항
⑭ 기채(起債)·차입금 또는 예산 외의 의무부담에 관한 사항
⑮ 기금의 설치·운용에 관한 사항
⑯ 소속 국가공무원 및 지방공무원의 인사관리에 관한 사항
⑰ 그 밖에 당해 시·도의 교육·학예에 관한 사항과 위임된 사항

(임기) 4년으로 하며, 계속 재임은 3기에 한한다.

(선거) 교육감은 주민의 보통·평등·직접·비밀선거에 따라 선출한다.

(선거구) 시·도를 단위로 하여 선출한다.

(겸직의 제한) ① 교육감은 다음 각 호의 어느 하나에 해당하는 직을 겸할 수 없다.

- 국회의원·지방의회의원·교육의원
- 국가공무원법 제2조에 규정된 국가공무원과 지방공무원법 제2조에 규정

된 지방공무원 및 사립학교법 제2조의 규정에 따른 사립학교의 교원

- 사립학교경영자 또는 사립학교를 설치 · 경영하는 법인의 임 · 직원

② 교육감이 당선 전부터 제1항의 겸직이 금지된 직을 가진 경우에는 임기개시일 전일에 그 직에서 당연 퇴직된다.

정당 당원 조항

(후보자의 자격) ① 교육감후보자가 되려는 사람은 당해 시 · 도지사의 피선거권이 있는 사람으로서 후보자등록신청개시일로부터 과거 1년 동안 정당의 당원이 아닌 사람이어야 한다(개정 2010.2.26).

경력 조항

② 교육감후보자가 되려는 사람은 후보자등록신청개시일을 기준으로 다음 각 호의 어느 하나에 해당하는 경력이 3년 이상 있거나 다음 각 호의 어느 하나에 해당하는 경력을 합한 경력이 3년 이상 있는 사람이어야 한다(신설 2014.2.13).

- 교육경력 : 유아교육법 제2조 제2호에 따른 유치원, 초 · 중등교육법 제2조 및 고등교육법 제2조에 따른 학교(이와 동등한 학력이 인정되는 교육기관 또는 평생교육시설로서 다른 법률에 따라 설치된 교육기관 또는 평생교육시설을 포함한다)에서 교원으로 근무한 경력
- 교육행정경력 : 국가 또는 지방자치단체의 교육기관에서 국가공무원 또는 지방공무원 교육 · 학예에 관한 사무에 종사한 경력과 교육공무원법 제2조 제1항 제2호 또는 제3호에 따른 교육공무원으로 근무한 경력

(소환) ① 주민은 교육감을 소환할 권리를 가진다

② 교육감에 대한 주민소환투표사무는 제44조에 따른 선거관리위원회가 관리한다.

주민소환제

③ 교육감의 주민소환에 관하여는 공직선거법에서 규정한 사항을 제외하고는 그 성질에 반하지 아니하는 범위에서 주민소환에 관한 법률의 시 · 도지사에 관한 규정을 준용한다. 다만, 이 법에서 공직선거법을 준용할 때 주민소환에 관한 법률에서 준용하는 공직선거법의 해당 규정과 다르게 정하고 있는 경우에는 이 법에서 준용하는 공직선거법의 해당 규정을 인용한 것으로 본다(본조 신설 2010.2.26).

(공직선거법 및 정치자금법의 준용) 교육감선거에 관하여 공직선거법 및 정치자금법의 시·도지사 선거에 적용되는 규정을 준용한다.

(3) 부교육감

(보조기관) ① 교육감 소속하에 국가공무원으로 보하는 부교육감 1인(인구 800만 명 이상이고 학생 170만 명 이상인 시·도는 2인)을 두되, 대통령령이 정하는 바에 따라 국가공무원법 제2조의2의 규정에 따른 고위공무원단에 속하는 일반직공무원 또는 장학관으로 보한다.

부교육감의 임명

② 부교육감은 당해 시·도의 교육감이 추천한 자를 교육부장관의 제청으로 국무총리를 거쳐 대통령이 임명한다(개정 2008.2.29).

③ 부교육감은 교육감을 보좌하여 사무를 처리한다.

(4) 하급교육행정기관

지역 교육지원청의 관할지역

(하급교육행정기관의 설치) ① 시·도의 교육·학예에 관한 사무를 분장하기 위하여 1개 또는 2개 이상의 시·군 및 자치구를 관할지역으로 하는 하급교육행정기관(이하 교육지원청)을 둔다.

② 교육지원청의 관할구역과 명칭은 대통령령으로 정한다.

③ 교육지원청에 교육장을 두되 장학관으로 보하고, 그 임용에 관하여 필요한 사항은 대통령령으로 정한다.

④ 교육지원청의 조직과 운영 등에 관하여 필요한 사항은 대통령령으로 정한다.

교육장

(교육장의 분장 사무) 교육장은 시·도의 교육·학예에 관한 사무 중 다음 각 호의 사무를 위임받아 분장한다.

- 공·사립의 유치원·초등학교·중학교·공민학교·고등공민학교 및 이에 준하는 각종학교의 운영·관리에 관한 지도·감독
- 그 밖에 조례로 정하는 사무

(5) 지방교육에 관한 협의

(지방교육행정협의회의 설치) 지방자치단체의 교육·학예에 관한 사무를 효율적으로 처리하기 위하여 지방교육행정협의회를 둔다.

(교육감 협의체) 교육감은 상호 간의 교류와 협력을 증진하고, 공동의 문제를 협의하기 위하여 전국적인 협의체를 설립할 수 있다.

이상의 우리나라 현행 교육자치제의 기본 구조를 도식화하면 [그림 3-5]와 같다.

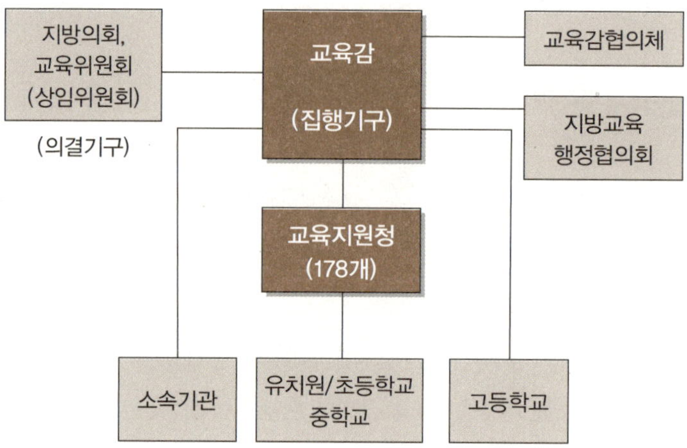

[그림 3-5] 현행 교육자치제의 기본 구조

출처 : 교육부(www.moe.go.kr)

(6) 교육감 선출방식(주민직선제)에 대한 대안 논의

교육감의 권한

교육감은 '지역의 교통령'(교육 대통령)이라고 불릴 정도로 인사와 재정 면에서 막강한 권한을 갖고 있다. 정부는 2006년까지 학교운영위원 전원을 선거인단으로 하는 간선제로 교육감을 선출하는 과정에서 각종 탈법과 불법이 만연하자 선거방식을 2007년부터 주민직선제로 바꾸게 되었다. 교육자치의 새로운 시대를 열 첫 주민직선에 의한 교육감 선출이 부산(2007.2.14)에서 실시되었으나 투표율이 15.3%에 머물렀다. 이어서 치러진 서울(15.4%), 경기도(12.3%)도 비슷한 결과를 보였고, 2007년 대선과 동시에 치러진 충북, 경남, 울산, 제주 교육감 선거에서는 투표율이 60%를 넘었지만 4곳 모두 기호 2번이 당선되어 교육감 선거에 대한 지역주민들의 관심이 낮았음을 알 수 있다.

주민직선제

서울시교육감의 경우, 141만 명의 유 · 초 · 중 · 고생 교육과 7만 7,000명 교원의 인사, 6조 3,000억 원의 예산권을 가지고 있고 국민 관심이 높은 고교 평준화, 특목고 · 자사고 설립, 학군조정 같은 교육정책도 좌지우지하는 자리(조선일보, 2010. 3.15)라고 볼 때, 주민들의 선거에 대한 무관심은 교육자치의 근간을 위협하고 직선제 무용론을 낳게 하였다. 여기에 공정택 전 서울시교육감과 곽노현 전 서울시 교육감이 교육비리와 선거과정에서의 상대후보 매수혐의로 구속되면서 직선제 무용론이 힘을 더 싣게 되었고 그에 따라 직선제에 대한 대안 논의가 학계와 언론계를 중심으로 활발하게 진행되게 되었다.

2014. 6. 4 전국동시 지방선거에서 시 · 도교육감 당선인 17명 중 진보교육감이 대거 당선되자(13명) 교육감 직선제 폐지론이 구체적으로 거론되었다.

주민직선제에 의한 교육감 선출의 문제점

주민직선에 의한 교육감 선출은 ① 정당추천을 받지 않기 때문에 선거 전반에 걸쳐 미숙한 점이 많고, ② 상대적으로 조직 관리도 허술하며, ③ 과도한 선거비용과, ④ 주민들의 무관심에 따른 낮은 투표율, ⑤ 정치권의 암묵적 개입, ⑥ 정치판으로 전락한 선거양상 등(울산매일, 2007.12.5)의 문제점이 지적되었으며, 진보교육감들이 내세운 혁신학교, 무상급식 전면도입, 학생인권조례 제정 등은 교육부와 정책적 갈등과 대립을 초래하는 등 교육계 전반에 지각변동을 가져오고 있다.

교육감 주민직선제에 대한 대안

이러한 상황에서 권혁운(2011 : 49-52)은 현행 교육감 직선제에 대한 개선 방안으로 현행 직선제 제도를 유지 · 보완하는 방안과 현행 직선제 제도를 개선하는 방안의 두 가지로 나누어 논의를 전개하고 있다. 그 구체적인 내용을 간략히 소개하면 다음과 같다.

- 현행 직선제 제도를 유지 · 보완하는 방안
  - 직선제 방식의 개선 : 선거 조직의 대폭 제한, 선거비용의 획기적 축소, 교육정책 토론회 등 미디어 선거 확대 등의 포함(교육감 선거에 관한 법률의 제정과 시행)/교육감 선거 시기의 조정
  - 시 · 도지사 러닝메이트제(교육감 후보와 시 · 도지사의 동반 입후보)

- 현행 직선제 제도를 개선하는 방안
  - 학교운영위원회 위원에 의한 간접 선출 : 종전의 부작용을 차단할 수 있는 제도적 장치의 마련 / 학교자치의 중요성
  - 교육관계자 전원에 의한 간접 선출

이러한 개선 방안 외에 시 · 도지사 임명제, 시 · 도의회 임명제, 단위학교 교육감 선출위원단제, 공개모집 초빙제, 제한적 직선제, 정당공천제, 정당표방제 등이 거론되고 있다.

끝으로 학습의 참고자료로 교육감 선출제도 연혁(표 3-7)과 교육의원(교육위원) 선출제도의 연혁에 관한 자료(표 3-8), 현행 교육감과 교육의원의 선출제도 현황(표 3-9), 서울특별시교육청의 조직도(그림 3-6)을 첨부하면 다음과 같다.

표 3-7 교육감 선출제도 연혁

구 분	성 격	자격요건	선출방법	비 고
1949 ~ 1961	독임제 집행기관	교육 · 교육행정경력 7년 이상인 자	교육위원회의 추천과 도지사 · 문교부장관 경유, 대통령이 임명	교육법 제29조
1962 ~ 1990	교육위원회 사무장	교육 · 교육행정경력이 있는 자 ※ '88년에는 교육 · 교육전문직 경력 20년 이상 있는 자	교육위원회의 추천과 문교부장관의 제청으로 대통령이 임명	교육법 제33조
1991. 3 ~ 1995. 6	독임제 집행기관	학식 · 덕망, 비정당원, 교육경력 · 교육전문직 경력 20년 이상인 자	교육위원회에서 선출	교육법 제33조
1995.7 ~ 1997. 11	독임제 집행기관	학식 · 덕망, 비정당원, 교육경력 · 교육행정경력 15년 이상인 자	교육위원회에서 선출	지방교육자치에 관한 법률 제28조
1997. 12 ~ 2000. 2	독임제 집행기관	학식 · 덕망, 비정당원, 교육경력 · 교육공무원으로서 교육행정경력 5년 이상인 자	학교운영위원회 선거인(학교당 1인, 학부모위원 또는 지역위원)과 교원단체 선거인(학교운영위원회 선거인 총수의 3%)으로 구성된 선거인단에서 선출	〃
2000. 3 ~ 2006. 12	독임제 집행기관	학식 · 덕망, 과거 2년간 비정당원, 교육경력 · 교육공무원으로서 교육행정경력이 5년 이상인 자	초 · 중 · 고 학교운영위원회 위원전원으로 구성된 선거인단에서 선출	지방교육자치에 관한 법률 제62조
2007. 1 ~ 2010. 1	독임제 집행기관	과거 2년간 비정당원, 교육경력 · 교육공무원으로서 교육행정경력이 5년 이상인 자	주민직선	지방교육자치에 관한 법률 제22조
2010. 2 ~	독임제 집행기관	과거 1년간 비정당원, 교육경력 · 교육공무원으로서 교육행정경력이 5년 이상인 자	주민직선	지방교육자치에 관한 법률 제24조
2014. 2 ~	독임제 집행기관	과거 1년간 비정당원, 교육경력 · 교육공무원으로서 교육행정경력이 3년 이상인 자	주민직선	지방교육자치에 관한 법률 제24조

출처 : 교육부(www.moe.go.kr)

표 3-8 교육의원(교육위원) 선출제도 연혁

구분	자격요건	선출방법	비고
1949 ~ 1961	특별한 자격요건 없음	• 시장 · 도지사 · 군수 등 당연직 위원과 교육구, 특별시 및 시 · 도 등 지역에 따라 다양하게 교육위원 선출 –교육구 : 군수, 선출위원(읍 · 면 의회에서 1인씩) –특별시 · 시 : 시장, 선출위원(의회) 10인 –도 : 선출위원(교육구 · 시의회에서 각 1인 선출), 도지사 선임(3인)	교육법
1962	비정당원, 고교졸업자로 교육 · 교육행정경력 5년 이상, 비정당원	• 특별시 · 도 : 지방의회 선출(3인), 문교부장관 임명(2인) • 시 · 군 : 지방의회 선출(3인), 도지사 임명(2인)	〃
1964 ~ 1990	학식 · 덕망, 교육 · 교육행정경력이 있는 자, 비정당원	당연직 위원인 지방자치단체장 및 교육감과 지방의회 선출 위원(5인)	〃
1991 ~ 1996	학식 · 덕망, 비정당원, 위원정수 1/2이상은 교육행정경력 15년 이상('95년 이후부터 10년)	기초의회에서 추천한 2인 중 광역의회에서 무기명 투표로 1인 선출	지방교육자치에 관한 법률
1997 ~ 1999	학식 · 덕망, 비정당원, 위원정수 1/2 이상은 교육 또는 교육행정경력 10년 이상 혹은 양 경력을 합해 10년 이상	학교운영위원회 선거인(학교당 1인, 학부모 또는 지역위원)과 교원단체 선거인(학교운영위원회선거인 총수의 3%)으로 구성된 선거인단에서 선출	〃
2000 ~ 2006	학식 · 덕망, 과거 2년간 비정당원, 위원 정수 1/2 이상은 교육 또는 교육행정경력 10년 이상 혹은 양 경력을 합해 10년 이상	초 · 중 · 고 학교운영위원회 위원 전원으로 구성된 선거인단에서 선출	〃
2007 ~ 2014. 6. 30	과거 1년간 비정당원, 교육 또는 교육행정경력 5년 이상 혹은 양 경력을 합해 5년 이상	교육의원을 주민직선으로 77명 선출(제주특별자치도 제외)	〃 *시 · 도의회의원으로서 지위와 권한을 갖는 교육의원
2014. 6. 30	지방자치에 관한 법률 제10046(2010.2.26) 부칙 제2조제1항의 규정에 의하여 2014년 6월 30일까지만 유효함으로 폐지됨		

주 : 2014. 6. 30 이후로는 교육의원 일몰제가 적용되어 교육의원 자체가 사라짐
출처 : 교육부(www.moe.go.kr)

표 3-9 현행 교육감과 교육의원 선출제도 현황

구분	교육감	교육의원
지위	(제18조) 시 · 도의 교육 · 학예에 관한 사무의 집행기관	(제51조) 시 · 도의회의원의 지위와 권한과 동일(2014년 6월 30일까지만 유효로 폐지)
임기	(제21조) 4년(계속 재임 3기까지 가능)	(제7조) 4년(2014년 6월 30일까지만 유효로 폐지)
선출 방식	(제43조) 주민의 보통 · 평등 · 직접 · 비밀선거에 따라 선출함(주민직선)	(제51조) 주민의 보통 · 평등 · 직접 · 비밀 선거에 따라 선출함(주민직선)(2014년 6월 30일까지만 유효로 폐지)
후보 자격	(제24조) ① 시 · 도지사 피선거권자, 과거 1년간 비정당원인자 ② 교육경력 또는 교육행정경력 3년 이상 또는 양 경력을 합한 경력이 3년 이상인 자	(제10조) ① 교육감 후보자격과 동일 ② 교육경력 또는 교육행정경력 5년 이상 또는 양 경력을 합한 경력이 5년 이상인 자(2014년 6월 30일까지만 유효로 폐지)
정당 관련	(제46조) ① 후보자 추천 금지 ② 특정 후보자 지지 · 반대하는 등 선거에 영향을 미치거나 선거에 관여하는 행위 금지 ③ 후보자는 특정 정당을 지지 · 추천받고 있음을 표방해서는 안됨	(제54조) 정당의 선거관여 행위에 관하여는 제46조 준용(2014년 6월 30일까지만 유효로 폐지)
투표 용지	(제48조) ① 투표용지에는 후보자 성명 표시, 후보자 성명은 왼쪽부터 오른쪽으로 열거하여 한글로 기재. 다만, 한글로 표시된 성명이 같은 후보자가 있는 경우 괄호 안에 한자를 함께 기재 ② 추첨에 의한 후보자 투표용지 게재순위를 결정하되, 추첨을 시작하는 시각까지 후보자가 대리인이 현장에 출석하지 아니한 경우 해당 선거구선거관리위원회 위원장이나 그가 지명한 사람이 해당 후보자를 대리하여 추첨 ③ 제2항에 따른 투표용지 후보자 게재순위는 중앙선관위규칙으로 정하는 바에 따라 자치구 · 시 · 군의회의원 지역선거구(제주특별자치도는 제주특별자치도의회의원 지역선거구를, 세종특별자치시는 세종특별자치시의회의원지역선거구를 말함)별로 후보자의 투표용지 게재순위가 공평하게 배정될 수 있도록 순차적으로 바꾸어 가는 순환배열 방식으로 결정 ④ 후보자등록기간이 지난 후에 후보자가 사퇴 · 사망하거나 등록이 무효로 된 때라도 투표용지에 해당 후보자의 성명은 그대로 둠 ⑤ 투표용지에 일련번호 인쇄함	(제56조) 투표용지의 후보자 게재순위 등에 관하여는 제48조 준용(2014년 6월 30일까지만 유효로 폐지)
기타 선거관련	(제49조) 공직선거법 준용, 무소속 후보자에 대한 규정 준용	(제57조) 좌와 동일(2014년 6월 30일까지만 유효로 폐지)
정치자금	(제50조) 정치자금법 시 · 도지사선거 규정 적용(후원회 개최 가능)	(제58조) 정치자금법의 지역구 시 · 도의회의원선거에 적용되는 규정을 준용(2014년 6월 30일까지만 유효로 폐지)

주 : 법령조항은 「지방교육자치에 관한 법률」(개정 2014.2.13)에 근거함.
출처 : 이상철(2011 : 252)의 논문자료를 근거로 재구성한 것임.

본 청 : 1실 3국 7담당관 13과

교육지원청 : 11개 청

산하기관 : 29개 기관(직속기관 8, 평생학습관 4, 도서관 17)

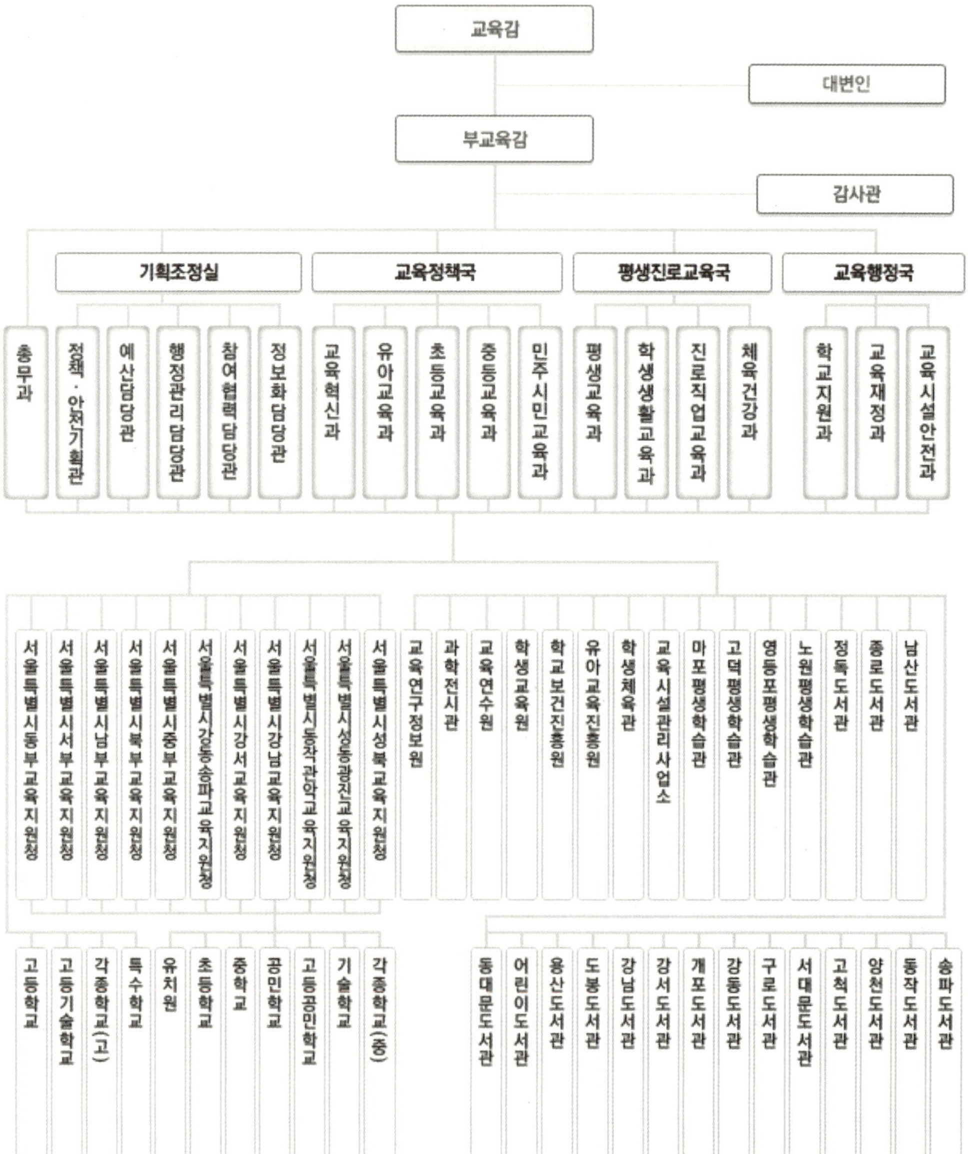

[그림 3-6] 서울특별시교육청 조직도(2015. 9. 현재)

출처 : 서울특별시교육청(www.sen.go.kr)

4) 현행 지방교육자치제의 문제점과 과제

첫째, 교육위원회가 시 · 도의회의 상임위원회의 하나가 됨으로써 독립적인 의결기능을 갖지 못하고 지방의회에 예속된 기관으로 전락하게 되었다는 점이다. 지방의회는 정당배경을 가진 시 · 도의회 의원들이 활동하는 곳이기 때문에 교육의 자주성과 정치적 중립성이 위협받게 되고 교육행정의 일반행정으로부터의 독립도 어렵게 되는 문제점을 안고 있다. 교육위원회를 명실상부한 독립적인 의결기구로 만들기 위해서는 정당의 이해관계를 떠나 국가의 먼 장래를 내다보고 제도 개선이 이루어지도록 노력해야 할 것이다.

교육의 자주성과 정치적 중립성의 위협

둘째, 현행 교육감 직선제는 선거구, 선거비용, 선거방법 등에서 많은 문제점을 안고 있다. 현행 교육감 직선제는 고비용-저효율 구조, 포퓰리즘 공약의 난무, 이념대립, 현직 교육감의 각종 비리에의 연루 등으로 많은 진통을 겪는 가운데 직선제 존폐에 대한 논란이 더 확산되고 있다. 우리나라는 해방 이후 교육감 선출과 관련하여 임명제-간선제-직선제로의 과정을 거쳐 왔다. 어떤 제도이건 모두를 만족시킬 수는 없으며 부작용이 있다고 하여 제도를 자꾸 뜯어 고치다 보면 누더기가 될 수밖에 없고 악순환을 거듭하게 될 것이다. 현재 거론되는 다양한 개선방안 중 정치적 이해관계를 떠나 우리의 실정에 맞고 교육자치의 정신을 제대로 구현할 수 있는 제도의 정착이 필요하다.

교육감 선출제의 악순환

셋째, 교육의원 제도의 폐지와 교육감의 후보자자격에 있어 교육 또는 교육행정경력의 폐지의 문제점을 지적할 수 있다. 2010년 개정(2010.2.26.)된 「지방교육자치에 관한 법률」에 의하면, 2014년 6월 30일부로 교육의원은 폐지하고 교육 또는 교육행정경력이 없어도 교육감선거에 입후보할 수 있도록 하였다.

경력 조항의 고무줄 논리

교육감의 경우에는 '전문적 관리'가 중요하다고 보기 때문에 종전의 5년 교육경력이나 교육행정경력을 더 상향조정할 필요가 있다고 보고 있는데 개정 법률에서는 아예 경력 조항을 삭제해 버렸다. 이에 대해 한국교총과 전교조가 연대하여 교육감 선거 출마자격에 교육경력 부활과 교육의원 일몰제 폐지를 강력하게 요구하면서 정치권은 마지못해 2014년 2월 13일부로 「지방교육자치에 관한 법률」을 일부 개정하여 교육감의 출마 자격을 교육 또는 교육행정경력을 3년 이상으로 변경하였다.

이러한 고무줄 논리는 정치권의 이해관계에 따라 경력 조항이 들쭉날쭉 변경되어 교육이 정치에 예속될 우려가 있고 교육의 자주성, 전문성, 정치적 중립성이 훼손될 수 있다는 점이다. 또한 교육의원 일몰제로 인해 전문성 부족으로 인한 교육행정의 차질이 우려된다는 점이다. 교육관련 전문직 단체들이 교육의원 일몰제 폐지를 강력하게 요구하고 있다는 것을 겸허하게 수용하여 발전적 제도개선이 이루어져야 할 것이다.

교육의원 일몰제로 인한 전문성 부족

넷째, 교육감후보자의 자격 중 정당 활동의 제한에 관한 문제점이다. 개정법률은 후보자등록신청개시일로부터 과거 1년 동안 정당의 당원이 아닌 사람이어야 한다고 규정하고 있으나, 이는 과거 2년 동안에서 과거 1년 동안으로 변경된 것으로 특별한 사유도 없이 정치적 이해에 따라 그 제한기간이 달라지고 있어 교육의 정치적 중립성을 보장하기 위한 보다 철저한 법 규정이 필요하다고 사료된다.

정당 활동의 제한과 교육의 정치적 중립성

다섯째, 교육감의 보조기관으로서의 성격을 갖는 부교육감을 교육부장관의 제청으로 대통령이 임명함으로써 지방자치에 대한 중앙정부의 통제가 여전히 지속되고 있다는 문제점이다. 부교육감을 중앙정부에서 임명함으로써 교육감을 견제하기 위한 것이라는 오해를 불러일으킬 수 있고 업무수행상의 갈등도 빚어질 수 있다. 부교육감을 교육감이 임명하던지 아니면 주민직선에 의해 선출토록 하는 것이 보다 타당한 개선책이 될 것이라 판단된다.

부교육감의 임명

여섯째, 지방교육자치가 제대로 실현되기 위해서는 지방교육재정이 안정적으로 확보되어야 하지만 지방교육재정이 여전히 열악하다는 점이다. 중앙과 지방의 재정부담 비율이 8 : 2 정도이고 전국 지방자치단체의 평균 재정자립도가 44.8%(2014년 안전행정부 자료)에 머물고 있는 점과 지방자치단체의 교육비 전입금이 매우 미미한 수준이라는 점 등은 지방교육자치제의 성공적 안착에 걸림돌이 된다고 본다. 따라서 지방자치단체가 지방교육에 대해 재정적 보조를 할 수 있는 방안과 자체수입을 확대할 수 있는 방안이 구체적으로 마련되어야 할 것이다. 이러한 재정 건전성의 토대 위에서 현재의 시 · 도 단위(광역단위)

지방교육재정의 영세성

의 교육자치를 시 · 군 · 구 단위(기초단위)의 교육자치로 확대하는 발전적 방안이 강구되어야 할 것이다.

생각해 볼 문제

1. 교직사회의 승진경쟁이 과열되면서 수업에 열심인 교사보다는 행정업무 등에서 교장에게 좋은 평가를 받는 교사가 우대받는 풍토가 조성되고 있다. 학교조직의 이중구조(관료적 성격+전문적 성격) 측면에서 이를 비판해 보자.
2. Carlson의 조직유형의 분류 중, 야생조직과 온상조직의 예를 우리나라 학교조직에서 찾아보고 각각의 장 · 단점을 비교해 보자.
3. 우리나라 교육부가 국민들로부터 신뢰를 회복할 수 있는 방안들에 대해 토론해 보고, 교육부장관과 교육관료들의 행태를 교육정책 입안과 시행 측면에서 비판적으로 검토해 보자.
4. 교육위원회의 성격(합의제 집행기관, 위임형 의결기관, 독립형 의결기관)에 대해 선진국과 비교하여 토론해 보자.
5. 교육감 직선제의 무용론이 확산되는 구체적인 원인을 신문기사들을 통해 정리해 보고, 직선제 대안에 대한 자신의 견해를 피력해 보자.

제4장

사회체제와 교육행정

제1절 체제의 개념과 모형
제2절 사회체제이론
제3절 사회체제이론의 적용과 평가

학습목표

1. 사회체제이론의 주요 개념을 학교체제에 적용하여 설명할 수 있다.
2. 사회체제이론의 과정을 학교교육이 실제 이루어지는 과정과 관련하여 설명할 수 있다.
3. 학교조직을 규범적 차원과 개인적 차원으로 나누어 설명할 수 있다.
4. 학교조직의 특징이 다른 조직과 다른 점이 무엇인지 설명할 수 있다.

교육경영에 있어서 체제적인 접근은 과학적 관리론, 인간관계론 및 행동과학적 접근에 이은 4번째 경영접근으로 널리 알려지고 있다.

유기체를 이해하려면 유기체를 구성하고 있는 부분들과 그 부분들간의 관계를 파악해야만 하듯이, 교육현상을 이해하기 위해서는 학교사회를 구성하고 있는 요소들의 기능과 그 구조를 파악해야만 한다. 학교사회를 하나의 체제로 보고 그를 구성하고 있는 요소들과 그 구조와 기능을 밝힘으로써 학교를 체계적으로 이해하려는 대표적인 이론이 바로 체제적 접근이다.

제1절 체제의 개념과 모형

1. 체제의 개념

체제(system)란 상호작용하는 부분으로 이루어진 전체를 의미하며, 부분으로 보지 않고 종합적이고 전체적인 차원에서 조직을 파악하려는 시도이다. 보편적으로 어떤 현상을 보고 이해하며, 문제를 해결하려고 할 때 단편적이고 부분적으로 접근하는 경우가 많은데 이 경우에는 다른 해결책과 갈등이 생기고, 진정한 해결책이 되지 못하는 경우가 많다. 이와 같이 부분적인 접근의 문제점을 극복하고 종합적으로 접근하기 위해 체제이론을 적용한다(임연기 · 최준렬, 2010).

체제이론의 특징
- 경계
- 상위체제
- 하위체제
- 개방체제
- 폐쇄체제

체제이론은 1950년 생물학자인 Bertalanffy의 '일반체제이론(General System Theory)'에서 처음으로 제안되었는데 그에 의하면 하나의 유기체는 상호의존하는 구조와 기능들이 통합된 체제로 보고 있다. 즉 유기체는 세포들로 구성되어 있고 세포는 분자들로 구성되며 각 분자는 조화롭게 기능하여야 한다는 것이다(김용주 외, 2006).

체제이론은 행동과학적 접근을 발전시킨 이론으로, 행동과학적 접근에서 추구하였던 고전이론과 인간관계론의 종합을 보다 깊이 있게 발전시켰다. 행동과학적 접근에서는 능률과 효과의 개념으로 양자를 종합하려 하였으나, 체제이론은 이를 보다 정교하게 발전시켜 사회체제이론 등으로 확대하였다. 체제론의 특징에 대해서는 제2장을 참조하기 바란다.

체제사고의 개념
· 체제적, 상관적 사고

체제(system)의 개념이 중요하게 다루어지고 있는 것은 체제를 하나의 이론으로보다 오히려 하나의 사고방식으로, 분석을 위한 참고의 틀로, 체계적 개념화를 위한 도식으로 볼 수 있기 때문이다. 이런 입장에서 체제로 생각하는 것을 체제사고(systems thought)라 한다. 체계적이란 성질상 질서정연하고, 조리 있고, 계획적이고, 분석적이란 것이며, 상관적이란 특정대상, 연관, 연결, 방향제시를 설명하는 것이며, 사고란 숙고의 의식과정인 것이다. 따라서 체제사고를 가짐으로써 하나의 문제를 다루는 데 있어서도 체계적이고 상관적인 숙고 끝에 문제해결을 위한 방안을 결정하게 되는 것이다.

체제사고의 장점
· 기능적 혹은 분석적 접근 가능
· 구조적 분석의 접근 가능
· 미래지향적인 사고
· 복잡한 문제해결을 위한 투시도

체제사고는 다음과 같은 분석적 틀로서의 장점들을 지니고 있기 때문에 더욱 중요하게 여겨진다(Immegart & Pilecki, 1973).

① 체제사고는 기능적 혹은 행동적 분석에의 접근을 가능하게 해 준다. 체제의 관점에서 본 현상이란 고립적인 사건으로서가 아닌 전체적인 전후관계와 연대순의 의미에서 보아져야 한다.

② 체제사고는 상관성과 연결성이란 관점에서 구조적 분석의 접근을 가능케 해 준다. 이런 관점에서 본 구조란 추상적이 아닌 경험적 사실을 통해 분석된다.

③ 체제사고는 사건, 상황, 과정을 고안하는 미래지향적인 것이다. 기존체제를 개선하든 새로운 것을 창안하든 간에 체제접근의 이용은 '어떻게 될 것'에 초점을 둔다.

④ 체제사고는 복잡한 일을 수행하기 위한 현실적 출발을 마련해 준다. 체제분석은 물자와 에너지의 결핍을 몰아내고 어떤 대안이 비교적 적은 비용으로 많은 이익을 얻을 수 있을지를 알게 해 준다.

⑤ 체제사고는 여러 학문분야에 퍼져 있으며 여러 분야의 학자와 실무자들이 문제해결을 위해 공동으로 활용되고 있다. 그래서 이는 실무, 개발,

과학을 단일화하는 힘(unifying force)을 마련해 준다.

요약해서 볼 때 체제사고의 관심은 현실을 유용하게 전망하게 하는 사고의 방식에 있다. 이 사고방식은 체계적이고 합리적인 사고를 말하며 이는 실무에, 개발에, 과학에 하나의 특유한 접근방법을 제공하고, 나아가서는 복잡한 문제 해결을 다루는데 투시도를 제공해 준다.

2. 체제의 기본모형

체제적 사고를 발전시켜 단순한 이론모형으로 제시된 것이 투입, 과정, 산출 및 환경이라는 개념으로 구성된 체제이론의 기본모형이다. 우선 기본모형을 도시하면 [그림 4-1]과 같다.

체제의 기본모형
· 투입
· 전환과정
· 산출
· 피드백
· 환경

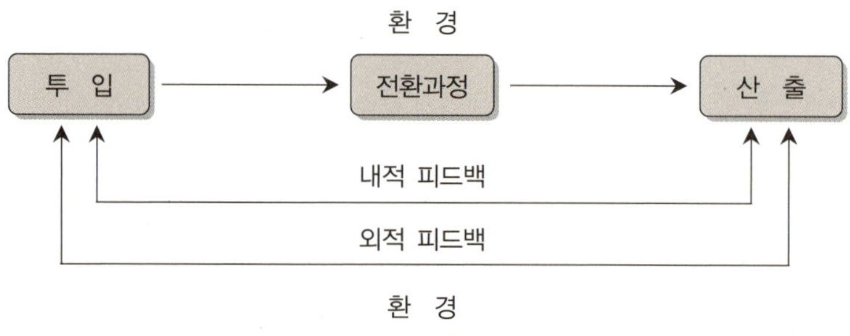

[그림 4-1] 체제이론의 기본모형
출처 : 임연기 · 최준렬(2010 : 56)

① 투입(input)이란 상호작용하는 요소들이 체제의 목적을 달성할 수 있도록 체제의 밖에서 안으로 들어가는 모든 요소를 말한다. 이는 체제에 투입되는 자원(energy inputs)과 정보(information inputs) 등 체제 내의 작용을 통해 체제의 유지나 산출을 가능케 하는 요소들이다(Silver, 1983).

② 전환과정(process)은 체제가 목적달성을 위해 여러 자원과 정보를 활용하여 산출로 전환시키고 가치를 창조하는 과정을 말한다. 일반적으로 기본모형에서 과정은 암흑상자(black box)와 같이 그 내용이 알려지지 않은 상태에서

투입과 산출의 변환과정을 기술하는 도구로 사용되기도 하고, 과정 내의 구조, 방법, 절차 등을 기술하고 평가하는 개념으로 사용되기도 한다.

③ 산출(output)은 체제가 환경이나 인접한 체제로 내보내는 자원과 정보로서 체제가 의도적이거나 무의도적으로 생산해 내는 모든 것을 말한다. 이는 체제에 투입된 것이나 체제가 처리한 것을 체제가 내부의 작용을 통해 변화시켜 내보내는 것들이다.

④ 피드백(feedback)은 투입-전환-산출 사이에서 문제가 발생하면 이를 반영하여 수정하게 되는데 이를 피드백이라 한다. 피드백은 모든 과정에서 일어날 수 있으며 내적 피드백과 외적 피드백으로 나뉜다. 내적 피드백은 일을 수행하는 과정에서 발생하는 피드백으로 투입-전환-산출의 모든 과정에서 일어날 수 있고, 외적 피드백은 외부로부터 받는 자극과 평가로 산출이 일어난 후에 나타난다.

⑤ 환경(environment)은 체제와 일정한 접촉을 유지하고 그것에 일정한 영향을 주는 경계 밖의 주변 조건이나 상태를 말한다. 이는 대체로 체제 외의 모든 다른 체제를 통칭하는 말인데, 체제의 투입과 산출에 관계되어 있고 피드백을 통해 체제와 영향을 주고받는 인접 체제들이다.

체제이론의 기본모형은 상황이나 여건에 따라 더 세분화하거나 변용하여 적용할 수 있다. [그림 4-2]에서 볼 수 있듯이 Kaufman(1972)은 체제이론을 교육에 적용하면서 투입-전환-산출의 과정을 수정하여 문제 규명, 해결요건 결정 및 해결대안의 탐색, 해결전략 선택, 실행, 그리고 실행효과 확인 및 수정 등 5단계로 제시하고 있다. 투입-전환-신출의 과정을 세분화하고 내용을 수정하여 5단계로 제시하고 있는 점이 기본모형과 다를 뿐이지 문제를 파악하고 해결책을 모색하여 실행하고 평가하는 업무수행의 전체적인 과정을 제시하였다는 점은 기본모형과 유사하다(임연기 · 최준렬, 2010).

Kaufman의 체제이론 5단계
① 문제 규명
② 해결요건 결정 및 대안 탐색
③ 해결전략 선택
④ 실행
⑤ 실행효과 확인

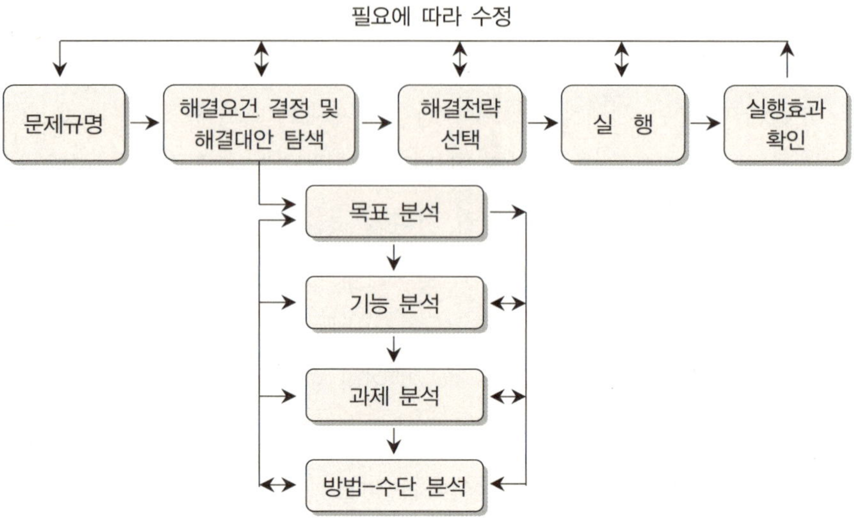

[그림 4-2] Kaufman의 체제접근 모형

출처 : 임연기 · 최준렬(2010 : 57)

이렇게 체제는 독립적으로 존재한다기보다는 연쇄적인 사슬의 형태를 띠고 있기 때문에 어떤 체제도 그 체제 자체만으로는 이해하기가 대단히 어렵다. 교육체제의 경우도 교육체제 뿐만 아니라 정치 · 경제 · 사회 · 문화 등 다른 사회체제들과 관련되어 있다. 학교사회의 체제사슬을 도식화하고 있는 [그림 4-3]은 학교의 개방체제적 속성을 잘 보여주고 있다.

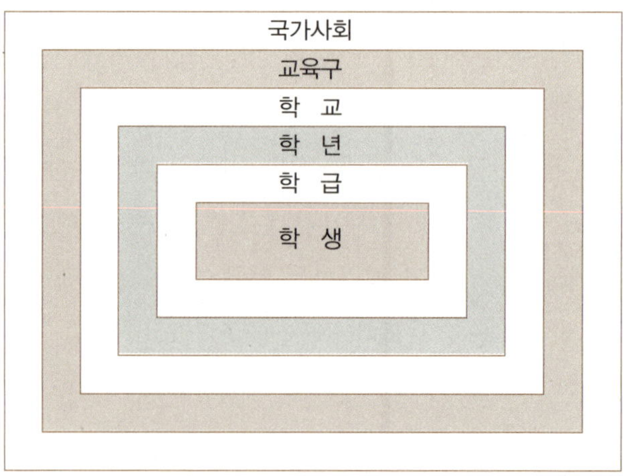

[그림 4-3] 학교사회의 체제사슬

제2절 사회체제이론

사회체제이론은 사회체제를 개인들의 집합으로 이루어진 사회적 단위라고 보고 사회체제 속에서 인간이 어떠한 행동을 보이는가에 대해 본격적으로 연구한 대표적인 이론으로, 1950년대 미국에서 Getzels와 Guba에 의해 제안되었다.

학급이나 학교 혹은 교육행정기관 등과 같은 모든 교육조직은 교육과 관련된 특정한 목표를 가지고 있고, 그 목표를 달성하기 위하여 구성원들이 상호작용하는 하나의 제도화된 사회체제이다. 이렇게 교육조직이라는 사회체제가 개인들로 구성되어 있으면서 조직적 · 제도적 측면을 가지고 있기 때문에 교육조직의 특성과 성원들의 상호작용 과정은 이러한 조직적 측면과 개인적 측면을 동시에 고려하여 분석되고 이해될 수밖에 없다. 이 이론은 구성원들의 행동을 이해하는 데 중요한 역할을 수행하였다.

1. 역할과 인성의 상호작용 모형

역할과 인성의 상호작용 B=f(R · P)

사회체제이론의 기본적 구조는 사회체제 내에서의 인간행위(behavior)를 B=f(R · P)라는 공식으로 표현되는 인성(personality)과 역할(role)의 상호작용으로 보는 것이다. 인간의 행동은 조직과 개인의 상호작용에 의해 이루어지며 조직은 역할을, 개인은 인성을 요구한다. 조직에 따라 역할과 인성을 요구하는 정도가 다르며, 조직이 요구하는 역할과 인성의 정도를 함수로 표시하면 B=f(R · P)이다. 조직이 요구하는 역할과 인성의 정도에 따라 인간의 행동이 결정되는 과정을 공식적으로 제시하였다.

B=f(R · P)
B : 사회적 행동(Social Behavior)
R : 역할(Role)
P : 인성(Personality)
f : 함수(function)

군인사회, 학교사회, 예술인 사회와 같은 조직의 특성에 따라 역할과 인성의 조합의 정도를 도시하면 [그림 4-4]와 같다.

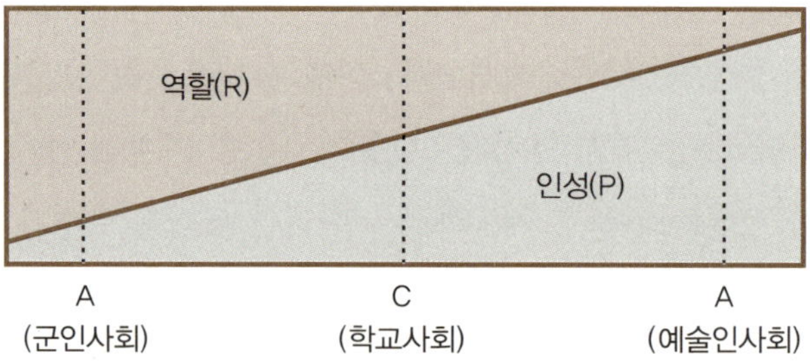

[그림 4-4] 역할과 인성의 상호작용 모형

[그림 4-4]에서 점선 A는 개인의 행동이 인성보다는 역할에 의해 좌우되는 조직의 위치를 나타내며, 점선 B는 역할보다는 인성에 의해 좌우되는 조직의 위치를 나타내고 있다. 군인사회는 개인의 자유보다 조직의 역할을 강조한다. 그러기 때문에 역할의 비중이 크고, 인성의 비중은 낮다. 이는 군대뿐만 아니라 경찰, 소방서와 같이 개인의 자유보다는 조직의 목적이 중시되는 조직에서 강조된다. 반면에 학교사회는 역할과 인성이 반반씩 강조되고 있다. 학교는 학교가 달성해야 할 조직적 목표도 중요하고, 학생이 가지는 자율과 개성도 중요하다. 그렇기 때문에 역할과 인성이 반반이다. 따라서 학교조직은 학교의 특성이나 풍토에 따라 그 위치점이 조금씩 다르지만, 일반적으로 양극단에서 중간쯤에 위치하는 조직으로 상정해 볼 수 있다.

이와는 대조적으로 예술인 사회는 창의적인 사고가 중요하다. 규율과 통제보다는 개인의 개성과 자유로운 활동이 창작을 위해 중요하다. 그렇기 때문에 역할은 줄고 인성은 늘어나고 있다.

2. Getzels와 Guba의 사회과정 모형

Getzels와 Guba는 사회체제를 개인들의 집합으로 이루어진 사회적 단위라고 보고 사회체제 속에서 인간의 행동은 사회적 조건들과 개인의 심리적 특성 간의 상호작용의 결과로 나타난다고 보았다. 즉 인간의 행동은 사회적 조건들로 이루어진 차원의 규범적 차원(nomothetic dimension)과 개인의 심리적 특성들로 이루어진 개인적 차원(idiographic dimension)의 기능적 관계에서 나타나는 사회적 행위로서 이해될 수 있다고 본 것이다.

Getzels와 Guba의 모형
- 규범적 차원 : 제도, 역할, 역할기대
- 개인적 차원 : 개인, 인성, 욕구성향

규범적 차원이란 조직적 차원을 말한다. 이는 사회체제의 환경조건을 이루는 기관 또는 제도로 구성되는 사회체제의 차원으로, 체제의 목적을 달성하기 위한 과업 분담체제로서의 지위와 역할, 그 역할에 따른 기대 등을 규정한 제도를 말한다.

한편, 개인의 차원은 심리적 차원이다. 사회체제에는 체제에 의해 규정된 지위를 차지하고 역할을 수행할 개인이 있다. 그들은 고유의 욕구와 인성을 가지고 있으며, 제도에 의해 규정된 역할과 기대를 수행하는 독특한 방식을 가지고 있다. 개인적 차원이란 그러한 독특한 특성을 갖고 있는 개인을 포함하고 있는 사회체제의 측면을 말한다.

사회체제 속에서 이루어지는 개인의 행동을 이해하기 위해서는 이러한 양 차원을 고려해야 한다. 사회체제에서는 체제의 목적을 달성하기 위하여 규정된 역할과 기대, 그리고 그들을 조직화한 제도 등이 있으며, 한편으로 고유의 인성을 가지고 제도에 의해 규정된 역할을 수행하는 구성원들이 있다. 따라서 사회체제 속에 위치한 구성원은 부여된 역할을 수행하는 과정에서 서로 영향을 주고받는 사회적 상호작용을 하며, 그에 알맞은 행동을 보이게 된다. 이러한 양 측면의 기능적 관계를 도시한 것이 [그림 4-5]이다.

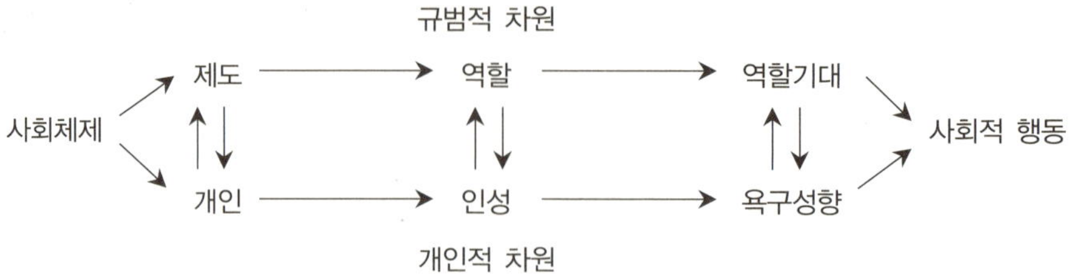

[그림 4-5] Getzels와 Guba의 사회과정 모형

1) 규범적 차원

사회과정 모형에서 규범적 차원을 구성하고 있는 요소는 제도, 역할, 역할기대라는 개념이다. 우선 제도(institution)란 목적을 가지고 있으며, 사람들로 구성되어 있고 역할로써 구조화되어 있다는 속성을 가진 사회적 개념이다. 즉 사회체제가 목적하는 바를 달성하기 위해 사람들로 하여금 여러 가지 분화된 과업을 수행하기에 적합하도록 역할을 조직화한 것이다.

제도의 기본적인 구성요소는 역할(role)이다. 역할은 제도 속에 규정된 지위에 부여되는 행동적 기대를 말한다. 사람은 누구나 사회체제 속에서 일정한 지위를 획득하게 된다. 지위를 점유한 사람은 그 지위와 관련하여 수행해야 하고 공동체에 의해 인정된 특정한 행위를 하게 된다. 이 때 지위와 관련하여 사회공동체에 의해 제도적으로 부여된 권한과 책임을 역할이라 하며, 그런 의미에서 역할은 지위의 역동적인 측면이라 할 수 있다.

역할은 언제나 기대를 수반한다. 사람들은 지위를 획득하여 역할을 담당하는 개인에게 부여된 권한과 책임에 따라 특정한 행동을 하기를 기대하게 된다. 그래서 역할을 담당하게 되는 사람은 누구나 그 역할을 수행하는 동안 무엇을 해야 하고, 무엇을 하지 말아야 한다는 역할에 따른 기대에 맞춰 행동하게 된다. 이렇게 사회체제 속에서 특정한 역할을 담당하는 개인에게 주어지는 일반적인 기대, 즉 역할에 따른 권리와 의무, 특전과 책임 등을 통칭하여 역할기대(role expectations)라고 한다.

관련된 개념에서 알 수 있듯이, 사회체제의 규범적 차원은 지위와 역할, 기대 등 체제의 조직적 측면을 말한다. 이 차원에서 개인은 감정과 욕구를 가진 구체적인 개인이 아니라 주어진 역할을 수행하는 행위자이다. 따라서 개인 행위자는 어떠한 인성적 특성이나 욕구성향을 가지고 있는가와 무관하게 어떤 역할이 주어지면 누구나 동일한 행동양상을 보일 것으로 기대된다. 그런 점에서 이 차원은 사회학적 분석의 대상이다. 이는 이 차원의 관심이 사회체제의 조직구조와 기능의 분석, 즉 지위와 역할을 규명하고 이들 역할이 어떠한 기능적 관계를 가지고 있는가에 집중된다는 것을 의미한다.

2) 개인적 차원

규범적 차원은 개인의 특성을 무시한 사회체제의 조직적 측면에만 관심을 기울인다. 그러나 사회적 상호작용이 실제로 이루어지는 사회체제는 고유한 욕구와 감정을 가진 개인들로 구성되어 있으며, 거기서 나타나는 사회적 행동은 그들이 갖고 있는 고유한 감정과 욕구에 의해 영향을 받는다. 사회체제에 의해 제도적으로 규정된 역할도 그것의 담당자가 가진 그러한 특성으로 인해 독특한 형태로 나타나게 되는 것이다. 따라서 사회체제 속에서의 개인의 행동을 이해하기 위해서는 제도 내에서의 그의 역할과 역할기대의 분석, 즉 규범적 차원에서의 이해와 더불어 개인의 인성적인 측면의 분석이 병행되어야 한다.

사회체제의 개인적 차원을 구성하고 있는 요소에는 개인, 인성, 욕구성향이라는 개념이 있다. 우선 개인은 제도와 대비되는 사회체제의 구성요소로 독특한 감정과 욕구, 사고를 가진 사람들을 말하며, 인성과 욕구성향에 의해 그 고유성이 표현된다. 여기서 인성(personality)은 개인의 습관적인 행동을 포함하여 그 개인에 대해 관찰할 수 있는 모든 것으로, 환경에 대한 개인의 독특한 반응을 결정하는 내적 동기체제를 말한다. 또 조직된 욕구성향(need-dispositions)은 환경에 대한 개인의 행동적 반응을 지배하는 힘을 말한다. 이는 인성이라는 개념을 구성하고 있는 중심개념으로서 일반적으로 어떤 대상에 대하여 특정한 방법으로 행동하려는 개인적 경향인 동시에 그 행동으로부터 어떤 결과를 기대하는 성향을 의미한다. 이는 특별히 목적지향적이며 유형화될 수 있는 행위를 결정하는 개인의 잠재적인 힘이라고 할 수 있는 것이다.

이러한 개인의 독특한 인성체제로 인해 사람들은 각기 다른 행동을 보이게 된다. 이는 심리학적 분석의 대상이고 미시적 분석의 대상인 개인적 차원의 중요성을 알려 준다. 따라서 제도적으로 규정된 역할을 수행하는 특수한 개인의 사회적 행동을 이해하기 위해서는 그 개인이 담당하고 있는 역할체제에 대한 사회학적 분석과 그 개인의 인성체제에 대한 심리학적 분석을 병행하지 않으면 안 된다. Getzels가 사회체제를 규범적 차원과 개인적 차원으로 나누고, 그 안에서의 사회적 행동은 그들간의 상호작용에 의해 나타난다고 한 것은 이러한 사실에 주목한 당연한 귀결로 볼 수 있다.

3. 사회과정 모형의 확장 모형

Getzels와 Thelen은 Getzels와 Guba의 모형의 단점을 보완하여 새로운 모형을 발전시켰다. Getzels와 Guba의 모형은 조직적 차원과 인성적 차원의 두 차원만을 고려하였기 때문에 현대와 같은 복잡한 사회에서 이루어지고 있는 사회적 사회작용을 설명하는 데에는 한계가 있었다. 인간의 행위는 단순한 조직과 개인의 차원에서만 이루어지는 것이 아니라 전체사회, 문화, 집단심리 등 보다 복잡한 차원과 관련된 사회적 상호작용에 의해 이루어진다. 따라서 Getzels와 Thelen은 [그림 4-6]과 같이 Getzels와 Guba의 모형에 인류학적, 사회심리학적, 생물학적 차원을 추가하여 보다 다양한 사회적 행동을 설명하고 있다(Getzels & Thelen, 1960).

Getzels와 Thelen의 모형
- 인류학적 차원
- 규범적 차원
- 조직풍토 차원
- 개인적 차원
- 생물학적 차원

[그림 4-6]에서 볼 수 있는 것처럼, Getzels와 Thelen의 모형은 Getzels와 Guba의 모형에 규범적 측면의 인류학적 차원과 개인적 측면의 생물학적 차원을 추가하고, 그 중간에 조직풍토 차원을 추가한 모형이다.

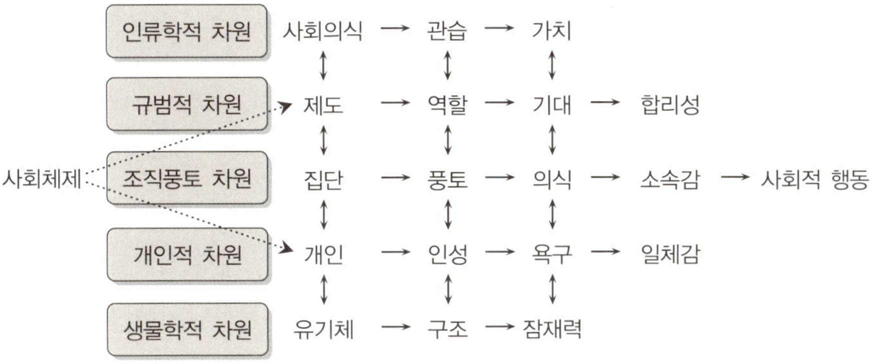

[그림 4-6] Getzels와 Thelen의 사회체제 모형

인류학적 차원 혹은 가치차원의 추가는 사회가 여러 제도들의 조직으로 이루어진다는 것에 주목한 결과이다. 사회는 여러 제도들로 구성되어 있으며, 한 제도 속에 소속한 개인의 행동은 보다 큰 차원의 사회의식에 의해 영향을 받는다. 사회의식(ethos)은 크게는 전체사회에 흐르고 있는 시대정신에서부터 작게는 영향권 내에 있는 다른 조직의 집단문화에 이르기까지 한 개인이 소속한 집단과 관련 맺고 있는 보다 큰 사회체제의 문화를 의미한다. 여기에는 사회적인 관습(mores)과 가치체계(values)를 포함하고 있으며, 이들은 주어진 조직체의 집단문화와 갈등을 야기하기도 하고 순화하는 기능을 수행함으로써 개인의 행동에 영향을 주게 된다.

생물학적 차원의 추가는 한 개인이 심리학적 관심의 대상일 뿐만 아니라 생물학적 관심의 대상이 될 수 있다는 점에 주목한 결과이다. 학습에 대한 연구는 온도, 조명, 기후, 음향, 날씨 등 학생의 물리적 · 정서적 조건과 상태가 학습에 상당한 영향을 준다는 점을 밝히고 있으며, 교육행정의 연구에서도 성차와 신체적 차이가 지도성의 발휘에 상당한 정도로 영향을 준다는 사실이 드러나고 있다. 유기체로서의 인간의 신체구조와 내적 잠재력이 개인의 인성과 욕구에 영향을 주고 사회적 행동에까지 영향을 미치는 것이다.

조직풍토 차원은 역할과 인성의 상호작용이 상황에 의존한다는 점을 강조하기 위한 것이다. 역할과 인성은 상황이 적절할 때 극대화된다. 조직의 풍토(climate)가 특정한 역할을 수행하는 데 부적절하다면, 혹은 특정한 인성을 지닌 개인으로 하여금 그것의 발휘를 불가능하게 하는 것이라면, 그 사람의 사회적 행위는 다른 형태로 나타날 것이다. 어떠한 조직이든 특수한 조직풍토 또는 집단의식(intentions)이 있으며, 이들에 의해 개인의 사회적 행위는 아주 다르게 나타나게 되는 것이다.

따라서 한 개인의 행위가 목표된 사회적 행동으로 나타나려면 목표행위에 역할기대가 논리적으로 부합되도록 해야 하며(합리성), 제도적 목표에 자신의 욕구성향을 만족시켜야 하며(일치성), 집단이 제도적 목표달성에 의식적으로 참여함으로써 공동체 의식을 가져야 한다(소속감). 앞의 [그림 4-6]은 이러한 사실을 모형화한 것이다.

이러한 Getzels와 Thelen의 모형은 Getzels와 Lipham 및 Campbell(1968)에 의해 보다 세련되게 제시되었데, 이들은 사회과정 모형의 기본 틀인 제도적 차원과 개인적 차원에 각각 문화적 차원과 생물학적 차원을 부가하여 각 차원이 상호작용함으로써 조직의 사회적 행위가 이루어진다고 설명하였다. 이들이 제시한 모형의 핵심은 조직구성원과 학교조직이 지니고 있는 학교문화, 의식, 가치관 등이 사회적 행위의 많은 부분을 설명한다는데 있다(Lunenburg & Ornstein, 2004). Getzels와 Lipham 및 Campbell의 모형을 제시하면 [그림 4-7]과 같다.

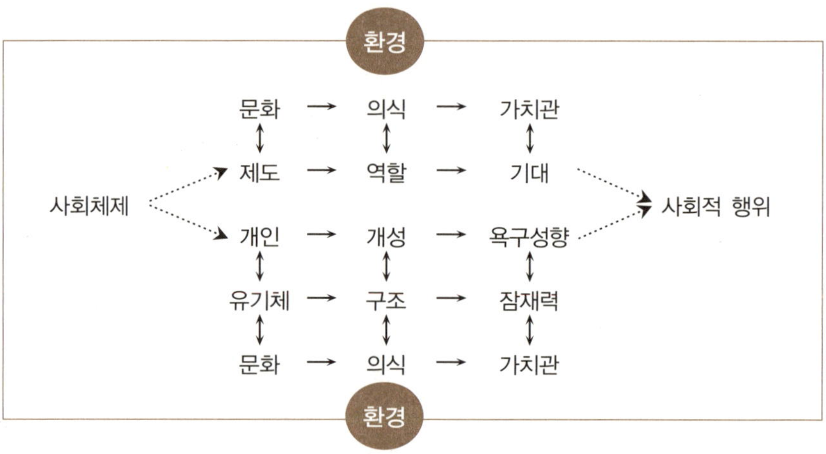

[그림 4-7] Getzels와 Lipham 및 Campbell의 사회체제 속에서의 행동모형

출처 : 김용주 외(2006 : 19)

4. Hoy와 Miskel의 사회체제론

Hoy와 Miskel의 사회체제 모형 역시, 투입-전환-산출 그리고 순환이라는 일반체제모형의 커다란 틀로 설명된다. 다만 그들은 전환과정을 구조, 조직원, 문화, 정치로 구조화하여 자신들의 모형을 제시하면서, 이러한 네 가지 요소들은 사회체제가 매우 안정된 상태에서 조직활동과 기능을 수행하는데 영향을 준다고 보았다. 사회체제의 구성 요소를 설명하면 다음과 같다(Hoy & Miskel, 2001).

1) 구조(structure)

① 구조란 조직목표를 달성하기 위해 고안된 관료제적 역할기대(formal bureaucratic expectation)로 정의된다.

② 대부분의 관료제적 역할기대는 광범위하고, 명확하게 규정되어 있지 않으며, 일부는 상충되기도 한다. 따라서 조직원에 대한 기대는 타 조직원의 역할과의 관련 속에서 규정된다. 이러한 다양하고 또한 상충된 기대들 중에서 조직은 조직목표에 부합하는 몇 개의 기대를 선택하며, 이들은 규정과 규칙으로 표현된다.

③ 관료제적 역할기대는 특정한 역할로 규정되고 역할은 지위와 결합된다. 지위는 그것에 부여된 상대적 힘에 따라 공식적인 권위 질서로 나타난다. 예를 들면, 학교의 교장, 교사, 학생이란 지위는 각기 그들이 수행해야 할 기대들을 갖고 있다.

2) 조직원(individual)

① 조직원은 공식지위나 관료제적 기대와 무관하게 자신만의 개인적 욕구와 역할에 대한 인지적 이해를 갖고 있다.

② 개인적 욕구는 역할(직무)을 수행하는 본질적 힘이며, 인지적 이해는 역할에 대한 조직원의 지각, 지식 및 관료제적 기대 등을 포함한다.

③ 조직원은 전문성에 기초한 권위를 조직에게 제공한다.

④ 조직행동(B)은 조직의 관료제적 역할기대(R)와 조직원의 직무에 대한 개인적 성향(P) 간의 함수관계이다. 이를 공식화하면 B=f(R · P)로 나타난다.

3) 문화(culture)

① 조직문화는 조직구성원이 가치, 규범, 신념, 사고방식 등을 공유하면서 형성되는 공유된 지향(shared orientation)으로, 이는 한 조직을 타 조직과 구분하게 하는 독자성을 의미한다.

② 조직문화는 문서로 나타나 있지 않는 부분과 정서 등으로 표출되기도 한다.

③ 조직문화는 조직의 응집력과 조직원의 정직성, 자존심, 소속감 등을 유지하는데 기여하는 등 조직의 비공식적 권위를 창출한다.

④ 조직문화가 강하면 조직원의 조직에 대한 동일시, 조직의 조직원에 대한 영향력이 강해진다.

4) 정치(politics)

① 조직은 힘을 겨루는 집단들의 집합체이며, 각 집단은 자신의 이익 또는 자신들이 자의적으로 해석한 조직의 이익을 위해 영향력을 행사하고자 노력한다.

② 정치는 조직의 비공식적 역학관계(system of informal power relations)로 이는 합법적 통제장치에 저항하는 특성을 갖는다.

③ 정치는 본래 비공식적이고, 은밀하며 비합법적인 성향을 띤다. 왜냐하면 정치는 조직을 구실삼아 개인적 혹은 집단적인 이득을 추구하는 행동이기 때문이다.

④ 정치는 분열적이고 갈등적이며 개인과 집단을 서로 경쟁시키는 속성을 가지며, 조직 내의 힘의 관계는 정치적 전술, 홍정 등으로 나타난다.

Hoy와 Miskel의 사회체제 모형을 제시하면 [그림 4-8]과 같다.

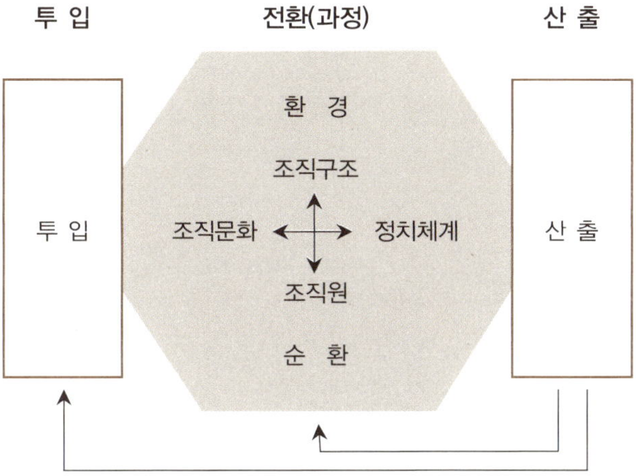

[그림 4-8] Hoy와 Miskel의 사회체제 모형

출처 : 김용주 외(2006 : 23)

위의 그림을 요약하면 조직행동은 조직구조, 조직원, 조직문화, 정치체계 사이의 상호작용에 의해 결정되고, 이러한 네 가지 요소들은 조직 환경에 의해 영향을 받으며, 조직 내의 산출물은 다시 환경에 영향을 준다. 이와 같은 Hoy와 Miskel의 사회체제 모형은 조직 내의 활동을 의미하는 전환과정을 보다 구조화하여 설명하였다는 점에서 그 의미를 찾을 수 있다(김용주 외, 2006).

Hoy와 Miskel의 조직행동에 영향을 주는 네 가지 요소
- 조직구조
- 조직원
- 조직문화
- 정치체계

제3절 사회체제이론의 적용과 평가

1. 사회체제이론의 학교조직에의 적용

일반체제이론의 핵심은 사회조직을 개방체제로 본다는 것이고, 개방체제란

조직이 환경과의 상호작용 또는 상호 의존에 의해 존재함을 의미한다. 그리고 환경과의 상호작용은 환경으로부터 에너지의 투입, 조직 활동을 통한 에너지원의 활용, 조직 활동의 결과를 환경에 산출, 그리고 산출물이 다시 조직의 에너지로 순환되는 일련의 과정을 통해 이루어진다. 이러한 일반체제이론의 핵심내용을 학교조직의 활동에 적용하면 [그림 4-9]와 같다.

투입-전환/과정-산출에 포함되는 학교조직의 요소

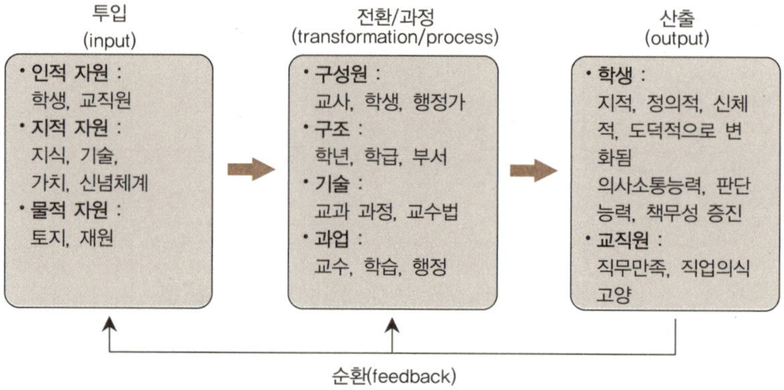

[그림 4-9] 체제이론에서 본 학교조직 모형

출처 : 김용주 외(2006 : 24)

[그림 4-9]에 나타난 바를 설명하면 다음과 같다.

첫째, 학교조직에 투입되는 에너지의 원천은 학교가 존재하고 있는 지역사회(또는 국가)의 인구 규모와 그 지역사회에서 활용되고 있는 지식, 기술, 가치, 신념체계, 그리고 그 사회가 보유하는 경제적 능력 등이 포함된다.

둘째, 학교에 투입된 에너지는 학교조직의 고유 역할을 수행하기 위해 적절하게 변용되는데 그 결과 인구는 먼저 학생, 교사, 행정가 등으로 나누어진 다음 다시 학년, 학급, 부서 등으로 나누어지며, 그들은 교수, 학습, 행정이란 과업을 수행한다. 지식, 기술, 가치, 신념체계 등은 학교조직의 핵심활동인 교수내용과 교수방법을 구성하는 원천이 된다. 그리고 재원은 학교조직의 역할을 잘 수행하는 데 사용되는 시설, 교재, 임금 등을 마련하는 원천이 된다. 즉 전환/과정은 학교에서 이루어지는 일련의 활동들을 의미한다고 할 수 있다.

셋째, 학교에서 이루어진 활동을 통하여 환경으로 배출된 결과는 변화된 사람이며, 이는 변화된 학생과 변화된 성인으로 구분할 수 있다. 먼저 전자는 지적, 정서적, 신체적, 도덕적으로 변화된 사람이며, 그 결과 그는 다양한 의사소통 기술과 능력을 지니고, 자신에게 주어진 선택을 적절하게 할 수 있으며, 그 선택에 스스로 책임질 수 있는 사람으로 변화되어 있기를 기대받고 있다. 다음으로 후자는 자신의 직무에 대한 만족 정도와 직업의식이 긍정적으로 변화되어 있기를 기대받고 있다. 이러한 학교조직의 산출은 흔히, 학생의 경우는 학업성취도, 중도탈락률, 출석률 등으로, 성인의 경우 이직률, 근태율 등과 같은 정량적 기준으로 측정 · 평가된다. 하지만 학교조직의 산출은 위와 같은 정량적 기준으로 측정될 수 없는 부분이 더 많이 있다. 따라서 산출에 대한 해석에 있어서 뿐만 아니라 학교조직의 활동에 대한 방향을 결정하는 데에도 늘 문제가 되기 때문에 교육관련 인사들이 관심을 갖고 탐구해야 할 중요한 과제라고 할 수 있다.

넷째, 학교조직 밖으로 나온 산출은 또 다른 사회조직의 에너지원이 되거나 어느 정도의 시간이 지난 다음에는 다시 학교조직의 에너지원이 되는 순환과정을 밟는다(김용주 외, 2006).

2. 사회체제이론의 평가

사회체제이론이 교육행정학에 미친 영향 중에서 특별히 향후 이론적 발달과 관련된 주목할 만한 공헌은 조직의 비공식적 측면과 공식적인 측면에 대한 분석을 체계화하였다는 점이다. 사회체제이론이 체계화되기 전에는 대체로 조직은 전체보다는 부분의 관점에서 이해되었다. 즉 고전적 관리론에서는 분업의 측면에서, 인간관계론에서는 구성원인 인간의 측면에서 부분들의 관계나 전체보다는 부분 그 자체로 조직을 이해하려 했던 것이다. 그러나 사회과정이론은 조직이 항상 규범적 측면과 인간적 측면의 상호작용을 통해 구성원들의 행동과 표방된 공식적 특성을 변화시킨다는 사실을 규명함으로써 조직의 공식적 측면과 비공식적 측면을 이해할 수 있는 개념적 틀을 제공하였다(한공우 · 임창원, 2009).

그러나 사회체제이론에 대한 비판도 많다. 우선 이 이론이 기본적으로 폐쇄적 모형에 입각하고 있다는 점이다. 비록 나중의 모형이 사회적 환경의 측면을 포함하고는 있지만 이 모형은 근본적으로 체제 내의 분석을 위주로 한 것이다. 그런 점에서 사람들이 이질적인 여러 집단에 소속할 수밖에 없는 현대와 같은 복합적인 조직사회에서 이 모형을 통해 인간을 이해하는 데는 한계를 가질 수밖에 없다는 것이다.

생각해 볼 문제

1. 사회체제이론 중에서 가장 선호하는 이론을 골라서 그 이유를 간단히 요약해서 발표해 보자.
2. Getzels와 Guba의 사회과정 모형과 Getzels와 Thelen의 확대된 사회체제 모형의 차이점을 비교해서 논의해 보자.
3. 사회체제이론이 인간의 행위에 대해서 시사하는 바가 무엇인지 자신의 의견을 발표해 보자.
4. 여러분이 교사로 근무하고 있다고 가정할 때 학교조직에서 자신의 역할을 사회과정이론으로 설명해 보자.

제5장

조직구성원의 동기

학습목표

1. 조직에서 동기가 왜 중요한지와 욕구 및 행동과의 관련성을 설명할 수 있다.
2. 동기를 설명하는 내용이론과 과정이론의 차이점을 이해하고 설명할 수 있다.
3. Maslow의 욕구계층이론의 주요 내용과 그 제한점에 대해 설명하고 학교현장에 적용할 수 있다.
4. Maslow 이론과 Alderfer 이론의 차이점을 설명할 수 있다.
5. Herzberg 등의 동기 · 위생이론의 기본 개요를 설명하고 학교현장에 적용할 수 있다.
6. Vroom과 Porter & Lawler의 기대이론을 설명하고 그것을 비판할 수 있다.
7. Adams의 공정성이론의 개요와 공정성의 회복방안을 설명할 수 있다.
8. Locke의 목표설정이론의 개요와 그 제한점을 설명할 수 있다.

학습에서 동기의 중요성을 언급할 때 '말을 물가로 끌고 갈 수는 있어도 물을 먹고 싶지 않은 말에게 강제로 물을 먹일 수는 없다'는 표현을 자주 사용한다. 이처럼 학습과정에서 개인의 동기가 중요하듯이 조직에서도 조직목표 달성을 위한 구성원들의 동기를 효과적으로 유발하는 일은 매우 중요하다.

교육조직은 다른 조직과 달리 변화에 둔감하고 경쟁의 무풍지대에 안주하는 경향이 강하다는 비판을 많이 받아왔다. 그러나 오늘날 학교개혁과 교사혁신에 대한 시대적 요청은 학교구성원들의 행동을 효과적으로 변화시키기 위한 동기유발 전략이 모든 학교조직에서 핵심이 되어야 함을 시사한다.

따라서 본 장에서는 동기의 개념 및 의의, 동기의 내용이론 및 과정이론에 대해 살펴보고자 한다.

제1절 동기의 개념 및 의의

목표지향적 행동으로부터의 추론

조직의 주요 관심사는 어떻게 하면 조직의 목표를 효과적으로 달성할 수 있는가에 있다. 따라서 조직의 구성원들로 하여금 목표성취를 위한 지속적인 노력을 어떻게 유도하느냐는 매우 중요하다. 이러한 지속적인 노력의 과정에 관여되는 핵심적인 변수가 동기라고 볼 수 있다. 동기는 육안(肉眼)을 통해 관찰할 수는 없으나 인간의 행동에 영향을 미치는 모든 내적 상태를 말하며, 심리학자들은 동기를 목표지향적인 행동(goal-directed behavior)으로부터 추론(推論)한다. 예를 들면, 산악인 박영석(그랜드슬램을 달성)이 히말라야 안나푸르나 봉을 다시 오르다가 실종되었을 때, 심리학자들은 그의 도전적, 모험적, 진취적, 과업지향적인 행동을 통해 '성취동기'라는 개념(박영석은 남달리 성취동기가 강한 사람이었다는 평가)을 추론하여 사용한다. 즉 동기는 사람의 눈으로는 확인할 수 없으나 존재한다고 가정하여 쓰는 추정개념(construct)이다.

동기는 라틴어의 movere에서 유래한 것으로 '움직이다'(to move)는 뜻을 가지고 있다. 동기는 인간의 내부에 있는 욕구(need), 충동(drive), 욕망(want), 갈망

(desire) 등을 말하며, 유기체의 어떤 결핍된 상태를 뜻하는 욕구가 그 결핍을 해소하는 과정에서 개인으로 하여금 어떤 행동을 하도록 동기를 부여하게 된다고 본다. 즉 동기는 욕구가 기반이 되어 행동을 활성화시키고 유지시키며 종료하게 하는데 영향을 미치게 된다. 이런 점에서 [그림 5-1]과 같이 동기는 인간의 욕구와 행동을 매개시키는 중재변인(an intervening variable)이다(Owens, 1991 : 102). Campbell 등(1970 : 340)은 동기가 행동의 방향, 반응의 강도, 행동의 지속성을 내포하고 있다고 보아 인간행동과 관련된 동기의 3가지 주요한 측면을 제시하였다.

중재변인

[그림 5-1] 인간의 욕구, 동기, 행동간의 관계

한편 Hersey, Blanchard & Johnson(2001)은 동기, 목표, 활동과의 관계를 [그림 5-2]와 같이 제시하면서, 배고픔(hunger)의 동기는 음식물(food)을 얻기 위한 목표와 관련되어 행동을 일으키게 되고, 이러한 행동은 목표지향적 활동(음식물을 준비하는 것) 또는 목표활동(음식물을 먹는 것)과 연계됨을 밝히고 있는 데, 여기서 목표활동이 점선으로 표시되는 것은 동기의 힘에도 불구하고 모든 목표가 달성되는 것은 아니기 때문이다. 목표지향적 활동과 목표활동이 지속적인 순환관계(cycling)에 있을 때 조직은 보다 적절하고 효과적인 형태가 될 수 있다고 본다.

동기, 목표, 활동과의 관계

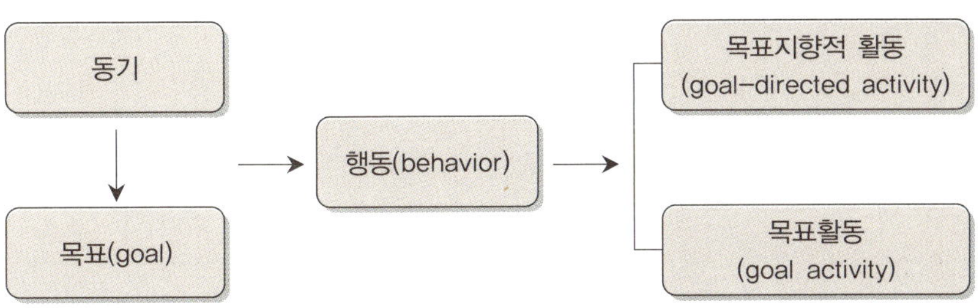

[그림 5-2] 동기, 목표, 활동간의 관계

출처 : Hersey, Blanchard & Johnson(2001 : 30)

내재적 동기와 외재적 동기

동기는 보통 내재적(intrinsic) 동기와 외재적(extrinsic) 동기로 구분된다. 내재적 동기는 개인의 내부로부터 발현되는 동기로서 흥미, 호기심, 성취감, 자기능력에 대한 신뢰 등과 관련이 되며, 외재적 동기는 개인의 외부로부터 또는 환경적인 요소와 연관되어 주어지는 동기로서 보상과 벌, 유인(incentive), 압력(pressure) 등과 관련이 있다.

산업체를 비롯한 모든 조직에서 동기의 문제를 중요하게 다루는 이유는 조직에서의 과업수행과 관련하여 조직구성원들이 왜 그렇게 행동하는가에 대한 해답을 찾는 데 있다. 이미 살펴본 바와 같이 고전적 조직이론 시대에는 조직구성원들을 일하게 하는 동기가 경제적이고 물질적인 요인에 있었던 반면 인간관계론 시대에는 사회적이고 심리적인 요인이 더 중요하게 부각되었고, 1960년대 이후에는 복잡한 인간관의 관점(Schein, 1980)에서 구성원들의 행동에 보다 다양한 욕구와 동기가 영향을 미친다는 사실을 구체적으로 인식하게 되었다.

내용이론과 과정이론

인간의 동기를 설명하는 동기이론은 내용이론(content theory)과 과정이론(process theory)으로 나눌 수 있는 데, 내용이론이란 조직구성원들의 동기를 유발시키는 요인이 무엇인가에 관심을 갖는 입장이고 과정이론은 동기를 유발시키는 과정(어떤 과정을 통해 동기가 유발되는가)과 그 과정에 관여되는 여러 요인들간의 상호작용에 관심을 갖는 입장을 말한다.

제2절 내용이론

1. Maslow의 욕구계층이론

인본주의 심리학자 (1908–1970) 브랜다이스대, 컬럼비아대 심리학 교수 역임

Abraham Maslow는 「동기와 인성」(Motivation and Personality, 1954, 1970), 「우정신학적 관리」(Eupsychian Management, 1965)라는 두 권의 대표적인 저서를 통해

인간의 동기를 이해하는데 유용한 욕구계층이론을 발전시켰다. Maslow(1954)는 인간은 무엇인가를 원하는 존재(Man is a wanting animal)로서 충족되지 못한 어떤 욕구를 충족시키기 위하여 동기가 유발되며, 인간의 욕구는 다섯 가지의 계층을 이루고, 낮은 단계에서 높은 단계의 순서로 욕구가 충족되며, 일단 충족된 욕구는 약해져서 동기유발 요인으로서 작용하지 않는다는 것을 전제로 하고 있다.

욕구의 위계(계층)

Maslow가 제시한 인간욕구의 5단계는 [그림 5-3]과 같이 생리적 욕구(physiological needs), 안전 욕구(safety needs), 소속감 및 사랑 욕구(belongness and lovel needs), 존경 욕구(esteem needs), 자기실현의 욕구(self-actualization needs)의 순으로 저수준에서 고수준의 위계로 배열된다. Maslow는 1단계부터 4단계까지의 욕구는 결핍 욕구로, 그리고 5단계의 욕구는 성장 욕구로 구분하였다.

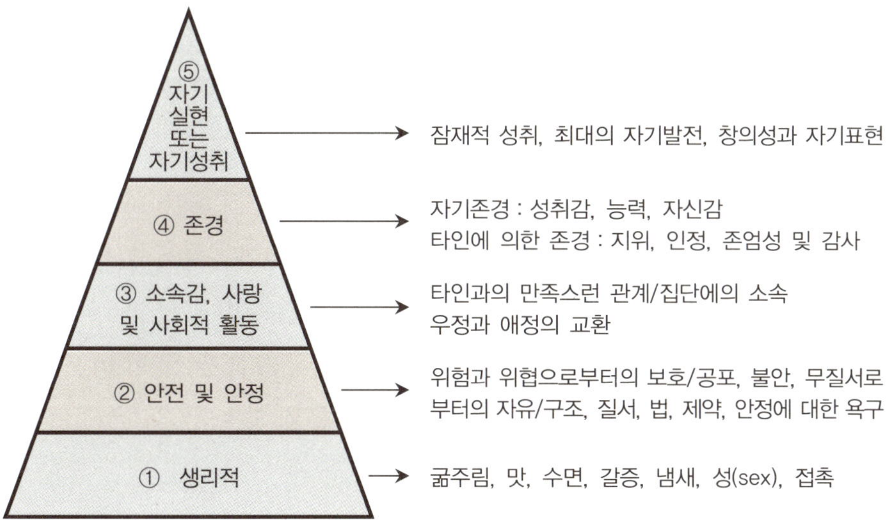

[그림 5-3] Maslow의 욕구계층

출처 : Hoy & Miskel(2008 : 137)

Maslow의 이론은 가장 기본적인 욕구를 1수준으로 하고 가장 잠재적인 욕구를 5수준으로 하여 계층화한 것으로 5가지 욕구의 구체적인 내용은 다음과 같다.

1) 생리적 욕구(physiological needs)

생리적 욕구
· 기본적 욕구
· 강력한 욕구

인간이 생명을 유지하고 살아가는 데 있어서 가장 기본적이고 강력한 욕구로서 음식, 물, 공기, 주거(숙소), 성(sex), 수면(sleep), 갈증, 휴식 등의 욕구가 이에 포함된다. 인간은 이러한 생리적 욕구의 충족이 다른 욕구에 비해 비교적 용이하기도 하지만 상대적으로 그 욕구의 좌절도 쉽게 경험한다.

2) 안전 욕구(safety and security needs)

안전 욕구
· 물리적 안전
· 신체적 안전
· 직업적 안전성

이 욕구는 1수준의 생리적 욕구가 어느 정도 충족된 후에 나타나는 욕구로서 물리적 안전과 신체적 안전 그리고 직업적 안정성(occupational stability)이 강조된다. 위험과 위협으로부터의 보호, 공포와 불안으로부터의 자유, 무질서와 혼란으로부터의 해방, 심리적 · 경제적 안정 등이 포함된다.

3) 사회적 욕구(social needs)

사회적 욕구
· 소속감
· 타인과의 관계

사회적 욕구는 생리적 욕구와 안전의 욕구가 어느 정도 충족된 후에 나타나는 욕구로서 소속감, 우정과 애정, 사랑, 타인과의 만족스런 관계, 타인에 의한 수용 등을 포함한다. 인간은 사회적 존재로서 어떤 집단이나 조직에 소속되어지기를 원하며 다양한 인간관계를 통해 친교(동료)하고 교제(이성)하며 우정과 사랑을 나누기를 원한다.

4) 존경 욕구(esteem needs)

존경 욕구
· 자기존중
· 타인에 의한 존중

존경 욕구는 사회적 욕구가 어느 정도 충족되면 나타나는 욕구로서 자기존중(respect by self)과 타인에 의한 존중(respect by others)으로 나누어진다. 자기존중은 자신감, 성취감, 자기효능감 등을 포함하며 타인으로부터의 존경은 인정, 사회적 지위와 명예, 명성, 위신, 존엄을 얻으려는 모든 욕구를 포함한다.

5) 자기실현 욕구(self-realization needs)

자기실현 욕구
· 대학원 과정에의 진학
· 시각장애인 강영우 박사

이 욕구는 존경의 욕구가 충족되고 나면 발생하는 최상위의 욕구로서 자아실현 또는 자기성취에 대한 욕구를 말한다. 자기실현의 욕구는 성장 욕구로서 타고난 자신의 잠재능력을 최대한으로 실현코자 하는 욕구이며 사람에 따라 다양한 형태로 자기실현을 이루게 된다. 자기실현의 욕구가 강한 사람은 성취의 욕구가 강하고, 자신의 능력의 한계를 극복하려는 의지가 강하며, 자기지시적, 내부지향적이며, 창의적 성향이 강하다고 말할 수 있다. 다만 이 욕구는 Maslow 자신이 당대의 약 10% 정도가 자기실현의 욕구를 충족한다고 추정했듯이 욕구충족의 비율이 매우 낮다는 한계를 갖는다.

욕구계층이론의 비판

이상과 같은 Maslow의 욕구계층이론은 인간의 욕구를 이해하고 동기의 본질을 조명하는 데 있어 광범위한 영향력을 행사하고 있지만 몇 가지 측면에서의 비판점도 제기되고 있다.

① 욕구의 충족이 고정된 계층에 따라 순차적으로 이루어지느냐 하는 점에 대한 비판이다. Maslow가 자신의 이론이 모든 사람과 모든 상황에 적용되는 것은 아니라는 점을 인정하기는 했지만 사람에 따라서는 생리적 욕구나 안전 욕구와 같은 저수준의 욕구가 충족되지 않은 상태에서도 존경 욕구나 자기실현의 욕구와 같은 고수준의 욕구를 충족하고자 하는 데 더 많은 노력을 쏟는 경우도 있다. Davis(1967)는 여러 욕구가 동시에 복합적으로 상호작용 할 수도 있음을 제시함으로써 하위수준의 욕구가 충족되면 다음 단계의 상위욕구가 나타나게 된다고 전제한 Maslow의 주장을 반박하고 있다. 실제로 야간의 대학원과정을 이수하고 있는 현직 교사들의 경우, 자기계발을 위한 자아실현의 욕구뿐만 아니라 승진을 위한 욕구(존경 욕구에 해당)의 충족까지 동시에 성취하려는 경우를 흔히 볼 수 있다.

② 개인차 또는 상황이나 문화권에 따른 차이가 제대로 반영되었는가에 대한 비판이다. 인간은 욕구에 의해 지배를 받지만 그 욕구의 강도와 선호는 사람마다 다르다고 볼 수 있으며 상황에 따라 얼마든지 달라질

가능성이 존재한다. Hersey와 Blanchard(1993 : 36-38)가 예시한 여러 욕구위계모형에 비추어 보면 아프리카의 많은 나라들은 아직도 전쟁과 빈곤에 시달리면서 저수준의 욕구충족이 절실한 반면 생활수준과 교육수준이 높은 북유럽의 여러 나라들과 선진국들은 고수준의 욕구충족에 더 많은 관심을 갖는다는 점이다.

③ 경험적 실증성에 대한 비판이다. Maslow는 자신의 임상자료를 토대로 욕구계층이론을 구축하였기 때문에 과학적 방법론의 측면에서 문제가 있고 엄격하게 경험적 검증이 이루어지지 못했다는 점에서 인간의 보편적 욕구체계로 받아들이기에는 역시 한계가 있다.

교육조직 실제에의 시사점

이러한 비판에도 불구하고 Maslow의 욕구계층 이론은 교육조직의 실제에 몇 가지 시사점을 제공한다(권기욱 외, 2000 : 108-109).

① 교직원들의 대부분이 생리적 욕구를 충족할 수 있는 상황에 있을지라도 이러한 욕구가 결핍되어 있을 수 있는 사람들이 있기 때문에 생리적 욕구가 잠재적인 동기요인으로 고려될 수 있다.

② 안전(안정) 욕구는 교직원들이 변화에 저항하고 직업안정과 상해-보상계획 및 퇴직프로그램 등의 운영을 요구하는 것들이 해당된다. 소속욕구는 교직원들이 동료·상사·부하와의 관계에 관련되며, 우정, 비공식 과업집단, 전문위원회 활동 등에 의해 충족될 수 있다. 존경 욕구를 위해 교직원들은 자율성의 강화, 타인으로부터 존경을 받기, 전문적 능력의 개발 등을 추구하게 된다. 자아실현 욕구는 최선의 인간이 되도록 노력하는 일들이 해당된다. 자아실현 욕구를 충족시키는 자가 최선의 성취자이므로 학교는 가능한 한 이러한 자아실현 욕구를 충족시킬 수 있도록 지원하여야 한다. 이와 같이 욕구계층 이론은 교직원의 동기 및 욕구의 확인과 욕구를 충족시킬 보상을 규명하는데 유용하다.

③ 교직원의 욕구가 안전 욕구 단계 이상으로 올라갈 경우에는 높은 계층의 욕구를 활성화할 수 있는 환경을 제공하는 것이 바람직하다.

④ 조직에서 직위가 상승할수록 동기화되는 욕구가 욕구위계에서 높은 계층이 된다. 그리고 개인에 따라 서로 다른 욕구를 갖고 있을 수 있으므로 직위별로나 개인별로 현안 욕구에 근거하여 동기화할 필요가 있다.

2. Alderfer의 ERG 이론

Alderfer(1972, 1979)는 Maslow 이론의 욕구계층에 대한 설명력과 경험적 타당성을 개선하기 위해 다섯 단계의 욕구를 세 단계의 핵심적인 욕구로 통합한 ERG 이론을 제시하였다. 그는 인간의 욕구를 존재 욕구(Exsistence needs : E), 관계 욕구(Relatedness needs : R), 성장 욕구(Growth needs : G)의 세 가지 범주로 나누고 각 욕구의 영문 머리글자를 따서 ERG라고 명명하게 되었다. 이 세 가지 욕구를 간략하게 설명하면 다음과 같다.

Alderfer(1940~)
미국의 심리학자
Maslow이론의 확대 발전

1) 존재 욕구(exsistence needs)

인간이 생존을 유지하기 위해서 필요로 하는 욕구로서, 굶주림, 갈증 등과 같은 생리적 욕구와 봉급, 부가혜택, 근무조건 등과 같은 욕구가 여기에 포함된다. 이러한 욕구는 Maslow 이론의 생리적 욕구와 안전 욕구에 해당한다.

2) 관계 욕구(relatedness needs)

인간이 사회적 존재로서 타인과의 관계를 맺으려는 욕구로서, 가족, 친구, 동료, 상사, 부하 등과의 대인관계를 모두 포함하는 욕구이다. 이러한 욕구는 Maslow 이론의 안전 욕구의 일부, 소속 및 애정의 욕구, 존경 욕구의 일부에 해당한다.

3) 성장 욕구(growth needs)

인간이 성장하고 발전하면서 자신의 잠재능력을 최대한으로 발휘하고자 하는 욕구로서, Maslow이론의 존경 욕구의 일부와 자기실현의 욕구가 이에 해당한다.

Alderfer의 이론은 하위단계의 욕구가 충족될수록 상위단계의 욕구에 대한 강도가 더 커진다는 점에서는 Maslow의 이론과 일치하지만, 다음의 두 가지 측면에서 Maslow 이론보다 더 신축적이고 탄력적임을 알 수 있다(Hanson, 1985 : 132).

첫째, 세 수준의 욕구가 어느 정도 동시에 작용할 수도 있다는 점이다. 예를 들면, 봉급이 적어서 월세나 음식비를 걱정하는 교사가 지적인 자극을 위해서 새로운 지식을 추구하거나 동료교사와의 돈독한 우정을 유지하는 데 관심을 가질 수 있다는 것이다.

만족–진행 : 좌절–퇴행

둘째, 하나의 하위욕구가 만족될수록 보다 높은 수준의 욕구로 진행해 간다는 Maslow의 만족-진행과정(satisfaction-progression process)에 더하여 좌절-퇴행과정(frustration-regression process)도 인정하고 있다는 점이다(Steers, 1988 : 164). [그림 5-4]에서 보는 바와 같이 예를 들면, 어떤 교사가 성장 욕구를 추구하다가 그것이 좌절되면 관계욕구에 대한 비중이 상대적으로 더 커지면서 다양한 사회적 관계 속에서 더 많은 만족을 얻게 된다는 것이다. 즉 하위단계 욕구의 중요성이 그만큼 더 커진다는 것이다.

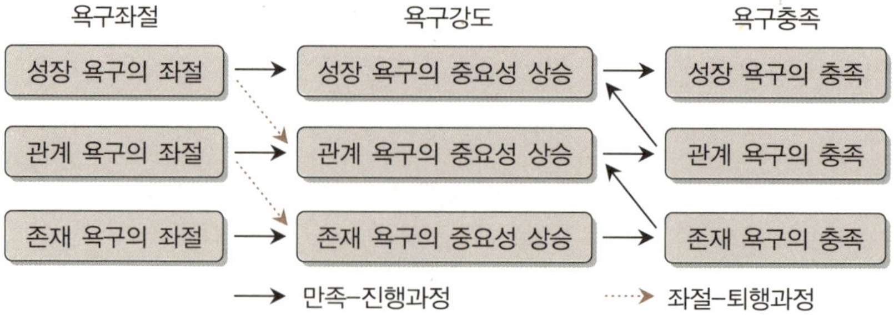

[그림 5-4] ERG 이론의 만족-진행과정과 좌절-퇴행과정 비교

출처 : 신철순(1995 : 125)

3. Herzberg의 동기 · 위생이론

Herzberg(1923–2000) 케이스 웨스턴 리저브대, 유타대 교수 역임

Herzberg(1959, 1966)는 Maslow의 욕구계층이론을 확대 · 발전시켜 직무가 인간의 욕구에 어떻게 영향을 미치는가에 관심을 갖고 새로운 이론을 제시하였다. 그는 미국 펜실베니아(Pennsylvania) 주 피츠버그 지역의 산업체에 종사하는 203명의 기술자와 회계사를 대상으로 면접조사를 통해 그들에게 특별히 좋았던 때와 나빴던 때를 회상하면서 그러한 감정을 가져오는 사건이나 조건을 기술하도록 하여 좋은 감정(만족)은 일반적으로 직무 자체와 관련이 있고, 나쁜 감정(불만족)은 일반적으로 직무의 환경과 관련이 있다는 것을 발견하였다. 즉, 인간에게는 상호독립적인 두 종류의 서로 다른 욕구의 범주(category)가 있어 이것이 직무수행에 각기 다른 영향을 미친다는 것이다.

2요인설

여기서 직무만족을 가져오는 요인을 만족요인(satisfiers) 또는 동기요인(motivators or motivating factors)으로, 직무불만족을 야기하는 요인을 불만족요인(dissatisfiers), 위생요인(hygiene factors), 또는 유지요인(maintenance factors)이라고 불렀고 이를 통칭하여 2요인설(two factors theory)이라고 한다.

직무만족과 불만족에 관한 전통적 관점은 만족의 반대는 불만족이고, 불만족의 반대는 만족이라는 것이었다. 그러나 Herzberg는 [그림 5-5]에서 보는 바와 같이 이러한 종전의 '단일선상의 가정'을 깨뜨리고 만족의 반대는 불만족이 아니라 만족이 없는 상태, 즉 무 만족(no satisfaction)이며, 불만족의 반대는 만족이 아니라 불만족이 없는 상태, 즉 무 불만족(no dissatisfaction)이라는 것이다.

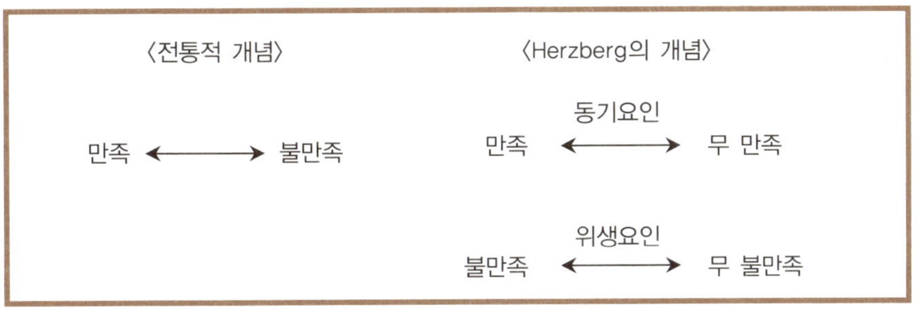

[그림 5-5] 직무만족과 불만족에 관한 전통적 개념과 Herzberg의 개념 비교

출처 : Owens(1991 : 115)

이원적인 욕구구조

Herzberg는 그의 동기 · 위생이론에서 인간은 이원적인 욕구구조를 가지고 있고, 불만족과 만족은 별개의 차원에 있어서 불만족을 일으키는 요인과 만족을 주는 요인은 서로 다른 것이며, 불만족요인의 제거는 소극적이며 단기적인 효과를 가질 뿐인 데 반해서, 만족요인을 크게 하는 것은 적극적이며 장기적인 효과를 가진다(이형행, 1994 : 115)고 하였는데, 이를 좀 더 부연하여 설명하면 다음과 같다.

동기요인(만족요인)

(1) 동기요인은 직무만족에 기여하는 요인으로 직무의 내용(content)과 관련이 있으며 성취(achievement), 인정(recognition), 작업자체(work itself), 책임감(responsibility), 성장(growth)과 발전(advancement) 등이 포함된다. 이러한 요인들은 조직구성원들로 하여금 직무수행상의 동기를 유발하고 심리적 성장과 성숙을 통한 잠재능력을 실현코자 하는 욕구와 관련이 있다. 동기요인으로 인한 직무만족의 경험은 직무에 대한 긍정적인 태도를 유발하고 이것이 직무수행에 긍정적인 영향을 미침으로써 결과적으로 조직목표의 달성에 효과적으로 기여하게 된다. 물론 동기요인이 충족되지 않는다고 하여(직무만족의 부재상태) 직무불만족으로 바로 연결되는 것은 아니다.

직무만족과 조직목표의 달성

Herzberg는 동기요인과 관련하여 실천적 방안으로 활용할 수 있는 3가지 아이디어를 제시하였는데, 첫째, 직무를 풍요하게 하고, 둘째, 직무의 자율성을 높이며, 셋째, 위생요인을 강조하는 전통적인 입장을 넘어서는 인사행정을 확충하라는 것(Owens, 1991 : 116) 등이다. 직무풍요화(job enrichment) 또는 직무충실화란 직무 그 자체가 성취감, 인정감, 책임감, 성장과 발전의 기회를 제공하도록 직무를 수직적 차원에서 재설계하는 것이다. 이것은 같은 수준의 또 다른 직무를 추가하여 분업에서 오는 지루함과 단조로움을 극복하기 위해 제안된 직무확대(job enlargement)와는 전혀 다른 개념으로, 직무를 기름지게 만드는(enrich) 것이며 수직적 직무확대라고 부르기도 한다.

직무충실화(풍요화)

위생요인(불만족요인)

(2) 위생요인 또는 유지요인은 직무불만족에 기여하는 요인으로 직무의 환경(context)과 관련이 있으며, 회사정책과 행정(company policy and admin-istration), 감독(supervision), 임금(salary), 대인관계(interpersonal relations), 작업조건(working conditions) 등이 포함된다. 여기서 '위생(衛生)'이란 용어는 예방의학에서 말하는

질병을 초래하는 요인이나 조건을 사전에 예방하고 차단한다는 의미에서 사용되었으며, 불만족요인이 아무리 잘 갖추어진다 하더라도 이들 요인은 조직구성원들로 하여금 열심히 일하도록 동기를 자극하지는 않는다는 점에서 위생요인이라는 용어를 사용하게 되었다.

위생요인은 주로 개인의 생리적 욕구, 안전욕구, 사회적 욕구를 충족시켜 줌으로써 개인의 불만족을 방지해 주는 효과만을 가져오게 된다고 보며, 주로 직무 외적인 요소와 관련이 된다. 위생요인의 제거나 감소는 불만족을 줄일 수는 있으나 만족을 가져다주거나 동기를 강화시키지는 못한다는 한계가 있다. 즉, 위생요인은 동기유발의 필요조건은 되지만 충분조건은 될 수가 없으며, 동기유발의 선행조건(Owens, 1991 : 115)이 된다고 볼 수 있다.

교육분야에의 적용

한편 산업계에서 연구된 결과를 교육분야에 적용한 대표적인 연구로 Sergiovanni(1967)와 Schmidt(1967)의 연구가 있는 데, 이를 Herzberg의 연구결과와 비교해 보면 〈표 5-1〉에 제시된 바와 같다.

표 5-1 2요인설에 관한 세 가지 연구결과의 비교(%)

요인 \ 연구	산업계		교 장		교 사	
	만족	불만	만족	불만	만족	불만
[동기요인]						
1. 성취	41*	7	46*	7	30*	9
2. 인정	33*	18	17*	4	28*	2
3. 직무자체	26*	14	1	1	11	8
4. 책임	23*	6	2	5	7*	
5. 승진	20*	11	9*	1	0	1
[위생요인]						
6. 봉급	15	17	1	2	2	3
7. 성장가능성	6	8	1	0	6	2
8. 부하와의 관계	6	3	11	34*	7	20*
9. 지위	4	4	1	0	0	0
10. 상사와의 관계	4	15*	5	12*	3	4
11. 동료와의 관계	3	8*	3	9*	1	15*

요인 \ 연구	산업계		교 장		교 사	
	만족	불만	만족	불만	만족	불만
12. 기술상의 감독	3	20*	1	5*	1	10*
13. 정책과 행정	3	31*	3	15*	2	13*
14. 근무조건	1	11*	0	3	2	6
15. 개인생활	1	6*	0	1	0	5*
16. 직업안정	1	1	1	0	0	1

* $p<.05$
출처 : Hoy & Miskel(1991 : 174-177)

〈표 5-1〉에서 보는 바와 같이, 미국의 경우 교육분야의 연구결과를 통해 볼 때 Herzberg의 만족요인과 불만족요인은 별개의 차원임이 지지되고 있으나 산업계와는 다른 점도 발견되었다. 즉, 교육행정가들의 경우(Schmidt의 연구) 직무자체와 책임감이 동기요인이 되지 못하고 있으며 부하(교사들)와의 관계가 위생요인이 되고 있다. 교사들의 경우(Sergiovanni의 연구)에는 승진이 만족요인이 되지 못하고 있으며 부하(학생들)와의 관계가 불만족요인이 되고 있다. 우리나라의 경우에도 주삼환(1974)이 Herzberg의 연구가설을 검증한 것을 시작으로 많은 연구적 노력이 지속되고 있다.

Herzberg 이론의 비판

Herzberg 이론에 대한 비판으로 신유근(1985 : 233-234)은 ① 전적으로 불만에만 작용하는 또는 전적으로 만족에만 작용하는 요인으로 구분할 수 없다는 점, ② 개인차가 무시되고 있다는 점, ③ 2요인이 범하고 있는 논리적 오류로서 만족과 모티베이션을 같은 것으로 다루어, 만족한 근로자가 반드시 열심히 일하고 성과를 올리리라는 보장은 없기 때문에 만족이 모티베이션을 유도한다는 Herzberg의 주장이 비판을 받는다고 보았고, Owens(1991 : 116-117)도 ① 연구방법상의 문제, ② 연구방법상의 신뢰도 문제, ③ 직무 이외의 부분에서 얻을 수 있는 만족의 미 규정, ④ 만족과 직무효과성(생산성)과의 미 연계 등의 문제점을 지적하고 있다.

Herzberg 이론의 공헌

이러한 비판과 한계에도 불구하고 Herzberg의 이론이 동기연구에 새로운 장을 열게 해준 것은 틀림없는 사실이다(신유근, 1985 : 234; 이형행, 1994 : 120). 전통적으로 대부분의 교육행정가들은 일반적으로 위생요인에만 관심을 집중하는 경향이 있었다. 불만족을 가져오는 요인들을 제거하거나 감소시키면 자동으로 직무수행상의 동기를 자극하고 만족을 가져올 수 있는 것으로 단순하게 생각했던 것이다. Herzberg의 이론은 위생요인만으로는 교직상의 불만을 줄일 수 있을지 모르나 교원들에게 적극적인 동기를 유발하기는 어렵다는 것을 깨닫게 하는데 중요한 단서를 제공하게 되었다.

끝으로 Maslow의 욕구계층이론, Alderfer의 ERG 이론, 그리고 Herzberg의 동기·위생이론의 상호관계를 비교해 보면 [그림 5-6]과 같다.

Herzberg의 2요인	Maslow의 욕구계층이론	Alderfer의 ERG 이론
동기요인	자기실현 욕구	성장 욕구
	존경 욕구	
	사회적 욕구	관계 욕구
위생요인	안전 욕구	
	생리적 욕구	존재 욕구

[그림 5-6] Herzberg, Maslow, Alderfer 이론의 관계

출처 : Lunenberg & Ornstein(2008 : 104)

4. McClelland의 성취동기이론

D. C. McClelland는 Maslow의 5가지 욕구 중에서 상위욕구만을 대상으로 하여 3가지 범주로 나누어 관찰했는데, 이 3가지의 욕구가 인간행동의 80%를 설명한다고 주장한다. 즉, 인간의 욕구는 선천적인 것보다는 사회의 문화로부터 학습되는 것으로 믿고 있다. 이는 학습의 개념과 밀접히 연관된 동기부여의 학습동기이론을 바탕으로 했다.

그는 학습된 동기인 성취 욕구, 친교 욕구, 권력 욕구에 주된 관심을 가졌는데 이는 다음과 같이 나눌 수 있다.

성취 욕구 (Need for Achievement)	친교 욕구 (Need for Affiliation)	권력 욕구 (Need for Power)
높은 기준을 설정하고 이를 달성하고자 하는 욕구	대인관계에서 밀접하고 친밀한 관계를 맺고자 하는 욕구	다른 사람에게 영향력을 미치고, 통제하려는 욕구

1) 성취 욕구(need for achievement : N-Ach)

문자 그대로 무엇인지를 이루고 싶은 욕구로서 직장인에 비춰 본다면 어떤 문제를 자기 혼자 해결해 보려고 한다든지 남들과 경쟁적이며 위험을 무릅쓰고라도 목표달성을 해서 남보다 앞서려는 욕구이다. 이런 욕구가 큰 사람은 자기가 일을 해 놓고도 얼마나 잘 했는지 노력의 결과를 피드백받고 싶어하고 언제나 경력을 증대시키려고 한다.

2) 친교 욕구(need for affiliate : N-Aff)

이는 남들과 사이좋게 잘 지내고 싶은 욕구를 말하는데 물론 사람마다 정도의 차이는 있다. 친교욕구가 강한 사람은 인간관계가 빈번한 일자리를 원할 것이며, 평소에도 타인과의 인간관계에 대해 생각을 많이 하는 사람일 것이다. 그러므로 이런 욕구가 큰 사람은 집단적 과업을 맡기고, 커뮤니케이션의 기회를 잘 만들어 주어야 한다.

3) 권력 욕구(need for power : N-Pow)

권력 욕구 혹은 지배욕구란 다른 사람에게 영향을 미치고 영향력을 행사하여 그를 통제하고 싶은 욕구이다. 이 욕구가 높은 사람은 어떤 집단에서나 리더의 위치에 있고 싶어하고 남은 설득시킨다든지 대표로 남 앞에 나서기를 원한다. 영향력이나 명성을 얻는데만 관심이 많을 것이다. 성취동기에 대한 이러한 개념을 토대로 하여 몇 가지 시사점을 얻을 수 있다.

성취동기를 측정하여 성취지향적인 행동경향이 높은 사람을 가려내어 이들의 성취행동을 예측할 수도 있고 새로운 성취경험을 가지도록 훈련하고 학습하여 성취동기의 육성도 가능하다.

성취동기가 높은 사람의 특성은 어떻게 다른지 살펴보면 아래와 같다.

① 과업지향성(task-oriented) : 과업을 능률적으로 수행하고자 하거나 도전적으로 자기능력을 시험하는 경향이 강하다.

② 모험성(adventuresome) : 중간수준의 모험적인 과제해결에 흥미를 느끼고, 문제해결이 극히 어렵거나 성공 확률이 낮은 과제는 선택하지 않으려는 경향이 있다.

③ 성취 가능성에 대한 자신감(self-confidence) : 자신이 하는 활동의 성취 가능성을 긍정적으로 믿는다.

④ 정력적, 혁신적 활동(energetic, revolutional activity) : 새로운 변화를 통해 혁신을 해야 할 경우나 필요성이 있는 문제해결방법을 요구하는 상황을 즐긴다.

⑤ 책임감(responsibility) : 자신의 책임을 회피하려는 경향이 낮다. 행동의 결과를 타인이나 환경의 원인으로 돌리지 않고 자기책임으로 보려는 경향이 크다.

⑥ 과업수행, 혹은 행동결과에 대한 지식의 중요성(knowledge of the result) : 과제수행을 위해서 자신이 쏟은 노력이 성공을 가져왔는지 아닌지를 알려는 경향이 크다.

⑦ 미래지향성(future-orientation) : 과거의 경험이나 현재시점에서 내려진 평가를 행동기준으로 삼기보다는, 장래에 있을 상황을 예견하여 이에 따라서 현재의 행동을 이끌어 가는 경향이 있다.

맥클레랜드는 후진국 사람들이 선진국 사람들보다 성취 욕구가 적다는 것을 발견하고 그 이유를 선천적이기보다는 후천적 교육제도, 가난한 환경, 자연 순응력, 운명적인 종교 문화 등에서 원인을 찾았다. 그렇기 때문에 훈련만 잘 시키면 성취 욕구를 증대시킬 수 있다고 주장한다.

즉, 개인의 성취 욕구 수준을 측정하여 알아 본 다음에 이에 적합한 목표를 설정하여 주고 적합한 작업환경을 마련함과 동시에 작업결과를 피드백시켜 가면서 지도하다 보면 성취 욕구도 상승시킬 수 있다고 한다. 그러나 객관적으로 개인의 성취 욕구를 정확히 측정할 수 있는가에 대한 문제가 제기된다.

제3절 과정이론

1. Vroom의 기대이론

기대이론의 가정

Vroom(1964)은 기대이론을 처음으로 조직상황에 체계적으로 적용하여 과업수행과 보상에 관련된 동기유발의 과정을 제시하였으며, 다음과 같은 네 가지의 가정(Lunenberg & Ornstein : 2008 : 104)에 기초하여 VIE(Valance-Instrumentality-Expectancy) 이론을 전개하였다.

① 사람들은 그들의 욕구, 동기, 그리고 과거의 경험에 관한 기대를 가지고 조직에 참여한다.

② 개인의 행동은 의식적인 선택의 결과다.

③ 사람들은 조직에서 서로 다른 것(예 : 봉급, 직무안정, 승진, 도전감 등)을 원한다.

④ 사람들은 개인적으로 자신들에게 최적의 결과를 가져오기 위해 대안(代案)을 선택한다.

Vroom은 개인의 노력의 결과로 나타날 수 있는 1차적 수준의 결과(성과)와 1차적 수준의 결과에 따라 받게 되는 2차적 수준의 결과(보상)에 대해 개인이 어떻게 지각하느냐에 따라 동기유발의 정도가 결정된다고 보며, 개인이 이러한 1, 2차 수준의 결과에 대해 갖는 선호(preference)의 강도를 유인가(Valence), 1차적 수준의 결과에 대한 기대를 성과기대(기대 : Expectancy), 2차적 수준의 결과에 대한 기대를 보상기대(수단성 : Instrumentality)라고 하였다. Vroom의 기대이론 모형은 [그림 5-7]과 같다.

[그림 5-7] Vroom의 기대이론 모형

출처 : Lunenberg & Ornstein(2008 : 105)

이 이론을 구성하고 있는 몇 가지 주요 개념을 살펴보면 다음과 같다.

1) 기대(Expectancy)

노력과 학점과의 관계

노력(effort)과 1차적 수준의 결과인 성과(performance)를 연계하는 개념으로 어떤 행동이나 노력을 하면 어떤 결과를 가져올 것이라고 믿는 정도를 말한다. 즉, 노력의 결과로 나타나는 1차적 수준의 결과에 대한 기대 확률 또는 주관적 확률을 의미한다. 이 기대 확률은 0에서 1까지의 값을 갖게 되는데, 아무리 열심히 노력해도 성과를 낼 수 있는 확률(성공확률)이 전혀 없다고 믿으면 성과기대는 0이 되고, 성과를 낼 수 있는 확률(성공확률)이 확실하다고 믿으면 성과기대는 1이 된다. 예를 들어, 어떤 대학생이 열심히 노력하여 A학점을 받을 가능성에 대한 믿음은 0에서 1까지로 나타난다.

2) 수단성(Instrumentality)

1차적 수준의 결과인 성과와 2차적 수준의 결과인 보상을 연계하는 개념으

· 좋은 학점과 장학금
· 시범학교에 근무하는 교사

로 어떤 수준의 과업수행의 결과에 따라 유인가를 갖는 어떤 보상이 주어질 것이라고 지각하는 정도를 의미한다. 즉, 높은 성과를 올리면 그에 따른 보상이 확실하게 주어질 것이라고 믿는 경우와 아무리 높은 성과를 올리더라도 보상이 주어지지 않을 것이라고 믿는 경우는 보상기대의 차이를 가져오게 된다. 이 보상기대는 유인가와 관련하여 -1(negative)에서 +1(positive) 사이의 값을 가지게 된다. 예를 들어, 어떤 수학교사가 학생들을 열심히 지도하여 학생들의 수학성적이 향상되면 그에 따른 보상이 반드시 주어진다고 믿는 경우(+)와 열심히 학생들을 가르쳐 좋은 성과를 냈지만 결과에 따른 보상은커녕 오히려 더 많은 수업시간을 배정받게 되는 경우(-)가 있을 수 있기 때문에 보상기대의 범위는 -1에서부터 +1까지가 된다.

3) 유인가(Valance)

어떤 개인이 특정 결과에 대해서 갖는 선호(選好)의 강도를 말하는 것으로, 1차적 수준의 결과와 2차적 수준의 결과에 대해 개인이 보이는 호감의 정도 또는 매력의 정도를 말한다. 이러한 호감의 정도에는 부정적(-)인 경우와 긍정적(+)인 경우로 나누어질 수 있기 때문에 유인가는 -1에서 +1의 범위를 갖게 된다. 어떤 결과에 대한 호감도가 더 높은 사람이 그렇지 못한 사람보다 동기유발이 더 효과적으로 일어나게 된다는 점을 인식할 필요가 있다. 유인가가 높은 사람은 자신의 노력을 배가하게 되어 더 높은 성과를 나타내게 되고 그에 따라 보상을 받을 확률이 더 높아진다고 볼 수 있기 때문이다. 예를 들어, 승진욕구가 강한 어떤 교사가 시범학교에 근무하면서 열심히 노력하여 좋은 평가(1차적 수준의 결과)를 받게 되고 그에 따라 남보다 빨리 승진(2차적 수준의 결과)하게 되었다면 그 교사는 자신이 기대하던 승진이 이루어졌기 때문에 유인가(승진에 대한 매력)가 매우 높다고 볼 수 있다.

유인가가 높은 사람과 낮은 사람

동기의 강도

Vroom의 기대이론에서 동기의 강도(strength)는 [그림 5-8]과 같이 앞서 논의한 세 가지 개념들 간의 상호작용의 함수관계, 즉 M=f(V · I · E)로 나타낼 수 있다. 즉 유인가(V), 수단성(I) 그리고 기대치(E)가 모두 높을 때 동기유발이 더 강하게 일어날 수 있음을 보여 준다.

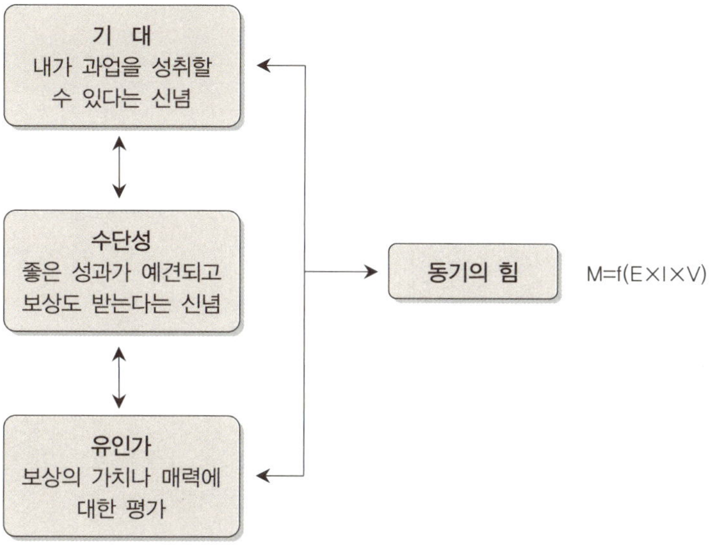

[그림 5-8] 기대이론에서의 동기의 힘

출처 : Hoy & Miskel(2008 : 155)

2. Porter와 Lawler의 기대이론

Porter와 Lawler(1968)는 조직구성원들의 성과와 만족에 미치는 영향을 조사하기 위하여 Vroom의 기대이론을 더욱 확대 발전시켰다. 노력 → 성과 → 보상으로 연결되는 기본 구조는 Vroom의 기대이론과 같지만 각 단계에 여러 변인들을 연결시켜 성과와 직무만족에 이르는 보다 구체적인 동기유발의 과정을 소개하고 있다.

성과–만족 모형

이 이론은 [그림 5-9]에서 보는 바와 같이, 직무만족이 성과(과업수행)에 영향을 미친다는 종전의 전통적 관점과는 정반대로 성과(과업수행)가 직무만족에 영향을 미친다고 본다. Porter와 Lawler의 기대이론은 Vroom의 기대이론과 달리 노력이 성과로 직접 연결되는 것이 아니라 개인의 능력과 특성 그리고 역할지각에 따라 과업수행이 달라지고 성과 후에 따라오는 보상과 그 보상을 어떻게 지각하느냐에 따라 만족이 결정된다고 본다. [그림 5-9]에 제시된 성과-만족 모형을 좀 더 구체적으로 설명하면 다음과 같다.

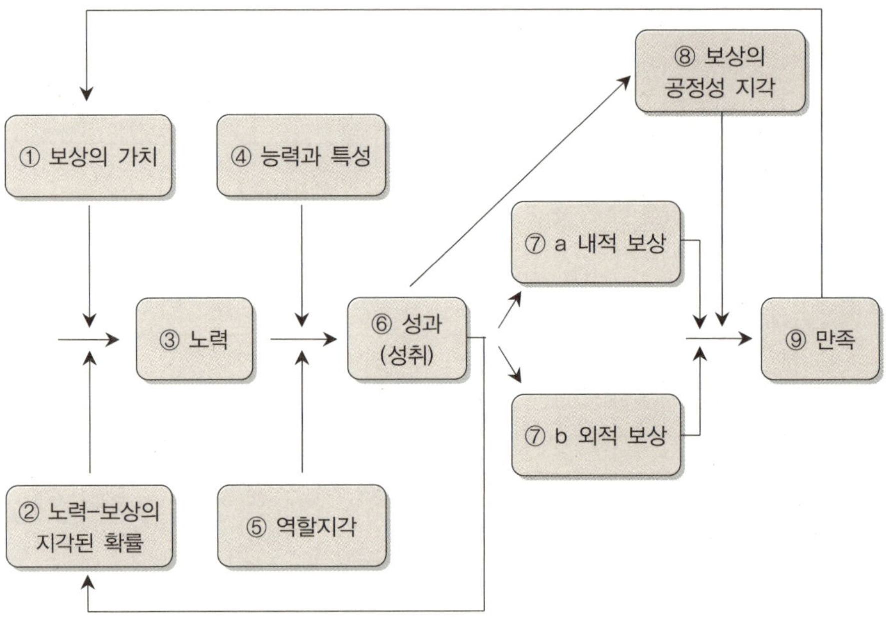

[그림 5-9] Porter와 Lawler의 성과-만족 모형

출처 : Porter & Lawler, III(1968 : 165)

① 보상의 가치 : 보상의 가치는 개인이 보상에 부여하는 가치로서 보상에 대한 매력을 나타내는 유인가와 같은 개념이다.

② 노력-보상의 지각된 확률 : 어떤 노력의 결과로 얻게 되는 보상의 가능성에 대한 주관적인 인식이며, 이는 노력-성과(성과기대)와 성과-보상(보상기대)의 두 가지로 나누어진다.

③ 노력 : 개인이 어떤 과업을 수행하는데 투입하는 에너지의 양을 말한다. 예를 들어, 시험을 준비하는데 투입한 공부의 양이 노력이다.

④ 능력과 특성 : 과업수행을 위해 개인이 갖추고 있는 능력과 자질을 말하는 것으로 성격특성, 직무에 대한 지식과 기술, 지능 등을 말한다.

⑤ 역할지각 : 과업수행을 위해 요구되는 자신의 역할에 관한 분명한 인식을 말하는 것으로 역할에 대한 지각이 명확할수록 과업수행의 효과가 높아진다.

⑥ 과업수행(성과) : 이는 성취(accomplishment)라고도 하며 조직의 목표달성을 위한 과업의 실행 정도를 나타내는 것으로, 개인의 능력과 자질, 역할지각, 그리고 노력에 의해 성취(과업수행)의 수준을 높여갈 수 있다. 개인이 아무리 열심히 노력한다 해도 능력이 없거나 역할을 제대로 지각하지 못한다면 성취의 수준을 높여 가기가 힘들게 된다.

⑦ 보상 : 과업수행의 결과에 대해 조직이 개인에게 부여하는 대가를 말하는 것으로 내적 보상과 외적 보상이 있다. 내적 보상은 성취감, 인정감, 성장과 발전의 기회 등의 심리적 보상이고 외적 보상은 주로 물질적 보상과 관련이 있다.

⑧ 보상의 공정성 지각 : 어떤 과업수행의 결과로 주어지는 보상에 대해 그것이 얼마나 공정한가에 대한 지각을 말하는 것으로 보상의 양이나 수준을 의미한다.

⑨ 만족 : 과업수행의 결과 실제로 받은 보상이 받을 것으로 지각한 보상의 수준을 충족시키는 정도를 말하며, 보상에 대한 공정성 지각여부가 만족에 영향을 미친다. 즉 자신이 받은 보상이 공정하다고 지각하면 직무만족을 느끼게 되고 그에 따라 보상의 매력도 커지게 된다. 자신이 기대했던 정당한 수준 이상으로 보상을 받게 되면 직무만족의 수준은 더 높아지게 된다. 특히 만족의 내용이 성장욕구와 관련된 것일 경우 보상의 가치는 더 높아지게 될 것이다.

기대이론의 요약

Porter-Lawler의 기대이론을 요약해 보면 다음과 같다(송화섭, 1992 : 222).

① 직무수행능력은 과업성취와 거기에 결부된 보상에 부여하는 가치, 그리고 어떤 노력이 보상을 가져다 줄 것이라는 기대에 의해 좌우된다.

② 노력에 의한 직무성취가 개인에게 만족을 줄 수 있는데, 만족을 주는 힘은 거기에 결부된 내재적 및 외재적 보상에 의해서 강화된다.

③ 내재적 및 외재적 보상이 있더라도 그것이 불공정하다고 지각되면 개인에게 만족을 줄 수 없다.

기대이론의 문제점

끝으로 기대이론에 대한 문제점을 지적하면 다음과 같다(신유근, 1985 : 245).

① 이론의 내용이 너무 복잡하여 검증자체가 매우 어렵다.
② 변수에 대한 조작적 정의가 애매하며 기대이론 주장자들간에 통일성이 결여되어 있다.
③ 가장 만족이 큰 쪽으로 인간의 행동이 동기화된다는 기대이론의 쾌락주의 가정은 인간행위의 올바른 설명이 못된다.
④ 기대이론이 주장하는 바와 같이 과연 인간이 복잡한 계산과정을 거쳐 행동을 하는지는 의심스럽다.

3. Adams의 공정성이론

인지부조화이론 : 생각과 행동의 불일치(예 : 흡연)

사회적 비교이론

Adams(1963)는 Festinger의 인지부조화이론(cognitive dissonance theory)을 토대로 공정성이론을 발전시켰으며 여러 형태의 교환관계에 주목하였다. 공정성이론은 개인이 자신의 사회적 관계를 평가할 때 타인과의 비교 속에서 이루어진다는 가정에서 출발하고 있기 때문에 사회적 비교이론(social comparison theory)이라고도 한다.

Adams는 자신의 투입-결과와 비교되는 타인의 투입-결과의 비율이 공정한지, 공정하지 못한지에 대한 지각에 따라 개인의 동기가 유발된다고 본다. 다시 말하면, 자신의 투입-결과의 비율이 타인의 투입-결과와 같다고 지각하면 공정하다고 느끼지만, 같지 않다고 지각하면 불공정성을 느끼게 되고 이러한 불공정성의 느낌은 긴장을 초래하여 공정성을 회복하는 방향으로 어떤 노력을 하게 되고 이 과정에서 개인의 동기가 유발된다는 것이다(그림 5-10 참조).

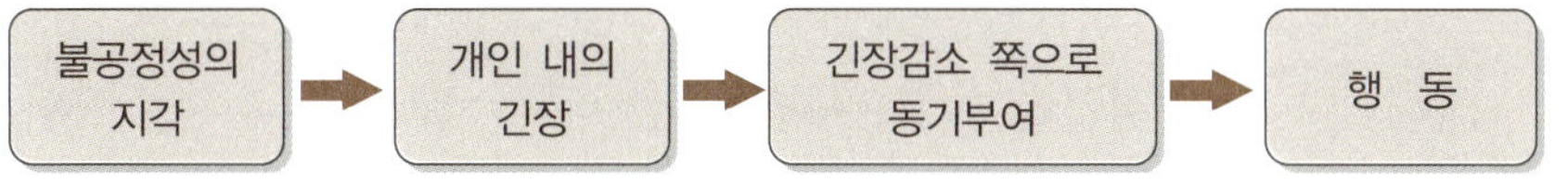

[그림 5-10] 공정성이론의 논리

출처 : Steers(1988 : 188)

어떤 작업 상황에서 개인이 공정성과 불공정성을 지각하게 되는 경우를 도식으로 표현하면 다음과 같다.

$$\text{공정성의 지각 : } \frac{\text{자신의 결과}}{\text{자신의 투입}} = \frac{\text{타인의 결과}}{\text{타인의 투입}}$$

$$\text{불공정성의 지각 : (과대보상의 경우) } \frac{\text{자신의 결과}}{\text{자신의 투입}} > \frac{\text{타인의 결과}}{\text{타인의 투입}}$$

$$\text{(과소보상의 경우) } \frac{\text{자신의 결과}}{\text{자신의 투입}} < \frac{\text{타인의 결과}}{\text{타인의 투입}}$$

투입과 결과

여기서의 투입(inputs)은 개인이 조직을 위해 기여하는 모든 것을 말하며, 그 요인으로는 교육, 지능, 경험, 훈련, 기술, 연공서열, 연령, 성, 인종적 배경, 사회적 지위, 직무에 대한 노력, 건강 등이 포함된다. 그리고 결과(outcomes)는 개인이 보상을 포함한 조직으로부터 받는 모든 것을 말하는데, 급료, 직무에 대한 내적 보상, 연공에 따른 혜택, 부가급부, 직무지위, 지위상징, 다양한 공식적 · 비공식적 인가된 부수입(sanctioned perquisites), 열등한 작업조건, 작업의 단조로움, 기타 불만족요인 등이 포함된다(Adams, 1963 : 422-423; 신유근, 1985 : 248).

공정성 회복의 방안

공정성이론에 따르면, 자신과 타인(비교대상)의 투입-결과의 비율에 대한 지각을 통해 불공정성을 느끼게 되면 긴장감(과대보상일 경우에는 부담감, 과소보상일 경우에는 불쾌감)이 조성되고 이러한 긴장감을 해소하기 위해, 즉 공정성을 회복하기 위해 어떤 행동을 취하게 되는 데 몇 가지 방안을 소개하면 다음과 같다(Steers, 1988 : 188; Lunenberg & Ornstein, 2008 : 106).

① **투입의 변경** : 저급여(underpaid)의 경우는 직무에 대한 노력의 수준을 줄이거나 장기 결근을 늘림으로써, 과급여(overpaid)의 경우에는 일의 양과 질을 증대하거나 수당이 없는 과외시간(extra hours)을 늘리는 방식으로 공정성을 회복할 수 있다.

② **결과의 변경** : 투입을 증가시키는 대신 결과를 감소시키거나, 투입을 감소시키는 대신 결과를 증가시킴으로써 공정성을 회복할 수 있다.

③ **투입이나 결과의 인지적 왜곡** : 불공정성에 따른 긴장과 불일치를 감소시키기 위해 양립할 수 없는 지각의 어느 하나를 수정하려고 애쓴다. 예를 들면, 비교대상(comparison other)이 자기보다 더 많은 직무지식과 지능을 가지고 있다고 추리함으로써 자기의 지각을 왜곡하거나 반대로 자기가 받는 어울리지 않는 높은 결과가 비교대상보다 더 많은 경험과 능력을 소유하고 있기 때문이라고 확신함으로써 정당화할 수 있다.

④ **조직을 떠남** : 다른 직무나 부서로의 이동 또는 직장을 그만둠으로써 공정성을 회복할 수 있다.

⑤ **비교대상의 투입과 결과의 변경** : 동료(비교대상)에게 투입을 줄이도록 강요하거나 혹은 조직을 떠나도록 압력을 가한다.

⑥ **비교대상의 변경** : 만약 비교대상에 대한 자신의 투입-결과의 비율이 불공정하다고 느끼면 공정성을 회복하기 위해 비교대상을 바꿀 수 있다.

4. Locke의 목표설정이론

목표의 중요성

인생을 살아가는 데 있어 목표가 중요하듯이 조직에서도 목표의 설정은 매우 중요하다. 조직에서 목표를 어떻게 설정하느냐가 바로 조직구성원들의 행동에 직접적인 영향을 미치기 때문이다. 우리나라의 대표적 기업인 삼성전자나 현대자동차의 경우에도 매년 연간 사업계획을 세우고 그 계획을 실행하기 위한 노력을 전 구성원들에게 요청하는 것을 볼 수 있다. 학교조직도 마찬가지로 매년 연간 교육계획, 분기별 교육계획, 월간 교육계획, 업무분장 부서별

계획을 세우는 것에서부터 교과별 학습지도안의 작성(단원목표와 학습목표의 제시)에 이르기까지 목표의 설정이 빈번하게 이루어지고 그 목표를 달성하기 위한 구성원들의 노력이 집중되는 것을 볼 때, 목표설정이 전반적인 교육활동에 미치는 중요성을 짐작해 볼 수 있다.

목표의 구체적 표현

우리는 학교를 다니는 동안에 부모나 어른들부터 '열심히 해라', '최선을 다해라'와 같은 말들을 자주 들어왔다. 이런 말들은 학업과 관련하여 더 많은 노력을 경주하라는 뜻으로 받아들일 수 있지만 어떤 목표를 향해 어떻게 구체적으로 노력을 하라고 하는 것인지에 대한 명확한 지침은 되지 못하였다. 막연히 '공부를 열심히 해라'고 하는 것보다 '이번 수학시험에서는 지난번 시험보다 5점을 더 올리도록 해라'와 같은 구체적 표현이 학생들로 하여금 목표의식을 더 분명히 갖도록 하고 점수향상에 대한 노력을 더 집중하게 만드는 효과를 가져 온다. 이처럼 목표는 어떤 과제나 과업과 관련한 노력을 강화하는 데 있어서 핵심적인 요인이 된다.

Locke(1968, 1990)는 Gary Latham과 함께 성과에 미치는 목표의 중요성을 강조한 목표설정이론(goal-setting theory)을 제시하였으며, 목표를 달성하려는 의도(intention)가 행동에 동기를 부여하는 일차적인 힘이 된다고 가정하였다. 목표는 개인이나 집단이 의식적으로 달성하고자 하는 바람직한 미래의 상태를 말하는 것으로, 어떤 과업을 수행하기 위해 얼마만큼의 노력을 투입해야 하는지를 가르쳐 주는 방향타가 된다.

Locke는 인간의 행동은 가치와 의도(또는 목표)라는 두 가지 인지에 의해 결정된다고 보고 [그림 5-11]과 같은 논리를 제시하였다.

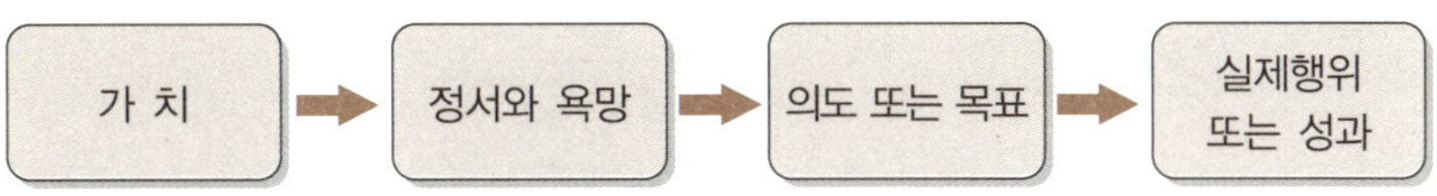

[그림 5-11] Locke의 목표설정이론의 논리

출처 : Steers(1988 : 192)

[그림 5-11]에서 보는 것처럼, 한 개인이 지닌 가치는 그 가치와 일치하는 무엇인가를 하려는 욕망(desire)을 일으키게 하고, 이러한 정서와 욕망의 결과로 어떤 목표를 설정하게 된다. 그리고 이러한 목표는 실제행동이나 성과를 결정하는 요인이 된다. 그렇다면 목표가 어떠한 속성을 지닐 때 실제행동이나 성과에 큰 영향을 미치게 될 것인가가 중요한 과제가 된다. 이에 대한 해답으로 Steers(1988 : 192-196)는 다음의 [그림 5-12]에서 보는 바와 같이 과업목표의 6가지 속성을 제시하고 있다.

과업목표의 속성

① **목표의 구체성** : '최선을 다하라(do your best)'와 같은 막연한 목표보다는 '수학성적 평균 5점 높이기'와 같은 구체적 목표가 더 높은 수준의 성과를 가져올 수 있는 행동을 유발한다. 왜냐하면 구체적 목표는 역할모호성을 감소시켜 주고 행동방향을 명확하게 제시해 주기 때문이다.

② **목표의 곤란성** : 쉬운 목표보다는 다소 어려운 목표가 동기를 유발하여 성과를 높이는데 기여한다. 왜냐하면 과업에 대한 도전감이 더 많은 노력을 하도록 자극하기 때문이다. 특히 성취욕구가 강한 사람에게는 다소 어려운 목표가 동기유발의 효과가 있지만 그렇지 못한 사람에게는 오히려 동기유발의 효과가 적을 수도 있다.

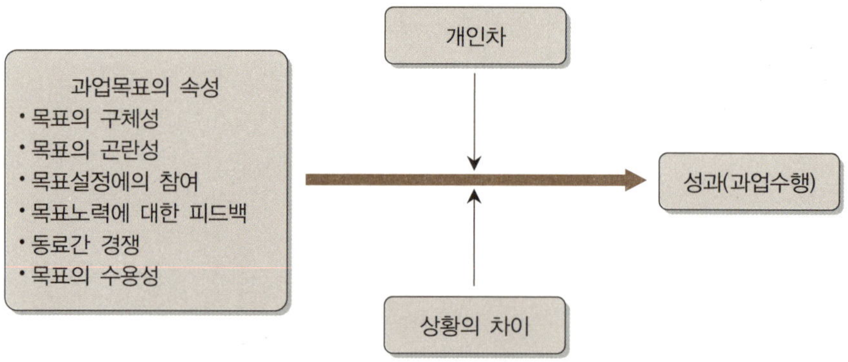

[그림 5-12] 목표설정과 성과간의 관계

출처 : Steers(1988 : 193)

③ 목표설정에의 참여 : 조직구성원들을 목표설정에 참여시킴으로써 성과가 높아질 수 있다. 그러나 목표설정에의 참여가 직무만족을 증가시키기는 하지만 반드시 성과를 높여 준다고 보기는 어렵다.

④ 목표노력에 대한 피드백 : 노력에 대한 피드백의 중요성이 인정되고는 있지만 피드백이 성과와 직접적으로 연관이 되는지에 대해서는 연구결과를 통해 충분히 뒷받침이 되고 있지 못하다.

⑤ 목표달성에 대한 동료간 경쟁 : 일반적으로 동료들간의 경쟁이 성과를 높일 것으로 생각되지만 실제로 이를 지지할 증거가 별로 없다. 오히려 질을 희생한 양적 목표에 대한 경쟁은 해가 될 수도 있다.

⑥ 목표의 수용성 : 일반적으로 상부로부터 강요되고 지정된 목표보다는 구성원들 자신이 자발적으로 수용한 목표가 더 높은 수준의 성과를 유발한다.

이상의 Steers의 목표설정과 성과간의 관계는 개인차와 상황의 차이에 의해 영향을 받기는 하지만 6가지 목표속성들이 실제행동과 성과에 중요한 영향을 미친다고 보는 점에서 그 의의를 찾을 수 있을 것이다.

· 성공적인 목표의 조건
· 목표의 긍정적인 효과

한편 Locke와 Latham(1990)은 성공적인 목표는 구체적이어야 하고, 도전적인 것이어야 하며, 달성가능한 것이어야 하고, 개인들이 목표에 헌신해야 한다는 네 가지 조건을 충족해야 한다고 보면서 목표의 긍정적인 효과를 다음과 같은 4가지로 설명하였다. 첫째, 목표는 즉시적인 과업에 대한 주의력을 증가시켜 준다. 둘째, 목표는 활동에 투입하는 노력을 증진시킨다. 셋째, 목표가 일단 명료하게 확립되면 목표를 포기하려는 유혹을 줄여주기 때문에 지속성을 증가시킨다. 넷째, 목표설정은 구체적인 과업수행 전략, 즉 과업수행 방법을 개발하도록 고무시켜줌으로써 동기와 과업수행 수준을 증가시켜 준다.

이상의 목표설정이론을 요약해 보면 [그림 5-13]에서 보는 것처럼, 구체적이고 도전적이며 달성가능하고 수용적인 목표가 주의력을 집중시키고, 노력과 지속성을 증가시키며, 구체적인 과업전략을 개발하는 데 도움을 줌으로써 더 많은 성과를 내게 된다고 본다. 또한 피드백도 개인으로 하여금 목표에 대한 성과를 비교해 보는 동시에 목표 메커니즘에 대한 유인(incentive)으로 작용한다

목표설정이론의 제한점

는 점에서 중요한 기능을 수행한다. 이러한 목표설정이론은 목표가 성과에 영향을 미치는 과정을 비교적 단순하게 설명해 주고 있지만 다음과 같은 몇 가지 제한점을 갖는다(이상기 · 옥장흠, 2007 : 353).

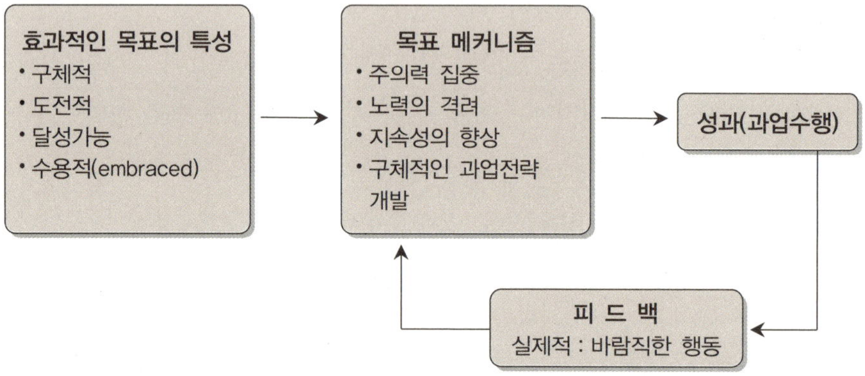

[그림 5-13] 목표설정이론

출처 : Hoy & Miskel(2008 : 166)

첫째, 목표이론은 어떠한 요인이 개인으로 하여금 목표를 수용하게 하는지를 구체적으로 제시하지 않고 있다. 또 가치가 어떻게 결정되어지고, 정서가 어떻게 목표로 전환되는가에 대해서도 언급이 없다.

둘째, 목표의 수용성, 목표의 곤란성 등의 변인들이 어떻게 결합되어 개인의 노력을 결정하는가에 대한 설명이 없다.

셋째, 결과가 구체적으로 분명하게 나타나는 직무에서는 목표이론의 적용이 기대되지만 교육이나 행정과 같은 복합적인 직무에서는 비교적 효과가 적을 것이다.

생각해 볼 문제

1. 학교조직에서 동기가 왜 중요한지와 교사들의 직무동기를 높일 수 있는 구체적 방안에 대해 토론해 보자.
2. 현재 일선학교에서 시행되고 있는 교원성과급제와 교원능력개발평가제가 교사들의 동기유발과 관련하여 어떤 장점과 문제점을 가지고 있는지에 관해 토론해 보자.
3. Maslow의 욕구계층이론과 Alderfer의 ERG이론을 비교하여 설명해 보자.
4. 기대이론에서 보상이 주는 의미와 보상의 공정성에 대한 지각이 직무만족에 미치는 영향에 대해 검토해 보자.
5. 학교현장에서 공정성이론의 예를 찾아보고 교사들의 봉급수준과 업무강도를 타 직종과 비교해 보자.
6. 자신의 학업계획을 목표설정이론에 비추어 검토해 보고 학교조직에서 목표에 의한 관리가 왜 중요한지를 토론해 보자.

제6장

인간관계와 갈등관리

제1절 인간관계론

제2절 갈등관리론

학습목표

1. 학교조직에서 인간관계의 의미와 중요성에 대해서 설명할 수 있다.
2. 교사와 학생 및 교사와 학부모의 인간관계를 원만히 유지하는 방법을 이해할 수 있다.
3. 학교에서 당면하게 될 수 있는 인간관계의 대상을 구분하고 각각의 구체적인 갈등 상황에 슬기롭게 대처할 수 있는 능력을 이해할 수 있다.
4. 갈등관리 방법에 대한 학자들의 이론을 토대로 학교 조직의 갈등 상황을 추론하고 그 대처방법을 설명할 수 있다.

제1절 인간관계론

학교조직에서는 공동의 목표를 달성하기 위하여 상호협동적이고 상호보완적인 행동관계 및 심리관계를 조정하고 촉진시킬 수 있는 이른바 인간관계기술을 필요로 한다. 훌륭한 인간관계는 선의, 상호존중 및 개개인의 존엄성과 가치에 대한 신뢰의 바탕위에서 형성되며, 학교 구성원 상호간에 이러한 가치를 학교교육에서 구현하는 것은 효과적인 학교교육에 있어 필수 요소이다. 학교사회의 인간관계는 학교행정가와 교사, 교사와 교사, 교사와 학생, 학생과 학생 등 학교 내부의 인간관계와 학교와 지역사회, 또는 학부모와의 관계에서 생겨나는 학교 외부의 인간관계로 구분할 수 있다. 또한 그것은 상하관계를 중심으로 한 종적 관계와 동료관계를 중심으로 한 횡적 인간관계로 구분되기도 한다. 전자의 경우에는 학교행정가와 교사, 교사와 학생, 교사와 행정직원간 인간관계가 있고, 후자의 경우에는 교사 상호간, 학생상호간의 인간관계가 있다.

여기에서는 학교 내에서 인간관계를 주요 구성원 집단인 교장과 교사의 인간관계, 교사 상호간의 인간관계, 교사와 학생간의 인간관계, 교원과 교육행정직간의 인간관계로 나누어 논의하고자 한다.

1. 교장과 교사간의 인간관계

교장의 임무

초 · 중등교육법 제20조 제1항에서는 교장의 임무를 '교장은 교무를 통할하고, 소속 교직원을 지도 · 감독하며, 학생을 교육한다'라고 규정하고 있다. 실제로 국가적 교육행정체계에 있어서 교장은 계선조직상 수직적 계열을 갖는 명령계통의 중간에 서서 상부에서 하달된 지시를 교사에게 전달하고 반면에 교사의 요구를 상부에 반영하는 중재적 역할을 담당하고 있다. 따라서 교장은 학교 내에서 교직원들을 대상으로 학교교육의 구체적인 목표와 정책, 학교의 상황, 교사에게 요구되는 역할과 기대 등을 명확히 전달하고, 학교 내의 공식적·비공식적 인간관계, 교사 개인의 욕구 성향 등을 이해하고, 이를 학교운영에 반영해야 한다.

이러한 역할 때문에 단위학교에서 교장의 지도성은 그가 소속된 학교교육의 질과 분위기에 절대적인 영향을 준다. 특히 학교 구성원 상호간에 원만한 인간관계 형성은 교직원들 사이의 불만 요인을 없애는 중요한 요소이며, 동료의식은 교직원 상호간의 만족과 자긍심을 높여줄 수 있는 만족요인이다. 또한 학교교육의 질은 일차적으로 교장의 질에 의해 결정되며, 그 중에서도 교장과 교사간의 관계가 어떠한가에 의해 좌우된다고 할 수 있다. 이러한 이유에서 학교 내에서 교장의 지혜로운 지도성 발휘가 요청된다고 할 수 있다.

교장과 교사 상호간에 서로 존경심과 공동체의식을 가지고 대하는 학교사회는 그렇지 않은 학교보다 인간관계가 건설적이며 우호적이고 협력적인 가능성이 높고, 결과적으로 학교의 주요 고객인 학생들에게도 좋은 영향을 주게 될 것이다.

Wiles(1967)는 학교조직의 분위기와 인간관계를 조성하기 위한 교장의 원칙을 다음과 같이 제시하고 있다.

① 상대방에게 친밀감을 보일 것
② 명랑한 미소를 보일 것
③ 상대방의 이름을 기억하고 사용할 것
④ 교사의 과외활동에 관심을 가질 것
⑤ 교원들이 쉽게 접촉하도록 할 것
⑥ 특권행사를 피할 것
⑦ 교사에게 업무를 맡길 때 사전에 의사를 타진할 것
⑧ 의뢰받은 일은 신속히 이행할 것
⑨ 어떤 입장을 취하기 전에 상대방의 입장을 고려할 것
⑩ 학교가 칭찬을 받을 때 그 공을 담당교사에게 돌릴 것

⑪ 교사가 잘할 때는 그 상황을 모두에게 알릴 것
⑫ 교사들의 과업과 생활에 관심을 가질 것
⑬ 교원의 사회적 지위에 대한 이해를 가질 것
⑭ 문제교사나 집단은 불가피하다는 생각을 버릴 것
⑮ 기본적인 철학을 넘어서는 논쟁을 피할 것
⑯ 집단 내에 불화가 있을 때는 화해하도록 도와 줄 것
⑰ 직원간의 문제는 전체 회의에서 중재할 것인가에 관하여 문의할 것
⑱ 사람을 기다리게 하지 말 것
⑲ 친절하고 겸손할 것

교장과 교사 상호간에 원만한 인간관계를 형성하기 위해서 교장은 학교경영에 있어서 교사들의 개인적인 의견이나 제안을 받아들일 것이고, 교원 각자의 고충을 이해해 주며, 개개인의 능력과 가치를 인정하고, 교사들은 주어진 업무에 충실히 하는 것 등이 포함될 수 있을 것이다. 특히 교장을 포함한 학교행정가들은 교사 개인의 의사를 존중하고, 민주적 운영체제를 확립하려는 노력을 경주함과 동시에 교장 자신에게 부여된 권력은 교직원들을 지배하기 위한 권력(power over)이 아니라 교육목표 달성을 위하여 그들의 능력을 이끌어 내기 위한 봉사적 권력(power to)으로 이해해야 할 것이다.

교직원들의 사명감에 불을 붙이지 못하거나 그들의 심리적 만족감을 유도해 내지 못하는 학교에서는 헌신과 봉사가 있을 리 없으며, 그러한 헌신과 봉사가 없는 곳에서 성공적인 교육목표 달성을 부르짖는다는 것은 공허한 외침일 것이다. 따라서 학교행정가는 교직원과 좋은 인간관계를 유지하기 위해서 노력해야 하며, 이를 위해서는 교직원의 발전과 권한부여(empowerment)에 관심을 갖고 그들의 노고에 고마운 마음을 가져야 할 것이다.

교장의 인간관계
· 참모조직 활성화
· 비공식조직에 관심

결론적으로 교장과 교사 사이의 바람직한 인간관계를 형성하기 위해서 교장은 학교 내 참모조직(staff organization)의 활성화는 물론 학교 내에 존재하는 비공식적 조직들에 대한 관심을 갖고 그 조직들이 갖고 있는 잠재력을 효과적인 학교발전의 원동력으로 전환시키는 노력을 해야 할 것이다. 또한 교장은

교사들에 대해서는 개개인의 능력과 가치를 인정하고 존중해 주도록 노력해야 할 것이다. 교사들 또한 스스로 학교 내에서 이기적인 행동보다는 사명감을 가지고 협조적인 태도로 학교조직이 달성하고자 하는 공통의 목표에 적극 참여하는 자세를 보여주어야 할 것이다.

2. 교사 상호간의 인간관계

학교 내에서 교사들 상호간의 인간관계 역시 제도적으로 규정된 역할을 중심으로 하는 공식적 인간관계와 학교의 업무나 역할수행과는 관계없이 이루어지는 사적·비공식적 인간관계로 구분된다. 학교 제도 내에서 담당교과나 학년, 교무분장 등 맡은 업무나 역할에 따라 형성되는 지위나 기대를 중심으로 하는 인간관계를 공적 인간관계라 한다면, 역할수행과는 관계없이 흥미, 출신 학교, 종교, 연령 등 비공식적 조직에 의해 형성되는 지위나 기대를 중심으로 하는 인간관계를 사적 인간관계라 할 수 있다. 대부분의 교사들은 교내에서 서로 비슷한 일을 하고 있지만 교과, 체력, 성격, 경력 등 여러 가지 면에서 서로 다르고 개인차가 있기 때문에 공적 인간관계와 마찬가지로 사적 인간관계도 교사 상호간의 인간관계를 형성하는데 있어 아주 중요하다.

교사 상호간의 인간관계
- 공적 인간관계
- 사적 인간관계

학교 내에서 교사들은 교장이나 교감, 학생 집단, 그리고 학부모 집단과의 관계에서 자신들을 위하여 동료의식, 친밀감, 그리고 철저한 협력관계를 유지할 필요성을 인정하지만, 승진, 전보 등 인사행정 영역에서는 교사들 상호간에 경쟁과 견제 내지는 대립 관계가 뒤따르게 된다. 이러한 인간관계는 학교 내의 공식적 조직과 복잡한 비공식적 인간관계 때문에 더욱 더 복잡한 양상을 띠게 된다. 이와 같이 복잡 다양한 관계 속에서도 교사들은 학생들의 참된 인간교육을 위한 과업을 수행하기 위해서 전문적인 지식과 기술을 갖추어야 함은 물론 교사들 스스로 교사 상호간의 원만한 인간관계를 유지하기 위하여 노력해야 한다는 점을 인정한다.

진원중(1962)은 교사 상호간에 원만한 인간관계를 위해 다음과 같은 노력이 필요하다고 하였다.

① 교사 상호간에 존경심을 갖고 대하되 교만심을 버릴 것
② 비공식집단의 관계를 공적인 문제해결 과정의 배경세력으로 삼지 말 것
③ 비판은 때와 장소를 가려야 하며, 학생 앞에서 교사의 평을 해서는 안되고, 교육 이외의 자기과장을 삼갈 것
④ 사심을 버리고 남의 장점 앞에 겸허할 줄 알아야 할 것
⑤ 기분 좋지 않은 소문이 들려오면 화를 내기 전에 그 근본 동기와 이유를 충분히 이해하고 의사소통으로 반목을 피할 것

권기호(1990)는 교사들이 교사 상호간의 인간관계를 형성하는 중요한 요인으로 교사로서의 임무 자각 및 사명감, 상호간의 너그러운 태도와 신뢰감, 서로 사생활을 간섭하거나 비방하지 않음, 남녀가 서로 이해하고 평등하게 대할 것 등을 들고 있는 것으로 밝혀냈고, 교사 상호간의 인간관계를 저해하는 요인으로는 세대차에 의한 가치관과 견해차, 직무 과중으로 친근하게 접촉할 기회 부족, 자신을 과시하거나 독선적인 태도, 상사에게 잘 보이려는 경쟁의식 등을 들었다.

대다수 교사들은 근무하기 좋았던 학교 교사들의 직무 수행 특성으로 동료의식을 들었고, 근무하기 싫었던 학교 교사의 직무 수행 특성도 마찬가지로 동료의식의 부재와 독선적이고 연고주의가 팽배한 직원 분위기를 들고 있다. 그리고 교사들은 교사 상호간의 관찰을 통하여 상호간에 긍정적·부정적 행동을 강화하는데, 긍정적적인 측면에서 모범적인 동료교사의 행동은 동일시 대상이 되기도 한다. 이러한 측면에서 경력교사의 초임교사에 대한 멘토링(mentoring)은 원만한 대인관계 형성에 있어 촉진 요인이 될 수 있다. 다음은 어떤 교사가 같은 학교의 선배교사를 통해서 느낀 회고담이다.

이구헌선생님을 만난 것은 나에게 큰 축복이었다. 내가 근무하고 있는 학교에 새로 부임하신 선생님은 남자였고, 나보다 나이가 8살 더 많은 중년의 조용하며 다소 위트가 있는 분이었다. 언젠가 나는 그 분의 담임 반에서 수업을 하면서 야간자율학습 중에 모기가 들어오지 못하게 설치한 방충망 중 찢겨진 것이 실로 정성스럽게 기워진 것을 보고, 누가 기워놓았는지 학생들에게 물었는데 학생들은 담임선생님인 이선생님이 기워놓았다고 말하였다. 학생을 사랑하는 그 선생님을 그렇게 존경스럽게 여겨질 수가 없었다.

나는 다소 성격이 급하였다. 그 때문에 학생들에게 "빨리빨리"라는 말을 많이 하는 편이었다. 그래서 학생들이 다소 반발하기도 하였다. 함께 기숙사 사감을 하신 이선생님은 사감장이 된 나에게 "최철균선생님은 의욕적이고 열심히 해서 좋아! 그런데 성격이 너무 급한 것 같아"라고 말씀하시면서, "Slow and stead wins the race!"라는 격언을 말씀해 주셨다. 존경하는 분의 말씀이었기에 깊은 감명을 받았다. 그리고 사감장을 하는 동안 좋은 생활 지침이 되었다. 내가 학교를 옮긴 후 이구헌선생님이 다시 우리 학교로 전근을 하여 지금도 함께 근무하고 있는 나에게는 그렇게 기쁠 수가 없다.

같은 교무실 또는 학교에서 근무하는 교사 상호간의 인간관계도 학교행정가나 학생과의 인간관계보다 훨씬 더 중요하다고 할 수 있다. 학교뿐만 아니라 직장을 옮기거나 그만두는 사람들 중에는 직원 상호간의 인간관계가 원만하지 못한 것이 원인인 사람들이 의외로 많다. 그리고 동료들과의 원만한 인간관계는 많은 사람들에게 직장을 즐거운 곳으로 인식시켜 주기도 한다.

따라서 교사들 스스로 이기주의적 성향을 버리고 업무의 과중이나 편중으로 인해 고생하는 교사들에 대하여 협조하고 지원하는 생활 태도가 요청된다고 할 수 있다.

3. 교원과 행정직원간의 인간관계

각급 학교에서는 교육활동에 대한 물적 자원을 지원하기 위한 전담 부서로 행정실을 두고 있으며, 학교급별 및 규모에 따라 일정 수의 일반행정직 및 기능직 공무원이 배치되어 업무를 처리하고 있다. 학교교육에서 교원들의 역량이 학교교육의 성패를 좌우하지만, 직접 학생교육을 담당하고 있지 않는 행정직원의 근무태도 또한 학생교육에 큰 영향을 미친다. 문제는 대부분의 학교에서 교원과 행정직원 간의 관계가 원만하지 못하여 학교교육에서 역효과를 초래하고 있다는 사실이다.

학교 내에서 집단 간의 갈등은 다양한 모습을 나타낸다. 특히 학교조직이 교수·학습의 전문 직업에 종사하는 교원과 교원들의 활동을 지원하는 행정직원의 이원적 구조로 인해 일선 학교에서는 이들 두 집단 간의 갈등이 현실적인 쟁점으로 제기되고 있다. 이러한 갈등이 해결되지 못할 경우 그것은 학교의 목표 달성에 부정적인 영향을 줄 수 있다. 따라서 학교 내에서 교원과 행정직원과의 갈등 양상을 파악하여 그 원인을 밝히고 해결방안을 모색하는 것은 아주 중요한 일이라 할 수 있다.

어느 조직을 막론하고 구성원 상호간에 갈등은 있기 마련이지만 특히 이원적인 학교조직의 구조로 인해 학교 내에서 갈등이 많은 것은 어찌 보면 당연하다고도 할 수 있을 것이다. 실제로 대부분의 학교에서는 행정직원의 교육 고유의 성격에 대한 이해 부족과 관점의 차이, 또는 행정실에 속해 있는 기능직 공무원, 식품위생직 공무원, 일용직 직원들의 교원에 대한 배타적인 태도로 인하여 행정실 직원의 역할인 교육활동을 지원·조장하는 기능을 그르치기도 한다. 또한 교원들은 회계규정이나 시설관리 업무에 대한 이해부족이나 무관심으로 인해 행정실 업무 규칙이나 절차를 무시하고 지원을 요청함으로써 교원 집단과 행정실 직원 간에 많은 갈등이 야기된다. 실제로 행정직원의 직무수행에 대하여 교원들의 기대가 낮게 나타났으며, 교원들에 대한 행정직원의 기대 또한 낮게 나타나고 있다.

교원과 행정직원 간의 갈등의 원인은 여러 가지가 있을 수 있겠으나 주로 처리하는 업무의 차이에서 오는 이질감, 서로의 역할에 대한 이해 부족, 근무여건이나 보수 등 보상체계에 있어서 차별 내지 구별 등이 가장 큰 원인으로 지적될 수 있다. 결국 학교에서 교원과 행정직 모두는 제각기 집단 상호간에 무관심과 차별적 대우를 호소하고, 서로에 대해서 불신감을 유발하는 상황으로 치달을 가능성을 안고 있다.

교원과 행정직원과의 불신을 해소하는 일은 어렵지만 상대방의 견해나 교육적 신념을 수용할 수 있는 열린 마음의 자세를 갖도록 노력하는 일이 중요하다.

이러한 학교풍토를 조성하기 위해서는 학교장의 합리적인 리더십 발휘가 중요하다. 학교 조직의 갈등을 관리해야 하는 최고 책임자인 교장 또한 교원과 행정직원간의 부정적인 선입견, 직책간 직무의 비협조성, 행정직원의 교원 교육활동에 대한 소극적인 지원 등의 역기능적 갈등을 해소시키고, 예산집행의 투명성 확보, 행정업무의 전문성 신장 등을 통한 리더십 발휘에 노력해야 할 것이다(신중식 외, 2003).

제2절 갈등관리론

어떤 조직이든 갈등은 피할 수 없는 일상적인 현상으로 나타나고 있다. 특히 오늘날 학교조직은 여러 가지 새로운 제도의 도입과 이질적인 학교문화로 인해 혼란에 직면하면서 교직단체와 학부모 단체, 교장과 교사, 교사와 학생들 간의 마찰과 충돌이 빚어져 갈등이 유발되기도 한다.

모든 조직은 다양한 목표와 이해관계를 추구하는 개인과 집단의 복합체라서 다양한 의견과 가치관, 상이한 정보와 자원을 가지고 있기에 두 사람 이상이 상호작용하는 곳에서는 갈등이 일어날 수 있다. 교사와 교육행정가, 교원단체와 교육행정기관, 학생과 교사, 심지어 부모와 자녀 사이의 모든 인간관계에서 갈등은 발생할 수 있다. 그리고 지나친 갈등은 조직에 해가되기도 한다. 갈등이 진행되는 과정에서 대립적 행동으로 인해 조직의 문화가 흔들리거나 폭력적인 행동이 표면화될 수 있기 때문이다.

그러나 갈등은 반드시 없애야 하는 부정적인 것으로만 작용하는 것은 아니며, 사람들의 다양한 이해관계가 상호작용하면서 나타나는 정상적인 결과이다. 나아가 갈등은 현 상태에 안주하지 않고 새로운 아이디어나 접근방법을 유발시켜 변화를 유도함으로써 긍정적으로 작용할 수 있다. 그러므로 효과적인 학교경영의 요체는 갈등을 제거하려는 데 있는 것이 아니라 그 에너지를 건설적인 목적을 위해 사용하도록 유도하는데 있다(김용주 외, 2006).

1. 갈등의 특징

1) 갈등의 정의

개인이나 집단이 조직적 차원에서 상호작용하는데 있어서 갈등이라는 보편적인 현상이 나타나게 된다. 고전경영론이나 인간관계론에서는 갈등을 유해한 측면으로 보는 견해를 지니고 있었다. 그러나 오늘날 갈등을 관리에 적용하여 건설적이고 유익한 효과를 나타내는 순기능적 측면으로 보는 견해도 많다. 그러므로 갈등과 관련된 관리자의 책임은 갈등을 해결하는 것에만 국한되지 않고 갈등은 필연적이고 때로는 갈등을 조장할 필요가 있다는 입장에서 폭넓은 갈등관리의 개념으로 확장되고 있다.

갈등이란 의사결정의 표준 메커니즘에 고장이 생겨 개인이나 집단이 하나의 행동대안을 선택하는데 곤란을 겪는 상황이라고 정의할 수 있다(March & Simon, 1985). Thomas(1976)는 갈등을 개인에 있어서 상반적인 반응 상태로 정의하였다. Owens(2004)는 갈등에 관한 문헌을 검토해 볼 때 갈등의 구체적인 정의에는 합의가 없지만 다양한 갈등의 정의에는 일반적으로 일치된 두 가지 견해가 있다고 보았다. 하나는 견해의 차이라는 것이고 나머지 하나는 이들 견해들이 양립할 수 없다는 것이다. 대체로 갈등이란 희소자원이나 업무의 불균형적 배분 상황, 또는 양립할 수 없는 상황, 목표, 가치, 인지 등이 존재할 때 조직 내에서 적어도 둘 이상의 개인이나 집단 간에 일어나는 불일치로 볼 수 있다. 따라서 갈등이란 개인이나 집단이 양립할 수 없는 가치, 목표, 활동 등을 추구하는 과정에서 나타나는 사회적 현상으로 정의할 수 있다.

이상에서 살펴본 갈등의 정의에 나타나는 몇 가지 공통점들로는 첫째, 갈등은 양편 모두에 의해 지각되어져야 한다는 것이다. 만일 어느 한쪽이 갈등을 인지하고 있지 않다면 갈등은 없는 것으로 간주된다.

둘째, 갈등은 쌍방간에 서로 양립할 수 없는 목표와 이해관계가 존재한다고 가정한다. 돈, 직무, 직위, 명예, 권력 등의 제 자원은 제한되어 있고, 이런 자원의 부족은 상대방이 그 자원을 획득하는 것을 방해하도록 유인한다. 상대방의 목표달성을 방해할 때 갈등상태는 존재하는 것이다.

2) 갈등의 기능

갈등을 겪는 조직이나 개인의 입장에서 갈등을 겪지 않기를 바라거나 갈등이 발생하더라도 최소한으로 그 정도를 줄이고자 하지만 반드시 그런 것은 아니다. 갈등은 때로 역기능도 있지만 순기능도 있기 때문이다. 갈등 당사자간 서로 경쟁을 하여 피해를 보거나 상처를 받는 역기능도 발생하지만 서로가 고심하고 분발하여 발전을 가져오는 순기능도 발생한다. 갈등이 내포하고 있는 긍정적 기능을 살펴보면 다음과 같다(Johnson, 1990).

갈등의 긍정적 기능

첫째, 갈등은 해결되어져야 할 문제를 보다 명확하게 인식하게 해 준다. 갈등은 문제가 무엇이고, 누가 관련되어 있으며 또 그것이 어떻게 해결될 수 있는가에 대한 인식을 높여 준다.

둘째, 갈등은 변화를 유발시켜 준다. 무엇이든 변화할 때가 있고, 새로운 기술을 배우고 낡은 습관을 버릴 시기가 있다.

셋째, 갈등은 문제를 해결하기 위한 동기를 증진시키고 행동에 활력을 불어넣어준다. 갈등에 대한 인지는 갈등을 해결하는데 필요한 많은 신체적 에너지와 강한 심리적 집착을 제공하는 신체적 반응을 일으키기 때문이다.

넷째, 갈등은 생활을 보다 흥미롭게 만들어 준다. 갈등은 자주 호기심을 불러일으키고 또 흥미를 자극하기도 한다.

다섯째, 의사결정과정에 참여한 사람들 간에 불일치가 생겼을 때 보다 좋은 결정이 내려질 수 있다. 의견의 불일치는 그 안건에 대해 보다 주의 깊게 생각하는 계기가 된다.

여섯째, 갈등은 당사자로 하여금 자기 자신을 보다 잘 이해하는데 도움을 준다. 논쟁하려고 하는 것이 무엇이고, 또 갈등상황에서 어떻게 행동할 것인가를 인지하는 것으로부터 자기 자신에 대해 많은 것을 배울 수 있다.

일곱째, 갈등은 서로의 확신을 강화시켜 주고 서로의 가치와 신념을 교환하며, 그 해결과정에서 각자 쌓인 감정의 앙금을 씻어내면서 서로간의 관계를 깊게 하고 또 풍요롭게 한다. 즉, 갈등을 해결할 문제로 취급하고 조직생활의 협력적인 본질을 강조하는 경우 갈등을 효과적으로 경영하는 것이며 이는 [그림 6-1]에서 볼 수 있듯이 조직건강을 높일 수 있다.

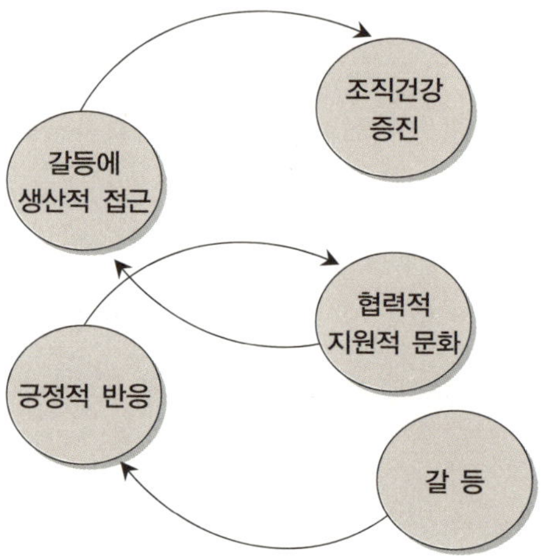

[그림 6-1] 갈등의 효과적 대응과 조직건강

출처 : 김용주 외(2006 : 235)

반면에 갈등이 야기할 수 있는 적대감은 심리적 퇴행인 냉대 및 무관심을 불러일으켜 조직기능에 부정적으로 작용할 수 있다. 교사들이 학교에 대한 갈등의 표출로 결근 또는 지각을 하거나 이직을 하는 것은 갈등에 대한 부정적 반응의 결과이다. 갈등에 대한 부정적 반응이 있을 때 조직이 강경하게 대응한다면 그 상황을 악화시키는 풍토가 형성될 수 있다. 이런 조직풍토는 조직건강을 쇠퇴하게 만든다. 이것은 [그림 6-2]에서 볼 수 있듯이 조직건강이 쇠퇴하는 결과를 낳는다.

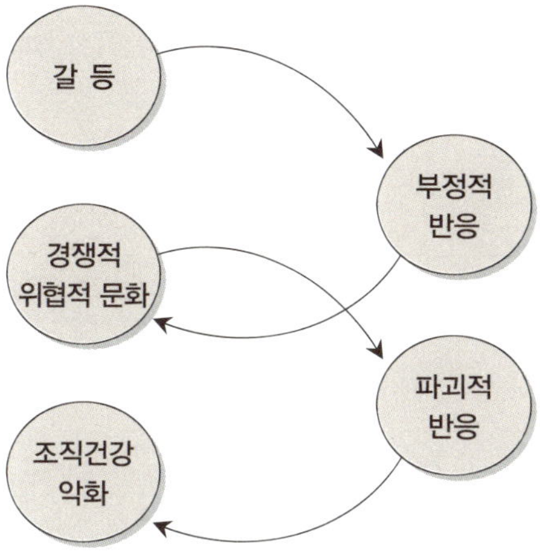

[그림 6-2] 갈등의 비효과적 대응과 조직건강

출처 : 김용주 외(2006 : 235)

요약하면 전통적 관리론에서는 갈등은 적대감을 최소화하거나 회피하는 대상이었지만 오늘날 조직에서 갈등은 필연적이고 정당한 것으로 보여진다. 그러므로 잘 조직화된 조직에도 갈등은 존재한다. 지도자는 다른 사람들과의 갈등 속에서 자원을 정렬하고 조직한다. 교육조직에 활용할 수 있는 자원들이 있다면 이 자원들로 무엇을 할 수 있을지에 대한 다양한 생각들이 나타날 것이다. 즉 시간을 어떻게 사용할지, 사람들을 어떻게 관련시킬지, 돈을 어디에 쓸지, 시설을 어떻게 계획할지 등이다. 그러므로 지도성이 존재한다면 사람들은 갈등을 조직생활의 정상적인 부분으로 경험하게 된다. 중요한 문제는 조직의 갈등이 존재하는지 또는 갈등의 정도는 얼마인지가 아니라 갈등이 조직 내에서 얼마나 잘 경영되는가이다(김용주 외, 2006).

3) 갈등의 효과성

조직의 갈등은 조직의 효과성에 영향을 미친다. 갈등의 수준이 너무 높거나 낮을 때 조직의 효과성에 부정적으로 영향을 미친다. 반면에 갈등이 적정한

갈등의 효과성

정도 일 때 조직구성원들은 자극을 받고 활력을 갖게 되어 침체에서 벗어난다. 갈등의 수준과 조직의 효과성과의 관계는 〈표 6-1〉과 같다.

표 6-1 갈등의 효과성

갈등 수준	갈등의 유형	조직의 내부적 특성	조직의 효과성
낮거나 전혀 없음	역기능	냉담, 침체, 무변화, 새로운 아이디어의 결여	낮음
적정	순기능	생동적, 혁신적	높음
높음	역기능	파괴적, 혼돈, 비협조	낮음

출처 : 박병량 · 주철안(2005 : 165)

Robinson(1990 : 414-415)은 그의 저서 「조직이론」에서 갈등수준과 조직효과성의 관계를 [그림 6-3]과 같이 나타내고 있다. [그림 6-3]에서 보듯이 갈등수준이 너무 높거나 낮으면 조직의 효과성이 저하되어 역기능적이다. A에서 B까지의 영역에서는 갈등을 자극하고 B의 오른쪽 영역에서는 갈등수준을 감소시키는 노력을 통해 역기능적 갈등을 순기능적 갈등으로 작용케 함으로써 학교조직의 조직효과성이 극대화되도록 학교행정가는 노력해야 한다.

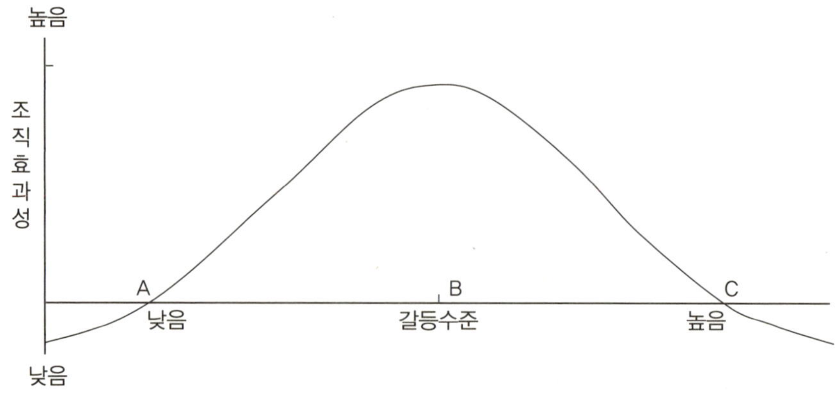

상황	갈등수준	갈등의 유형	조직의 내부적 특성	조직의 효과성 결과
A	낮음 혹은 없음	역기능적	침체적, 변화에 무반응, 의욕 상실, 새로운 아이디어의 결여	낮음
B	최적	순기능적	생동적, 혁신적, 환경변화에 적극 대응	높음
C	높음	역기능적	분열 · 무질서 · 비협조적	낮음

자료: Stephen P. Robbins(1990). Organization theory : The Structure and Design of Applications(3rd ed.). Englewood Cliffs, N.J. : Prentice-Hall. p. 415.

[그림 6-3] 갈등과 조직효과

2. 갈등의 유형

갈등의 유형은 개인 내부 갈등, 개인 간 갈등, 개인과 집단의 갈등, 집단과 집단의 갈등으로 나눌 수 있다.

1) 개인 갈등

개인 내 갈등은 개인이 서로 대립되는 목표 또는 역할 가운데 하나를 선택해야 할 때 심리적으로 겪는 갈등으로 목표 갈등과 역할 갈등을 들 수 있다. 목표 갈등은 개인이 두 개 이상의 목표를 달성하고자 할 때 발생된다. 역할 갈등은 한 사람의 역할 수행에서 발생되는 개인 내 갈등이다. 한 역할에서 상반되는 요구가 있을 경우, 개인의 가치관이나 성격이 역할과 맞지 않은 경우, 개인이 동시에 수행해야 하는 여러 역할 사이에서 우선순위를 결정하기가 어려울 때 발생한다.

2) 개인 간 갈등

개인 간 갈등은 적어도 두 사람 이상이 상호작용할 때 발생한다. 개인 간 갈등의 근원으로 가치관의 차이, 정보의 부족, 역할의 불일치, 환경적인 압력 등이 있다.

3) 조직 내 갈등

조직 내 갈등으로는 수직적 갈등, 수평적 갈등, 공식조직과 비공식조직 간의 갈등 등이 있다. 수직적 갈등은 조직 내 계층 간에 발생하는 경우로, 학교에서 교장과 교사간의 갈등을 예로 들 수 있다. 수평적인 갈등은 조직의 여러 부서 간의 갈등으로, 학교에서 사무담당 부서 간의 갈등을 예로 들 수 있다.

Luthans(1981)는 다음과 같이 조직 내 갈등의 유형을 제시하였다.

① 계층갈등 : 조직의 계층 간에 일어날 수 있는 갈등이다. 학교의 경우에 교장, 교감과 교사간, 교사와 학생간, 상급학생과 하급학생 간의 갈등을 들 수 있다.

② 기능갈등 : 조직의 여러 부서 간의 갈등으로 교무실과 행정실 간의 갈등을 들 수 있다.

③ 공식조직 대 비공식조직 간의 갈등 : 과업 수행에 대한 비공식조직의 규범과 공식조직의 규범이 양립되지 않을 때 발생한다.

3. 갈등관리

조직에서 발생되는 갈등을 다루는 방법에는 여러 가지가 있다. 이러한 갈등관리 방법에는 상황적응 갈등관리 모형, 협상 원리에 기초한 갈등관리 모형 등이 있다.

1) 상황적응 갈등관리

학교행정가는 조직의 목표 달성과 조직구성원의 필요를 충족시키는 것 사이에서 갈등을 느낀다. 학교행정가는 이러한 갈등을 다루는 데 많은 시간을 소모할 수 있다.

Thomas의 갈등관리 방식
· 경쟁
· 회피
· 수용
· 협력
· 타협

Thomas(1976)는 [그림 6-4]에서 볼 수 있듯이 갈등을 다루는 갈등관리 방식을 다섯 가지로 분류하였다. 행정가들이 조직의 필요를 충족시키려는 노력과 조직구성원의 개인적 관심사를 충족하려는 노력으로 구분된다. 조직의 필요를 충족시키려는 시도는 주장-비주장의 연속선으로 나타나고, 개인의 필요를 채우려는 시도는 협동-비협동으로 나타내었다.

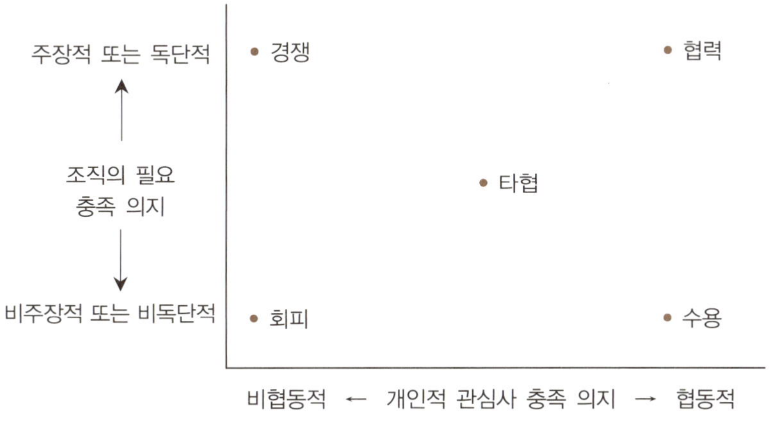

[그림 6-4] 갈등관리 유형
출처 : 박병량 · 주철안(2005 : 167)

(1) 경쟁

행정가는 조직의 목표 달성을 강조하며 조직구성원들의 개인적인 필요에 대해서는 협력하지 않는다. 이는 승패의 접근방법이다. 필요하다면 다른 사람을 희생시켜서 자신의 관심을 충족하고자 한다.

(2) 회피

조직의 목표를 강조하지도 않고 구성원들의 관심사항에 대해 협력하지도 않는다. 행정가는 갈등을 무시함으로써 저절로 해결되기를 바란다. 갈등이 있는 것을 알고 있지만 갈등이 표면화되는 것을 억제하는 행동이다. 조직에 발생한 갈등이 실제로 해결되기 어렵거나 해결하기 위해 소요되는 자원이 과다하여 비경제적인 경우에 활용될 수 있다. 그러나 갈등이 발생한 문제가 그대로 남아 있어 더욱 심각한 갈등으로 발전할 수 있다.

(3) 수용

주장하지 않은 대신에 협력하는 방법이다. 행정가는 조직구성원의 필요에 양보한다. 쌍방간에 관계가 계속 유지되도록 하기 위해 한쪽 당사자가 기꺼이 자기를 희생하는 행동이다.

(4) 협력

주장하면서 협력하는 문제해결 방식이다. 갈등 당사자들 각자가 모두 목적을 달성할 수 있도록 하는 행동이다. 승-승(win-win)접근의 사고를 가진 갈등관리 방법이다. 서로의 차이점을 확인하고 정보를 공유한다. 양쪽의 필요를 동시에 만족시키는 통합적인 해결책을 찾으려고 노력한다.

(5) 타협

조직의 목표와 개인의 필요 간에 균형을 찾는 방법이다. 양 쪽이 어느 정도 수용할 수 있는 해결책을 찾는다. 조금씩 양보함으로써 절충안을 얻으려는 방법이다. 이 경우에는 승자와 패자가 명백하지 않다. 노사 간의 협상 등에서 현실적으로 많이 활용하는 갈등관리 방법이다.

Thomas(1977)는 다섯 가지 갈등관리 방식은 상황에 따라 효과적으로 활용해야 한다고 보았다. 그는 다섯 가지 갈등관리 전략이 유용한 상황을 다음과 같이 구분하였다.

(1) 경쟁에 적절한 상황

- 신속한 결정이 요구되는 긴급한 상황
- 중요한 사항이지만 인기 없는 조치가 요구되는 경우
- 조직의 성장에 매우 중요한 문제일 때
- 타인을 부당하게 이용하는 사람에게 대항할 때

(2) 회피에 적절한 상황

- 쟁점이 사소한 것일 때
- 해결책의 비용이 효과보다 클 때
- 사태를 진정시키고자 할 때
- 더 많은 정보를 얻는 것이 꼭 필요할 때
- 다른 사람들이 문제를 더 효과적으로 해결할 수 있을 때
- 해당 문제가 다른 문제의 해결로부터 자연스럽게 해결될 수 있는 하위 갈등일 때

(3) 수용에 적절한 상황

- 자기가 잘못한 것을 알았을 때
- 다른 사람에게 더 중요한 사항일 때
- 보다 중요한 문제를 위해 좋은 관계를 유지해야 할 때
- 패배가 불가피할 때 손실을 극소화하기 위해
- 조화와 안정이 특히 중요할 때

(4) 협력에 적절한 상황

- 양자의 관심사가 매우 중요하여 통합적인 해결책만이 수용될 때

- 목표가 학습하는 것일 때
- 다른 관점을 지닌 사람들로부터 통찰력을 통합하기 위해서
- 합의와 헌신이 중요할 때
- 관계 증진에 장애가 되는 감정을 다루기 위해서

(5) 타협에 적절한 상황

- 목표가 중요하지만 잠재적인 문제가 클 때
- 당사자들의 주장이 서로 대치되어 있을 때
- 복잡한 문제에 대한 일시적인 해결책을 얻기 위해
- 시간 부족으로 신속한 행동이 요구될 때
- 협력이나 경쟁의 방법이 실패할 때

여러 가지 상황에서 발생되는 모든 갈등을 관리할 수 있는 최선의 방법을 찾기 어렵다. 다양한 갈등 상황에 따라 그 해결책이 달라질 수 있다. 그러므로 갈등관리를 잘하기 위해서는 상황에 적합한 갈등관리 방법을 활용해야 한다.

2) 협상에 기초한 갈등 해결 방안

(1) 협상의 원리와 방법

협상이란 갈등관계에 있는 둘 이상의 개인이나 집단이 상호의존관계의 조건을 재정의함으로써 서로 다른 목표의 차이를 해결하고자 할 때 이루어진다.

하버드대학에서 협상연구프로젝트를 수행했던 Fisher와 Ury(1981)는 개인 간 및 집단 간 갈등상황에서 일반적으로 활용되는 협상방법을 자신의 입장을 옹호하는 협상방법으로 명명하고, 이에 대해서 갈등 당사자들의 공동이익을 추구할 수 있는 방법으로 협상원리에 바탕을 둔 협상방법을 제안하였다.

자신의 입장을 옹호하는 협상방법은 먼저 자신의 입장 또는 최소한의 양보

선을 결정하고 이를 기준으로 하여 상대방의 양보를 받아 가면서 합의에 이르는 협상방법이다. 이와 같은 전통적인 협상방법은 당사자들이 결정한 입장이 불확실한 상황에서 닻과 같은 안전장치의 기능을 하기 때문에 계약체결에 다소 도움이 되지만 전체적으로 보아 다음과 같이 비효율적인 협상결과를 가져온다.

첫째, 입장을 옹호하는 접근방법은 협상과정에서 자신들의 입장을 명백하게 제시하고 이를 옹호할수록 제시한 입장에 고착되어 현명하지 못한 결과를 낳게 된다.

둘째, 입장을 옹호하는 접근방법에서는 협상이 지지부진하게 오래 끌게 되어 합의에 도달하는데 드는 시간과 비용이 많이 소요되며, 협상이 결렬될 위험이 많아진다.

셋째, 입장을 옹호하는 접근방법은 당사자들 간의 지속적인 관계를 위태롭게 한다.

넷째, 협상 당사자가 많을수록 더욱 어려워진다.

Fisher와 Ury(1981)는 이상과 같은 문제점이 발생하게 되는 전통적인 협상방법에서 협상에서 준수해야 할 네 가지 원리를 제시하고 이 원리에 따르는 협상방법을 다음과 같이 제안하였다.

첫째, 문제를 사람과 분리한다. 협상 당사자들의 감정, 가치, 관점이 서로 다르기 때문에 서로 예측이 어렵다. 상대방의 감정을 표출할 수 있도록 허용하며, 표출된 감정에 대응하지 않는다. 그리고 의사전달을 명확히 한다. 이를 위해 상대방이 하는 말을 주의하여 듣고 이해하여 서로 간에 감정을 해치지 않기 위해서 협상 대표자들의 체면과 사안을 분리한다.

둘째, 자신들의 입장이 아니라 협상 당사자들의 이해관계에 초점을 둔다. 이를 위해 협상 당사자들의 이해관계와 관심사를 파악하는 것이 중요하다. 당사자들이 왜 특정한 입장을 주장하고, 특정한 입장을 수용하지 않고자 하는지를 파악한다. 다음으로 당사자들이 다양한 이해관계를 갖고 있음을 인식한다. 당사자들의 관심 사항 항목을 만들고, 당사자들의 이해관계에 대해 이야기한다. 또한 자신의 관심 사항을 분명하게 전달한다. 그리고 상대방의 이해관계를 풀어야 할 문제의 일부를 인정한다.

셋째, 협상 당사자들에게 모두 이득이 되는 방안을 찾아낸다. 이를 위해 협상과정에서 당사자들에게 혜택이 될 수 있는 새로운 대안을 끊임없이 모색해야 한다. 새로운 대안을 개발하기 위한 아이디어를 얻기 위해 동료들과 브레인스토밍하는 시간을 가진다.

넷째, 객관적인 준거에 따라 주장한다. 갈등에 대한 관점은 양측이 이득을 볼 수 있는 승승접근방법과 쌍방 중 일방이 손해를 보게 된다는 승패접근방법으로 구분된다. 전자는 협상을 통해서 전체 가치를 증진할 수 있는 측면을 강조하고, 후자는 창출된 또는 주어진 가치를 당사자들이 배분하는 측면을 강조한다. 실제로 협상과정에서 협상 대표자들은 창출된 가치 중에서 더 많이 확보하려고 노력한다. 이때 협상 대표자들은 윤리적인 측면을 고려해야 한다. 이와 마찬가지로 학교행정가들이 교육조직 내에서 발생하는 갈등 문제에 임할 때 협상에 관련된 여러 가지 측면들을 이해하고 이를 적절히 다루어야 한다(박병량 · 주철안, 2005).

(2) 해결방안으로서의 협상

협상에 영향을 미치는 요인으로는 위치, 물리적 환경, 시간 결과와 마감시간, 청중의 특성 등이 있다. 협상은 대체로 홈그라운드에서 하는 것이 쉽고 유리하다. 왜냐하면 협상환경에 익숙하고 편안함을 유지할 수 있기 때문이다. 그러나 점차 통신기술이 발달함에 따라 협상은 위치에 구애받지 않게 되었다. 그러나 미묘한 비언어적 의사소통은 화상회의 등에서 잘 전달되지 않기에 만남을 우선으로 하는 것이 좋다.

물리적 환경도 협상에서 중요한 요인이다. 협상 당사자들은 양쪽으로 구분지어 앉게 하여 얼굴을 마주 볼 수 있게 하는 것은 갈등상황에서 승-패적 태도를 형성할 수 있다. 반대로 자리를 중심으로 섞어 앉는 경우에는 보다 승-승적 협상에 임하는데 도움이 된다.

시간을 제한하지 않는 무제한 토론이나 반대로 마감시간이 정해져 있는 경우 둘 다 협상에 영향을 미친다. 시간이 무제한적이면 소요되는 시간이 지나치게 늘어나게 되고 마감시간이 있으면 시간적 압박으로 협력적 갈등관리가 불가능해진다. 예를 들어 방학을 중시하는 협상 당사자라면 방학 5일 전쯤 협상을 시작하여 상대방이 시간적 압박을 받도록 하여 협상에 유리한 위치를 점할 수 있다.

대부분의 협상에 있어서 협상가들은 협상결과에 관심을 갖고 있는 청중을 보유하고 있다. 청중은 상급자, 동료교사, 학부모, 또는 지역주민, 일반국민일 수도 있다, 청중들이 협상에 얼마나 관심을 가지고 있는가에 따라 협상가들의 행동은 분명 달라질 것이다. 특정 이해집단이 정부를 대상으로 협상할 때는 청중들이 간접적 호소를 하는 방식으로 협상에 참여하기도 한다.

효과적인 협상 전략
① 계획과 협상목표 설정
② 정보수집
③ 효과적인 의사소통

효과적인 협상을 하고자 한다면 먼저 계획과 협상목표를 세우는 것이다. 즉 초기 제안지점, 목표지점 그리고 저항지점을 주의하여 설정하는 것이다. 그리고 공개할 목표와 가치, 공개하면 안되는 목표와 가치 등을 검토한다.

둘째, 정보수집이다. '먼저 이해하고 이해시키려고 하라'는 스티븐 코비의 말처럼 상대방의 말에 귀를 기울이고 상대방의 입장에서 질문함으로써 정보를 수집할 경우 상대측의 의도와 목표 등을 좀 더 잘 파악할 수 있어 협상을 효과적으로 할 수 있다.

셋째, 효과적인 의사소통도 협상에 있어서 중요한 규칙이다. 의사소통이 명확하지 않다면 저변에 깔려 있는 의미를 파악하느라 문제에 초점을 맞추기 힘들 것이다. 그러므로 자신의 메시지를 상대방이 잘 받아들일 수 있도록 사람이 아닌 문제에 초점을 두고 상대방을 자극하는 발언을 하지 않는 등 효과적인 의사소통이 필요하다.

요약하면, 갈등은 조직이나 집단에 일어나는 일반적인 현상으로 순기능적인 면도 있고 역기능적인 면도 있다. 갈등이 너무 많거나 너무 없다면 조직의 성과에 나쁜 영향을 미치겠지만 어느 정도의 갈등은 창의성을 불러일으키고 변화를 시도하게 해 주며 적절한 긴장을 제공해 주므로 보다 건설적인 방향으로 갈등을 해결하려는 노력이 있어야 한다.

교직원을 만날 수 있는 교직원회의는 교육행정가에게 갈등을 잘 경영할 수 있는 좋은 기회를 제공한다. 그러나 학교 회의에서 갈등은 잘 보이지 않는다. 즉 인지되지 못하거나 감추어지고 무시되거나 거부되고 또는 단순히 인정을 받지 못하기도 한다. 보이지 않는 갈등은 생산적으로 다루어지는 것이 불가능하다. 그러므로 갈등을 경영할 때 중요 조건은 갈등이 나타나도록 만드는 것이다. 달리 말하면 갈등을 인정하는 것이다. 학교 교직원회의에서 사람들이 갈등이 인정되고 다루어지는 것을 피하기 위해 묵시적으로 동의된 방법 속에 처신하는 것은 다름 아닌 갈등으로 인한 적대감 때문이다. 그러므로 교직원회의에 참석하는 교사들에게 권한을 위임하는 정도를 높이고 회의의 풍토를 개선시켜 갈등이 표면화되게 하여 갈등의 쟁점들이 토론될 수 있게 하는 것이 중요하다(김용주 외, 2006).

생각해 볼 문제

1. 학교 현장에서 인간관계를 원만히 유지하기 위한 교사의 노력에는 어떤 것들이 있는지 토론해 보자.
2. 학교교육 현장에서 부딪힐 수 있는 다양한 갈등 상황을 통하여 갈등 관리 능력의 중요성을 토론해 보자.
3. 만일 여러분이 교사로 근무하는 학교의 업무분장이나 담임배정이 불공정하거나 여러분에게 불리하게 배정되었다고 생각되었을 때에는 어떻게 대처할 것인가?
4. 여러분이 근무하는 학교의 학교장이 수업장학의 일환으로 매주 공개 수업을 요구했을 때에는 어떻게 할 것인지 토론해 보자.
5. 교원들 간에 일어날 수 있는 갈등 상황의 종류와 현명한 대처 능력에 대해서 현장 교원들의 입장을 들어보고 그것을 통하여 자신의 의견을 발표해 보자.
6. 많은 수업시수로 인해 힘들어 하고 있는데 때마침 자신의 빈 수업시간에 보결수업 요청이 들어오면 어떻게 할 것인지를 발표해 보자.

제7장

교육인사행정

제1절 교육인사행정의 개념과 영역
제2절 교원의 임용직전 인사행정
제3절 교원의 현직단계 전문성 신장
제4절 교원의 사기 양양

학습목표

1. 교육인사행정의 개념을 이해하고 그 과정에는 어떤 요소들이 포함되는지를 이해할 수 있다.
2. 교육인사행정관의 종류와 장·단점을 구분하여 설명할 수 있다.
3. 교육직원의 분류와 교원자격 취득 과정을 이해하고 이에 대한 문제점을 분석할 수 있다.
4. 교육공무원의 임용, 현직교육, 승진, 전직, 전보의 과정을 이해하고, 교원의 전문성을 확보하기 위한 구체적인 방안을 설명할 수 있다.
5. 교육공무원의 권리와 의무의 관련 규정을 찾아보고 각 규정이 가지는 의미를 이해할 수 있다.
6. 교육공무원의 사기 앙양을 위해서 우선적으로 도입해야 할 실천 방안을 제시할 수 있다.

교육활동의 성패는 교육직원들의 질과 그들이 수행하는 업무의 효율성에 크게 좌우된다고 본다. 이와 같이 교육활동에 필수적인 요인이 되는 능력있는 교육직원을 선발하고 임용하여 적재적소에 배치하는 일은 교육인사행정의 중요한 기능이라 볼 수 있다.

이를 완벽하게 하기 위하여 최소한으로 갖추어야 할 요소로서 흔히 3M, 즉 돈(money), 물자(material), 사람(man)을 들며, 그 중에서도 사람이 가장 중요한 요소라고 한다. 이는 한 조직이 다른 요소들을 아무리 잘 갖추었다 하더라도 그 과정이나 결과는 결국 이를 운용하고 관리할 사람에 의해 좌우되기 때문이다. 교육활동에서 주체적인 역할을 담당할 교육직원을 확보하고, 적소에 배치 · 활용하며, 이들이 쾌적한 조직에서 근무할 수 있도록 하는 교육인사행정이 절실히 요구되고 있다.

제1절 교육인사행정의 개념과 영역

1. 교육인사행정의 기초

1) 교육인사행정의 개념

교육인사행정은 교육에 관한 인사행정을 의미한다. 인사행정(personnel administration)은 정부조직에 필요한 인적자원을 획득하고 관리하는 일이다. 좀 더 구체적으로 살펴보면, 인사행정은 정부조직에서 일하는 인적 자원의 획득과 유지 발전에 관한 관리기능을 수행한다(오석홍, 2008 : 511).

이런 개념이 학자에 따라 조금씩 다르게 정의되고 있는데 Pigors와 Myers (1969 : 30)는 '조직구성원 각자가 그 능력을 최대한으로 발휘하도록 하여 직무수행에서 만족을 얻게 하고 조직에 최대의 공헌을 할 수 있도록 돕는 일'이라고 했다.

Nigro(1976)는 '유능한 인력을 획득 · 개발하고 그들로 하여금 최선을 다하도록 조직환경 내지 근무조건을 창출하는 일련의 과정'으로 정의하고 있다.

Castetter(1986)는 '교육인사행정 기능의 목적으로 조직의 목적을 달성하고 구성원이 지위에 맞는 업무 수행을 하도록 도와주며, 구성원의 능력 계발을 극대화하고, 개인의 목적과 조직의 목적을 조화시키기 위해 인력을 유치 및 개발 · 유지하고 동기화하는 것'이라고 했다.

이들 정의에서 보면 인사행정이란 유능한 인적 자원을 확보하고 그들의 지속적인 능력 개발을 도모하며, 높은 사기와 긍지를 지니고 직무에 최선을 다할 수 있도록 다양한 여건을 조성하는 일련의 과정으로 볼 수 있다.

결국 인사행정은 ① 유능한 인적자원을 확보 · 배치하고, ② 그들의 계속적인 능력계발을 도모하며, ③ 높은 사기와 긍지를 지니고 직무에 최선을 다할 수 있도록 제반 여건을 조성하는 과정이라 할 수 있다.

교육인사행정은 교원인사행정보다 광의의 개념이다. 교육인사행정은 각급 교육기관에 근무하는 교원뿐만 아니라 교육행정기관 및 교육연구기관 등에 종사하는 교육전문직원과 일반직 공무원까지 그 대상으로 하기 때문이다.

2) 교육인사행정의 영역

교육인사행정의 영역에 대한 다양한 학자들의 견해는 다음과 같다.

첫째, Nigro(1976)는 인사행정의 영역을 ① 모집과 선발(recruitment and selection), ② 배치(staffing), ③ 훈련(training of paraprofessionals), ④ 평가(evaluation), ⑤ 노사관계(professional negotiation), ⑥ 보수(salaries), ⑦ 사기(morale) 등으로 구분하였다.

둘째, Yoder(1959)는 인사행정의 분야를 ① 산업관련부서의 일반적인 관리, ② 충원 및 고용 · 배치, ③ 훈련과 개발, ④ 노무 관리, ⑤ 임금 및 보수 관리, ⑥ 건강 및 안전관리를 포함하는 편익과 서비스 프로그램 관리, ⑦ 연구 등을 들고 있다.

셋째, Stahl(1983)은 공공인사행정의 주요 영역으로 ① 인사배치, ② 구조, ③ 개발 및 훈련, ④ 보상과 근무 여건, ⑤ 책무성, ⑥ 단체협약 등을 다루고 있다.

넷째, 김종철(1983)은 교육인사행정의 영역을 교직원의 보충, 임용(종류와 신분, 자질과 자격, 수요와 공급, 선발과 임용, 승진과 전보), 근무 조건(보수와 후생, 복무와 부담, 신분 보장과 징계 및 소청, 인간관계와 사기), 교육과 훈련(직전교육, 현직교육), 근무평정, 교직단체 행정으로 구분했다.

교육인사행정의 영역
· 채용
· 능력 발전
· 사기 앙양

다섯째, 박동서(1981)는 인사행정의 주축을 이루는 3대 변인으로 유능한 인재 채용, 능력 발전, 사기를 들고 이들과 관련된 하위요인으로 ① 채용(모집, 시험, 배치), ② 능력 발전(교육훈련, 근무성적평정, 승진, 전직 및 전보), ③ 사기(보수, 연금, 인간관계) 등을 제시했다.

이상에서 인사행정 혹은 교육인사행정의 영역에 대한 여러 학자들의 견해를 종합하면 교육인사행정의 주요 영역은 교직에 종사하기를 희망하는 사람들을 수급계획에 따라 선발하는 일에서 교원의 양성, 채용, 연수, 승진, 전보, 퇴직은 물론 근무 조건, 복지 후생, 사기 진작에 이르기까지 전 과정을 포괄하는 것으로 볼 수 있다.

3) 교육인사행정의 원칙

인사행정에는 몇 가지 기본 이념이 있다.

첫째, 인사행정은 조직 운영에서 수단이 아닌 목적으로 다루어야 한다.

둘째, 인사행정은 단순한 개인이 아닌 조직구성원이라는 집단에 기반을 두고 운영되어야 한다.

셋째, 인사행정가는 모든 인사 문제를 동료적인 입장에서 공평하게 처리해야 한다.

교원의 인사행정에는 경력주의와 능력주의 두 가지가 있다. 우선 경력주의(career system)는 해당직의 근무 연수와 경험 등 경력 평정을, 능력주의(merit system)는 각종 고사, 근무 평정, 자격 및 현직연수 평정 등을 근거로 하고 있다. 하지만 어느 기관이나 단체도 경력주의만 채택하는 곳은 드물며 능력주의만을 채택하는 곳도 적다. 조직의 상황에 따라 이 두 가지 요소를 적절하게 혼용하는 것이 중요하다.

한편 교육인사행정의 원리는 국가의 상황에 따라 조금씩 다르게 나타날 수 있으나 보편적인 원리를 제시하면 다음과 같다.

교육인사행정의 원리
- 전문성
- 수급의 적합성 및 효율성
- 공정성
- 연공과 실적의 배합
- 적재적소의 배치

첫째, 전문성의 원리이다. 교직은 전문교육을 받고 자격을 갖춘 사람만이 할 수 있는 전문가 집단이므로 교원의 전문가적 자질을 높이는 일이 무엇보다 중요하다. 즉 승진, 전직, 전보 등의 임용체계에 있어서 전문성 확립을 유도하는 것이 중요하다.

둘째, 수급의 적합성 및 효율성의 원리이다. 교원을 양성하고 공급하는 일은 인사행정의 기본이 되고 있으며, 교원은 교육의 목표달성을 위하여 매우 중요한 역할을 하므로 공급 과잉으로 질적 저하가 있어서도 안 되며, 공급 부족으로 기존 교원의 업무 증가나 학생들에 대한 교육 서비스의 질적 및 양적 저하도 있어서는 안 된다.

셋째, 공정성의 원리이다. 교원은 능력에 따라 공정한 인사행정의 대상이 되어야 한다. 성별, 지역별, 학교급별, 출신학교 등의 이유로 차별 대우를 받아서는 안 된다. 이것은 교원으로 하여금 근무 의욕을 저하시켜서 결국은 교육목표 달성을 효과적으로 할 수 없게 만든다.

넷째, 연공과 실적의 효율적 배합의 원리이다. 우리나라의 현재 제도 하에서는 연공을 중시하고 있으나, 교육의 효과성을 높이기 위하여 개인의 실질적 능력이나 실적을 등한시 할 때는 새로운 불만이 생길 수 있으며 근무의욕도 저하될 수 있다. 그러므로 이 두 요소를 적절하게 배합하여야 좋은 인사가 될 수 있다.

다섯째, 적재적소 배치의 원리이다. 지금까지 제시한 모든 원리들이 잘 반영되었다고 해서 개인의 특성을 고려하지 않아 적재적소에 배치가 되지 않으면 교육의 효과성이 떨어지고, 그것은 곧 인사행정의 잘못으로 연결된다고 하겠다. 결국은 교사들의 개인적 특성인 연공, 흥미, 능력, 거주지 등의 요소들을 면밀히 검토하여야 원활하고 효율적인 교원인사가 이루어질 것이다.

4) 교육인사행정의 과정

교육인사행정은 양성, 임용, 복무, 퇴직 등의 과정을 밟게 된다. 이러한 교육인사행정 과정을 살펴보면, 교육부에서는 교원양성대학의 직전교육을 통해 교원자격을 부여하고, 임용권자는 유자격 후보자 중에서 임용고시나 면접을 통하여 최적임자를 임용하며, 임용된 교원은 각급 교육기관에서 복무하게 되고, 정년이 되면 퇴직을 하기 된다. 그리고 교원으로 퇴직한 자는 복지 및 후생제도에 의하여 노후를 보내게 된다(신재흡, 2010).

교육인사행정의 과정은 [그림 7-1]과 같다.

교육인사행정의 과정
양성 → 임용 → 복무 → 퇴직

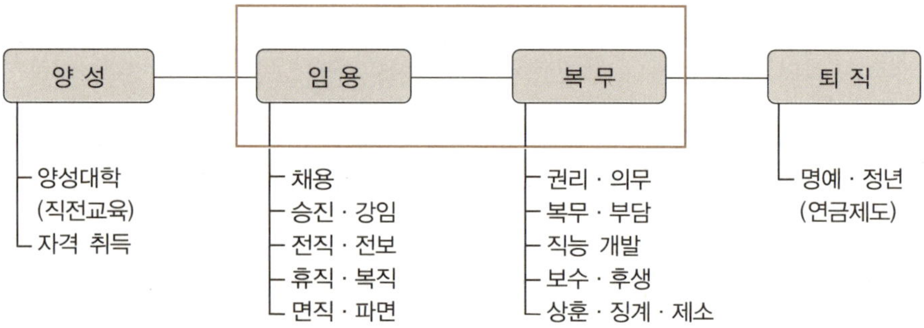

[그림 7-1] 교육인사행정의 과정

출처 : 신재흡(2010 : 292)

앞에서 살펴보았지만 교육인사행정의 과정은 간단하게 보일 수 있지만 특히 임용과 복무는 대단히 복잡하다. 임용과 복무는 법령이나 제도적인 틀 속에서 운영되기 때문이다.

5) 용어의 정의

① 교직원 : 교원과 직원을 말하며 직원은 학교 운영에 필요한 행정직원 등을 말함

② 임용 : 신규채용 · 승진 · 승급 · 전직 · 전보 · 겸임 · 파견 · 강임 · 휴직 · 직위해제 · 정직 · 복직 · 면직 · 해임 및 파면
③ 직군 : 직무의 성질이 유사한 직렬의 군
④ 직렬 : 직무의 성질이 유사하고, 그 책임과 곤란성의 정도가 상이한 직급의 군
⑤ 직류 : 동일한 직렬 내에서의 담당 분야가 동일한 직무의 군
⑥ 직위 : 1인 교육공무원에게 부여할 수 있는 직무와 책임
⑦ 직급 : 직무의 종류, 곤란성과 책임도가 상당히 유사한 직위의 군
⑧ 전직 : 교육공무원의 종별과 자격을 달리하는 임용
⑨ 전보 : 교육공무원의 동일직위 및 자격 내에서 근무기관이나 부서를 달리하는 임용
⑩ 복직 : 휴직 · 직위해제 또는 정직 중에 있는 교육공무원을 직위에 복귀시키는 것
⑪ 승진 : 하위 직급에서 직무의 책임도, 곤란도가 높은 상위 직급으로 임용하는 것
⑫ 강임 : 동종 직무 내에서 하위의 직위에 임명하는 것

2. 인사행정관의 변천

인사행정의 제도와 운영방법은 시대와 국가에 따라 많은 변화를 겪어 왔다. 하지만 그 저변에 흐르는 기본적 인사행정관의 변천은 엽관주의와 실적주의 그리고 이 둘의 절충적 접근으로 요약될 수 있다.

1) 엽관주의(spoils system)

엽관주의
· 임용권자와 관계
· 귀속적 요인 중시

엽관주의는 공직에 사람을 임용함에 있어서 그 기준을 임용권자와의 혈연 · 지연 · 학연 · 정당관계 등 귀속적인 요인에 두는 입장을 말한다. 즉 엽관주의는 공직을 마치

전리품(spoils)에 비유하여, 예컨대 선거에서 승리한 집권당이 그 추종자들에 대한 충성과 공헌도에 대한 보상으로서 관직에 임명하는 것이다.

엽관주의는 자유민주주의의 근간이 되고 있는 정당제도를 유지하는 데 기여하며, 정부관료제의 민주적 분위기를 조성할 수 있고 충성스러운 공직자를 확보·통솔함으로써 국가정책을 효과적으로 침투시킬 수 있는 장점이 있다. 그러나 행정의 계속성을 손상시킬 수 있고, 업무능률을 저하시키며 유능한 인력을 영입하는데 제약을 가져올 수 있고, 당파성과 문벌, 금력 등에 따른 임용과 부패 등의 폐해가 지적된다.

2) 실적주의(merit system)

실적주의
· 객관적인 자질

실적주의는 개인의 객관적인 능력, 자격, 실적 등에 바탕을 두고 누구에게나 차별없이 동등한 기회를 부여하는 인사행정관을 말한다. 즉 실적주의의 본질은 대체로 ① 인사행정의 기준이 개인의 능력과 실적이며, 이에 따라 특히 공무원 임용에서 공개경쟁시험을 원칙으로 하고, ② 모든 국민은 공직에 취임함에 있어서 인종, 종교, 학벌, 지역 등에 관계없이 균등한 기회를 부여받으며, ③ 공무원은 정치적 중립성이 요구되는 동시에 신분이 보장된다는 점 등을 들 수 있다. 정도의 차이는 있지만 실적주의가 현대 민주사회의 기본 인사행정관이라 할 수 있다.

실적주의는 객관적 능력이나 실적에 기초함으로써 공정성과 함께 기회균등을 실현할 수 있고, 공무원의 정치적 중립 및 신분보장을 기할 수 있다는 장점을 지닌다. 반면에 이를 지나치게 강조하면 보호주의의 특혜 속에 공직자의 무사안일주의가 우려되며, 소극주의와 형식주의가 팽배함으로써 효율성이 저하될 수 있고 외부의 영입에 대한 방어적인 분위기가 조성될 수 있다는 단점이 있다.

3) 절충적 접근

절충적 접근
· 실적주의 이념+
엽관주의 요소

사경제가 발전함에 따라 공직에 대한 매력이 상대적으로 감소되고, 전문적 능력이 없는 사람이 공직을 담당하는 것이 곤란하다는 인식과 함께 공무원의 직업화 경향이 발달하면서 엽관주의는 점차 퇴색하였다. 그러나 고위정책결정 담당자에 의한 행정통제가 필요한 경우가 있고 정책의 일관성 있는 운영을 위해서는 엽관주의가 필요한 것으로 인식되기도 한다. 특히 민주주의는 정당정치를 전제로 하기 때문에 엽관주의에 따른 일부 공직임명은 불가피한 측면이 있다. 마찬가지로 실적주의도 장점이 많기는 하지만 지나치게 강조하다 보면 폐단이 드러나게 된다.

따라서 실적주의를 기본 이념으로 하되, 사회변화에 보다 적극적이고 신축적으로 대응하기 위해서는 엽관주의적 요소를 조화시킬 필요가 있다. 사실 실적주의와 엽관주의가 역사적 · 제도적으로 대립되어 온 것이 사실이지만, 이 두 이념은 상호보완 관계에 있는 것 또한 사실이다(한공우 · 임창원, 2009).

제2절 교원의 임용직전 인사행정

1. 교원과 교육공무원

교육직원(staff personnel in education)은 교육과 관련된 직원 전체를 간단히 교육직원 또는 교직원이라 부른다. 교육직원이란 국공립 · 사립학교에서 교육활동 등에 종사하고 있는 자(사무직원 포함)와 교육행정기관이나 교육연구기관에서 근무하는 자를 모두 포함하는 개념이다. 교육인사행정에서 교원과 교육공무원의 개념은 다음과 같다.

1) 교원은 각급 학교에서 원아, 학생을 직접 지도 교육하는 자로서 국공립 · 사립학교에서 직접 교육을 담당하고 있는 사람들 즉, ① 초 · 중등학교의 교장, 교감, 교사, ② 대학의 총학장, 교수, 부교수, 조교수, ③ 유치원에서는 원장, 원감, 교사를 모두 포함한다.

교육직원
· 교원
· 교육공무원

2) 교육공무원의 개념은 교육공무원법 제2조에 규정되어 있듯이, ① 국립 또는 공립의 교육기관에 근무하는 교원 및 조교, ② 교육행정기관에서 근무하는 장학관 · 장학사, ③ 교육기관 · 교육행정기관 또는 교육연구기관에 근무하는 교육연구관 · 교육연구사를 포함한다.

교육인사행정의 대상이 되는 협의의 교육직원은 국 · 공립의 각급 학교에 근무하는 교원과 교육전문직을 포함하며, 광의의 교육직원은 교육행정직은 물론 관련 기술직과 별정직, 기능직, 사립학교 교원을 포함한다.

교육인사행정의 주 대상이 되는 교육직원의 신분과 종류를 파악하기 위해서는 먼저 공무원의 종류를 구분할 필요가 있다. 국가공무원법 제2조에 의하면, 공무원은 경력직 공무원과 특수경력직 공무원으로 구분된다. 경력직 공무원은 실적과 자격에 의해 임용되며, 평생토록 공무원으로 근무할 것이 예정되는 공무원을 말한다. 여기에는 일반직 공무원, 특정직 공무원이 포함된다. 특수경력직 공무원은 경력직 공무원 외의 공무원을 말하며, 정무직 공무원, 별정직 공무원 등이 포함된다. 이러한 공무원의 종류를 정리하면 〈표 7-1〉과 같다.

표 7-1 공무원의 종류

구 분		공무원의 종류
경력직	일반직	기술 · 연구 또는 행정일반에 대한 업무를 담당하며 직군 · 직렬별로 분류되는 공무원
	특정직	법관, 검사, 외무공무원, 경찰공무원, 소방공무원, 교육공무원, 군인, 군무원, 헌법재판소 헌법연구관, 국가정보원의 직원과 특수 분야의 업무를 담당하는 공무원으로서 다른 법률에서 특정직 공무원으로 지정하는 공무원
특수 경력직	정무직	1. 선거로 취임하거나 임명할 때 국회의 동의가 필요한 공무원 2. 고도의 정책결정 업무를 담당하거나 이러한 업무를 보조하는 공무원으로서 법률이나 대통령령(대통령실의 조직에 관한 대통령령만 해당한다)에서 정무직으로 지정하는 공무원
	별정직	특정한 업무를 담당하기 위하여 별도의 자격기준에 따라 임용되는 공무원으로서 법령에서 별정직으로 지정하는 공무원

교육직원은 넓은 의미로 볼 때, 이 중에서 일반직의 교육행정 공무원과 특정직 공무원으로서의 교육공무원은 물론 정무직 공무원(장 · 차관), 별정직 공무원 등이 포함되는 매우 넓은 개념이다. 즉, 광의로 볼 때 교육직원은 크게 국 · 공립학교, 국 · 공립 계통의 교육행정기관 및 교육연구기관에서 교육과 교육행정 활동에 종사하고 있는 직원은 물론 사립교육기관의 직원을 포함한다.

국 · 공립계통의 교육직원은 다시 교육공무원(특정직)과 일반직 공무원, 기타로 구분된다. 교육공무원은 교원과 조교 및 교육전문직으로 나눠지며, 교원에는 초 · 중등학교의 교장, 교감, 교사, 대학의 총장, 부총장, 학장, 교수, 부교수, 조교수, 유치원의 원장, 원감, 교사 등이 포함되며, 교육전문직에는 장학관, 장학사, 교육연구관, 교육연구사 등이 포함된다. 교육공무원은 국가공무원법과 교육공무원법에 의해 규정된 것으로 사립학교의 교원은 제외된다. 그러나 사립학교도 공교육기관이므로 사립학교의 교원도 복무, 신분 보장, 보수와 그들의 기능 및 자격 등은 초 · 중등교육법과 교육공무원법에 준하도록 되어 있다.

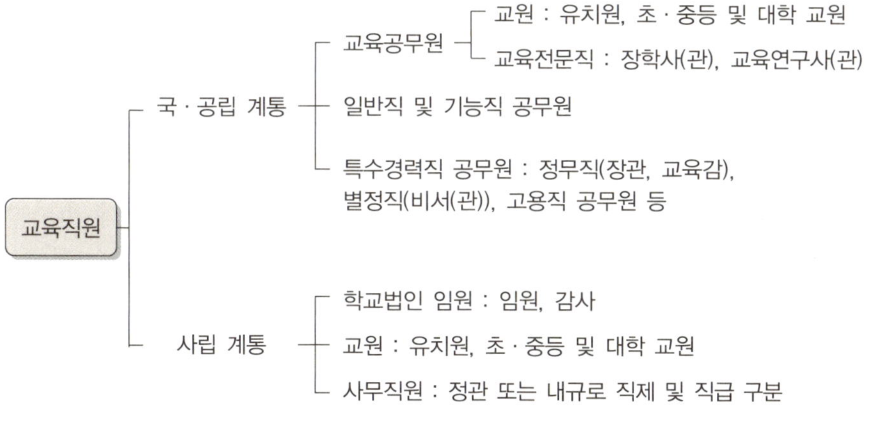

[그림 7-2] 교육직원의 분류

위의 [그림 7-2]는 교육직원의 분류를 그림으로 나타낸 것이다. 이처럼 교육직원은 매우 넓은 범위로 파악할 수 있지만 교육인사행정에서 가장 중요한 것은 교육공무원이며, 특히 교원을 중심으로 논의하는 것이 일반적이다.

2. 교원의 자격과 양성

1) 교원의 자격

자격을 갖춘 훌륭한 교원을 선발하여 적소에 임명하는 일은 교원인사행정에 있어서 가장 중요한 과제의 하나다. 교원은 교육전문가로서 그 직무를 효과적으로 수행하는데 필요한 자질과 자격을 갖추어야 한다. 자질은 특정 직무를 수행하는데 필요한 인성적 특징이나 교육과 훈련을 통해 습득되는 일반적 특질을 의미하며, 자격은 특정 직무를 수행하는데 필요한 능력과 자질을 행정적 · 제도적으로 규정한 것이다. 그리고 자격검정은 어떤 개인이 행정적 · 제도적으로 규정된 자격기준을 지니고 있는지 여부를 확인하는 행위를 의미한다. 행정적 · 제도적으로 교원의 자격을 규정하고, 자격검정을 실시하는 이유는 교원이 전문적인 능력과 자질을 갖추도록 함으로써 궁극적으로 학생의 학습권을 보장하기 위한 것이다. 또한 전문직 종사자로서 교원의 신분과 사회적 지위를 보호하기 위한 것이다.

교원자격에 대한 법률 규정은 초 · 중등교육법 제21조, 교육공무원법 제6조~9조, 사립학교법 제52조와 이에 근거한 관련 법령, 즉 교원자격검정령, 동령시행규칙 등에 기초하고 있다. 우선 초 · 중등교육법 제21조는 교장, 교감, 교사의 자격을 규정하고 있다. 먼저, 교장과 교감은 대통령령이 정하는 바에 의하여 교육부장관이 검정 · 수여하는 자격증을 받은 자이어야 한다. 교사는 정교사(1급 · 2급), 준교사, 전문상담교사(1급 · 2급), 사서교사(1급 · 2급), 실기교사, 보건교사(1급 · 2급) 및 영양교사(1급 · 2급)로 나누되, 대통령령이 정하는 바에 의하여 교육부장관이 검정 · 수여하는 자격증을 받은 자이어야 한다.

교원자격의 검정에 관한 사항을 심의하기 위하여 교육부장관 소속하에 교원자격검정위원회를 두며, 기타 필요한 사항은 대통령령으로 정하도록 되어 있다. 다만 교수, 부교수, 조교수는 자격증을 필요로 하지 않고 임용자격 제도를 채택하고 있다.

다만 교장의 자격에는 예외가 존재한다. 초 · 중등교육법 시행령 제105조의 2는 자율형 사립고등학교 공모 교장의 자격을 별도로 규정하고 있다. 학습부진아 교육을 실시하는 학교, 특성화중 · 고등학교와 예체능계고등학교, 자율학교로 지정된 학교의 경우에는 그 학교의 교육과정에 관련된 교육기관, 교육행정기관, 교육연구기관, 국가기관, 지방자치단체, 공공단체, 국제기구, 외국기관, 산업체 등에서 3년 이상 종사한 경력이 있는 자가 교장이 될 수 있다. 이는 개방형 교장공모제의 근거가 되고 있다.

우리나라의 교사자격은 그 효력이 종신토록 유지되기 때문에 교원양성기관 졸업자에게 교사자격을 부여하는 신규 교사자격 검정은 매우 중요하다. 교원자격검정령에 따르면 교사자격검정은 무시험검정과 시험검정으로 구분되는데, 원칙적으로는 무시험검정을 시행하며 보완적으로 교원수급 계획상 필요시 시험검정을 시행하고 있다. 무시험검정은 시험을 치르지 않고 법에 규정된 자격기준에 합당하면 서류심사에 의하여 교원자격증을 수여하는 방법이다. 현재 교원자격 취득자의 대부분이 무시험검정으로 자격증을 획득하고 있다. 즉, 교육대학의 졸업자 및 사범대학의 졸업자, 대학 및 전문대학의 교직과정 이수자에게 신규교사 자격을 부여할 때, 교육대학원 및 교육부령이 지정하는 대학원 교육학과에서 석사학위를 받은 때, 재교육을 통해 상급자격을 부여할 때, 이미 취득한 자격을 근거로 다른 급 학교 자격으로 변경하거나 유사한 자격을 인정받을 때, 교원자격검정위원회가 추천에 의거하여 교장 또는 원장의 자격을 인가할 때 등에 무시험검정으로 자격증을 획득하게 된다(신현석 · 안선회 외, 2011).

2) 교원의 양성

교원양성제도는 흔히 두 가지로 구분된다. 교육대학이나 사범대학과 같이 교사 양성을 목적으로 설립된 교육기관에서만 교사 양성을 허용하는 폐쇄적인 목적형 교원양성체제와, 일정한 조건을 갖춘 모든 대학에 교사 양성을 허용하고, 교사자격증 취득 요건을 충족하면 본인의 신청에 의해 교사자격증을 부여하는 개방형 교원양성체제가 있다. 폐쇄적인 목적형 교원양성체제는 국가 차원에서 교원양성의 양과 질을 직접 통제할 수 있어 교원 수급상의 문제를 효과적으로 해결할 수 있다. 개방형 교원양성체제에서는 교원양성에서의 획일성, 폐쇄성 및 경직성을 어느 정도 극복하고 자율성에 근거하여 다양성, 개방성 및 융통성을 확보할 수 있다. 하지만 교원수급에서 자격증 소지자의 공급과잉 또는 공급부족 문제를 야기할 수 있다. 우리나라는 초등교원양성에서는 목적형 양성체제를, 중등교원양성에서는 개방형 교원양성체제에 가까운 절충제를 채택하고 있다.

학교급별 양성체제를 살펴보면 다음과 같다. 먼저 유치원 교사의 양성은 2년제 전문대학 및 4년제 대학(방송통신대학 포함)에 설치된 유아교육과, 교육대학원의 유아교육 전공과정을 통하여 이루어진다. 하지만 그 주류는 2년제 전문대학이라고 할 수 있다. 이러한 양성기관과 수학연한의 차이에도 불구하고 2급 정교사라는 동일한 자격을 부여하고 있어 일부 교사의 사기 저하 등 문제가 발생하고 있다.

초등교원양성
· 폐쇄적 목적형 양성체제

초등교원의 양성은 폐쇄적인 목적형 교원양성체제로 10개 교육대학교, 한국교원대학교, 제주대학교, 이화여자대학교 등 총 13개 교육기관에서 이루어진다. 의무교육을 달성하기 위한 목적형 체제로서 초등교원양성체제는 중등교원양성체제에 비하여 비교적 통일된 교육과정을 운영하고 있으며, 목적형 양성체제에 걸맞게 교원의 질 관리도 체계화되어 있다.

중등교원양성
· 개방형 양성체제

중등교원의 양성은 전국의 45개 사범대학과 일반대학교 교육학과 및 교직과정과 교육대학원을 망라한 개방형 양성체제에 의해서 이루어지고 있다. 중등교육은 1960년대와 1970년대의 학생 인구의 급격한 팽창에 따라 양성기관의 지나친 난립이 초래되었고, 그 결과 교원자격증이 남발되는 등 일부 부작용도 나타나고 있는 실정이다.

이러한 부작용을 개선하기 위해 2010년부터 시작된 3주기 교원양성기관평가는 교원양성교육의 질 제고 및 교원양성 규모의 적정화를 위해 평가 기준 및 방법 등을 크게 강화해 평가결과에 따라 부실한 대학은 정원 감축 등 자율적인 구조 개편을 유도하고, 우수한 대학은 행정적 · 재정적 지원을 통해 보다

질 높은 교원양성기관으로 육성하는데 목적을 두고 실시되고 있다(신현석 · 안선회 외, 2011).

3. 교원의 선발과 신규임용

1) 모집과 선발

모집이란 적절하고 유능한 후보자가 교직에 지원하도록 유치하는 과정이다. 즉 모집이란 유능한 직원을 외부로부터 구하는 것과 그들이 조직 내의 어떤 직에 응시하도록 자극을 주는 과정이다. 한 조직이 모집을 효과적으로 수행하기 위해서는 먼저 조직의 인력수급 계획이 이루어져야 하며, 전체적인 인력수급계획과의 관련 속에서 모집이 이루어질 때 효과적인 충원이 이루어질 수 있다(한공우 · 임창원, 2009).

교원인사행정의 성패는 일차적으로 교직관이 투철하고 유능한 인재를 얼마나 교직에 끌어들이느냐 하는 모집방법에 달려 있다 해도 과언이 아니다. 따라서 교원에 대한 사회적 평가를 높이기 위한 노력과 함께 공개경쟁시험의 정기적 실시, 시험방법의 개선, 지원 절차의 간소화 등 모집방법의 적극화와 개선이 요구된다.

모집이 어떤 직종에 종사하려는 후보자를 모으는 과정이라 한다면, 선발은 후보자 중에서 최적임자를 선택하는 과정이라 할 수 있다. 교원의 선발은 모집을 통해 교직에 응모한 후보자들 중에서 교직에 가장 적합한 사람을 선택하는 활동이다. 효과적인 교육활동이 유지되고 더욱 향상되기 위해서는 교직에 가장 적합한 사람이 선발되어야 하기에 선발 방법과 절차는 매우 엄격해야 한다. 모집을 해서 지원자들이 모이면 그들 가운데서 교직에 보다 적합한 사람을 선발하는 수단이 시험이다. 따라서 선발 시험은 타당성, 신뢰성 및 객관성을 갖추어야 한다.

2) 교원의 신규임용

각종 교원양성기관을 통해 배출되는 교원자격증 소지자는 소정의 임용과정을 거쳐 교사로 임용된다. 교원의 임용이란, 교원(공립학교는 공무원)의 신분을 부여하여 근무하게 하는 모든 인사활동을 의미한다. 교육공무원법 제2조는 임용을 '신규임용, 승진, 승급, 전직, 전보, 겸임, 파견, 강임, 휴직, 직위해제, 정직, 복직, 면직, 해임 및 파면을 말한다'고 규정하고 있다. 그러나 좁은 의미의 임용은 조직의 결원을 보충하는 활동이다. 따라서 교원의 신규임용이란 교육조직의 결원을 보충하는 활동이며, 그 중에서도 교사의 신규임용이 가장 대표적이며 가장 중요한 임용이다.

교사의 신규임용은 공개전형에 의하여 선발된 자로 한다. 공개전형은 당해 교사의 임용권자가 이를 실시하되, 국립학교의 장은 그 전형을 당해 학교가 소재하는 교육감에게 위탁하여 실시할 수 있다. 공개전형은 필기시험, 실기시험 및 면접시험 등의 방법에 의한다. 필기시험 성적에는 우수한 교사임용후보자의 선정을 위하여 재학기간 중의 성적 등 필요하다고 인정하는 평가요소를 점수로 환산하여 가산할 수 있다.

공립학교 교원신규임용의 경우 초등은 2012년부터, 중등은 2013년부터 종래 3단계에서 2단계로 개편되었다. 초등교원 신규임용의 경우 1차 시험에서는 '교직'과 '교육과정' 과목을 각각 논술형과 서답형으로 평가하고, 2차 시험에서는 수업실연, 심층면접, 수업안 작성이 실시된다. 중등교원 신규임용은 종래 객관식 교육학 전공 시험을 폐지하고, 교육학 논술을 신설하였으며 전공과목의 출제 방식은 서답형(완성형, 서술형, 논술형 등 혼합형)으로 개선하였다. 1차 시험에서 선발 예정인원의 1.5배수 이상 선발하고 최종합격자는 1차 시험 성적과 2차 시험성적을 합산하여 결정한다.

사립학교 교사의 신규임용은 원칙적으로 국·공립학교와는 달리 '교육청 주관의 공개경쟁시험'을 반드시 거쳐야 하는 것은 아니다. 사립학교법에서는 원칙적으로는 사립학교의 자율성을 보장하는 차원에서 임용권을 학교경영자에게 부여하고 있다. 다만 교원의 신규임용은 공개전형에 의하도록 규정하고 있다(사립학교법 제53조의2). 하지만 사립학교법시행령에서 공개전형은 교원임면권자(학교법인 또는 사립학교경영자)가 실시하되, 임면권자가 교육감에게 그 전형을 위탁하여 실시할 수 있다고 규정하고 있다. 공개전형은 필기시험 및 면접시험 등의 방법으로 하며, 그 밖에 공개전형의 시행에 관하여 필요한 사항은 교원인사위원회의 심의를 거쳐 임면권자가 정한다(사립학교법시행령 제21조).

교사 외 교원의 임용 방법은 다음과 같다. 먼저 교장 · 교감의 신규임용은 교사들의 승진임용이거나 교육전문직에서의 전직으로 이루어진다. 전직은 교육전문직 공무원으로 2년 이상 근속한 경우에 임용권자가 정하는 기준에 따라 교장 또는 교감으로 전직이 가능하다.

보직교사 임용은 학교마다 다르다. 보직교사의 종류와 업무분장을 학교장이 정할 수 있기 때문이다. 한시적으로 채용되는 기간제 교사의 임용은 임용기간 1년 이내, 필요한 경우 3년의 범위 안에서 연장이 가능하다(신현석 · 안선회, 외 2011).

제3절 교원의 현직단계 전문성 신장

1. 교원의 연수

교원은 전문성 신장을 위하여 임용 직후부터 정년퇴직에 이르기까지 많은 연수를 받고 있다. 교원연수는 정체된 사고에 활력을 불어주고 새로운 교수기법이나 학습모형을 알려 준다. 교원들은 시대에 뒤처지지 않기 위해서라도 혹은 보다 자신감 있는 모습으로 학생들 앞에 서기 위한 자발적 동기에 의해서라도 교원연수에 참여하게 된다. 교육공무원법 제38조 1항에 「교육공무원은 직책을 수행하기 위하여 부단히 연구와 수양에 노력해야 한다」라고 명시하여 교원의 생애를 통한 계속교육으로서 교원연수의 중요성을 강조하고 있다.

교직에 입문한 이후 현직에서 받는 재교육과정을 '교원연수'라고 부른다. 현직에서 받는 재교육과정에서는 교원연수기관에서 실시하는 직무연수나 자격연수 뿐만 아니라 단위학교에서 실시하는 연구수업이나 교과연수와 교사가 개인적으로 수행하는 연구활동과 대학원 수업 등도 모두 포함된다. 그러나 협의의 교원연수는 자격연수, 직무연수, 특별연수 등의 교원연수기관에서 실시하는 공식적인 연수를 의미한다(송기창 외, 2009).

전문가로서 교원의 능력 배양뿐만 아니라 실질적으로 교원의 자격 즉 1급 정교사, 교감 또는 교장 자격증을 취득하기 위해서는 반드시 교원연수 과정을 거쳐야 한다. 그리고 「교원 등의 연수에 관한 규정 제8조의2」에 나타나듯이 교원연수의 실적은 학점화하여 기록 · 관리됨으로써 승진의 중요한 요인으로 작용한다. 따라서 교원연수는 교직생활의 전 과정에 걸친 계속적인 재교육을 통하여 전문가로서 능력을 배양할 수 있고 이를 기반으로 교사, 교감, 교장으로 승진할 수 있는 발판을 제공한다는 점에서 그 의의가 크다.

[그림 7-3]에서 볼 수 있듯이 교원연수는 크게 직무연수와 자격연수 및 특별연수로 구분된다.

직무연수

첫째, 직무연수는 교육의 이론 · 방법 및 직무수행에 필요한 능력 배양을 목적으로 시행되는 연수이다. 직무연수의 내용은 새로운 교수방법연수, 논리논술연수, 컴퓨터 활용능력 연수 등과 같이 매우 다양하다. 직무연수는 연수시간 또는 학점에 따라서 구분되는데, 15시간 1학점을 기준으로 60시간(4학점), 45시간(3학점), 30시간(2학점), 15시간(1학점) 등과 같이 네 가지 유형으로 세분화된다. 직무연수는 학교나 교육청에서 연수경비가 지원되기도 하지만 교사가 연수경비를 지불하기도 한다.

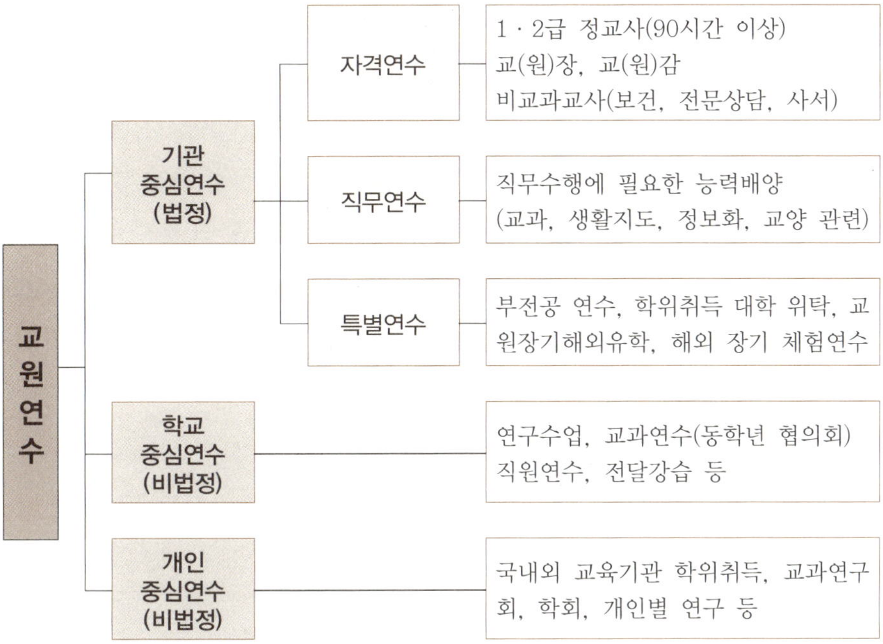

[그림 7-3] 교원연수제도의 종류

둘째, 자격연수는 교원의 자격을 취득하기 위한 연수다. 자격연수는 취득하고자 하는 자격증의 유형에 따라서 2급 정교사 자격연수, 1급 정교사 자격연수, 전문상담교사(1급) 자격연수, 사서교사(1급) 자격연수, 보건교사(1급) 자격연수, 원감 자격연수, 원장 자격연수, 교감 자격연수, 교장 자격연수 등으로 구분된다(송기창 외, 2009). 각각의 자격연수에 참여할 수 있는 연수대상자의 선발에 관한 사항 및 연수의 내용은 「교육부령」으로 정하도록 되어 있다. 현행 '교원 등의 연수에 관한 규정'에 명시된 자격연수의 연수기간 및 이수시간은 〈표 7-2〉와 같다.

자격연수

표 7-2 자격연수의 연수기간 및 이수시간

구 분	1급 정교사, 교감, 원감	교장, 원장
연수기간	15일 이상	25일 이상
이수시간	90~135	180~270

특별연수

셋째, 특별연수는 전문지식 습득을 위한 국내외 특별연수 프로그램을 의미한다. 특별연수는 직무연수나 자격연수와 달리 일정기간 현직에서 벗어나 국내외의 교육기관 또는 연수기관에 일정기간 체류하면서 실시된다. 특별연수자로 선발되는 기준은 ① 교직관과 국가관, ② 근무성적, ③ 학력 및 경력, ④ 연수 후 상당 기간 근무 가능성, ⑤ 외국어 능력(국외연수의 경우) 등이 있다. 특별연수자는 연수 이후에 직무에 복귀하여야 한다. 6개월 이상 특별 연수를 받은 교원의 경우 6년의 범위 내에서 연수기간과 동일한 기간을 연수 분야와 관련된 직무분야에 복무해야 하는 의무를 진다(이병환 · 박미란, 2012).

2. 교원의 승진

1) 승진의 개념과 승진규정

교육공무원의 승진은 임용 이후에 생기는 인사이동 사항 중에 중요한 개념으로 해석된다. 승진이란 일반적으로 직위가 올라가는 것을 의미하며, 교육공무원법상의 승진은 임용의 한 형태로 동일직렬 내에서 하위직에서 상위직으로 임용되는 것을 말한다. 그런데 교육공무원의 직렬은 직종의 성질에 따라서 일반적으로 교육직 · 교육행정직, 장학직 및 교육연구직으로 구분할 수 있다. 따라서 교육공무원승진임용의 예를 들면, 교사가 교감으로 교감이 교장으로 되는 것이 교육직렬의 승진순서이고, 장학사나 교육연구사가 장학관 또는 교육연구관이 되는 것은 장학직렬 또는 교육연구직렬의 승진형식이다.

교육공무원 승진
· 연공주의+능력주의

이러한 승진제도는 ① 구성원에게 보상수단 내지 욕구충족 수단을 제공하며, ② 인적자원을 적절히 배치함으로써 조직의 목표를 효율적으로 달성할 수 있게 하고, ③ 조직구성원이 직무수행을 위해 필요한 지식과 능력을 향상시키는 등 능력계발의 수단이 된다. 대체로 승진의 기준은 연공주의(seniority system)와 능력주의(merit system)로 나누어 설명할 수 있다. 연공주의와 능력주의의 장단점을 요약하면 〈표 7-3〉과 같다.

표 7-3 연공주의와 능력주의의 장 · 단점

구 분	장 점	단 점
연공주의	· 고도의 객관성 · 정실 및 불공평으로 인한 불평 약화 · 행정의 안정성 유지	· 유능한 인재 등용의 제약 · 행정의 침체성 우려 · 부하직원의 통솔 곤란
능력주의	· 인사권자의 정실개입 여지 경감 · 시험에 따른 타당성 제고 · 개인의 발전 촉진	· 근무보다 시험에 열중 우려 · 시험의 타당도가 낮을 경우 충실근무 직원 불리

승진 임용에 있어서 교육인사행정의 공정성을 기하기 위하여 「교육공무원 승진규정」이 마련되어 있다. 이 규정은 교육공무원의 경력평정, 근무성적평정, 연수성적평정 그리고 승진후보자명부작성 등에 관한 사항을 명시하고 있다.

2) 교원 승진임용의 기준과 구조

교육공무원법 제13조는 교육공무원의 승진임용은 동종의 직무에 종사하는 차하위직에 있는 자 중에서 경력평정, 재교육 성적, 근무성적, 기타 능력의 실증에 의해 행한다고 규정하고 있다. 현행 교육공무원의 경력평정, 근무성적평정, 연수성적평정, 가산점제도 등을 포함하는 승진규정은 승진임용을 위한 기준을 제공한다.

(1) 경력평정

경력평정은 연공서열 내지 경력에 기초하여 승진의 순위를 결정하는 변인의 하나이다. 이는 근무성적평정이나 연수성적평정에 비하여 객관적이라는 장점을 지닌다.

교육공무원의 경력평정은 당해 교육공무원의 경력이 직위별로 담당직무수행과 관계되는 정도를 기준으로 하여야 한다. 경력평정은 매년 12월 31일을 기준으로 하여 정기적으로 실시한다. 경력은 기본경력과 초과경력으로 나뉜다. 기본경력은 평정시기로부터 15년을 평정기간으로 하고, 초과경력은 기본경력 전 5년을 평정기간으로 한다. 따라서 경력평정에 적용되는 경력은 총 20년이다. 기본경력과 초과경력을 구분하는 이유는 최근 경력이 더 중요하기에 경력 단계별로 차등을 두기 위해서다. 현행 교육공무원 경력평정 내용은 〈표 7-4〉와 같다.

경력평정
· 기본경력 15년(64점)
· 초과경력 5년(6점)
⇒20년 70점 만점

표 7-4 교육공무원의 경력평정 내용

구 분	내 용	만 점
1. 경력평정	· 기본경력(최근 15년간) 64점 · 초과경력(기본경력 전 5년간) 6점	70점 (20년)

교육공무원 경력평정 대상 경력은 교육경력 · 교육행정경력 · 교육연구경력 및 기타 경력으로 하되, 경력 내용에 따라 가경력, 나경력, 다경력으로 나뉜다. 가경력이란 현 직급과 동일직급의 경력이고, 나경력은 현 직급은 아니나 동일 내용 업무에 관한 경력이며, 다경력은 현 직종의 경력을 말한다. 경력의 평정자와 확인자는 승진후보자명부 작성권자가 정하도록 되어 있으며, 보통 교사의 경우 교감이 평정자이며, 소속기관장인 교장이 확인자이다.

(2) 근무성적평정

근무성적평정이란 조직구성원의 개인적 능력과 가치 그리고 근무성적을 평가하는 것을 말한다. 근무성적평정은 능력과 실적을 기초로 승진의 순위를 결정하는 변인의 하나이다.

평가 결과는 일반적으로 보수, 승진, 배치전환, 교육훈련 등의 인사행정에 반영된다. 구성원의 근무실적과 직무수행능력을 측정하여 인사에 반영하는 근무성적평정제도는 피평정자의 동기 유발을 통하여 조직 전체의 생산성을 높이고자 하는데 주된 목적이 있다. 근무성적평정의 전통적인 목적은 직무수행 능력을 측정하여 그것을 보수, 승진, 배치전환, 교육훈련 등의 결정에 활용하는 소극적 의도에 있었다. 최근에는 근무성적평정의 주된 목적이 피평정자의 동기 유발과 직무에 대한 헌신적인 노력 촉진, 그리고 직무수행 개선과 행정 발전에 기여하여야 한다는 적극적인 것으로 이행되어 왔다(강성철 외, 2008 : 360-362).

교사의 근무성적평정은 매년 12월 31일을 기준으로 하여 해당 교사의 근무실적 · 근무수행능력 및 근무수행태도에 관하여 근무성적평정과 다면평가를 정기적으로 실시하고, 각각의 결과를 합산한다. 근무성적의 평정자 및 확인자는 승진후보자명부 작성권자가 정한다. 다면평가자는 근무성적의 확인자가 구성하되, 평가대상자의 근무실적 · 근무수행능력 및 근무수행태도를 잘 아는 동료교사 중에서 3인 이상으로 구성하여 〈표 7-5〉의 양식에 따라 평가한다. 교사의 근무평정에 다면평가를 포함한 것은 관리자에 의한 현행 평가는 신뢰도와 공정성 문제가 제기되어 왔기에 다면평가를 통해 평정의 신뢰성과 공정성을 제고하기 위한 것이었다.

교사 근무성적평정
- 평정자(교감 : 30%)
- 확인자(교장 : 40%)
- 다면평가(동료교사 : 30%)

근무성적평정점과 다면평가점을 합산한 결과는 평정분포 비율에 맞아야 한다. 평정시 분포비율은 수(95점 이상) 30%, 우(90점 이상 95점 미만) 40%, 미(85점 이상 90점 미만) 20%, 양(85점 미만) 10%로 평가한다. 근무성적의 평정점은 평정자가 100점 만점으로 평정한 점수를 30%로, 확인자가 100점 만점으로 평정한 점수를 40%로 환산한 후 그 환산된 점수를 합산하여 70점 만점으로 산출한다. 다면평가점은 다면평가자가 100점 만점으로 평정한 점수를 30%로 환산하여 30점 만점으로 산출한다. 합산점은 근무성적평정점과 다면평가점을 합산하여 100점 만점으로 산출한다. 모든 근무평정에서 평정대상자의 요구가 있을 때에는 특별한 사정이 없는 한 본인의 최종 근무성적평정점을 알려주어야 한다. 현행 교육공무원 승진규정의 교사 근무성적평정 개정 내용을 정리하면 〈표 7-6〉과 같다.

표 7-5 교사 다면평가표

교사 다면평가표(제28조의3 제1항 관련)

<table>
<tr><td>① 평가기간</td><td>② 확인자</td><td>③ 평정자</td></tr>
<tr><td>. . . 부터
. . . 까지</td><td>직위
성명 (인)</td><td>직위
성명 (인)</td></tr>
</table>

<table>
<tr><td colspan="3">평가사항</td><td colspan="2">자질 및 태도</td><td colspan="3">근무실적 및 근무수행능력</td><td rowspan="3">⑨
평
가
점</td><td rowspan="3">⑩
환
산
점</td></tr>
<tr><td colspan="3">평가요소
평가점</td><td>④
교육자로서의
품성</td><td>⑤
공직자로서의자세</td><td>⑥
학습
지도</td><td>⑦
생활
지도</td><td>⑧
교육연구 및 담당업무</td></tr>
<tr><td colspan="2">평가대상자
소 속 / 성명</td><td>평가자</td><td>10</td><td>10</td><td>40</td><td>20</td><td>20</td></tr>
<tr><td></td><td></td><td>다면
평가자</td><td></td><td></td><td></td><td></td><td></td><td></td><td></td></tr>
<tr><td></td><td></td><td>다면
평가자</td><td></td><td></td><td></td><td></td><td></td><td></td><td></td></tr>
<tr><td></td><td></td><td>다면
평가자</td><td></td><td></td><td></td><td></td><td></td><td></td><td></td></tr>
<tr><td></td><td></td><td>다면
평가자</td><td></td><td></td><td></td><td></td><td></td><td></td><td></td></tr>
<tr><td></td><td></td><td>다면
평가자</td><td></td><td></td><td></td><td></td><td></td><td></td><td></td></tr>
<tr><td></td><td></td><td>다면
평가자</td><td></td><td></td><td></td><td></td><td></td><td></td><td></td></tr>
<tr><td></td><td></td><td>다면
평가자</td><td></td><td></td><td></td><td></td><td></td><td></td><td></td></tr>
<tr><td></td><td></td><td>다면
평가자</td><td></td><td></td><td></td><td></td><td></td><td></td><td></td></tr>
</table>

표 7-6 교육공무원의 근무성적평정의 내용

구 분		평 정 요 령	유 의 사 항
2. 근무 성적 평정	평정방법	· 교사의 근무실적 · 근무수행능력 및 근무수행태도의 영역에 관해 교장, 교감의 근무성적과 다면평가 점수 합산 · 동료교사 중에서 3인 이상으로 다면 평가자 구성	· 근무성적평정점 부여 비율 –수(95점 이상) : 30% –우(90점 이상~95점 미만) : 40% –미(85점 이상~90점 미만) : 20% –양(85점 미만) : 10% ※미에 가산 가능
	평정점수	· 만점 100점=근무성적 70점(교장 40, 교감 30)+다면평가 30점	
	명부 작성시 산정기간	· 근무성적 및 다면평가 합산점 3년 –최근 5년 이내의 기간 중 본인에게 유리한 3년	· 반영비율은 가까운 연도부터 50 : 30 : 20(%)
	평정결과	· 본인의 최종 근무성적 및 다면평가 합산점 공개	· 2007년부터 시행

(3) 연수성적평정

연수성적평정
· 교육성적 27점+연구성적 3점

연수성적평정은 교육과 훈련을 통하여 개인의 직무수행능력을 신장시킴과 동시에 급변하는 사회에 능동적으로 대처하기 위함이다. 현행 연수성적평정은 교육성적평정과 연구실적평정으로 구분된다. 매년 12월 31일을 기준으로 하여 실시하거나 또는 승진후보자명부의 조정 시기에 실시한다. 연수성적평정기준점은 30점 만점으로 교육성적 27점(직무연수 18점, 자격연수 9점), 연구성적 3점으로 규정하고 있다.

직무연수성적의 평정은 「교원 등의 연수에 관한 규정」에 의한 연수기관 또는 교육부장관이 지정한 연수기관에서 이수한 60시간 이상의 직무연수성적을 대상으로 평정한다. 자격연수성적의 평정은 승진대상 직위와 가장 관련이 깊은 자격연수성적 하나만을 평정대상으로 한다.

연구실적평정은 연구대회 입상실적과 학위취득 실적으로 나누어 평정 한 후 이를 합산하도록 되어 있다. 연구대회 입상실적은 당해 직위에서의 입상실적을 대상으로 하는데 교육부장관이 인정하는 전국 규모의 교육연구대회와 시 · 도교육감이 인정하는 시 · 도 규모 교육연구대회에서 입상한 연구실적 등이 이에 해당된다. 학위취득 실적평정은 당해 직위에서 취득한 석사 또는 박사 학위를 취득하였을 경우 그 중 하나를 평정대상으로 한다. 연구실적평정점은 3점을 초과할 수 없으며, 〈표 7-7〉과 같이 평정하도록 되어 있다.

표 7-7 교육공무원의 연수성적평정의 내용

<table>
<tr><th colspan="2">구 분</th><th>평 정 방 법</th><th>만점</th><th>유 의 사 항</th></tr>
<tr><td rowspan="3">3.
연수
성적
평정
(30)</td><td rowspan="2">교육
성적
평정
(27)</td><td>○ 자격연수
· 평정점=9점-(연수성적만점-연수성적)×0.05</td><td>9.0</td><td>· A, B, C로 평정 표기된 경우는 A이상 : 90%, B이상 : 85%, C이상 : 80%</td></tr>
<tr><td>○ 직무연수<table><tr><th>직무연수성적</th><th>직무연수
환산성적</th></tr><tr><td>95점 초과</td><td>100점</td></tr><tr><td>90점 초과~95점 이하</td><td>95점</td></tr><tr><td>85점 초과~90점 이하</td><td>90점</td></tr><tr><td>85점 이하</td><td>85점</td></tr></table></td><td>18</td><td>· 교감 승진후보자
= 6점×직무연수환산성적/직무연수성적만점+6점×직무연수회수(2회에 한함)
· 60점 미만은 평정에서 제외</td></tr>
<tr><td>연구
실적
평정
(3)</td><td>○ 연구대회 입상<table><tr><th>등급</th><th>전국점수</th><th>시 · 도점수</th></tr><tr><td>1등급</td><td>1.50점</td><td>1.00점</td></tr><tr><td>2등급</td><td>1.25점</td><td>0.75점</td></tr><tr><td>3등급</td><td>1.00점</td><td>0.50점</td></tr></table>○ 학위 취득<table><tr><th>학위별</th><th>직무관련
학위</th><th>기타의
학위</th></tr><tr><td>박사</td><td>3점</td><td>1.5점</td></tr><tr><td>석사</td><td>1.5 점</td><td>1점</td></tr></table></td><td>3</td><td>· 당해직위 또는 전직 이전의 직위의 실적
· 1년 1편에 한함
· 학위 논문은 교육에 관한 연구실적으로 사용이 가능</td></tr>
</table>

(4) 가산점 평정

가산점은 한 조직체가 구성원들의 직무수행에 대한 동기부여를 하기 위해 특별한 자격을 획득하거나 어려운 특정 직무를 수행했을 경우, 그 대가로 인사행정에 실적을 반영해 주는 것이다. 〈표 7-8〉에서 볼 수 있듯이 현행 교육공무원의 가산점은 공통가산점과 선택가산점으로 구분되어 운영된다. 공통가산점은 3점, 선택가산점이 10점으로 가산점은 총 13점이다. 공통가산점은 연구학교 근무경력이나 재외국민교육기관 파견 경력은 월단위로 점수를 환산하며, 연수이수 학점은 1학점 당(15시간) 0.02점으로 점수를 환산한다. 선택가산점은 총점 10점 범위 내에서 교육감이 기준을 결정하기 때문에 시·도교육청 간에 다소 차이가 있다.

표 7-8 교육공무원의 가산점평정 내용

구 분		내 용	상한점
4. 가산점	공통가산점	· 교육부장관 지정 연구학교 근무경력 : 월 0.021점	1.25점
4. 가산점	공통가산점	· 재외국민교육기관 파견 근무경력 : 월 0.021점	0.75점
4. 가산점	공통가산점	· 직무연수이수실적 : 1학점당 0.02점 연도별 상한점 0.12점	1점
4. 가산점	공통가산점	· 학교폭력의 예방 및 대응관련실적 : 교육감 및 그 밖의 명부권자가 부여 0.1점	2점
4. 가산점	선택가산점	〈임용명부작성권자가 항목 및 점수의 기준을 정할 수 있음〉 · 도서벽지 교육기관 또는 교육행정기관 근무 경력 · 농어촌교육진흥지역 학교 근무 경력 · 교육발전 또는 교육공무원 전문성 신장 등을 위해 임용명부작성권자가 인정하는 경력 및 실적	10점

이상에서와 같이 현행 교육공무원 승진기준의 배점을 보면, 경력평정 70점, 근무성적평정 100점, 연수성적 30점 그리고 가산점이 15점 등 총 215점이다.

(5) 교육공무원의 승진구조

현행 교육공무원의 승진제도는 이상에서와 같이 연공과 실적을 절충하는 형태로 이루어진다. 즉 위의 4가지 평정점수의 순위에 따라 자격별로 승진후보자 명부를 작성 · 비치하고, 이 명부에서 순위가 높은 교원의 순으로 결원된 직에 대하여 3배수 범위 안에서 승진 임용하거나 임용을 제청하도록 되어 있다.

이 승진후보자 명부는 승진될 직위별로 나누어 작성하되 경력평정, 근무성적평정, 연수성적의 평정점을 합산한 점수가 높은 순위로 기재하며, 전술한 가산점을 각 평정점의 합산점수에 가산하도록 하고 있다.

(6) 승진임용의 제한

교원을 포함하는 교육공무원의 징계의결 요구, 징계처분, 직위해제 또는 휴직 중에 있는 경우, 징계처분의 집행이 종료된 날로부터 일정기간[1]이 경과되지 아니한 경우에는 승진 임용될 수 없다. 다만 징계처분을 받은 이후 당해 직위에서 훈장, 포장, 모범공무원표창, 국무총리 이상의 표창 또는 제안의 채택 시행으로 포상을 받은 경우에는 승진임용 제한기간의 1/2을 단축할 수 있다.

3. 전직과 전보

1) 개념

전직
· 직위를 바꾸어 임용

교원을 교육전문직으로 또는 교육전문직을 교원으로 그 직위를 바꾸어 임용하는 것을 전직이라 한다. 교원을 교육전문직으로 전직 임용하고자 할 때는 교육관이 투철하고 교육에 대한 자질과 능력이 탁월하다고 인정된 자이어야 한다고 규정하고 있다.

1) 정직의 경우 18월, 감봉은 12월, 견책은 6월의 승진 임용 제한 기간이 있다.

전보
· 동일직위 내 보직 변경

전보라 함은 동일직위 내에서 보직변경을 의미한다. 전보의 취지는 '전보권자 또는 전보제청권자는 소속공무원의 동일직위에 있어서의 장기근무로 인한 침체를 방지하기 위하여 매년 전보계획을 수립하여 이를 실시하여야 한다'라고 규정하고 있다. 전보는 종종 교사들간에 깊은 정서적인 반응을 불러일으키는 요인이 되므로 공정한 기준에 따라서 행하여야 한다.

전직과 전보 등을 통한 직무순환은 다음과 같은 몇 가지 의의를 지닌 것으로 이해된다.

① 직무순환은 관리자의 능력을 계발시키는 현직 교육훈련방법의 하나이다.
② 조직원의 욕구좌절을 방지하고 동기부여의 기법으로서 유용하게 활용될 수 있다.
③ 적재적소의 인사관리를 가능케 한다.
④ 승진 이전의 단계적인 교육훈련방법이 된다.
⑤ 궁극적으로 조직의 효율성을 증대시킬 수 있다.
⑥ 장기보직으로 인한 외부거래처와의 불필요한 유대 및 조직의 허점을 이용한 부정을 예방할 수 있다.
⑦ 조직의 변화·변동에 따른 부서간의 과부족인원의 조정이나 조직원의 개인적 사정에 따른 구제가 가능하다.
⑧ 인사침체를 방지하고, 권태로움에서 벗어나 업무를 쇄신하는 계기를 마련해 준다.

2) 교원의 전직과 전보제도

(1) 전직제도

전직은 다른 직렬의 계급 또는 직급으로의 수평적 인사이동이다. 교육공무원의 직렬은 직무의 성질과 책임에 따라 초등교육직, 중등교육직, 장학직, 교육연구직, 교육행정직으로 구분할 수 있다. 따라서 교원이 교육전문직 공무원인 장학사(관), 교육연구사(관)로 이동하거나, 장학사(관), 교육연구사(관)가 교원으로 이동하는 경우, 장학사(관)와 교육연구사(관)의 상호 이동인 교육전문직 공무원간의 전직, 학교급 간(초등학교와 중등학교) 교원 이동이 전직에 해당한다. 교육전문직 공무원이 교원으로 전직할 때에는 교원에서 교육전문직 공무원으로 전직할 당시의 직위로 전직하여야 한다. 다만, 교육전문직 공무원으로 2년 이상 근속한 자는 임용권자가 정하는 기준에 따라 교장 또는 교감으로 전직할 수 있다. 다만, 교육경력 10년 이상이고 교육전문직 공무원으로 10년 이상 근속한 자는 전직될 직위에 제한을 받지 않는다(신현석 · 안선회 외, 2011).

(2) 전보제도

전보는 교육공무원의 동일 직위 및 자격 내에서의 근무기관을 달리하는 임용이다. 다시 말하면, 교육공무원이 동일 직렬 내에서 직위를 유지하면서 근무지를 변경하는 인사이동이다. 예를 들면, 교원이 근무학교를 변경하거나 장학사 · 장학관과 교육연구사 · 교육연구관이 다른 근무 기관이나 부서로 이동하는 것이 전보에 해당된다. 임용권자는 교원의 생활근거지 근무 또는 희망근무지 배치를 최대한으로 보장하여 사기진작 및 생활안정을 도모하고 전보임용의 공정성을 확보하기 위하여 최대한 노력하여야 한다. 교원의 학교 간 정기전보는 임용권자가 정하는 기간 동안 동일 직위에 근속한 자를 대상으로 정기적으로 실시한다. 비정기전보는 학교장의 전보요청 등의 사유로 교육상 전보가 불가피하다고 인정할 때에는 동일직위 근속기간이 정기전보 기간 이내라 하더라도 임용권자는 전보할 수 있다.

전보에는 정기전보와 비정기전보가 있다. 정기전보의 경우 교육전문직과 교장의 전직 및 전보는 매년 9월 1일자로 하고, 교감과 교사의 전보는 매년 3월 1일자로 실시함을 원칙으로 하며, 학기 중 전보는 부득이한 경우로 한한다. 이는 학교교육의 단절과 교육의 손실을 막기 위한 것이다.

① 정기전보 : 동일구역 내 학교간의 전보는 5년 이내의 범위 내에서 교육감 또는 교육장이 정하는 기간 동안 동일직위에 근속한 자를 대상으로 정기적으로 실시한다. 다만, 교육상 특히 필요한 경우에 전보권자가 정하는

기간 동안 전보를 유예할 수 있다.

② 비정기전보 : 교육감 또는 교육장은 교육상 전보가 불가피하다고 인정할 때에는 동일직위 근속기간이 일정기간 이내라 하더라도 전보를 실시할 수 있다. 학교장은 다음과 같은 사유에 해당하는 경우 임용권자에게 전보 요청을 할 수 있다.

- 직무수행능력이 부족하거나 근무성적이 저조한 교원. 단, 이 경우 학교장은 전보 요청 전에 당해 교원의 능력개발을 위한 직무연수를 부과하여야 한다.
- 징계처분을 받은 교원
- 교육공무원법 제10조의 3제1항 각호의 사유[2]와 관련하여 징계에 이르지 않는 주의 또는 경고 처분을 받은 교원
- 당해 학교에서 재직하는 동안 3회 이상 징계에 이르지 않는 주의 또는 경고 처분을 받은 교원
- 기타 임용권자가 정하는 사유

제4절 교원의 사기 앙양

1. 교육공무원의 권리와 의무

1) 권리

민주주의 국가에 있어서 공무원의 지위는 헌법상 국민 전체에 대한 봉사자이며, 그의 직분에 어떠한 특권도 부담하지 아니하는 특별한 의무와 책임을

2) 미성년자에 대한 성폭력범죄의 처벌 등에 관한 특별법 제2조에 따른 ① 성폭력범죄 행위, ② 금품수수 행위, ③ 시험문제 유출 및 성적조작 등 학생성적 관련 비위 행위, ④ 학생에 대한 신체적 폭력 행위 등.

지는 반면에 일반 국민에게 인정되지 아니하는 여러 가지 권리를 가진다. 교육공무원의 권리는 신분상의 권리와 재산상의 권리로 나눌 수 있다.

신분상의 권리

첫째, 신분상의 권리는 ① 신분보유권, ② 직무 집행권 및 직명 사용권, ③ 쟁송 제기권, ④ 불체포 특권, ⑤ 후임자 보충발령 유예, ⑥ 교원단체 참여권 등이 있다.

재산상의 권리

둘째, 재산상의 권리는 ① 보수를 받을 권리, ② 실비 변상을 받을 권리, ③ 공무원 연금법에 의하여 각종 사회보장(급여)을 받을 권리가 있다. 공무원에게 주어지는 권리는 국민에 대한 봉사적 의무이지 특권이 될 수는 없다.

한편 서정화(1989)는 교원의 권리를 적극적 권리와 소극적 권리로 대별하고, 적극적 권리는 자율성 신장, 생활 보장, 근무 조건 개선, 복지후생 제도의 확충 등을 들었고, 소극적 권리는 신분 보장, 쟁송 제기권, 불체포 특권, 교직단체 활동권 등을 들었다.

2) 의무

교육공무원의 의무에는 교원으로서 의무와 공무원으로서 의무가 있다. 교원의 교육법상 의무에는 교육 및 연구 수양의 의무, 정치활동의 제한이 있다. 공무원으로서 복무 의무는 국가공무원법의 규정이 준용되고 있는데, 선서의 의무(제55조), 성실의 의무(제56조), 복종의 의무(제57조), 친절 공정의 의무(제59조), 비밀엄수의 의무(제60조), 청렴의 의무(제61조), 외국 정부의 영예 등을 받을 경우 대통령의 허가를 받을 의무(제62조), 품위 유지의 의무(제63조)가 있고, 금기 사항으로 직장 이탈 금지(58조), 영리 업무 및 겸직 금지(제64조), 정치운동 금지(제65조), 집단행위의 금지(66조) 등이 있다.

공무원의 의무를 적극적 의무와 소극적 의무로 구분하면 다음과 같다.

첫째, 적극적 의무이다. ① 교육 및 연구 활동의 의무, ② 선서 · 성실 · 복종의 의무, ③ 전문직으로서의 품위 유지의 의무, ④ 비밀 엄수의 의무 등이다.

둘째, 소극적 의무이다. ① 정치활동의 금지, ② 집단행위의 제한, ③ 영리업무 및 겸직 금지 의무 등이다.

이 중에서 영리 업무 및 겸직 금지 의무를 살펴보면 공무원은 공무 이외의 영리를 목적으로 하는 업무에 종사하지 못하며, 소속 기관의 장의 허가없이 다른 직무를 겸할 수 없도록 규정하고 있다. 영리를 목적으로 한다함은 공무원이 상업, 공업, 금융업 기타 영리적인 업무를 스스로 경영하여 영리를 추구함이 현저한 업무 등을 행함으로써 직무상 능률의 저해, 공무에의 부당 영향, 국가 이익 침해, 정부의 불명예를 초래할 우려가 있는 경우를 말한다. 영리 업무에 해당할 가능성이 있는 사업에 종사하고자 하는 교원은 영리성 여부에 대한 판단이 필요하므로 임용권자(복무 감독권자)와 사전에 상의가 필요하다. 영리 업무의 예를 들면 다음과 같다.

영리 업무 및 겸직 금지 의무
- 영리 업무에 종사하지 못함
- 다른 직무를 겸하지 못함

- 학원 강의, 사기업 경영 및 운영 참여
- 영리적인 업무를 스스로 경영하여 영리를 추구함이 현저하거나 기타 계속적으로 재산상의 이득을 목적으로 하는 영리 업무 등
- 공무원과 교원(사립학교 교원 포함)은 방문판매 등에 관한 법률에 의하여 다단계 판매 등록을 하면 처벌된다(방문판매 등에 관한 법률 제15조제2항).

영리업무에 해당되지 아니하는 다른 직무를 겸직하고자 할 때에는 소속기관의 장의 사전 허가를 받아야 한다(국가공무원복무규정 제26조). 여기서의 다른 직무라 함은 영리를 목적으로 하지 아니하는 공무 이외의 사적인 업무(사무)로서 직무에 지장이 없는 것을 말한다. 예를 들어 아파트 재건축 조합 이사, 아파트 동 대표, 장학 재단 이사 등을 겸임할 수 있으나 허가권자의 판단이 필요하다.

2. 복무

1) 출장, 근무시간 등

공무원의 복무와 관련된 출장, 근무시간 등에 관한 사항을 살펴보면 다음과 같다.

첫째, 출장이란 공적인 용무를 띠고 일정 기간 직장을 떠나 여행하는 것을 말한다. 출장은 사무적인 용무를 띠는 것과 연수적인 용무를 띠는 경우가 있는데, 출장 공무원은 소정의 사항을 준수하여야 한다(국가공무원복무규정 제6조).

둘째, 공무원의 근무시간은 3월 1일부터 10월 말일까지는 9시부터 18시까지로 하고, 11월 1일부터 다음 연도 2월 말일까지는 9시부터 17시까지로 한다. 다만 초·중등교원의 근무 시간은 경우 연중 9시부터 17시까지이며, 점심시간은 학교장이 따로 정하도록 되어 있다.

셋째, 학교의 휴업일은 관공서의 공휴일과 감독청 또는 학칙에서 정하는 하절기와 동절기의 휴업일, 개교기념일, 학생과 학부모의 의견을 반영하여 학교장 재량으로 편성할 수 있는 재량휴업일 등이 있다.

2) 휴가

공무원의 휴가
- 연가
- 병가
- 공가
- 특별휴가

(1) 휴가실시 원칙

공무원의 휴가는 연가, 병가, 공가 및 특별휴가로 구분하여 실시하고 있다. 학교의 장은 휴가를 허가함에 있어 소속교원이 원하는 시기에 법정 휴가일수가 보장되도록 하되, 연가와 특별휴가 중 장기재직휴가는 학생들의 수업 등을 고려하여 특별한 사유가 없는 한 방학 중에 실시하고, 휴가로 인한 수업결손 등이 발생하지 않도록 필요한 조치를 취하도록 하고 있다. 휴가 중에는 긴급시 연락이 가능하도록 연락 체계를 유지하여야 하며 수업 및 담당사무 등을 학교장이 정한 자에게 인계하여 업무의 연속성을 유지하여야 한다. 교원이 휴가·지참·조퇴·외출과 근무지 내 출장을 하고자 할 때에는 허가권자에게 근무상황부 또는 근무상황카드에 의하여 미리 신청을 하고, 사유발생 전까지 허가를 받아야 한다.

(2) 휴가종류별 실시방법

① 연가 : 연가는 공무원 본인의 판단에 의해 신청할 수 있는데 1년에 일정한 기간을 쉬도록 해 주는 유급 휴가이며 재직기간에 따른 연가 일수는 다음과 같다.

표 7-9 재직기간별 연가일수

재직기간	연가일수	재직기간	연가일수
3월 이상 6월 미만	3일	3년 이상 4년 미만	14일
6월 이상 1년 미만	6일	4년 이상 5년 미만	17일
1년 이상 2년 미만	9일	5년 이상 6년 미만	20일
2년 이상 3년 미만	12일	6년 이상	21일

② 병가 : 병가는 질병 또는 부상으로 인하여 직무를 수행할 수 없을 때 허가하는 휴가이다. 일반 병가는 연 60일의 범위 안에서 허가하며, 질병이나 부상으로 인한 지참 · 조퇴 및 외출은 구분 없이 누계 시간으로 계산하여 누계 8시간을 병가 1일로 처리한다. 공무상 병가는 공무상 질병 또는 부상으로 직무를 수행할 수 없거나 요양을 요할 경우에 연 180일의 범위 안에서 허가한다.

③ 공가 : 공가는 정당한 사유가 있을 때에 허가되는 공적 휴가를 말한다. 학교의 장은 소속 교원이 다음 각 호에 해당하는 경우에는 이에 직접 필요한 기간에 대하여 공가를 허가하여야 한다.

- 병역법 기타 다른 법령에 의한 징병 검사·소집·검열 점호 등에 응하거나 동원 또는 훈련에 참가할 때
- 공무에 관하여 국회·법원·검찰 기타 국가 기관에 소환된 때
- 법률의 규정에 의하여 투표에 참가할 때
- 승진, 전직 시험에 응시할 때

- 원격지 간의 전보 발령을 받고 부임할 때
- 산업안전보건법 제43조에 따른 건강진단 또는 국민건강보험법 제47조에 따른 건강 검진을 받을 때
- 교원연수에 관한 규정 제13조에 의한 외국어 능력 시험에 응시할 때
- 올림픽, 전국체전 등 국가적인 행사에 참가할 때
- 천재·지변·교통 차단 기타의 사유로 출근이 불가능할 때
- 혈액관리법시행령 제2조(헌혈의 권장)의 규정에 의하여 헌혈에 참가할 때
- 교원의 노동조합설립 및 운영 등에 관한 법률 제6조에 의한 단체 교섭위원으로 참석할 때와 교원의 노동조합설립 및 운영 등에 관한 법률 시행령 제3조 제3항에 의한 교섭 관련 협의를 위하여 지명된 자로 참석할 때
- 교육기본법 제15조에 의한 교원단체가 교원지위향상을 위한 교섭·협의에 관한 규정 제2조의 교섭·협의 당사자로 지명된 소속 교원이 교원지위향상을 위한 특별법에 의한 교섭 · 협의 위원으로 단체교섭 및 협약체결을 위해 참석할 때

④ 특별휴가 : 특별휴가는 경조사휴가, 출산휴가, 여성보건휴가, 육아시간, 수업휴가, 장기재직휴가, 재해구호휴가, 퇴직준비휴가, 불임치료시술휴가 등이 있다.

- 경조사휴가 : 경조사별 휴가일수는 〈표 7-10〉과 같다.

표 7-10 경조사별 특별휴가의 종류와 일수

구분	대 상	일수	구분	대 상	일수
결혼	본인	5	사망	배우자, 본인 및 배우자의 부모	5
	자녀	1		본인 및 배우자의 조부모 · 외조부모	2
출산	배우자	5		자녀와 그 자녀의 배우자	2
입양	본인	20		본인 및 배우자의 형제자매	1

비고: 입양은 「입양촉진 및 절차에 관한 특례법」에 따른 입양으로 한정하며, 입양 외의 경조사휴가를 실시할 때 원격지일 경우에는 실제 왕복에 필요한 일수를 더할 수 있다.

- 출산휴가 : 출산휴가는 임신 중의 교원에 대하여 출산의 전후를 통하여 90일 출산휴가를 허가하여야 하고 휴가기간의 배치는 산후에 45일 이상이 되어야 한다. 휴가기간의 배치는 의료기관의 진단서에 의한 출산예정일을 기준으로 하되, 조산의 우려 등 특별한 경우는 예외가 인정된다. 또한 임신 이후 유산 또는

사산한 경우로서 교원이 신청하는 때에는 법령의 기준에 따라 유산·사산휴가를 주어야 한다.

- 여성보건휴가 : 여성교원이 매 생리기와 임신한 경우 정기검진 등을 위하여 매월 1일의 여성보건휴가를 얻을 수 있다. 보건휴가의 취지상 폐경기가 도래한 여성은 보건휴가를 얻을 수 없다. 이 경우 의사의 진단서로 증명할 수 있다.
- 육아시간 : 육아시간은 생후 1년 미만의 유아를 가진 여자교원으로서 1일 1시간의 육아시간을 얻을 수 있으며, 허가대상 여부는 병원의 출생증명서 또는 주민등록등본으로 확인한다. 육아시간은 본인의 신청에 따라 수업 등 학생지도에 지장이 없는 범위 내에서 근무시간 중의 적절한 시간을 선택하여 유아가 만 1세가 되는 날의 전일까지 허가한다.
- 수업휴가 : 수업휴가는 한국방송통신대학교에 재학 중인 교원은 「한국방송통신대학교 설치령」에 의한 출석수업에 참석하기 위하여 연가일수를 초과하는 출석수업에 대하여 수업휴가를 얻을 수 있다. 본인의 법정 연가일수를 먼저 사용한 후에 부족한 일수에 한하여 수업휴가가 인정되므로 출석수업 전 연가사용은 불가피한 경우로 제한한다.
- 포상휴가 : 포상휴가는 ㉮ 상훈법에 의한 훈장·포장을 받은 때, ㉯ 정부표창규정에 의한 국무총리 이상의 표창을 받은 때, ㉰ 모범공무원규정에 의한 모범공무원으로 선발된 때, ㉱ 주요 업무를 성공적으로 수행 한 때 6일 이내의 포상휴가를 학교장의 허가를 받아 실시할 수 있으나, 학생수업 등을 고려하여 휴업일 중에 실시를 원칙으로 한다.
- 장기재직휴가 : 교원이 20년 이상 재직한 경우 학교의 장은 재직기간 20년이 도래한 날로부터 재직기간 중에 10일간의 장기재직휴가를 허가하여야 한다. 장기재직휴가는 1회 10일간 사용을 원칙으로 하되 필요한 경우에는 분할하여 사용할 수 있으며, 재직기간의 계산은 연가일수 계산 방법을 적용한다.

그 외 휴가로는 재해구호휴가, 퇴직준비휴가, 불임치료시술휴가가 있다. 재해 또는 재난의 피해를 입은 교원과 재난발생지역 자원봉사활동을 하고자 하는 교원은 5일 이내의 재해구호휴가를 얻을 수 있되 학생수업상의 지장 유무를 판단하여 신중하게 허가하여야 한다. 정년퇴직과 명예퇴직을 할 교원은 퇴직예정일 전 3월이 되는 날부터 퇴직예정일 전일까지 퇴직준비휴가를 얻을 수 있다. 인공수정 또는 체외수정 등 불임치료 시술을 받는 공무원은 시술 당일에 1일의 휴가를 받을 수 있다.

✤ 공무 외의 국외여행(국외자율연수)

교원의 공무 외 국외여행은 휴업일 중에 실시함을 원칙으로 하고, 교원의 전문성 신장을 위하여 휴업일 중 공무 외의 자율연수 목적의 국외여행 기회를 부여한다. 공무 외 국외여행 등은 휴가일수 범위 내에서 본인 또는 친인척의 경조사, 질병의 치료, 친지방문, 견문목적, 취미활동, 가족기념일 여행, 기타 필요한 경우에 실시할 수 있다. 공무 외 국외여행의 실시기간은 본인 또는 친인척의 경조사 및 본인의 긴급한 질병치료 등 특별한 경우를 제외하고는 학교교육에 지장이 없는 휴업일 중 휴기기간의 범위 안에서 공무 외의 목적으로 국외여행을 할 수 있다.

국외자율연수를 위한 공무 외 국외여행은 교직단체가 주관하는 연수 또는 해외 교육기관의 초청에 의한 연수 참가, 개인의 학습자료 수집 등을 목적으로 할때 사용할 수 있으며, 구체적 인정범위는 시 · 도교육감이 정한다. 국외 자율연수는 사전승인을 얻은 후 실시한다(한상길, 2011).

3. 휴직과 복직

1) 휴직의 유형

직권휴직
· 질병휴직
· 병역휴직
· 생사불명휴직
· 법정의무 수행휴직

휴직은 교육공무원으로서 신분을 보유하면서 그 담당 업무수행을 일시적으로 해제하는 행위이다. 복직은 휴직 상태에 있는 교육공무원을 다시 담당 직무에 복귀시켜 종사하게 하는 임용 행위를 말한다.

휴직은 공무원 신분을 보유하고, 경우에 따라서는 일정액의 보수도 받으면서 직무 수행을 하지 않는 것이므로 후임의 보충 없이 무작정 방치할 수 없는 일이다. 따라서 법령으로서 휴직 기간을 정하고, 그 기간이 경과하면 휴직 상태를 처리하도록 되어 있다(신재흡, 2010).

휴직은 일정한 휴직 사유가 발생했을 때 임용권자의 일방적 의사에 따라 직권으로 명하는 직권휴직과 공무원 본인이 원하여 허가되는 청원휴직으로 구분된다. 직권휴직은 질병휴직, 병역휴직, 생사불명, 법정의무수행 휴직 등이 있으며, 청원휴직은 고용휴직, 유학휴직, 연수휴직, 육아휴직, 간병 및 동반휴직 등이 있다. 휴직은 사유별로 각각 그 요건이 다르며 그 구체적인 내용은 다음 〈표 7-11〉, 〈표 7-12〉와 같다.

청원휴직
- 고용휴직
- 유학휴직
- 연수휴직
- 육아휴직
- 간병 및 동반휴직

표 7-11 직권휴직

종 류	질병휴직	병역휴직	생사불명	법정의무수행	노조전임자
근거	제1호	제2호	제3호	제4호	제11호
요건	신체 · 정신상의 장애로 장기 요양을 요할 때(불임 · 난임치료 포함)	병역의 복무를 위하여 징 · 소집된 때	천재지변 · 전시 · 사변, 기타의 사유로 생사 · 소재가 불명한 때	기타 법률상 의무수행을 위해 직무를 이탈하게 된 때	교원노동조합전임자로 종사하게 된 때
기간	1년(공무상 질병 · 부상 휴직 3년) 이내	복무기간	3월 이내	복무기간	전임기간
재직경력 인정	• 경력평정 : 비산입 단, 공무상 질병인 경우 산입 • 승급제한 단, 공무상 질병인 경우는 승급	• 경력평정 : 산입 • 승급인정	• 경력평정 : 제외 • 승급제한	• 경력평정 : 산입 • 승급인정	• 경력평정 : 산입 • 승급인정
결원보충	6월 이상 휴직 시 결원 보충	6월 이상 휴직 시 결원 보충	결원보충 불가	6월 이상 휴직 시 결원 보충	6월 이상 휴직 시 결원 보충
보수지급	• 봉급 7할 지급 (결핵은 8할) • 공무상 질병은 전액지급	지급 안함	지급 안함	지급 안함	지급 안함
수당	• 공통수당 : 보수와 같은 비율 지급 • 기타 수당 : 휴직사유별 차등 지급	지급 안함	지급 안함	지급 안함	지급 안함
기타	의사의 진단서 첨부				

표 7-12 청원휴직

종류	유학휴직	고용휴직	육아휴직	연수휴직	간병휴직	동반휴직
근거	제5호	제6호	제7호	제8호	제9호	제10호
요건	학위취득을 목적으로 해외유학을 하거나 외국에서 1년 이상 연구 · 연수하게 된 때	국제기구, 외국기관, 국내외의 대학 · 연구기관, 다른 국가기관, 재외교육기관 또는 대통령령으로 정하는 민간단체에 임시로 고용될 때	만 8세(취학의 경우 초등 2학년) 이하의 자녀 양육에 필요하거나 여성 교육공무원이 임신 또는 출산하게 된 경우	교육부장관이 지정하는 국내의 연구기관 · 교육기관 등에서 연수하게 된 때	부모, 배우자, 자녀 또는 배우자의 부모의 간호를 위하여 필요한 때	배우자가 국외 근무를 하거나 제5호에 해당된 때
기간	3년 이내 (학위취득의 경우 3년 연장 가능)	고용기간	• 자녀 당 1년(여성교육공무원 3년) 이내 • 만 19세 미만 입양은 자녀당 6월 이내	3년 이내	1년 이내 (재직기간 중 총3년)	3년 이내 (3년 연장 가능)
재직경력인정	• 경력평정 : 5할 산입 • 승급인정	• 경력평정 : 산입(비상근은 5할 산입) • 승급인정(비상근으로 근무한 경우는 각 5할 산입)	• 경력평정 : 최초 1년 범위 내 10할 산입 • 승급인정 : 복직일에 휴직기간산입(최초 1년 이내에 한함. 단 셋째 자녀 이후의 육아휴직 기간은 전 기간 산입)	• 경력평정 : 5할 산입 • 승급제한	• 경력평정 : 제외 • 승급제한	• 경력평정 : 제외 • 승급제한
결원보충	6월 이상 휴직 시 결원보충	6월 이상 휴직 시 결원보충	6월 이상 휴직 시 결원보충(출산휴가와 연계하여 3개월 이상 휴직 시 결원보충)	6월 이상 휴직 시 결원보충	6월 이상 휴직 시 결원보충	6월 이상 휴직 시 결원보충
보수	봉급 5할지급	지급 안함	지급 안함	지급 안함	지급 안함	지급 안함
수당	• 공통수당 : 5할지급 • 기타수당 : 미지급	지급 안함	수당규정에 의하여 지급 (1년 이내)	지급 안함	지급 안함	지급 안함
기타			출산휴가 별도			

2) 휴직의 효력

공무원 혹은 교육공무원이 휴직 중일 경우 신분은 유지하지만 직무에는 종사하지 못한다. 그러나 휴직 중이라도 공무원 신분상의 의무(겸직금지, 집단행위금지, 정치운동 금지, 비밀엄수 등)를 위반할 경우에는 징계처분 대상이 된다. 그리고 휴직 중에 정년이 도래한 자는 정년퇴직이 가능하며, 명예퇴직 요건에 해당되면 명예퇴직 신청도 가능하다.

3) 복직

휴직기간 중에 휴직사유가 소멸된 때에는 30일 이내에 신고하고 절차에 따라 복직을 해야 한다. 휴직 중에는 원칙적으로 봉급을 지급하지 아니하고 근무성적도 평정하지 않으며, 승진소요연수 및 경력평정기간도 산입하지 않는다.

휴직사유가 소멸되어 복직절차를 밟으면 지체없이 발령 조치한다. 또한 휴직기간이 만료되지 않았더라도 휴직사유가 소멸되었을 경우 휴직 공무원은 직무에 복귀할 수 있으며, 이 경우 임용권자는 휴직사유의 소멸을 객관적으로 입증할 만한 증빙서류 제출을 요구할 수 있다. 그리고 휴직기간 만료 또는 휴직사유가 소멸된 후에도 직무에 복귀하지 아니하거나 직무를 감당할 수 없을 경우, 휴직기간 만료일 또는 휴직사유 소멸일을 임용일자로 소급하여 직권면직시킬 수 있다.

4. 상훈, 징계

1) 상훈

상훈은 상훈법, 상훈법시행령, 정부표창규정, 모범공무원규정, 정부포상업무 지침, 각 시 · 도교육감 표창 등에 관한 조례, 시 · 도 교육공적 심사위원회 운영 규칙에 근거한다.

(1) 재직자 포상

① 포상대상 : 국가관 · 사명감 · 공직관이 투철한 공무원 중 국가경쟁력 강화에 기여한 공무원, 성실 · 창의적이고 혁신적인 자세로 업무발전에 기여한 공무원, 불의를 배격하고 친절 · 봉사행정을 실천하고 남다른 선행 등으로 타의 귀감이 되는 공무원 등을 대상으로 한다.

② 포상시기 : 재직공무원에 대한 포상은 매년 정기적으로 행하는 우수 · 모범공무원 포상으로 일원화함을 원칙으로 하되, 별도계획에 의해 실시한다.

③ 포상훈격 : 재직공무원에 대한 포상훈격은 공적의 정도, 직급이나 직위, 재직기간 등 제반 사정을 고려하여 퇴직공무원의 직급(위)별 훈격 결정기준에 준하여 정하되, 특별공적이 인정되는 경우에는 그러하지 아니한다.

(2) 퇴직공무원 포상

① 포상대상 : 재직 중 직무를 성실히 수행하여 국가발전에 기여하고, 공사생활에 흠결 없이 퇴직하는 공무원 및 사립학교 교원을 대상으로 포상을 한다.

② 포상시기 : 정년퇴직공무원 중 경력직 및 특수경력직은 퇴직일인 6월 말과 12월 말로 하고, 교육공무원은 퇴직일인 2월 말과 8월 말로 한다.

③ 추천기한 : 퇴직공무원에 대한 포상추천은 특별한 사유가 있는 경우를 제외하고는 퇴직 예정일로부터 1년 이내에 추천하여야 한다.

(3) 포상훈격

① 훈장 : 재직기간이 33년 이상인 자에게 수여하며 훈종 및 훈격은 다음의 〈표 7-13〉과 같다.

표 7-13 교육공무원 재직 연수별 훈종 및 훈격

구분	옥조(5등급)	녹조(4등급)	홍조(3등급)	황조(2등급)	청조(1등급)
재직 연수	33년~35년	36년~37년	38년~39년	40년 이상	대학총장 특별추천

※ 대학교 총장 경력자가 퇴직할 경우 위 훈격 기준에 불구하고 공무원보수규정에서 특1호봉을 적용받는 총장은 청조(1등급), 특2호봉을 적용받는 총장은 황조(2등급)를 추천할 수 있음(단, 재직년수가 15년 미만인 경우 포상 추천 제외).

② 근정 포장 : 재직기간이 30년 이상 33년 미만인 퇴직공무원에게 수여하며, 군인 및 군무원은 보국포장을, 기타 공무원은 근정포장을 수여한다.

③ 대통령 표창 : 재직기간이 28년 이상 30년 미만인 퇴직공무원에게 수여한다.

④ 국무총리 표창 : 재직기간이 25년 이상 28년 미만인 퇴직공무원에게 수여한다.

⑤ 교육부장관 표창 : 재직기간이 15년 이상 25년 미만인 퇴직공무원에게 수여한다.

2) 징계

공무원 관계의 목적을 달성하기 위하여 공무원의 의무 위반에 대해 국가(지방자치단체)가 그의 사용자로서의 지위에서 과하는 행정상 제재를 말하며, 공무원이 징계처분을 받지 않으면 안 될 의무위반행위가 발생했을 때 부여한다.

징계 사유는 크게 법령 위반 행위와 직무상 의무 위반 및 직무태만 행위 그리고 직무의 내외를 불문한 체면 또는 위신 손상 행위이다.

(1) 징계의 종류와 효력

징계의 종류
· 중징계
–파면
–해임
–강등
–정직
· 경징계
–감봉
–견책

징계의 종류에는 파면, 해임, 강등, 정직, 감봉, 견책의 6종이 있는데, 파면, 해임은 공무원 신분을 완전히 해제함을 내용으로 하는 배제 징계이고, 정직, 감봉, 견책은 공무원의 신분을 보유하면서 신분적 이익의 일부를 제한함을 내용으로 하는 교정 징계이다. 징계의 종류별 효력은 다음과 같다.

표 7-14 징계의 종류별 효력

종 류		기 간	신 분	보 수
중징계	파면	–	· 공무원관계로부터 배제 · 5년간 공무원에 임용될 수 없음	· 퇴직급여 1/4(재직기간 5년 미만인 자) 1/2 (재직기간 5년 이상인자) 감액
	해임	–	· 공무원관계로부터 배제 · 3년간 공무원에 임용될 수 없음	· 퇴직급여 전액 지급 단, 금품수수 및 향응수수, 공금 횡령 유용의 경우 1/8, 1/4 감액
	강등		· 18월+정직처분기간(3월) 승진 제한 · 3개월간 직무에 종사하지 못함 · 1계 직급 하향 임용	· 18월+정직처분기간(3월) 승급 제한 · 기간 중 보수의 2/3 감액
	정직	1월~3월	· 신분보유, 직무종사 못함 · 18월+정직처분기간 승진 제한 · 처분기간 경력평정 제외	· 18월+정직처분기간 승급 제한 · 보수의 2/3 감액
경징계	감봉	1월~3월	· 12월+감봉처분기간 승진제한	· 12월+감봉처분기간 승급제한 · 보수의 1/3 제한
	견책	–	· 6월간 승진 제한	· 6월간 승급 제한

※ 금품 및 향응수수, 공금횡령 · 유용 비리시 승진, 승급 제한 기간 3개월 추가

(2) 징계사유의 시효

• 징계의결 요구는 징계사유가 발생한 날로부터 2년(금품 및 향응수수, 공금의

횡령 · 유용의 경우에는 5년)이 지나면 하지 못한다.

- 징계위원회의 구성 · 징계의결 그 밖에 절차상의 흠이나 징계양정의 과다를 이유로 소청심사위원회 또는 법원에서 징계처분의 무효 혹은 취소 결정 판결을 한 경우, 제1항의 기간이 지나거나 그 남은 기간이 3개월 미만일지라도 그 결정 또는 판결이 확정된 날로부터 3개월 이내에 다시 징계의결을 요구할 수 있다.

3) 퇴직

① 정년퇴직 : 교육공무원 정년퇴직일은 만 62세의 생일이 속한 학기의 말일에 퇴직한다(3월 1일 이후가 생일인 경우는 8월 말일에 퇴직).

② 당연퇴직 : 국가공무원법 제33조(임용의 결격사유) 각 1호

㉮ 금치산자, 한정치산자

㉯ 파산자(미복권자)

㉰ 금고 이상 수형(미집행 확정 5년 미경과자)

㉱ 금고 이상의 집행유예기간 완료 후 2년 미경과자

㉲ 금고 이상의 선고유예기간 중인 자

㉳ 판결 또는 법률로 자격상실, 정지된 자

㉴ 징계파면 후 5년 미경과자

㉵ 징계해임 후 3년 미경과자

③ 직권면직 : 공무원이 다음 각 호의 1에 해당할 경우 본인의 의사와 관계없이 임용권자는 직원에 의하여 면직시킬 수 있다.

㉮ 신체, 정신상의 이상으로 1년 이상 직무를 감당하지 못할 만한 지장이 있을 때

㉯ 직무수행 능력의 현저한 부족으로 근무성적이 극히 불량한 자

㉰ 직제와 정원의 개폐 또는 예산의 감소 등에 의하여 폐직 또는 과원이 되었을 때

㉱ 휴직기간의 만료 또는 휴직사유의 감소 후에도 복귀불능 또는 직무를

감당할 수 없을 때

㉤ 직위해제 및 대기명령을 받고 그 기간 중 능력의 향상 또는 개전의 정이 없다고 인정된 때

㉥ 전직시험에 3회 이상 불합격한 자로서 직무수행능력이 부족하다고 인정된 때

㉦ 징병검사, 입영, 소집의 명령을 받고 정당한 이유 없이 기피하거나 입대휴직 중 군무를 이탈하였을 때

④ 명예퇴직 : 20년 이상 근속한 자로서 정년퇴직일 전 1년 이상인 자

⑤ 의원면직 : 본인의 의사표시로 가능

⑥ 징계면직 : 징계위원회의 의결을 거쳐 파면 · 해임

⑦ 사망 : 사망 다음 날이 면직일임

⑧ 퇴직(의원면직) 신청 : 사직원서(자필) 1부(한상길, 2011).

생각해 볼 문제

1. 현행 교원양성체제의 주요 문제점과 개선방안을 토론해 보자.
2. 현행 교원승진체제의 주요 문제점과 개선방안을 생각해 보자.
3. 각종 교육공무원 징계의 사례 조사를 통하여 교원의 올바른 복무 자세에 대해서 발표해 보자.
4. 교원의 사기 앙양을 위한 제도적 방안에는 무엇이 있는지 토론해 보자.
5. 교육공무원의 휴직에서 직원휴직과 청원휴직의 사유와 그 특징을 구분해 보자.
6. 휴가의 종류와 실시방법에 대해서 재직기간별로 구분하여 설명해 보자.

제8장

교육재정

학습목표

1. 교육재정의 중요성과 특성을 이해하고 설명할 수 있다.
2. 우리나라 교육재원의 구조를 설명할 수 있다.
3. 교육비를 분류할 수 있고 각각의 교육비를 설명할 수 있다.
4. 교육예산의 의미와 원칙 그리고 성격에 대해 설명할 수 있다.
5. 정부예산 대비 교육부 예산의 실제를 설명할 수 있다.
6. OECD 회원국과 우리나라의 공공재원과 민간재원 재정구조의 차이점을 비교하여 설명하고, 우리나라 교육재정 구조의 문제점을 적시할 수 있다.
7. 공립학교 교육비의 사용 목적에 따른 비중의 문제점을 설명할 수 있다.
8. 예산관리기법을 유형별로 비교할 수 있고, 각 유형별 주요 내용을 설명할 수 있다.

뭐니 뭐니 해도 머니(money)라고 할 정도로 교육에 있어서 재정의 중요성은 아무리 강조해도 지나치지 않는다. 우리나라는 해방 이후 경이적인 교육의 양적 팽창을 가져왔고 이에 비례하여 교육재정의 성장을 가져왔지만, 국가에 의한 재정부담보다는 민간부담에 지나치게 의존함으로써 왜곡된 재정구조를 낳았다. 남의 원조를 받던 가난한 나라에서 선진국들과 경쟁하는 경제대국으로 성장한 우리나라는 이제 교육의 질적 향상과 고도화를 위한 새로운 도전에 직면해 있다.

학교시설의 현대화, 우수교원의 유치와 우대, 고등학교까지의 의무교육의 확대, 무상급식의 전면적 실시 등 앞으로의 교육의 과제는 보다 많은 재정소요를 요한다. 더욱이 교육의 하드웨어보다 소프트웨어에 더 많은 투자가 이루어져야 한다는 점에서 교육재정의 안정적 확보와 효율적 배분은 매우 중요한 관건이 된다. 이런 측면에서 본 장은 교육재정의 개념과 특성, 교육재원의 구조, 교육비의 분류, 교육예산, 예산관리기법 등을 중심으로 기술하고자 한다.

제1절 교육재정의 성격

1. 교육재정의 개념

교육재정(educational finance)의 의미를 파악하려면 재정(public finance)에 대한 이해가 선행되어야 한다. 재정이란 일반적으로 국가 및 공공단체가 공공욕구를 충족하기 위하여 필요한 수단을 조달하고 관리 · 사용하는 경제활동 또는 간단히 정부의 경제라고 정의할 수 있으며(차병권, 1987 : 3), 재정학은 정부의 경제적 행위를 연구하는 학문(하연섭, 2002 : 28)으로 자원배분 기능, 소득분배 기능, 경제안정화의 기능 등 세 가지 경제적 기능을 수행한다(김동건, 1997 : 3).

교육재정의 정의

차병권이 제시한 재정의 정의를 교육재정에 적용하면, 교육재정이란 국가 및 공공단체가 교육욕구를 충족하기 위하여 필요한 수단을 조달하고 관리 · 사용하는 경제활동이라고 말할 수 있다.

김윤태(1984 : 308)는 교육재정이란 '국가 및 공공단체가 교육에 필요한 재화를 공권력에 의해 조달하고 그것을 합목적적으로 관리 · 지출하는 경제행위'로, 김남순(1992 : 27-32)은 '교육활동을 수행하는 데 필요로 하는 일체의 재정을 의미하는 것으로 국가나 지방공공단체가 공교육활동을 수행하기 위하여 그것에 필요한 재원을 획득하고 이것을 공교육활동의 각 분야에 배분 · 지출하고 또 공교육에 필요한 경제 및 재산을 관리하는 일련의 체계적인 경제활동'을 교육재정으로 보고 있다. 또한 윤정일(1992 : 74)은 교육재정을 '국가 · 사회의 공익사업인 교육활동을 지원하기 위하여 국가나 공공단체가 필요한 재원을 확보 · 배분 · 지출 · 평가하는 일련의 경제활동'으로, 김종철과 이종재(1994 : 499)는 '국가나 지방공공단체가 교육활동의 운영을 지원하기 위하여 경비를 조달하고 그것을 관리 사용하는 것을 의미하는 것'으로 보고 있다. 천세영(2001 : 59-62)은 교육에 관한 공공경제를 교육재정이라고 하면서 교육재정의 개념은 공공재정 주체의 범위 설정 방식에 따라 협의(정부의 교육예산)와 광의(공교육비)의 개념으로 구분하여 정의될 수 있다고 보았다.

교육재정의 정의 종합

이상의 여러 정의를 종합해 보면, 첫째, 교육재정은 국가나 지방공공단체를 주체로 하여 행해지는 공경제 활동이라는 점, 둘째, 교육재정은 교육활동을 지원하기 위한 수단이라는 점, 셋째, 교육재정은 교육활동에 필요한 예산의 확보, 예산의 배분과 집행, 그리고 결산과 감사까지 그 영역에 포함된다는 점이다.

확보–배분–지출–평가

한편 교육재원의 확보, 배분, 지출, 평가에 있어 중시되는 준거로는 확보단계에서는 안정성과 충족성, 배분단계에서는 공평성과 효율성, 지출단계에서는 투명성과 자율성, 그리고 평가단계에서는 책무성과 효과성을 들 수 있다.

2. 교육재정의 특성

1) 강제성

교육재정의 특성
- 강제성
- 공공성
- 양출제입
- 영속성
- 비긴급성과 장기 효과성
- 결과의 비측정성

재정은 가계나 민간기업과 같은 민간의 사경제와는 달리 공권력을 통하여 기업과 국민들의 소득의 일부를 조세(租稅)라는 수단을 통해 정부의 수입으로 이전시키는 강제적 성격을 갖는다. 국가나 지방공공단체는 강제적 조세권을 통해 세금을 징수하게 되며 교육활동에 필요한 재원도 이런 과정을 통해 확보하게 된다.

2) 공공성

재정은 기업의 영리추구나 개인의 욕구충족과 같은 사적인 이익을 위한 것이 아니라 국민 전체의 공적인 이익을 위해 사용되어야 한다는 공공성을 갖는다. 교육재정은 교육목표를 효과적으로 달성하기 위한 수단이기 때문에 어느 개인이나 집단의 이해관계를 떠나 국민 전체의 공공적 이익이 충족되도록 사용되어야 한다.

3) 양출제입

재정은 민간 경제활동과 달리 양출제입(量出制入)의 회계원칙이 적용된다. 즉 지출할 경비를 먼저 계산하고 거기에 맞추어 수입을 정하는 방식이다. 이러한 양출제입의 원칙은 국민의 조세부담 능력과 조세수입의 정도 등에 따라 활동계획에 차질이 생길 수 있다는 문제를 안고 있다.

4) 영속성

재정은 민간경제보다는 그 존속기간이 길고 무한하다고 보는 영속성을 지닌다. 경우에 따라서는 정부도 장기간 지속되지 못하고 붕괴되는 경우도 있기 때문에 재정의 영속성이 절대적이라고 볼 수는 없지만, 정부가 주체가 되어 행하는 경제활동은 그 존속기간이 길고 무한하다고 봄으로써 재정의 신뢰성과 안정성을 강조하게 된다.

5) 비긴급성과 장기효과성

교육에 투입되는 경비는 방위비나 경제개발비와 달리 그 지출을 중단하거나 일시적으로 연기하더라도 국민의 생명과 재산에 당장 피해가 나타나는 것이 아니라는 점에서 비긴급성을 지닌다. 아울러 교육의 효과는 단시일 내에 나타나는 것이 아니라 5년, 10년, 심지어 30년 뒤에도 나타날 수 있는 장기적 성격을 갖는다. 장기적인 안목에서 교육에의 투자는 국가·사회의 발전에 직결되는 인적 자본(human capital)의 축적이 이루어진다는 점에서 매우 중요하다.

6) 결과의 비측정성

교육에 투입되는 경비는 교육의 결과로 나타난다. 그런데 교육의 결과는 무형적이고 객관적으로 측정하기 곤란한 경우가 많다. 교육활동은 수량화할 수 없는 질적인 측면이 많기 때문에 교육의 결과를 양적으로 측정하기가 어렵고, 특히 정의적 영역의 결과는 측정하기가 더 곤란하다.

이상의 교육재정의 특성은 정부경제의 특성과 공유하는 부분이 많지만 독자적인 성격도 가지고 있다. 정부경제(공경제)와 민간경제(사경제)의 차이점을 비교하면 〈표 8-1〉과 같다.

표 8-1 정부경제와 민간경제의 차이점 비교

구 분	정부경제	민간경제
1. 수입조달방법	강제원칙(강제획득경제)	합의원칙(등가교환경제)
2. 기본원리	예산원리	시장원리
3. 목적	공공성(일반이익)	이윤극대화
4. 회계원칙	양출제입	양입제출
5. 존속기간	영속성	단기성
6. 생산물	무형재	유형재
7. 수지관계	균형(균형예산)	불균형(잉여획득)
8. 보상	일반보상	특수보상

출처 : 윤정일(1992 : 79).

제2절 교육재원 및 교육비

1. 교육재원의 구조

우리나라 교육재정은 중앙의 교육재정과 지방의 교육재정으로 나눌 수 있으며, 중앙의 재원은 조세수입과 세외수입으로 구성되고 지방의 재원은 국가지원금, 지방자치단체 일반회계전입금 및 자체수입으로 구성된다. 그리고 단위학교 재정은 학교운영지원비와 학교발전기금 등으로 구성된다. 전체적인 교육재원의 구조는 [그림 8-1]에 제시된 바와 같으며, 이를 좀 더 구체적으로 살펴보면 다음과 같다.

지방교육재정교부금
· 보통교부금
· 특별교부금

지방교육재정교부금이란 지방자치단체가 교육기관 및 교육행정기관을 설치·경영함에 필요한 재원의 전부 또는 일부를 국가가 교부하여 교육의 균형있는 발전을 도모하기 위한 재원으로, 지방교육재정 중 가장 큰 비중을 차지하고 있다. 지방교육재정교부금은 교육세법에 의한 교육세 세입 전액과 지방교육재정교부금법에 의한 내국세 총액의 20.27%로 구성된다.

보통교부금

특별교부금

지방교육재정교부금은 보통교부금과 특별교부금으로 나누어지는데, 보통교부금의 재원은 내국세 총액의 20.27%의 100분의 96과 교육세 세입액 전액으로 구성되며, 특별교부금의 재원은 내국세 총액의 20.27%의 100분의 4로 구성된다. 특별교부금은 ① 교육관련 국가시책사업으로 따로 재정지원 계획을 수립하여 지원하여야 할 특별한 재정수요가 있을 때(특별교부금의 100분의 60에 해당하는 금액), ② 기준재정수요액의 산정방법으로 포착할 수 없는 특별한 지역 교육현안 수요가 있을 때(100분의 30에 해당하는 금액), ③ 보통교부금의 산정기일 후에 발생한 재해로 인하여 특별한 재정수요가 있거나 재정수입의 감소가 있는 때(100분의 10에 해당하는 금액)에 중앙정부가 지원하는 재원이다.

교육세

교육세는 교육의 질적 향상을 도모하기 위하여 필요한 교육재정의 확충에 소요되는 재원의 확보를 목적으로 하는 목적세로서 국가의 지방교육재정교부금과 지방자치단체의 전입금으로 통합되어 운영되고 있다. 교육세는 원래 1982년부터 1986년까지 시한부 임시목적세로 학교시설과 교원의 처우개선을 목적으로 시행되었으며 그 후 연장 징수되다가 1991년부터는 영구세로 전환되어 오늘에 이르고 있다. 근래에 경제부처를 중심으로 교육세를 폐지하려는 움직임이 일고 있어 앞으로 교육재원을 안정적으로 확보하는 데에 어려움이 예상된다.

지방자치단체 일반회계 전입금

지방자치단체 일반회계전입금은 지방교육세 전입금, 담배소비세 전입금, 시·도세 전입금, 기타로 구성되어 있으며, 자체수입은 입학금 및 수업료, 사용료 및 수수료, 공유재산수입, 잡수입 및 이월금 등으로 구성된다.

단위학교 재정

그리고 단위학교 재정은 초·중등교육법과 사립학교법에 의거, 학교에 필요한 재원을 확보하기 위한 것으로 납입금, 학교운영지원비, 학교발전기금, 기부금, 사립학교 법인으로부터의 법인전입금, 시·도 및 시·군·구 자치구로부터의 교육경비보조금 및 기타 수익자부담경비 등으로 구성된다.

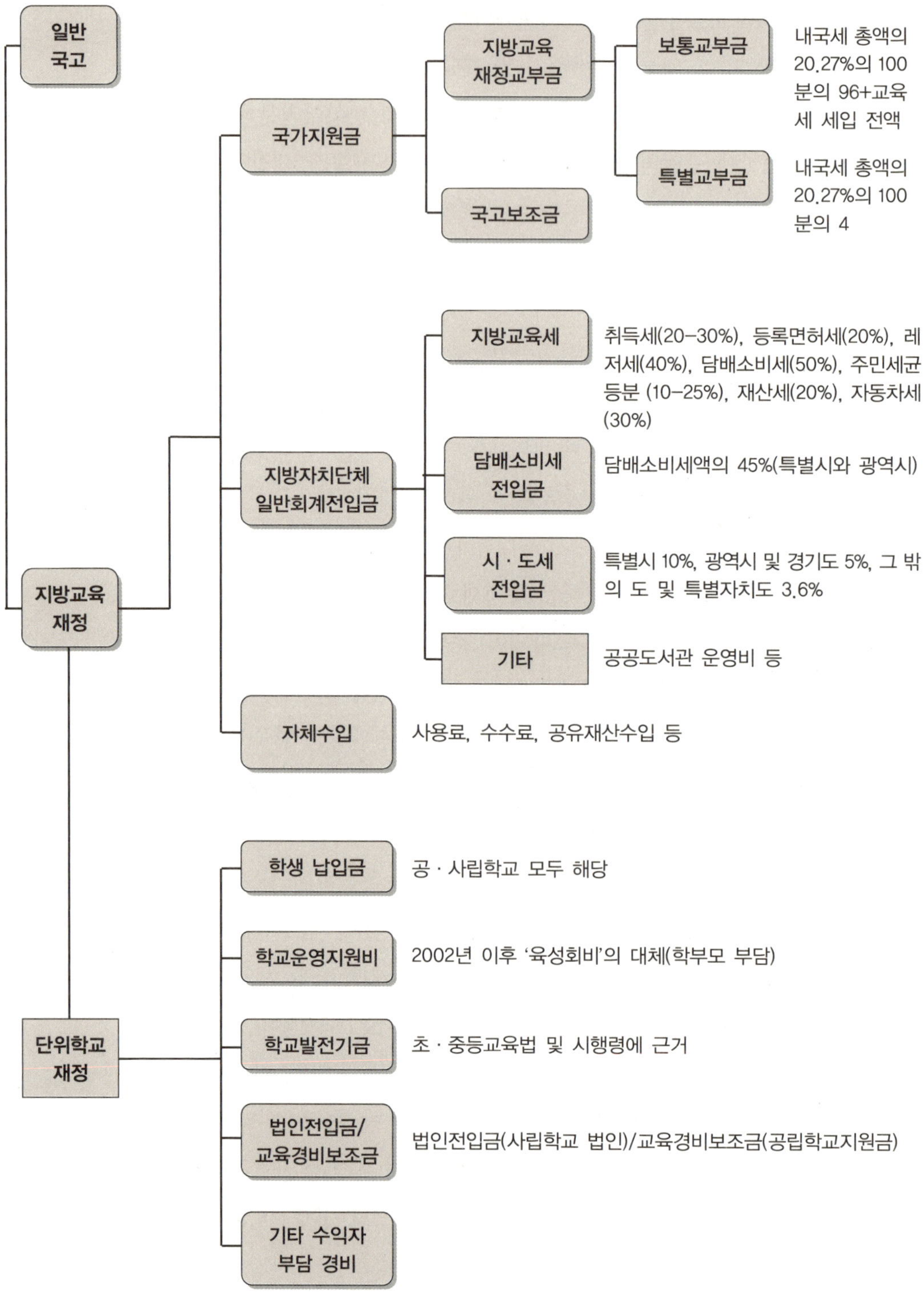

[그림 8-1] 교육재원의 구조

2. 교육비의 분류

일반적으로 교육비란 교육활동을 위해 지출되는 모든 비용(경비)을 말하며, 회계절차, 부담자, 교육목적과의 관련성, 사용목적, 경제적 성격 등에 따라 다음과 같이 분류할 수 있다.

1) 공교육비와 사교육비

공교육비와 사교육비는 공적인 회계절차를 거치느냐 거치지 않느냐에 따라 구분된다. 공교육비는 국가나 지방자치단체가 합리적인 예산회계절차를 거쳐 교육활동에 투입하는 경비로서, 국가나 지방자치단체 및 학교법인이 부담하는 교육비(공부담 교육비)와 학생 및 학부모가 부담하는 입학금, 수업료, 학교급식비, 학교운영지원비, 특기적성활동비 등의 교육비(사부담 교육비)가 포함된다. 교육재정의 대상이 되는 교육비는 보통 이 공교육비만 포함시킨다.

공교육비
- 공부담 공교육비
- 사부담 공교육비

한편 사교육비는 교육활동에 투입은 되지만 합리적인 예산회계 절차를 밟지 않은 경비로서, 사부담 공교육비를 제외한 학생 및 학부모가 교육을 위해 추가로 지출하는 교육비를 말한다. 한국교육개발원의 교육비 분석 연구(공은배 · 천세영, 1990 : 31-32)에서는 이 사교육의 범주에 속하는 항목으로 보충수업비, 교과서 구입비, 부교재 구입비, 학용품비, 학교지정의류비, 과외교육비, 특기 · 재능 학원비, 단체활동비, 교통비, 급식비(별도의 간식), 하숙비, 잡비(검사지대금, 졸업비, 의연금 등), 기타(어머니회비, 각종 기부금 및 사례비 등) 등을 제시하고 있다. 그러나 이들 사교육비 항목 가운데 하숙비와 교통비는 학교에 다니지 않더라도 필요한 경비이기 때문에 사교육비에 포함시키지 않는 것이 바람직하다는 견해도 있다(이형행 · 고전, 2001 : 409).

사교육비
- 사부담 공교육비 제외
- 학부모의 추가 지출 교육비

2) 공부담 교육비와 사부담 교육비

공부담 교육비

교육비의 부담주체가 누구냐에 따라 공부담 교육비와 사부담 교육비로 나눌 수 있다. 공부담 교육비는 국가, 지방자치단체, 학교법인 등의 공공단체가 부담하는 교육비를 말하며, 국가가 부담하는 교부금, 보조금 등과 지방자치단체가 부담하는 전입금, 그리고 학교법인이 부담하는 전입금 및 재산조성비 등이 모두 포함된다.

사부담 교육비

사부담 교육비는 학부모가 부담하는 경비로, 여기에는 수업료 등의 공교육비와 학용품비, 과외교육비 등의 사교육비가 모두 포함된다.

3) 직접교육비와 간접교육비

직접교육비
· 공교육비
· 사교육비

간접교육비 = 기회비용 = 유실소득 = 포기된 수입

교육비는 교육목적과의 관련성 정도에 따라 직접교육비와 간접교육비로 분류된다. 직접교육비는 교육목적을 달성하기 위한 교육활동에 직접적으로 지출되는 모든 경비로서 공교육비와 사교육비가 모두 포함된다. 한편 간접교육비는 교육을 받는 기간 중에 취업할 수 없기 때문에 발생하는 유실소득 또는 포기된 수입을 뜻하며, 교육기회 때문에 간접적으로 포기한 소득이기 때문에 기회비용(opportunity cost)이라고도 한다. 예를 들면 고등학교 졸업자가 취업하지 않고 바로 대학에 진학함으로 인해 4년간 벌어들일 수 있는 소득을 상실하게 될 때, 이 4년간의 총소득이 기회비용이 되는 것이다. 상급학교 교육에 대한 기대와 수익률이 커질수록 기회비용은 더 많아진다고 볼 수 있다.

4) 인건비, 운영비, 시설(사업)비

· 인건비
· 운영비
· 시설비

교육비는 사용목적에 따라 인건비, 운영비, 시설비 등으로 구분되어 지출된다. 인건비는 교육활동을 수행하는 데 필요한 용역(service)을 구입하기 위한 경비로서 교직원의 봉급 및 각종 수당 등이 포함된다. 운영비는 교육활동을 수행하는 데 필요한 경비로서 여비, 실험 · 실습비, 장학금 등이 포함되며, 시설비는 교육활동을 위해 필요한 시설의 신축, 개축 및 보수 등에 투입되는 경비를 말한다. 우리나라는 교육재정의 구조상 인건비가 차지하는 비중이 지나치게 높다는 문제점을 안고 있다.

5) 투자적 경비와 소비적 경비

교육비는 경제적 성격에 따라 투자로 볼 것이냐 아니면 소비로 볼 것이냐에 따라 투자적 경비와 소비적 경비로 분류된다. 투자적 경비는 교육의 장기적 자본형성에 이바지하는 경비로서 교지매입비, 교실신축 및 개축비, 도서구입비, 비품구입비 등이 포함되며, 소비적 경비는 직접 생산에 이바지 하지 않는 재화의 구입에 충당되는 경비로서 통상적인 소모품비가 이에 해당된다. 즉 교육행정비, 유지 · 수선비, 임차료, 보험료 등의 경비를 말한다.

투자적 경비

소비적 경비

이상에서 논의한 교육비의 분류 중 교육목적과의 관련성, 회계절차, 부담주체에 따른 교육비간의 관계를 도식화하면 [그림 8-2]와 같다.

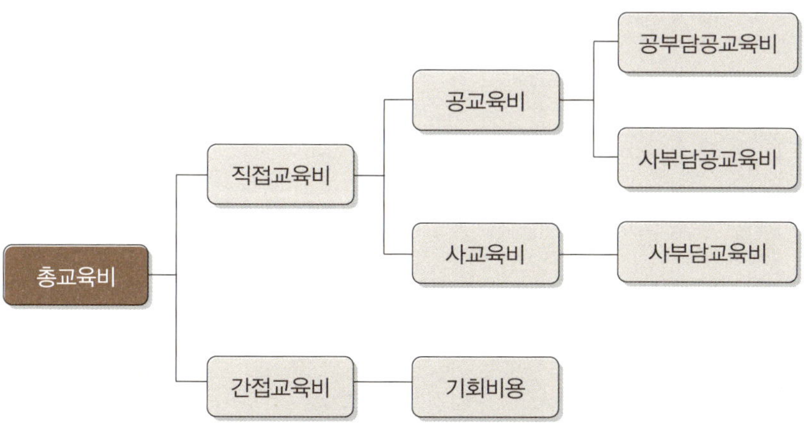

[그림 8-2] 교육비의 분류

제3절 교육예산

1. 교육예산의 의미

일반적으로 예산(burget)이란 일정 기간의 수입과 지출을 화폐액으로 계상해 놓은 견적서 또는 계획안을 말한다(김종철 · 이종재, 1994 : 511-512) 여기서 일정 기간은 회계연도를 말하며 우리나라는 매년 1월 1일부터 12월 31일까지를 1회계연도로 하고 있다. 1회계연도의 수입을 세입, 지출을 세출이라고 하며 국가의 예산은 1회계연도를 기준으로 작성되며 국회의 의결을 거쳐 집행되도록 법적 규제가 마련되어 있다.

회계연도

교육예산은 1회계연도를 단위로 교육활동을 위해 정부가 수립한 수입과 지출의 예정계획서 또는 견적서를 말한다. 잘 짜여진 교육예산은 훌륭한 교육계획을 저변으로 하고 균형잡힌 수입계획과 지출계획이 서 있음으로써 삼자가 상호규정적이며 조화적인 관계를 가지고 있는 정삼각형을 구성하고 있는 것으로 비유되고 있다(김종철, 1982 : 380). 이를 도식화하면 [그림 8-3]과 같다.

잘 짜여진 교육예산

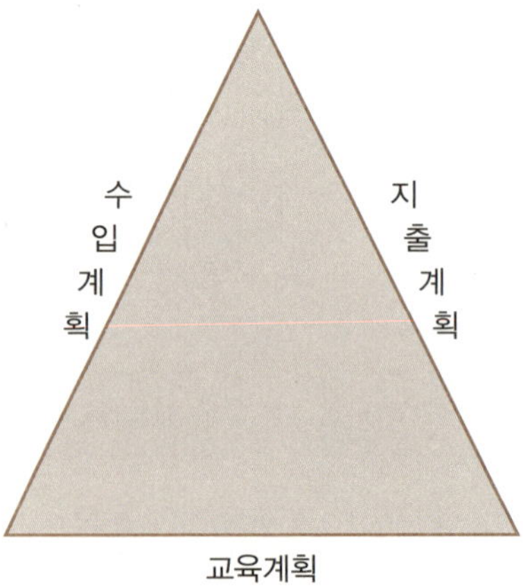

[그림 8-3] 잘 짜여진 교육예산의 관계

2. 교육예산의 원칙

교육예산을 포함한 일반예산의 편성과 집행에 적용되는 일반적인 원칙은 다음과 같다(김창걸, 1992 : 645-647; 이형행 · 고전, 2001 : 413-414).

1) 사전승인의 원칙

예산을 집행하기 전에 국회의 의결을 거쳐야 한다는 원칙이다. 정부는 회계연도마다 예산안을 작성하여 회계연도 개시 90일 전까지 국회에 제출하고, 국회는 회계연도 개시 30일 전까지 이를 의결하여야 한다고 규정되어 있다(헌법 제54조 2항). 새로운 회계연도가 개시될 때까지 예산이 의결되지 못하면 무예산기가 생겨 행정기능이 중지된다. 이와 같은 비상사태를 피하기 위하여 준예산제도를 택하고 있다(헌법 제54조 3항). 준예산제도란 회계연도 개시 전까지 예산이 의결되지 않으면 국회의 승인 없이도 세입의 한도 내에서 전년도 예산에 준하여 일정 경비를 지출(집행)할 수 있는 제도다.

교육예산의 원칙
· 사전승인의 원칙
· 공개성의 원칙
· 명료성의 원칙
· 완전성의 원칙
· 단일성의 원칙
· 엄밀성의 원칙
· 한정성의 원칙
· 통일성의 원칙

2) 공개성의 원칙

예산의 편성, 심의, 집행, 결산에 이르는 전 과정이 공개되고 비판되어야 한다는 원칙이다. 이는 예산의 대부분이 국민이 부담한 조세로 이루어져 있으며, 재정적 민주주의 하에서 예산의 공개는 정부의 의무라고 규정한 것이다.

3) 명료성의 원칙

예산은 국민에게 이해될 수 있도록 명료하게 편성되어야 한다는 원칙이다. 예산의 항목이 합리적으로 분류되고 금액이 정확하게 계상되어야 하며, 수입의 근거와 지출의 용도가 명확해야 한다.

4) 완전성의 원칙

예산은 모든 세입, 세출이 빠짐없이 계산되어야 한다는 예산총계주의의 원칙이다. 별도의 예산이 있거나 또는 누락된 예산이 있다면 국회의 승인에서 벗어나게 되어 예산으로 존재할 수 없다. 따라서 일체의 세입과 세출은 예산에 포함되어야 예산으로서 의의를 갖게 된다.

5) 단일성의 원칙

예산은 구조면에서 단일해야 한다는 단일예산주의의 원칙이다. 따라서 중복될 가능성이 많은 특별회계예산이나 추가경정예산 등은 별도로 작성하는 것이 바람직하다. 그러나 현대사회의 복잡성, 다양성 등은 특별회계 등의 수를 늘리게 하며 또한 이와 같은 현상이 오히려 예산의 탄력성과 적응력을 높여 주기도 한다.

6) 엄밀성의 원칙

예산과 결산이 일치되어야 한다는 원칙이다. 사실상 양자가 일치하기란 매우 어려우나 지나치게 차이가 있어서도 안 된다. 따라서 예산은 정확한 자료의 수집과 분석을 통하여 편성 · 심의 · 의결 · 집행되어야 한다.

7) 한정성의 원칙

예산은 사용목적, 금액, 기간 등에 한정을 두어야 한다는 원칙이다. 이 원칙은 예산의 목적외 사용금지, 계상된 금액 이상의 지출금지, 그리고 회계연도 경과 지출금지 등을 주된 내용으로 한다. 그러나 예비비 등의 예외 조항을 설정하고 있고 예산집행의 탄력성을 부여하기 위하여 예산의 전용 및 이월,

계속비, 과년도 수입 및 지출 등의 예외도 인정되고 있다.

8) 통일성의 원칙

특정한 세입과 특정한 세출을 직결시켜서는 안 되며, 모든 세입 · 세출은 각각 통일적으로 정리되고 전체의 세입에서 세출이 지변(支辨)되어야 한다는 원칙이다. 이 원칙을 수지(收支)간의 담보금지원칙이라고도 한다. 그러나 특별회계나 특정수입으로 특정의 목적에만 지출되는 목적세 등의 경우는 예외가 된다.

3. 교육예산의 성격

교육예산은 교육정책문서이며, 특정사업에 재원을 배분하고 다른 사업에 재원을 배분하지 않겠다는 의사결정을 포함하는 교육정책의 우선순위에 대한 선언서(최병만, 2005 : 46)라고 볼 수 있다. 교육예산은 일반예산과 달리 교육의 특수성에서 기인하는 비긴급성과 비생산성이라는 특성을 내포하고 있어 국가의 장기적인 비전과 안목 하에서 접근하는 노력이 선행되어야 한다. 교육예산의 성격을 구체적으로 살펴보면 다음과 같다(김재범, 1977 : 101-103).

비긴급성과 비생산성

첫째, 교육예산은 교육계획의 기초 내지 기준이 된다. 아무리 잘 짜여진 교육계획이라고 할지라도 적절한 예산이 뒷받침되지 못한다면 그 계획은 형식적인 설계에 불과하다. 따라서 교육계획은 교육예산의 수입과 지출을 기초로 하여 작성되어야 한다.

둘째, 교육예산은 학생들의 복리증진과 교육환경의 개선을 최우선적으로 고려하여 편성되고 집행되어야 한다. 교육예산은 교육계획의 실천에 기초가 된다는 전제 하에, 또한 교육이 학생의 성장과 발달을 촉진시켜 주는 작용이라는 점을 감안한다면 학생들에게 보다 좋은 교육환경을 제공해 줌으로써 보다 높은 교육효과를 기대할 수 있을 것이다.

셋째, 교육예산은 교육활동에 대해 봉사적 내지는 지원적인 성격을 지닌다. 교육예산은 논리적으로 볼 때, 교육계획에 근거를 두지 않고는 성립될 수도 없고 존재할 수도 없는 것이므로 교육예산 그 자체가 목적이 될 수 없다. 따라서 교육계획이 바람직하게 수행되어 교육목적이 달성될 수 있도록 지원해 주는 수단으로서 교육예산은 봉사적이고 지원적인 역할을 해야 한다는 것이다.

넷째, 교육예산은 계획적으로 성립되어야 한다. 교육예산은 일정한 기간의 교육계획을 지원하기 위한 수입과 지출의 계획표이기 때문에 언제, 어떻게, 어디에, 얼마나 되는 금액이 지출되고 수입되어야 하는지 세밀하게 계획되어야 하고 월별 및 분기별로도 타당하게 작성되어야 한다.

4. 교육예산의 실제

1) 정부예산 대비 교육부 예산

우리나라 정부예산 중에서 교육부 예산이 차지하는 비중은 다른 부문의 예산과 비교할 때 상당히 큰 편이다. 정부가 국회에 제출한 2014 회계연도 정부예산안 가운데 교육예산은 2013년 50조 4000억 원에서 2014년 50조 8000억 원으로 증가하였는데, 이는 내국세의 20.27%로 고정되어 있는 지방교육재정교부금이 2013년에 비해 늘어났기 때문이다.

〈표 8-2〉에서 보는 바와 같이, 교육예산은 해마다 그 총액이 크게 증가해 왔으며 정부예산 대비 교육예산의 비율도 점차 증가해 왔다. 특히 1990년대 이후에는 교육당국의 GNP 대비 5% 교육예산 확보 등의 정책적 의지가 반영되면서 그 증가율이 두드러져 1996년에는 역대 최고 수준인 24.0%를 점유하기도 하였다. 2000년대에 들어서는 교육예산의 비중이 크게 증가하지 못하고 있으며 2009년에는 18.0%로까지 떨어지기도 하였다. 2014년 현재 교육예산의 규모는 약 50조원 정도로 정부예산 대비 16.0%의 비중을 보이고 있다.

정부예산 대비 16.0%(2014)

표 8-2 정부예산 대비 교육부예산 규모

(단위 : 천원)

연 도	정부예산(A)	교육부예산(B)	비율(B/A)
1965	94,652,348	15,331,155	16.2
1970	370,882,342	59,579,495	17.6
1975	1,586,931,050	227,925,711	14.4
1980	5,084,061,441	1,099,159,170	18.9
1985	12,532,361,835	2,492,308,215	19.9
1990	22,689,432,968	5,062,431,258	22.3
1995	54,845,022,310	12,495,810,267	22.8
2000	93,937,057,000	19,172,027,920	20.4
2005	134,370,378,000	27,982,002,000	20.8
2006	144,807,610,439	29,127,258,513	20.1
2007	156,517,719,000	31,044,747,984	19.8
2008	183,515,764,000	35,897,425,012	19.6
2009	214,563,409,000	38,696,405,000	18.0
2010	211,992,599,000	41,627,519,000	19.6
2011	264,092,862,000	45,116,643,669	17.1
2012	282,687,337,000	49,644,828,392	17.6
2013	303,847,514,000	50,424,128,000	16.6
2014	309,692,464,000	50,835,377,000	16.0

출처 : 한국교육개발원 교육통계서비스(http://cesi.kedi.re.kr/index.jsp).

2) GDP 대비 공교육비 및 재원별 비율

GDP(국내총생산) 대비 공교육비 비율과 재원별(공공재원과 민간재원) 비율을 OECD 국가들과 비교해 보면(표 8-3 참조), 우리나라의 경우 OECD 국가들에 비해 전체적으로 GDP 대비 공교육비 비율(7.6%)은 높은 편이나(OECD 평균 6.1%) 민간재원에 의한 부담률(2.8%)이 OECD 평균(0.9%)에 비해 3배 이상 높은 것으로 나타나 학부모에 의한 사부담 공교육비를 획기적으로 줄여야만 하는 과제를 안고 있다.

민간재원에 의한 부담률

사부담 공교육비의 비중

우리나라의 GDP 대비 공교육비 비율은 OECD 회원국 중 미국보다 높지만 공공재원에 의한 교육비 부담은 아직도 OECD 회원국 평균(5.3%)에 못 미치고 있다. 이는 우리나라의 의무교육이 중학교까지(9년)인데 반해 OECD 회원국의 대부분이 고등학교까지 의무교육(12-13년)이기 때문에 사부담 공교육비의 비중이 높게 나타나고 있기 때문인 것으로 볼 수 있다.

표 8-3 GDP 대비 공교육비 및 재원별 비율(2011년 기준)

(단위 : %)

구 분	공교육비	공공재원	민간재원
OECD 평균	6.1	5.3	0.9
한국	7.6	4.9	2.8
프랑스	6.1	5.6	0.5
독일	5.1	4.4	0.7
이탈리아	4.6	4.2	0.4
일본	5.1	3.6	1.6
영국	6.4	5.6	0.8
미국	6.9	4.7	2.2
캐나다	6.8	5.2	1.6

주 : 공공 및 민간재원에는 해외재원 포함됨. 공공재원은 국제적 재원의 교육기관에 대한 직접지출과 더불어 교육기관에 납부할 가구에 대한 공공보조금도 포함됨. 민간재원은 교육기관에 납부할 공공보조금을 제외한 순 민간재원을 말함.

출처 : OECD(2014). Education at a Glance : OECD indicators.

3) 교육단계별 GDP 대비 공교육비 비율

GDP 대비 공교육비 비율을 교육단계별로 OECD 회원국들과 비교해 보면(표 8-4 참조), 우리나라는 초·중등교육의 경우 공공재원에 의한 부담률(3.4%)에 있어서는 OECD 평균(3.6%)과 비슷한 수준에 있지만 민간재원에 의한 부담률(0.8%)은 OECD 평균(0.3%)에 비해 다소 높은 수준에 있다.

고등교육 단계의 민간재원에 의한 부담률

그러나 고등교육의 경우에는 민간재원에 의한 부담률(1.9%)이 OECD 평균(0.5%)과 비교하여 약 4배의 높은 수준을 나타내고 있어 초·중등 단계보다 학부모나 재단에 의한 교육비 부담이 엄청나게 크다고 볼 수 있다. 이는 우리나라의 경우 고등교육의 높은 사학 비중(2013년 기준 4년제 대학 : 82.4%, 전문대학 : 93.6%)에 기인하기 때문인 것으로 판단된다.

표 8-4 교육단계별 GDP 대비 공교육비 비율(2013년 기준)

(단위 : %)

구 분	초·중등 및 중등 후 비고등교육		고등교육	
	공공재원	민간재원	공공재원	민간재원
OECD 평균	3.6	0.3	1.1	0.5
한국	3.4	0.8	0.7	1.9
프랑스	3.7	0.3	1.3	0.2
독일	2.8	0.4	1.1	0.2
이탈리아	3.0	0.1	0.8	0.2
일본	2.7	0.2	0.5	1.0
영국	4.4	0.4	0.9	0.3
미국	3.4	0.3	0.9	1.8
캐나다	3.6	0.4	1.6	1.2

출처 : OECD(2014). Education at a Glance : OECD indicators.

4) 학생1인당 공교육비

2010년 기준 우리나라 학생1인당 공교육비를 OECD 회원국들과 비교해 보면(표 8-5 참조), 초등교육의 경우에는 OECD 국가들과 비슷한 수준(23%)에 있으나 중등, 고등교육으로 갈수록 국민1인당 GDP 대비 학생1인당 공교육비의 비율이 뒤처지는 것으로 나타나고 있다. 특히 고등교육의 경우에는 OECD 평균(41%)과도 6%의 격차가 벌어지고 있고 미국(55%), 캐나다(56%) 등과는 상당한 격차를 보이고 있다.

고등교육단계에서의 학생 1인당 공교육비의 비율

우리나라 공교육비 구조가 OECD 회원국들과 비교할 때, 정부부담 공교육비 부문에서는 그리 문제가 되지 않지만 민간부담 공교육비 부문에서는 상대적으로 그 비율이 매우 높게 나타나고 있다. 따라서 그 연장선상에서 학생1인당 공교육비도 중등교육까지는 정부부담의 비율이 높아 그런대로 선전하고 있다고 볼 수 있으나 고등교육단계에서는 정부부담의 비율이 낮아 민간부담 공교육비에 상당부분 의존할 수밖에 없는 관계로 비교 8개국 중 이탈리아를 제외하고는 가장 낮은 수준에 머물고 있음을 알 수 있다.

우리나라의 경우, 고등교육 구조면에서도 사립대학이 80%를 넘고 반값 등록금 문제가 사회문제화되는 상황에서 대학에 대한 정부의 공교육비 부담비율을 선진국 수준으로 늘려 나가는 정책적 노력이 강화되어야 할 것이다.

표 8-5 학생 1인당 공교육비 비율(2013년 기준)

(단위 : $, %)

구분	초등교육		중등교육		고등교육	
	학생1인당 공교육비	GDP대비 학생1인당 공교육비 비율	학생1인당 공교육비	GDP대비 학생1인당 공교육비 비율	학생1인당 공교육비	GDP대비 학생1인당 공교육비 비율
OECD 평균	7,974	23	9,014	26	13,528	41
한국	6,601	23	8,060	28	9,972	35
프랑스	6,622	19	10,877	32	15,067	44
핀란드	7,624	21	9,162	25	16,714	46
이탈리아	8,296	26	8,607	27	9,580	30
일본	8,353	24	9,957	28	16,015	45
영국	9,369	27	10,452	30	15,862	45
미국	11,193	24	12,464	27	25,576	55
캐나다	8,933	22	n	n	22,475	56

출처 : 한국교육개발원 교육통계서비스(http://kess.kedi.re.kr/index).

5) 공립학교 교육비 분류

2011년 현재 우리나라 공립학교 교육비의 사용목적에 따른 비중은 〈표 8-6〉에 제시된 바와 같이 전체적으로 인건비(66.2%)의 비중이 경상비(23.2%)나

시설사업비(7.7%)에 비해 매우 높다. 이를 학교급별로 살펴보면, 인건비는 초등학교가 그 비중이 가장 높고(68.1%) 경상비는 기타 학교(72.1%), 그리고 시설사업비는 대학교(26.5%)가 가장 높은 것으로 나타나고 있다.

이처럼 인건비가 전체 교육비 중에서 차지하는 비중이 약 70%에 달하고 있다는 사실은 교육운영의 내실화나 교육시설에 대한 투자를 크게 제약하는 요인으로 작용하기 때문에 교육의 질적 향상에 걸림돌이 될 수밖에 없다. 이러한 교육재정의 낙후성을 타개하기 위해서는 교육비 중 인건비의 비중을 낮추고 경상비(또는 운영비)나 시설사업비의 비중을 늘려 나가는 정책적 노력이 강화되어야 할 것이다.

인건비가 차지하는 비중

표 8-6 공립학교 교육비 분류(2011)

(단위 : 천원, %)

구 분	합 계	인건비	경상비	운영비	시설사업비	기 타
합계	34,861,804,758 (100)	23,071,992,565 (66.2)	8,095,762,954 (23.2)	59,370,153 (0.2)	2,682,612,872 (7.7)	952,065,214 (2.7)
유치원	22,837,117,691 (100)	15,163,683,610 (66.4)	5,526082084 (24.2)	-	1,424,842,828 (6.2)	722,509,169 (3.2)
초등학교	4,246,906,582 (100)	2,893,103,739 (68.1)	1,046,493,693 (24.6)	-	251,910,835 (5.9)	55,398,315 (1.4)
중학교	1,941,177,111 (100)	1,278,244,888 (65.8)	525,802,005 (27.1)	-	103,075,905 (5.3)	34,054,313 (1.8)
고등학교	1,736,157,639 (100)	1,060,054,818 (61.1)	485,786,237 (28.0)	-	157,317,403 (9.1)	32,999,181 (1.8)
특수학교	141,581,812 (100)	84,181,941 (59.5)	49,662,199 (35.1)	-	5,689,829 (4.0)	2,047,843 (1.4)
기타학교	16,971,201 (100)	3,282,112 (19.3)	12,243,724 (72.1)	-	1,097,627 (6.5)	347,738 (2.1)
행정기관	3,739,627,318 (100)	2,498,982,529 (66.8)	449,693,012 (12.0)	-	686,243,122 (18.4)	104,708,655 (2.8)
대학교	149,898,558 (100)	66,395,901 (44.3)	-	43,823,536 (29.2)	39,679,121 (26.5)	-
전문대학	52,365,846 (100)	24,063,027 (46.0)	-	15,546,617 (29.7)	12,756,202 (24.3)	-

주 : 1. 수익자부담경비는 기타에 포함됨. 2. 유 · 초 · 중등 공립학교 교육비는 2009년도 교육비특별회계 법령개정에 의해 산출내역이 변경됨. 3. 행정기관은 교육행정기관과 교육지원기관을 의미함.
4. 대학 및 전문대학의 운영비에는 물건비와 예비비가 포함되었으며, 시설사업비에는 자산취득비가 포함됨.
5. 대학, 전문대학 교육비. 출처 : 대학정보공시.

출처 : 한국교육개발원 교육통계서비스(http://cesi.kedi.re.kr/index.jsp).

5. 예산관리기법

정부예산이든 단위학교 예산이든 예산을 편성하고 배분하며 집행하는 데에 있어서는 일정한 관리기법이 필요하다. 예산절감과 경영합리화를 위한 교육예산의 편성과 배분, 그리고 집행에 적용될 수 있는 몇 가지 예산관리기법을 살펴보면 다음과 같다(왕기항, 1986 : 126-131; 박동서, 1987 : 340-354; 김창걸, 1992 : 665-678; 정일환, 2002 : 286-293; 김윤태, 2006 : 361-368).

1) 품목별 예산제도(LIBS : line-item budget system)

품목별 예산제도는 예산의 편성에 있어 전통적으로 가장 많이 활용되어 온 예산관리기법이라고 볼 수 있다. 이는 입법부의 행정부에 대한 재정통제에 중점을 둔 통제지향의 예산제도로서 예산을 필요로 하는 영역과 그 내용을 품목별로 나누어 예산을 편성하고 집행하는 방식이다. 예를 들면 급여, 수당, 여비 등으로 품목을 구분하여 예산을 편성하고 집행하는 것이다.

품목별 예산제도의 장점과 단점

품목별 예산제도는 ① 지출의 대상을 명확하게 세분하여 금액으로 표시함으로써 행정부의 세출예산에 대한 엄격한 사전 · 사후 통제가 가능하다. ② 회계책임을 분명하게 할 수 있다. ③ 예산에 대한 공무원의 자유재량 행위를 제한할 수 있다. ④ 차기 예산을 편성하는 데 필요한 정보를 얻을 수 있다는 장점이 있다. 반면 ① 지나치게 자유재량을 제한함으로써 예산집행시 예기치 못한 사태에 신축성 있게 대응하기 어렵다. ② 세부적인 지출대상에 중점을 두기 때문에 정부사업의 전체적인 개요를 파악하기 어렵다. ③ 예산편성시 예산항목에만 관심을 가지기 때문에 정책이나 사업의 우선순위를 등한시할 수 있다는 단점이 있다.

2) 성과주의 예산제도(PBS : performance budgeting system)

성과주의 예산제도는 능률을 지향하는 예산관리제도로서 미국에서 발전하였다. 성과주의 예산은 예산과목을 사업계획별, 활동별로 분류한 다음 각 세부 사업별로 단위원가에 업무량을 곱하여 예산액을 표시하고 그 집행의 성과를 측정 · 분석 · 평가하여 재정을 통제한다.

성과주의 예산제도의 장점과 문제점

이 성과주의 예산제도의 장점으로는 ① 예산이 기능별, 기관별, 사업계획별로 분류되고 업무측정 단위와 업무량까지도 표시되기 때문에 일반인들이 그 기관이 어떤 사업을 어떻게 추진하고 있는지 용이하게 이해할 수 있다. ② 정책이나 계획수립이 용이하며 예산심의가 편리하다. ③ 예산집행에 신축성을 기할 수 있다. ④ 예산집행의 결과를 다음 회계연도에 직접 반영함으로써 효율적인 예산편성에 기여할 수 있다.

반면에 성과주의 예산제도는 ① 업무측정단위를 선정하기가 어렵다. ② 단위원가의 계산에 애로가 있다. ③ 세출에 대한 국회의 통제가 어렵다. ④ 공금관리가 소홀해지고 회계책임이 불분명하다. ⑤ 성과측정이 어렵다는 문제점을 지니고 있다.

3) 기획예산제도(PPBS : planning-programming-budgeting system)

기획예산제도는 전통적인 품목별 예산제도의 문제점을 보완하여 예산절감과 경제적 효율성을 높이려는 의도에서 도입되기 시작하였으며, 장기적 사업계획과 단기적 예산을 세부계획을 통해 유기적으로 관련시켜 합리적 · 계량적으로 예산배분에 관한 결정을 하려는 제도로서, 제한된 자원을 효율적으로 배분하여 의사결정의 합리성을 추구하려는 예산편성방법이다.

대안에 대한 평가

기획예산제도는 목표를 명확히 설정하고 실시할 프로그램의 대안을 선정하여, 각 프로그램의 대안을 비용-효과 분석에 의하여 평가하는 일련의 활동을 예산편성 과정 속에 투입하는 것이다. 이러한 기획예산제도는 일련의 과정과 절차를 통해 예산편성과 목표를 결합시키며 주어진 목표를 달성하는 여러 가지 대안을 비교 · 분석할 수 있게 한다. PPBS의 개념을 보다 확대하여 PPBADERS(planning, programming, budgeting, analyzing, deciding, evaluating, recycling system)라는 두(頭)문자를 사용하기도 하는데, 이는 계획하기(장 · 단기 목표의 구체화 등), 프로그램 짜기(목표도달 대안의 창출 및 실행계

PPBADERS

획의 발전), 예산편성(프로그램의 비예산, 예산요구의 구분, 계획된 비용의 프로그램별 편성), 분석하기(각 대안의 비용-효과분석, 각 대안의 순위결정 등), 결정하기(각 목표별 활동대안의 최적안 결정), 평가하기(각 기대순위에 따른 산출의 개관과 평가) 등 활동이 순환하는 체제의 내용을 나타냄으로써 PPBS의 개념을 더 충분하게 설명하고 있다(김세기, 1988 : 371에서 재인용).

기획예산제도의 장점과 문제점

기획예산제도의 장점으로는 ① 여러 목표 중 가장 긴급한 것을 선택케 하고 이를 달성하는 효율적인 수단의 분석을 가능케 한다는 점, ② 사업계획의 목적, 대안, 효용 및 소요자원이 잘 연결되어 있어 상부의 의사결정이 용이하고 의사결정과정을 일원화할 수 있다는 점, ③ 자원배분이 합리적으로 이루어질 수 있고, 장기사업 계획에 대한 신뢰성을 높일 수 있다는 점, ④ 목표달성을 위한 각종 대안이 비용과 효과면에서 분석 · 검토됨으로써 상호간의 이해가 증진될 수 있다는 점 등을 들 수 있다.

반면 이 제도는 ① 정보가 최고 의사결정자에게 집중됨으로써 지나치게 중앙집권화할 가능성이 있다는 점, ② 명확한 목표설정이 어려운 부문의 경우에는 도입이 곤란하다는 점, ③ 사업별 예산을 하위 예산별로 구분하고 자원을 재배분하는 환산작업이 어려워 예산편성과 집행이 어렵다는 점, ④ 목표설정은 가치판단적인 것이기 때문에 누구나 이러한 결정을 경제적으로만 할 수는 없다고 하는 점 등이 문제점으로 지적되고 있다.

4) 목표관리(MBO : management by objectives)

Drucker(1909-2005)

목표관리라는 경영기법은 1954년 미국의 경영학자 Peter Drucker가 「경영의 실제」(The practice of management)라는 저서를 통해 처음으로 주장한 것으로, 조직구성원들의 참여를 통해 조직 및 구성원들 각자의 목표를 체계적으로 설정하고 그 목표를 달성하기 위한 세부적인 전략과 절차를 공유함으로써 보다 효과적이고 효율적으로 목표를 달성하고자 하는 관리기법이다.

협의에 의한 목표설정

목표관리는 상사와 부하가 협의 하에 목표를 설정하고 자신들이 수행해야 할 책임영역을 스스로 확인하며, 수시로 목표달성의 정도와 책임이행정도를 점검하고 업무활동을 수정한다. 목표관리는 달성해야 할 목표를 명백히 하고 그 목표를 달성하기 위해 자원배분을 한다는 측면에서 예산과 관련이 되며 조직구성원들은 자신들이 참여해 설정한 목표들이 조직전체의 목표달성에 기여하게 된다는 생각을 갖게 됨으로써 조직에 대한 책무성을 높여가게 된다.

한편 목표에 성과나 결과(results)를 추가한 MBO/R이 1973년에 미국학교행정가연합회(AASA)를 통해 주창되었으며, 이는 최초로 설정한 목표와 최종적 결과에 이르는 전 과정의 기능을 포괄하는 광범위한 개념이다(정태범, 2000 : 545). Knezevich(1975 : 193-196)는 이 MBO/R의 개념을 교육 분야에 적용하여 EBO/R(education by objectives/results)이라는 용어를 사용하였으며, EBO/R은 MBO/R과 IBO/R(instruction by objectives/results)로 구성되고 MBO/R의 주요 요소로는 PMBO/R(personnel-management by objectives/ results), PBO/R(planning by objectives/results), BBO/R(burgeting by objectives/results)이 있다고 본다. 그리고 IBO/R의 하위요소로는 TBO/R (teaching by objectives/results)과 LBO/R(learning by objectives/results)을 제시하고 있다.

MBO/R→EBO/R : IBO/R

목표관리의 장점으로는 ① 상사와 부하간의 의사소통을 촉진시킬 수 있고 협동적 노력을 용이하게 한다는 점, ② 조직구성원들의 자기발전과 능력향상을 도모할 수 있다는 점, ③ 자기통제의 원리는 조직의 목표달성과 개인의 욕구충족을 동시에 이룰 수 있게 한다는 점, ④ 성과에 대한 평가를 객관적으로 할 수 있다는 점, ⑤ 객관적 보상기준을 제공하고 조직혁신을 가능케 한다는 점 등이다.

목표관리의 장점과 문제점

목표관리의 문제점으로는 ① 명확한 목표제시가 어려우며 목표와 성과의 측정 또한 쉽지 않다는 점, ② 절차가 복잡하여 관료주의적 타성에 젖을 가능성이 있다는 점, ③ 기법 숙련에 많은 시간이 소요되며, 참여의 강요, 실적기록 등으로 시간낭비가 많다는 점, ④ 불확실하고 불안정한 상황에서는 의도된 목표달성이 어렵다는 점, ⑤ 목표에 지나치게 의존함으로써 목표가 수단을 정당화할 수도 있다는 점, ⑥ 보수성이 강한 조직에서는 새로운 기법을 도입하는 데 따르는 저항감이 크다는 점, ⑦ 업적평가 결과를 인사자료로 활용할 때에는 조직원들이 목표를 낮춰 잡거나 형식적 목표량 달성에 급급할 우려가 있으며, 협동과 화합을 강조하면서 오히려 대립과 갈등을 조장하고 정보유통을 의도적으로 꺼리는 풍토를 조성하는 등의 부작용을 유발할 가능성이 크다는 점, ⑧ 단기목표를 강조하며 조직의 장기 효과에 관하여 등한시하는 경향이 있다는 점이다(정태범, 2000 : 550).

5) 영기준 예산제도(ZBBS : zero-base budgeting system)

영기준 예산제도는 Peter Pyhrr가 1969년에 Texas Instrument社의 경영위기를 타개하기 위하여 처음으로 개발하였으며, 그 후에 미국의 여러 주정부와 민간기업에 널리 적용되기 시작하였다. 영기준 예산제도는 전년도 예산을 기준으로 점증적으로 예산을 편성하는 것이 아니라 매 회계연도마다 새로이 사업과 활동을 시작한다고 보고 영(zero)에서 출발하는 예산편성 방식이다.

일반적으로 예산을 편성할 때는 전년도 예산내역을 참고하거나 그것을 근거로 하여 예산을 확보하는 것이 관례로 되어 왔다. 이렇게 되면 예산의 타당성에 대한 재평가가 없이 사업계획이 수립되고 예산의 적합성에 대한 인식도 흐려지게 된다. 이러한 문제에 의문을 갖고 출발한 것이 영기준 예산제도로서, 의사결정단위(DU : decision unit)의 확인 → 예산결정표(DP : decision package)의 작성 → 우선순위(priority)의 결정 → DP별 실행예산의 책정의 단계를 밟게 된다. 영기준 예산제도의 특징은 다음과 같다(정태범, 2000 : 577).

영기준 예산제도의 특징

① 전년도 예산을 영(zero)으로 간주한다.
② 모든 과정에 걸쳐 관리자가 예산편성과정에 참여한다.
③ 모든 활동에 대하여 재원의 요구를 입증한다.
④ 목표와 활동중심이며, 새로운 운영방법을 개발하고 시도한다.
⑤ 목표달성을 위한 대안의 평가가 가능하다.
⑥ 자원의 재분배에 대하여 신뢰할 만한 근거를 제시한다.
⑦ 업무활동을 예산결정표(DP)에 의하여 식별한다.

영기준 예산제도의 장점과 문제점

영기준 예산제도의 장점은 ① 저순위 사업을 폐지 · 삭감할 수 있고, 고순위 사업은 더 많은 자금을 얻을 수 있다는 점, ② 비용과 활동과의 상관관계를 상세하게 검토하여 보다 합리적인 대안을 선택할 수 있다는 점, ③ 전년도 예산을 그대로 답습하지 않기 때문에 재정의 경직성을 극복할 수 있다는 점, ④ 예산편성 과정에서 계층간 의사소통이 원활하고 참여의 폭이 확대된다는 점, ⑤ 조직의 사업활동에 대하여 비용 · 효과를 계속적으로 재평가함으로써 자원이 합리적으로 배분된다는 점 등이다.

영기준 예산제도의 문제점으로는 ① 모든 사업과 활동을 영(zero)의 상태에서 분석해야 하므로 시간과 노력의 부담이 과중하다는 점, ② 우선순위를 결정하는 데 어려움이 있다는 점, ③ 현행 경비수준에서 재평가하기 때문에 새로운 프로그램을 개발하기 어렵고, 사업효과를 측정하는 데도 어려움이 있다는 점, ④ 관리자들이 적절한 결정단위의 결정, 효과적인 분석을 위한 적합한 자료개발 노력의 최소수준 결정, 상이한 사업들의 우선순위 결정 및 많은 양의 DP의 처리 등에 곤란을 겪는다는 점, ⑤ 문서작성에 많은 시간과 정력을 소비하게 되며 하급관리자의 업무부담이 많고 시간상의 제약으로 ZBBS가 요구하는 기본절차를 거치기가 어렵다는 점 등이다(정태범, 2000 : 579-580; 정일환, 2002 : 291).

이상에서 논의한 다섯 가지 예산관리기법을 상호비교하면 〈표 8-7〉과 같다.

표 8-7 각 예산제도의 비교

구 분	품목별예산	성과주의 예산	기획예산	목표관리 예산	영기준예산
기본지향	통제	관리	기획	관리	의사결정
주요정보	지출대상	기관의 활동	기관의 목표	사업의 효과성	사업 및 기관의 목표
의사결정 유형	점증적	점증적	총체적	분권적 /참여적	참여적 /총체적
기획책임	없음	분산	중앙집중	분산	분산
중앙예산 기관관심	지출의 적격성	능률성	정책	사업의 효과/ 성과능률	정책의 우선순위
분류체계	예산구조와 일치	예산구조와 일치	불일치	–	불일치
필요지식	회계학	관리이론	경제학, 기획론	관리이론	관리이론 /기획론

출처 : 박동서(1987 : 354), 정일환(2002 : 292).

생각해 볼 문제

1. 교육재정이 왜 중요한지 그리고 교육재정의 확보, 배분, 지출, 평가단계에 적용될 수 있는 준거에 대해 토론해 보자.
2. 교육세를 폐지하려는 최근의 움직임에 대해 교육재정의 안정적 확보 차원에서 그 문제점을 논의해 보자.
3. 대통령 선거가 있을 때마다 단골메뉴로 등장하는 GDP 대비 6%의 교육재정 확보가 현실화되지 못하는 원인을 찾아 발표해 보자.
4. 우리나라의 경우, 교육비의 학부모 의존도가 지나치게 과다하다는 점이 교육재정의 문제점으로 늘 지적되고 있다. 역대 정부와 현 정부의 '사교육비 경감정책'의 허실을 비판해 보자.
5. 예산관리기법의 5가지 유형을 비교하고 이를 학교예산의 관리에 적용할 때 나타날 수 있는 장점과 문제점은 무엇인지 토론해 보자.

제9장

장 학

학습목표

1. 장학의 의미를 이해하고, 장학의 과업을 설명할 수 있다.
2. 장학의 종류를 구분하여 설명할 수 있다.
3. 전통적 장학과 컨설팅 장학의 차이점을 비교하여 설명할 수 있다.
4. 학교교육의 발전을 위한 미래의 장학 방향에 대하여 설명할 수 있다.

일제강점기에는 교육직원에 대한 감시 · 감독 및 교육의 통제를 위한 기능을 이른바 시학이라 말하였으나 해방 이후 새로운 교육제도가 수립되면서 학교교육에 대한 지도 조언을 하는 장학으로 변모하였다. 그러나 계속적으로 지원 · 조장시키는 전문적 행정기능으로서의 장학은 종래 교육직원을 감시하고 감독하며 평가하는 시학(視學)으로 인식되어 온 것이 사실이다.

현대의 장학은 교사의 교육활동 지원과 전문적 지도 · 조언을 의미하게 되었다는 사실에 큰 뜻이 있다. 따라서 시 · 도교육청이나 교육지원청과 같은 교육행정기관에는 장학을 담당하는 기구가 중요한 위치를 차지하여 장학활동을 수행하고 있으며, 교장과 교감도 교내장학의 기능 수행이 중요해지고 있다.

제1절 장학의 개념과 발달과정

1. 장학의 개념

장학의 개념을 뚜렷하게 정의하기에는 상당한 혼란이 야기되고 있다. 즉 장학담당자가 누구며, 장학담당자의 직무의 중요한 기능은 무엇이고, 그들은 얼마만한 권한을 가졌으며, 행정가와 교사와의 관계는 어떠한가? 이와 같은 질문의 해답은 장학이란 말을 쓰는 사람의 입장에 따라서 반드시 동일한 것을 의미하지 않기 때문이다.

supervision
· superior + vision
· 위에서 내려다보다

장학이란 용어의 영어식 표현은 'supervision'인데 이 말은 'superior'와 'vision'의 합성어이다. 'superior'는 '위' '우수한' '훌륭한'이라는 뜻이고, 'vision'은 '본다' 또는 '감시한다'의 뜻으로 'supervision'은 '위에서 바라본다' 또는 '우수한 사람이 높은 곳에서 본다'는 뜻으로 해석되어 전통적으로 시학(inspection) 또는 감시 · 감독의 개념으로 쓰여 왔다.

오늘날에는 'supervision'의 의미가 학교교육에 대한 문제점을 진단하고 지원한다는 의미로 받아들여지고 있기 때문에 '지도 · 조언' 또는 '장학'으로 해석되고 있다.

미국에서 장학담당자의 역사적 변천과정을 보면 처음에는 권위주의적 시학을 주로 한 시학관(inspector)에서 시작하여 장학관(supervisor)으로 변했고, 최근에는 일선학교의 당면과제 해결을 위해서 학교행정가나 교사들과 상담을 통해 지도 · 조언하는 상담역(consultant)으로 장학담당자의 개념이 변천해 온 것을 알 수 있다. 이렇듯 장학의 개념은 교육의 통제보다는 지도 · 조언과 지원을 통해 교수 · 학습의 성과를 극대화한다는 의미를 가지고 있다.

장학론에 관한 최초의 본격적인 저작이라 할 수 있는 Burton과 Brueckener(1955)의 「장학 : 그 사회의 과정」은 이점을 분명하게 표현하고 있다.

장학의 목적은 첫째, 학생성장의 증진과 그 결과로 사회발전을 가져오려는 것이며, 둘째, 장기적인 교육계획을 지속적이고 효과적으로 추진하기 위하여 지도성을 발휘하게 하고, 셋째, 상호협력을 통해 바람직한 교수 · 학습의 장을 개선하는 것이다.

이러한 관점은 Wiles와 Lovell(1975), Alfonso(1981), Firth와 Neville(1983) 등의 정의에서도 나타난다. 이들의 정의는 대체로 장학을 '학생의 학습을 촉진하기 위해 교사의 행위에 직접적으로 영향을 주는 활동'으로 규정하고 있다는 특징을 가지고 있다. 특히 Harris(1985)는 장학을 '학생들의 학습을 촉진하기 위해 수업과정에 직접적으로 영향력을 행사하는 방법'이라 정의하면서 장학이 수업활동에 영향을 주기 위해 특별히 지정된 일련의 활동과 세분화된 역할이라는 점을 강조하고 있다.

여러 학자들의 개념 정의를 종합적으로 검토한 Wiles와 Bondi(1980)도 거의 모든 정의들이 장학의 궁극적 목적을 수업의 개선에 두고 있다는 사실을 확인하고 있다. 즉, 그들은 장학의 개념을 정의하는 관점을 ① 교육행정의 일부 혹은 연장으로 보는 입장, ② 교육과정개발의 측면에 강조를 두는 입장, ③ 수업에 초점을 두는 입장, ④ 교사와 장학담당자의 인간관계에 초점을 맞추어 정의하는 입장, ⑤ 경영의 한 형태로 정의하는 입장, ⑥ 지도성의 측면에서 정의하는 입장 등으로 구분하여 그 개념적 차이를 설명하면서 이러한 차이는 접근방법의 차이이고 그 궁극적인 목적은 수업 개선에 있음을 밝히고 있다. 다시 말해 행정을 통해 수업의 개선을 도모하느냐 교육과정 혹은 수업, 인간관계, 경영, 지도성을 통해 수업 개선을 도모하느냐의 차이일 뿐 그 모든 정의들이 노리는 궁극적인 목적은 교사를 통한 수업 개선에 있다는 것이다.

우리나라 학자들의 경우에도 이러한 특징을 보이고 있기는 마찬가지이다. 최초로 「장학론」을 저술한 백현기(1956)는 처음으로 supervision을 '교사를 조언 · 지도하는 기능'으로 보았다.

이와 같이 영어의 supervision이 해방 전에 일본의 영향을 받아서 '시학'으로 이해되기도 했으며 해방 후에는 미국의 영향을 받아 '조언 · 지도' 혹은 '장학'으로 이해되어 사용되어 왔다.

오늘날 장학의 의미는 시대의 변천에 따라 변하여 왔다. 미국에서 19세기 후반까지만 해도 시찰 내지는 검열(inspection)의 뜻이 강하였다. 이 때의 장학이란 행정적 시찰(administrative inspection)의 개념으로서 교사는 조직의 수동적 도구라는 가정 하에 교사들이 기대되는 행동을 했는지 혹은 보다 더 잘했는지를 시찰하고 채점하고 지적하는 것이었다(Wiles & Lovell, 1975). 이러한 장학의 의미는 차츰 교육조직이 학습의 구체적인 성과, 학업성취의 조건, 평가에 관심을 두게 되면서부터 교사를 문제해결자, 의사결정자, 변화촉진자로 간주하게 되었고, 이에 따라 장학은 교사들로 하여금 이러한 역할을 수행할 수 있도록 참여시키고 이끌어 주며, 도와주는 것으로 바뀌게 되었다.

한편 Harris(1985)는 장학의 개념을 학교경영의 전체적 국면에서 파악함으로써 장학의 위치를 제시한 바 있다. 그는 학교경영이나 교육체제는 교사의 수업을 통해 학생들의 학습을 성취하기 위한 것이며 장학을 그와 같은 기능의 일부분으로 개념화하였다. 교수와 학습이 교육의 중핵적인 활동이며 교육체제의 궁극적인 목표라면 학교경영의 주요 기능은 [그림 9-1]과 같이 교사의 수업과 관련되는 차원과 학생의 학습에 관계되는 두 차원 간의 상호 관련성의 정도에 따라 구분할 수 있다.

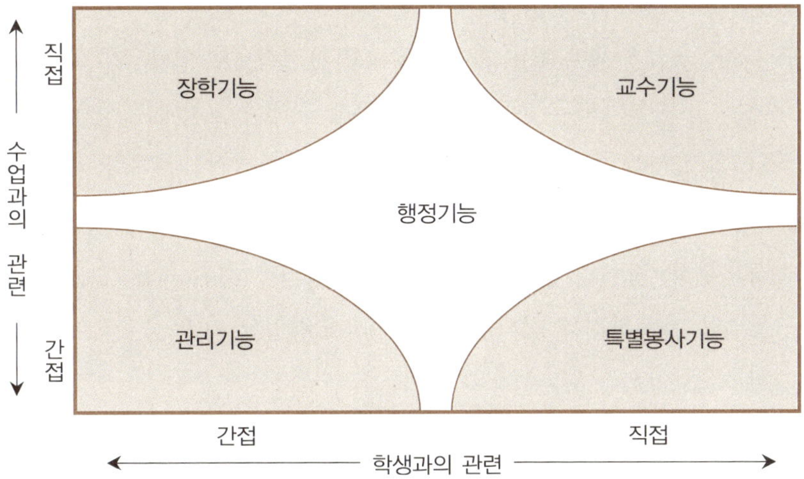

[그림 9-1] 학교경영의 주요 기능

출처 : 임연기 · 최준렬(2010 : 285)

학생과 직접 관계되는 행위는 학습자와 직접적인 상호작용을 통해서 직접 영향을 주는 것이고, 간접적으로 관계되는 행위는 학생과의 직접 교섭보다는 타인을 통해 학생들에게 우회적으로 영향을 주는 행위를 말한다. 수업에 직접 관계되는 행위는 수업목표를 달성하는데 직접 영향을 미치는 행위로서 목표의 성격, 성취도 및 교수 · 학습의 능률과 관계된다. 수업에 간접적으로 관계되는 행위는 수업의 목표달성에 매우 중요하기는 하지만 간접적으로 영향을 미치는 행위를 말한다.

① 교수기능 : 수업의 목표를 달성하기 위하여 교사와 학생이 공동으로 수행하는 일로서, 여기에는 교실에서의 수업, 교육상담, 도서관에서의 참고서 선정을 도와주는 일 등이 속한다.

② 특별봉사기능 : 학생에게는 직접 관계가 되나 수업에는 간접적인 활동으로서 신체검사, 보건, 상담교사의 상담 등이 이에 속한다.

③ 관리기능 : 학생 및 수업에 간접적으로 관계되는 활동으로서 회계, 물품구입, 시설관리 등 수업과 학생에게 관계되는 정도는 낮으나 학교경영에

는 매우 중요한 것들이다.

④ 장학기능 : 학생에게는 교사를 통해서 간접적으로 영향을 미치지만 수업에는 직접 관계되는 활동으로 학습문제에 대한 교사와의 상담, 교수자료의 선정, 교수기술에 대한 연구 · 조언 등이 이에 속한다.

⑤ 행정기능 : 학생과 수업 양 차원의 극단이 아닌 중앙에 위치한 활동으로 정책결정, 자원의 분배, 조정 등 모든 영역에 걸쳐 학교의 전체 운영에 통일을 유지하려는 것이다. 따라서 학교경영상 가장 중추적이고 포괄적인 기능이다.

장학의 목적
· 교수 · 학습 개선

그는 이어서 위에 제시한 5개 기능을 학교운영의 궁극적 목적인 교수 · 학습과 관련하여 [그림 9-2]와 같이 도시하였다.

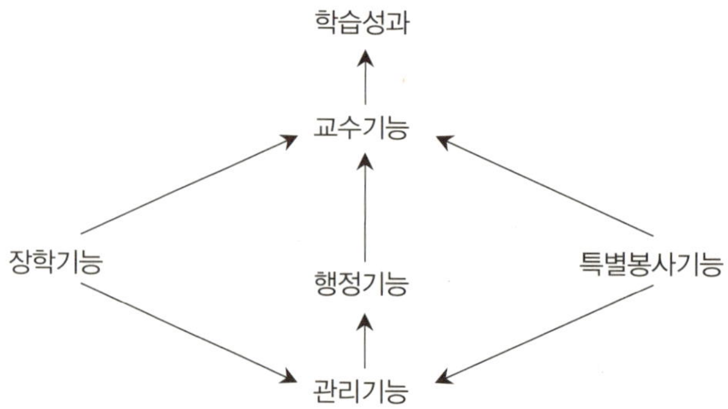

[그림 9-2] 교수 · 학습과 관련된 주요 기능

출처 : 임연기 · 최준렬(2010 : 286)

[그림 9-2]에서와 같이 교수기능이 가장 직접적인 생산기능으로 중요시되고, 장학기능과 특별봉사기능은 교수기능을 직접 지원하고 있으며 관리기능은 보다 간접적이라고 할 수 있다.

이상에서 고찰한 장학의 개념들을 종합해 보면, 장학이란 결국 학생들의 성장과 발달을 증진시키기 위하여 교사들의 활동을 전문적으로 개선 · 향상시키는 봉사적 활동이라고 할 수 있다(임연기 · 최준렬, 2010).

2. 장학의 발달과정

장학의 개념을 보다 쉽게 이해하기 위하여 장학의 발달을 과정별로 살펴볼 필요가 있다. 오랜 역사를 통해 장학은 그 기본성격 면에서 권위주의적 통제방식으로부터 민주주의적인 방향으로, 방법면에서 학시시찰 방식에서 협동적·자율적 방식으로 발전해 왔다. 장학의 내용도 초기에는 교사의 근무실태 평정 위주에서 점차적으로 교과지도나 생활지도 등과 같은 학교의 학습에 관한 것으로 확대되었으며, 장학담당자도 초기의 비전문가 집단에서 교육행정 전문가 집단으로 변화되어 왔다. 이러한 장학의 발달과정을 시기별로 구분해 살펴보면 〈표 9-1〉과 같다(윤정일, 1994).

표 9-1 장학형태의 발전과정

장학형태	시 기	장학방법	교육행정 관련이론
관리장학	1750–1910 1910–1920 1920–1930	시학과 강제 과학적 장학 관료적 장학	과학적 관리론
협동장학	1930–1955	협동적 장학	인간관계론
수업장학	1955–1965 1965–1970	교육과정 개발 임상장학	행동과학론
발달장학	1970–1980 1980–현재	경영으로서의 장학 인간자원장학 지도성으로서의 장학	일반체제론 인간자원론

장학의 성격 변화
· 시학→전문적 지도·조언

장학의 기본 성격의 변화는 전체주의적인 관리장학에서 민주주의적인 현대 장학형태로 변천해 왔으며, 시학(inspection) 내지 독학을 위주로 하는 장학에서 전문적, 기술적 지도·조언과 집단적·협동적 연수과정을 위주로 하는 봉사활동으로 변해 왔다. 서구의 교육제도 발달에 있어서 장학이 실시되기 시작한 것은 대체로 위 도표에서 명시된 바와 같이 18세기부터였다고 보여진다.

한편 미국에 있어서 장학제도의 역사적 변천은 대체로, ① 시학에 의한 장학의 단계(supervision as inspection), ② 교사훈련으로서의 장학의 단계(supervision as teacher training), ③ 보도교사에 의한 장학의 단계(supervision by a helping teacher), ④ 과학적 장학의 단계(scientific supervision), ⑤ 협동적 교육지도로서의 장학의 단계(supervision as cooperative educational leadership) 등 5단계를 거쳐온 것으로 인정하고 있다.

제2절 장학의 유형

장학의 유형은 시각에 따라 달리 해석된다. 장학의 조직, 주체, 내용, 방법 등에 따라 달리 구분되기도 하며 연구자의 관점이나 실무자의 편의에 따라 다르게 구분되기도 한다. 여기서는 행정조직 수준상의 유형과 장학방법상의 유형 등 두 가지로 대별하여 고찰하기로 한다.

1. 행정조직상의 장학 유형

1) 국가수준의 장학

중앙장학은 교육부 내에서 이루어지는 모든 장학행정을 말한다. 이는 교육활동의 전반적인 기획, 조사, 연구, 관리, 지도, 감독을 통해 중앙의 교육행정업무를 보좌하는 참모활동을 주축으로 하고 있다. 최근에는 교육부의 장학행정 권한을 대부분 시 · 도교육청으로 이관하였기 때문에 장학행정의 영역이 주로 교육과정 운영과 학생의 생활지도 및 학교경영 개선 영역에 국한되어 있으며, 주로 국가 수준 교육정책의 안정적 정착에 관련된 장학활동을 수행하고 있다.

중앙장학 업무는 교육부의 장학관, 교육연구관, 교육연구사에 의해 이루어지고 있다.

2) 지방수준의 장학(컨설팅 장학)

컨설팅 장학이 본격적으로 도입되기 이전에는 지방수준의 장학으로 담임(학무)장학이 있었다. 담임장학은 시·도교육청과 그 하급교육행정기관인 교육지원청에서 장학사(관)가 학교를 순회하면서 학교경영 상태를 확인·점검하는 장학행정을 말한다(이병환·김진규·차성현, 2011). 이는 교육활동을 위한 장학지도, 교원의 인사관리, 학생의 생활지도, 교육기관의 감독을 통해 지방의 교육행정업무를 관할하는 행정활동으로 규정할 수 있다. 지방장학행정은 주로 시·도교육청의 교육국과 교육지원청의 학무국 또는 학교지원과를 중심으로 이루어지지만 인접부서에서도 그 고유 업무와 관련되어 장학활동을 수행하고 있다. 지방장학업무는 상기 부서와 인접부서의 장학관, 교육연구관, 장학사, 교육연구사에 의해 이루어진다. 담임장학은 교육행정기관을 중심으로 이루어지는 장학활동으로 계선조직의 특징이 강하게 나타났다. 이론적으로는 전문적 조언을 주로 하는 역할을 해야 하지만 실제로는 지도, 감독, 명령하는 권한이 주어져 있었던 것이 현실이었다. 최근에는 전통적 담임장학의 한계를 극복하기 위해서 단위학교의 주도적 참여로 운영되는 컨설팅 장학이 도입되어 주목받고 있다.

컨설팅 장학은 '컨설팅'과 '장학'의 합성어로, 학교개선의 방법으로 발달한 학교컨설팅의 원리와 방법을 도입한 장학이라고 할 수 있다.

학교컨설팅의 개념을 살펴보면, 학교컨설팅은 '학교의 자생적 활력과 학교교육의 질 향상을 위하여 단위학교와 학교체제 구성원들의 요청에 따라, 전문성을 갖춘 교육체제 내외 전문가들이 문제와 과제의 해결을 도와주는 활동'이다(진동섭 외, 2009). 학교컨설팅의 목표는 학교와 학교구성원의 문제 해결, 학교의 내적 교육 역량 강화, 학습공동체 문화 형성, 사회 변화에 능동적인 학교 구축이고 학교컨설팅의 관련자는 의뢰인과 학교컨설턴트, 학교컨설팅 관리자이다. 학교컨설팅의 과업은 문제의 진단, 대안 수립, 해결 방안 실행·지원,

교육 · 훈련, 문제 해결에 필요한 자원의 발굴 · 확보와 지원체제의 구축이다. 학교컨설팅의 원리로는 자발성, 전문성, 자문성, 한시성, 독립성, 학습성으로 제시되고 있는데, 이 중 의뢰인의 자발적 요청(자발성)과 컨설턴트의 전문적 서비스(전문성)가 가장 핵심적인 원리로 제안되고 있다.

학교컨설팅의 발달과 함께 학교컨설팅의 취지와 개념을 적용한 컨설팅 장학의 개념이 등장하였고, 교육현장에서는 기존 장학의 문제점에 대한 대안으로 컨설팅 장학의 아이디어가 출현하였다. 학교컨설팅 장학은 학교컨설팅의 의미와 원리, 방법을 장학에 적용한 것이다. 이러한 학교컨설팅 장학 등장의 맥락을 이해하면서 그 개념을 정리하면 다음과 같다.

컨설팅 장학이란 의뢰인의 요청에 따라 일정한 전문성을 갖춘 컨설턴트들이 조직의 문제와 기회를 확인, 발견하며, 이것의 해결을 위한 방안과 대안을 제시하고 필요한 경우 시행을 돕는 활동이다(이병환 · 김진규 · 차성현, 2011).

말하자면 교육행정기관의 주도로 실시되었던 담임장학의 한계를 극복하기 위하여 시대 변화 추세에 따라 학교컨설팅의 장점을 가미하면서 새로운 형태의 대안적 장학으로 자리 잡은 것이 바로 컨설팅 장학이다.

컨설팅 장학
· 담임장학의 한계
· 실질적인 학교 지원
· 교육지원청으로 개칭 (종래 지역교육청)

컨설팅 장학 도입 초기의 정의에서는 교실수업 개선과 교수 · 학습 관련 영역에 초점을 둔 개념 정의로 출발했으나, 최근에는 컨설팅 장학 대상 영역이 확대됨에 따라 수업 이외의 영역까지도 장학의 대상으로 간주하고 있는 추세이다. 컨설팅 장학의 대상에 관한 이러한 개념 변화에 따라서 학교컨설팅과 컨설팅 장학은 결국 대동소이한 개념으로 간주될 수 있다.

[그림 9-3]에서 볼 수 있듯이 컨설팅 장학 운영 모형은 컨설팅 운영 과정을 총체적으로 보여주고 있다. 컨설팅 장학은 대상 과제에 대하여 의뢰인이 의뢰를 요청하면서 시작된다. 컨설팅 장학 과제는 학교경영 전반에 걸쳐 일어나는 주요 업무들을 포괄하기 때문에 좁게는 교수 · 학습방법 개선에서 넓게는 학교경영 개선에 이르기까지 전 분야에 해당된다. 여기에서 의뢰인은 학교 단위에서는 학교경영에 관계되는 전체 교직원이 대상이 되지만 교육행정기관의 경우

교육청의 업무에 관련된 문제 전반에 걸쳐서 의뢰하는 차원이기 때문에 교육청의 전직원들이 의뢰인에 해당된다.

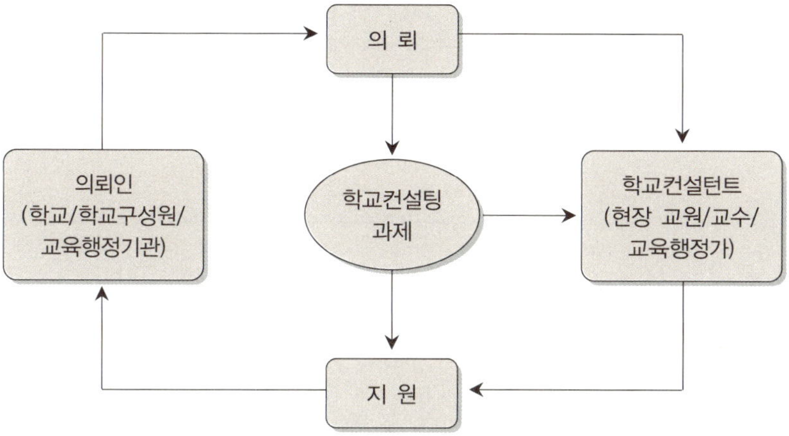

[그림 9-3] 컨설팅 장학의 운영 모형

출처 : 이병환 · 김진규 · 차성현(2011 : 109)

컨설팅 장학은 단위학교나 교육행정기관의 자율적이고 주도적인 의뢰의 자세가 중요한 전제가 된다. 이 점에서 담임장학의 관료적 운영에 대한 대안으로 주목되고 있는 컨설팅 장학의 특징이 부각될 수 있다. 따라서 단위학교 구성원들의 컨설팅 장학에 대한 적극적인 자세가 중시된다. 컨설팅 장학의 의뢰는 컨설팅 장학의 시작이라는 점에서 교원들의 적극적인 참여가 필요하다.

컨설팅 장학이 의뢰가 되면 교육지원청이나 시 · 도교육청의 학교컨설팅 담당자는 최적의 컨설팅 효과를 누리기 위한 계획 수립에 들어가게 된다. 먼저 의뢰된 컨설팅의 내용을 정확하게 진단하고 학교컨설팅 전문가의 도움을 받아 세부 추진 계획을 수립한다. 여기에는 단위학교의 조직문화와 물리적 · 환경적 특성에 대한 정확한 진단이 중요하다. 학교컨설팅 운영 계획은 다음과 같은 절차를 반영하여 수립할 수 있다.

① 문제의 인지 및 정의 ② 자료수집 및 분석 · 자료수집 · 문제의 상세화 ③ 문제해결에 대한 준거 설정 ④ 행동계획과 전략개발 · 가능한 대안 · 행동노선의 선택 ⑤ 행동계획의 실행과 평가 · 평가 및 질 관리

학교컨설턴트는 의뢰된 현안 해결에 최적의 적임자를 선정해야 하는데 가급적 개인보다는 복수의 전문가가 참여하는 것이 컨설팅 장학의 효과를 배가시킬 수 있다. 컨설턴트는 교원이나 교수도 될 수 있고 교육전문직도 될 수 있다. 교육지원청이나 시 · 도교육청에서는 컨설턴트의 인력 풀을 확충하고 질 관리에 만전을 기해야 한다.

컨설팅 장학은 의뢰인의 요청으로 이루어지는데 만일 의뢰인이 컨설턴트의 전문성을 신뢰하지 않으면 컨설팅 장학 요청을 하지 않을 것이기 때문에 컨설턴트를 확보하고 질 관리하는 작업은 컨설팅 장학의 성패를 가르는 중요한 과제라 할 수 있다(이병환 · 김진규 · 차성현, 2011).

3) 학교수준의 장학(교내장학)

학교수준의 장학은 학교조직 수준을 단위로 하여 이루어지는 장학으로, 교내장학 또는 수업장학이라고도 한다. 이에 대해서 Alfonso 등은(1981) 교내장학은 학생의 학습을 촉진시키고 학교조직의 목적을 달성하기 위하여 교사들의 행동에 직접적인 영향을 줄 수 있도록 학교 내에서 공식적으로 지정된 행동이라고 설명하였다. 즉, 학교에서 교육활동 개선을 위하여 자율적으로 교장과 교감을 중심으로 하여 전체 교직원들이 공동으로 노력하는 과정이라고 볼 수 있다.

이윤식(1993)은 교육행정기관의 지시를 받지 않고 단위학교 또는 인접한 학교들이 자발적으로 수행하는 장학활동으로서 자율장학이라는 개념을 도입하였다. 단위학교별 교내 자율장학과 인근 지역 내 학교들 간의 협동적 장학으로서 지구별 자율장학으로 구분하였다. 교내 자율장학의 특징을 지적하면 다음과 같다.

교내 자율장학의 특징
· 학교중심성
· 자율성
· 협력성
· 다양성
· 계속성
· 자기발전성

① 학교중심성 : 교내장학은 단위학교가 주체가 되며, 학교의 인적 · 물적 조건 및 조직적 · 사회심리적 특성을 기초로 하여 이루어진다.
② 자율성 : 교내장학은 외부로부터 통제를 받지 않고 단위학교 구성원들이 스스로 학교의 교육활동 개선을 위하여 장학활동을 해 나가며, 그 결과에 대해서도 스스로 책임지는 것을 중요시한다.
③ 협력성 : 교내장학은 단위학교 내에서 교장과 교감을 중심으로 하여 모든 교직원들이 협력적이고 참여적인 공동 노력을 통하여 이루어지며, 경우에 따라서는 학교 외부로부터 필요한 협력을 받을 수가 있다.
④ 다양성 : 교내장학은 단위학교의 조건, 그리고 교직원들의 필요와 요구에 기초하여 다양한 형태로 운영된다.
⑤ 계속성 : 교내장학은 일시적이고 단기적인 과정이 아니라 계속적이고 장기적인 과정이다. 교육행정기관에서 학교를 대상으로 하는 장학은 일시적이고 단기적일 수가 있으나 교내장학은 지속적이어야 한다.
⑥ 자기발전성 : 교내장학은 그 목적상 단위학교의 기관으로서 자기발전을 추구할 뿐 아니라 단위학교의 조직원으로서 교장, 교감, 부장교사, 교사, 그리고 관계직원 등 모두의 자기발전을 도모할 수 있는 과정이다.

교내장학의 영역
· 교사의 전문적 발달
· 교사의 개인적 발달
· 학교의 조직적 발달

교내 자율장학에서 다루어질 수 있는 영역은 크게 ① 교사의 전문적 발달영역(professional development), ② 교사의 개인적 발달영역(personal development), ③ 학교의 조직적 발달영역(organizational development)으로 구분되는데, 이를 알기 쉽게 제시하면 〈표 9-2〉와 같다. 물론 이 세 가지 영역 중에서 가장 중요한 영역은 교사의 전문적 발달 영역이라고 할 수 있다(임연기 · 최준렬, 2010).

교내장학은 학교에서 교장을 중심으로 교육과정 운영과 교수 · 학습과정 및 교육환경을 개선하기 위하여 교사를 지도 · 조언하는 장학을 뜻하며 이를 흔히 수업장학이라고도 한다. 수업장학은 수업의 질 향상을 도모하기 위해서 장학 담당자가 수업자인 교사에게 직 · 간접으로 제공하는 계획적인 활동이다.

표 9-2 교내장학의 세 영역

영역	교사의 전문적 발달 (professional development)	교사의 개인적 발달 (personal development)	학교의 조직적 발달 (organizational development)
초점	교육과정 운영	교사 개인	학교조직
내용	교사들이 교과지도와 교과 외 지도를 포함하는 교육활동 전반에 있어서 안정 · 숙달 · 성장을 도모하도록 도와주는 것	교사들이 개인적 · 심리적 · 정서적 · 신체적 · 가정적 · 사회적 영역에서 안정 · 만족 · 성장을 도모하도록 도와주는 것	학교의 조직환경 및 조직풍토를 긍정적으로 변화시켜 학교 내에서 교사들의 삶의 질을 높이고 학교조직의 목표를 효과적으로 달성하도록 하는 것
	• 교육철학, 교직관 • 교육목표, 교육계획 • 교과지도, 생활지도 • 특별활동지도 • 교육기자재 활용 • 학급관리, 학급경영 • 교육정보, 교육시사 • 학부모, 지역사회와 유대 • 각종 교육문제의 이해 등	• 교사의 신체 · 정신적 건강 • 교사의 성격 • 교사의 가정생활 • 교사의 사회생활 • 교사의 취미, 흥미 • 교사의 종교 등	• 학교경영계획 · 평가 • 학교경영조직 • 교직원 인사관리 • 교직원 인간관계 • 의사소통 • 학교조직 풍토
관련 이론	교육과정이론 아동발달이론 학습심리이론 교수 · 학습이론	성인발달이론 성인심리이론 정신의학이론 사회심리이론	학교조직이론 조직발달이론 인간관계이론 집단역학이론

출처 : 임연기 · 최준렬(2010 : 299-300)

교내장학은 교장이 중심이 되지만 교장 이외에도 교감, 부장교사 및 동료교사들이 장학을 담당할 수 있다. 교내장학과 관련된 교장, 교감, 부장교사의 업무를 열거하면 〈표 9-3〉과 같다.

표 9-3 학교 내의 장학업무

직 위	장 학 업 무
교 장	교재 장학활동의 총괄 학교교육 기획 교수 · 학습의 향상을 위한 환경 및 분위기 조성 현직교육에 의한 교수 · 학습활동의 개선 교수 · 학습계획을 위시한 학교 전반의 경영계획 평가 인사 · 시설 · 재정 · 사무의 총괄적 관리 국가시책 및 장학방침의 현장 구현 자원인사의 활용 및 지역사회와의 관계유지
교 감	장학활동을 위한 교장 보좌 교사들의 교수활동 지도 · 조언 교무업무의 총괄 · 조정
부장교사	교장 · 교감의 보좌 협의 및 지도 · 조언 교수 · 학습활동 개선을 위한 건의 및 조정 위임사무의 수행 교수 · 학습활동의 개선

2. 장학방법상의 유형

1) 임상장학

임상장학은 학급 내에서 일어난 교수 · 학습간의 상호작용을 기록한 것과 수업에 관련된 교사의 지각, 신념, 태도, 지식에 대한 정보로 구성된다.

임상이라는 말이 병리학적 용어이기 때문에 교사의 결점이나 나쁜 행위를 치료한다는 부정적인 뉘앙스를 갖기 쉬우나, 여기서는 장학담당자가 교사의 수업장면을 직접 관찰하고 함께 개선책을 모색한다는 적극적인 의미로 사용된 것이다. 그렇기 때문에 교사의 전문적 성장을 도와주기 위하여 장학담당자와 교사의 1 : 1의 체계적이고 집중적이며 치밀한 계획으로 이루어지는 장학의 과정이다. 임상장학은 비교적 최근에 제안되어 실시하고 있는 장학유형이다. 임상장학은 학급 내에서 일어나는 교사와 학생간의 상호작용 및 수업과 관련된 교사의 지각 · 신념 · 태도 · 지식에 대한 정보를 중심으로 수업의 개선을 도모한다. 수업의 개선을 목표로 한다는 점에서 교내장학 속에 포함되기도 하지만 그 범위가 학급에 한정된다는 점에서 교내에서의 수업장학과 구분된다.

Cogan의 8단계

임상장학은 장학담당자와 교사의 관계가 상하관계보다는 쌍방적 동료관계를 지향한다는 특징을 가지고 있다. 그리하여 장학담당자와 교사는 사전에 수업계획에 대해 충분히 협의한 후 수업을 관찰 · 분석하여 분석된 자료를 토대로 교사의 수업활동을 평가하고 그에 기초하여 교수활동을 개선하려 한다. 임상장학의 최초 제안자인 Cogan(1973)은 그 과정을 다음과 같은 8단계로 나누고 있다.

제1단계 : 교사와 장학담당자의 관계 수립
제2단계 : 교사와의 협의를 통한 수업계획 작성
제3단계 : 수업관찰 전략과 수립
제4단계 : 수업관찰
제5단계 : 교수 · 학습과정의 분석
제6단계 : 교사와의 협의회 전략 수립
제7단계 : 교사와의 협의회
제8단계 : 새로운 계획의 수립

임상장학
· 교사의 전문적 성장
· 교실수업 개선 목적

임상장학은 교사의 전문적 성장과 교실수업의 개선에 근본적인 목적을 두고 있다. 구체적으로 말해 그것은 수업상황에 대한 객관적 피드백을 교사에게 제공하고, 교수 · 학습에 있어서의 문제를 진단 · 해결하며, 교사들이 수업전략을 수립 · 사용할 수 있도록 도와주고, 객관적인 교사평가를 가능케 하며, 계속적인 전문적 성장에 대해 긍정적인 태도를 가질 수 있도록 교사를 도와준다는 것이다(Acheson & Gall, 1980). 따라서 이를 성공적으로 적용하기 위해서는 장학담당자가 기획 · 자료수집 · 분석 및 인간관계 기술 등을 구비하고 있어야 한다.

2) 동료장학

동료장학(peer supervision)이란 협력장학(cooperative supervision), 협동적 전문성 개발(cooperative professional development), 참여장학(participating supervision) 등으로 불리기도 한다. 동료장학은 동료교사들 간에 그들의 교육활동 개선을 위하여 공동으로 노력하는 과정으로 볼 수 있다. 동 학년 교사들, 동 교과 교사들, 그리고 관심 분야가 같은 교사들이 모임을 이루거나, 또는 경력교사와 초임교사가 짝을 이루어 상호간에 수업을 공개적으로 관찰하고 이에 대한 의견을 교환함으로써 수업연구 과제의 해결이나 수업방법의 개선을 도모하거나, 또는 공동 관심사나 공동문제의 해결과 개선을 위하여 협의하는 것들이 동료장학의 전형적인 형태라고 할 수 있다.

뿐만 아니라 공식적으로든 또는 비공식적으로든 교사들 상호간에 교사의 전문적 발달과 개인적 발달, 그리고 학교의 발달과 관련하여 정보나 아이디어, 도움 또는 충고나 조언을 주고받는 행위들도 넓은 의미의 동료장학에 포함된다.

이러한 동료장학은 원만한 인간관계를 바탕으로 이루어진다는 점을 감안할 때 그 부가적인 효과도 얻을 수 있는 등 다음과 같은 장점을 가지고 있다.

① 수업개선을 위해 교사들이 공동으로 노력하도록 함으로써 장학활동을 위해 학교의 인적자원을 최대한 활용할 수 있다.
② 수업개선 전략의 설계와 실천에 대한 책임감을 부여함으로써 교사들로 하여금 수업개선에 크게 기여할 수 있다는 인정감과 성취감을 갖게 할 것이다. 이는 결국 학교교육의 개선에 긍정적인 효과를 가져올 것이다.
③ 적극적인 동료관계를 증진할 수 있고, 이를 바탕으로 학교 및 학생 교육에 대한 적극적인 자세와 교사 개인의 전문적 신장을 도모할 수 있다.

이러한 협동적 장학은 오늘날까지도 널리 받아들여지고 있으며, 민주적 장학의 표본으로 실천되고 있다. 그러나 동료장학은 많은 것을 약속했지만 별다른 소득을 거의 가져다주지 못했다는 지적이 있다. 즉, 민주적 측면을 너무 강조한 나머지 참여장학이 아니라 자유방임적 장학에 머물렀던 것이다.

3) 마이크로티칭

마이크로티칭(micro-teaching)은 미국 시카고대학의 「교사교육센터」에서 개발한 것으로 4~15분간 한 가지 내용을 가르치는 축소된 수업에서 장학담당자가 교사들에게 실제적인 수업사태를 기술하고 분석하여 교수기술을 제공해 주는 기회를 가지는 절차라고 할 수 있다. 한 교사의 수업진행과정을 필름으로 영상화하고 수업절차, 교수방법 및 학습내용을 장학담당자와 함께 그 필름을 보면서 장학담당자로부터 피드백을 받는 것이다. 이러한 절차가 끝난 후 장학담당자가 직접 시범수업을 실시할 수도 있고, 동료 교사들에게 피드백한 것을 참고로 하여 수업을 행하게 하는 것이다. 따라서 마이크로티칭은 '수업-장학지도-재수업'으로 연결되는 순환과정에서 교수방법, 수업절차 등을 수정해 나가는 것이라고 할 수 있다(정일환, 1996).

4) 자기장학

자기장학은 교사 개인이 자신의 전문적 성장을 위하여 체계적인 계획을 세우고 이를 실천하며 평가 · 반성하는 과정이다. 그렇기 때문에 외부의 강요나 지도에 의해서 이루어지는 것이 아니고 어디까지나 교사 스스로가 자진해서 교수 · 학습의 개선에 노력하는데 그 특징이 있다.

이는 개인교사가 자신의 전문적 성장을 위한 프로그램을 수립하고 독립적으로 실천해 나간다는 점에서 자기연수나 일반적인 자기발전을 위한 노력과 구별된다. 물론 교사는 자기장학 프로그램을 실천해 나가는 과정에서 다른 많은 외적 자원을 활용할 수 있다. 자신의 수업녹화 비디오테이프, 학생들의 교수평가, 전문서적이나 컴퓨터의 정보, 대학원과정이나 워크숍에의 참여, 관련된 전문인사의 자문과 조언 등을 선별적으로 활용할 수 있을 것이다.

자기장학은 교수활동이 고도의 전문성을 토대로 하고 있고 교사에 대한 수업능력 향상이 결국 성인학습의 성격을 가지며, 교사들이 남의 지시나 지도에 의한 학습보다는 개인학습을 선호하는 독특한 특성을 가지고 있다는 점에서 가장 이상적인 장학형태라고 주장되기도 한다. 그러나 학습의 진전은 근본적으로 타인과의 상호작용을 통해 이루어질 수 있으며, 교사들 중 자율적이고 자기지향적 학습자가 될 수 있는 사람이 그렇게 많지 않다는 점, 그리고 장학이라는 것이 어원상 우수한 사람의 감독과 관련되기 때문에 개념상 자기 모순을 갖고 있다는 점 등으로 회의적으로 보는 시각도 상당히 존재하고 있다.

5) 전통적 장학

전통적 장학이란 전통적으로 실시해 온 장학방법으로서 행정적 장학, 약식장학이라고도 한다. 이 방법은 교사가 주어진 과제와 책임을 전문적인 방법으로 수행하고 있는지를 확인하기 위하여 교장이나 교감이 예고 없이 잠시 방문하는 방문장학이다.

이러한 방문장학은 학교행정가에 의한 잠깐 동안의 비공식적인 방문이므로 관찰 전에 관찰 계획이 서 있지도 않고, 관찰자가 교사의 행동형태를 기록할 수 있을 만큼 충분히 오랫동안 머물지도 않으며, 사후 협의회도 갖지 않으므로 장학담당자와 교사들은 이를 비효과적이라 보고 있다.

그러나 어떤 경험 있는 교장과 교감들은 이러한 방문장학을 매우 효과적인 것으로 보고 있는데 그 이유를 들어보면 다음과 같다(조병효, 1991).

① 학교경영의 전 영역에 걸쳐 학교를 전체적으로 파악하는데 필요한 정보를 수집할 수 있고 문제를 찾는 방법을 알게 한다.
② 미리 준비한 수업활동이나 학급경영 활동이 아닌 평상시의 자연스러운 수업활동이나 학급경영 활동을 관찰할 수 있어 이에 대한 의미 있는 지도·조언을 할 수 있다.

③ 교장과 교감이 수업활동과 학급경영 활동의 개선을 위하여 적극적인 장학적 노력을 하고 있다는 것을 교사들이 인식하게 한다.

6) 선택적 장학

선택적 장학(differentiated supervision)이란 장학의 대상인 교사의 발달수준과 장학적 필요가 각기 다르기 때문에 교사에 따라 장학의 방법이 각기 달라야 한다는 배경에서 여러 가지 장학의 대안들 중에서 교사가 스스로 원하는 것을 스스로 선택·결정할 수 있도록 하는 장학을 말한다. 장학의 개별화는 교사들이 각기 다른 성장욕구와 각각 다른 학습방식을 가지고 있다는 점에서 오랫동안 여러 연구자들이 관심을 기울인 쟁점 중의 하나였다. 그리하여 선택적 장학 모형 이전에도 몇 가지 주장이 제안되었는데, 대표적으로 Glickman(1981)의 발달장학을 들 수 있다. 발달장학은 교사수준을 부적격 교사, 분석적 관망교사, 분망한 교사(unfocused worker), 전문가 교사의 네 가지로 유형화하고 교사의 유형에 따라 각각 지시적, 협동적, 비지시적 장학이 필요하다고 주장하였다.

발달장학은 교사수준에 맞는 장학을 시도하였다는 의미를 가지고 있다. 그러나 교사들을 발달수준에 따라 네 가지 유형으로 구분하고, 각 교사수준에 적절한 장학 서비스를 제공하는 것이 현실적으로 무리라는 지적이 제기되었다. 이러한 가운데 선택적 장학은 말 그대로 교사들이 스스로 판단하여 자신에게 필요한 장학방법을 선택하는 장학모형으로서 발달장학이 가지고 있는 현실적 제약을 극복할 수 있는 강점을 가지고 있다.

교사의 발달 수준에 따라 적합한 장학방법은 무엇일까? 이 질문과 관련하여 Katz(1972)는 교사의 경력주기(career cycle)를 ① 생존기(survival stage), ② 정착기(consolidation stage), ③ 갱신기(renewal stage), ④ 성숙기(maturity stage)로 나누고, 제1기에 있는 교사에게는 수업기술에 관한 것이 필요하고, 제2기에 있는 교사에게는 전문가에 의한 현장조력과 활동의 기회 등이 권장되며, 제3기의 교사에게는 전문적 학회 참가, 교실방문, 전문 학술잡지 구독, 교사센터 이용, 비디오에 의한 자기분석 등이 필요하며, 제4기의 교사에게는 대학원 수강, 학위프로그램, 전문적 문헌 고찰, 세미나 참석, 협의 등이 좋다고 주장하였다.

Glathorn(1984)은 선택적 장학의 입장에서 50명의 교사로 구성된 학교라면, 5명은 임상장학, 10명은 동료장학, 5명은 자기장학, 30명은 전통적 장학을 적용해 보는 것이 이상적이라고 권고하였다(임연기 · 최준렬, 2010).

이를 종합하면 〈표 9-4〉와 같다.

표 9-4 선택적 장학의 대상

선택적 장학 대안(명)	대상교사(교사의 희망에 따르지만 적절한 대상 선정기준)
임상장학(5)	초임교사(생존기)–첫 3년 계속, 그 후 3년마다 경력교사(갱신기)–3년마다
동료장학(10)	높은 동료의식을 가지고 있는 경험 있고 능력있는 교사(정착기)
자기장학(5)	혼자 일하기를 좋아하는 경험 있고 유능한 교사(성숙기)
전통적 장학(30)	모든 교사 또는 1, 2, 3을 선택하지 않은 교사(모든 단계의 교사)

7) 기타의 장학

기타 장학으로는 사이버 장학, 과학적 장학, 책임 장학, 예술적 장학을 들 수 있다.

사이버 장학은 사이버 공간을 컴퓨터나 원격장비를 이용하여 장학담당자와의 정보를 교환하며 상담하는 장학방법이고, 과학적 장학은 Hunter의 과학적 학습의 과정에 따른 장학방법이며, 책임 장학은 학생의 성취에 대하여 교사가 책임을 지듯이 교사의 교수행위에 장학자가 책임을 져야 한다는 논리에서 나온 장학이다. 예술적 장학은 음악 감상 · 비평, 미술 감상 · 비평, 문학 감상 · 비평처럼 수업이나 교육도 감상하고 비평할 수 있다는 근거에서 나온 장학용어로서 지나치게 객관적이고 과학적인 숫자놀음에 싫증을 느끼고 새로이 대두되는 장학방법이라고 할 수 있다.

제3절 장학의 새로운 동향

선진국의 장학 동향
- 교사의 자발성과 자율성
- 수업개선에 초점
- 장학 형태 및 방법의 다양화와 개별화
- 교사와 장학담당자의 원만한 인간관계

최근 들어 주요 선진국에서 강조되고 있는 장학의 동향은 다음과 같이 몇 가지로 정리해 볼 수 있다.

첫째, 교사의 자발성과 자율성을 전제로 한 장학의 방법이 강조되고 있다. 교육조직은 다른 조직과는 달라서 지시나 명령 등의 강압적인 방법으로는 그 목적을 달성할 수 없다. 설득과 협의, 참여 등과 같은 협동적 방법만이 구성원들의 동기를 유발시켜 주며 교육조직의 목적을 달성할 수 있다. 따라서 교사들의 협력과 참여를 통해 교수·학습과정을 개선하고, 교육조직의 목표를 달성해야만 하는 장학도 교사들의 자발성과 자율성을 전제로 하지 않으면 안 된다.

즉 장학은 교사의 자율적 결정을 인정하면서도 수업을 개선하도록 외적으로 영향을 주되, 이것은 어디까지나 비강제적이고 설득적이어야 하며, 그러면서도 수업의 개선을 선도하는 방향제시 활동이어야 하고 교사를 보다 발전과 성장지향적으로 동기를 유발시키며 유도하는 활동이어야 한다. 그러므로 최근에 강조되는 장학의 방법은 종래와 같은 종합장학이나 확인장학보다는 교사의 자율적 요청에 따른 컨설팅 장학과 지구 내 학교들이 자율적으로 실시하는 지구별 자율장학, 그리고 단위학교 내에서 자율적으로 이루어지는 교내 자율장학 등이며, 그 중에서도 특히 동료교사들과의 자율적 협력을 통해 수업을 개선하려는 동료코치나 자기장학 등이 더욱 중시되고 있다.

둘째, 교육의 질 향상을 위한 수업개선에 초점을 두는 경향이 강조되고 있다. 물론 장학에서 법규해석적인 통제나 규제기능을 위주로 하는 감독적 관리기능을 전혀 도외시할 수는 없으나, 이제는 장학의 궁극적 목표가 교육의 질 향상에 있으므로 교실현장에서 수업을 개선하지 못한다면 어떠한 장학활동도 무의미하다는 인식이 점차로 확산되고 있다. 따라서 최근 들어 수업장학, 임상장학 등이 강조되고 있으며, 수업기술 향상에 초점을 둔 마이크로티칭과 같은 소규모 수업이 중시되고 있다.

셋째, 장학의 형태 및 방법에서 다양화 및 개별화의 중요성이 증대되고 있다. 장학의 본질적 기능이 교사들의 수업기술 향상과 전문적 성장을 위해 교사들을 지도 · 조언하는 것이라면 효과적인 장학이 되기 위해서는 무엇보다도 장학의 수혜자인 교사들의 요구나 발달적 특성에 맞도록 장학의 형태 및 방법이 개별화되고 다양화하여야 한다.

넷째, 교사와 장학담당자간의 원만한 인간관계가 강조되고 있다. 장학은 다른 사람(교사)을 통해서 목표를 달성하려는 활동이기 때문에 장학의 과정에서는 교사와의 인간관계가 중시된다. 따라서 최근의 장학은 지시, 통제, 감독을 위주로 하는 전통적인 장학과는 달리 지도, 조언, 협동, 봉사를 위주로 하며, 장학담당자와 교사간의 계속적이며 성숙한 상호관계 형성을 강조하고 있다.

생각해 볼 문제

1. 장학이 필요한 이유는 무엇인지 구체적인 사례를 들어서 설명해 보자.
2. 여러분의 과거 학교 재학 중 경험했던 장학의 이미지를 떠올리면서 앞으로 장학이 나아가야 할 방향에 대해서 이야기해 보자.
3. 교육행정이 일반행정과 다른 특성과 전문성을 가지고 있다고 하는데, 이를 장학의 의미와 관련하여 논의해 보자.
4. 컨설팅 장학의 구체적인 사례를 조사해 보고 대안적 장학으로 정착되기 위하여 보완되어야 할 점에는 어떤 것이 있는지 논의해 보자.

제10장

지도성(리더십)

학습목표

1. 지도성의 개념과 그 구성요소를 이해할 수 있다.
2. 지도성 이론의 발달과정을 그 시기별로 구분하여 설명할 수 있다.
3. LBDQ와 LBDQ-KOR의 차이점을 이해할 수 있다.
4. 상황접근적 지도성 이론의 특징과 한계를 설명할 수 있다.
5. 최근 부상하고 있는 지도성 이론의 핵심 내용과 그 차이를 설명할 수 있다.

오늘날 학교혁신과 변화에 대한 사회적 요청이 그 어느 때보다 높아지고 있다. 학교가 변해야 하고 달라져야 한다는 사회적 압력은 학교장의 강력한 지도성 발휘를 요구하고 있다. 학교장이 어떻게 지도성을 발휘하느냐에 따라 학교의 모습이 달라지고 학교구성원들의 조직에 대한 헌신, 인간관계, 사기 등이 달라지게 된다.

교육행정가로서의 학교장은 조직을 안정적으로 유지해 나가기 위해서도 지도성이 발휘되어야 하지만, 한편으론 조직의 변화를 이끌어 내기 위해서도 지도성이 발휘되어야 한다. 학교장은 학교체제 내부의 안정과 통합을 유지하는 한편 학교체제를 둘러싼 외부의 환경변화에 탄력적으로 대응할 수 있는 교육지도자이자 최고경영자(CEO)가 되어야 한다. 학교장이 덕장(德將), 지장(智將), 용장(勇將), 나아가 복장(福將)이나 통장(通將)이 되려면 효과적인 지도성의 발휘가 매우 중요하다.

본 장에서는 교육행정가의 지도성을 이해하기 위해 지도성의 개념과 구성요소, 전통적 지도성 이론과 현대적 지도성 이론의 핵심개념과 특징 등을 살펴보고자 한다.

제1절 지도성의 개념

지도자가 행사하는 영향력

leadership의 어원적 의미

기업의 성공과 몰락, 전쟁의 승리와 패배, 스포츠 경기에서의 승리와 패배, 학교의 발전과 정체 등의 이면에는 지도자의 중요성이 숨어 있고 지도자가 행사하는 영향력(=지도성)이 강조된다. 'leadership'이라는 단어는 'lead'와 'ship'이 결합되어 형성된 것으로 볼 수 있다. 'lead'라는 말은 고대 영어 'loedan'(=안내하다)에서 나왔으며, 라틴어 'ducere'(=끌다)에 그 기원을 두고 있다. 그리고 'ship'은 우리가 쓰는 말뜻 그대로 '배'를 의미한다. 따라서 리더십은 '배(공동체)를 이끄는 능력'이라는 의미로 쓰이기 시작했다(안성호 · 김일석, 2010).

지도성에 대한 정의는 "지도성을 정의하고자 시도하는 사람들의 수만큼 많다"(Stogdill, 1974 : 7)고 하는 표현처럼 수많은 상이한 정의가 존재한다. 지도성은 오랫동안 심리학, 사회학, 정치학, 행정학, 경영학 등의 학문에서 아주 흥미 있는 연구주제 중의 하나였으며 지금까지도 그 연구가 지속되고 있다.

지도성의 의미(Bass)

Bass(1990 : 11-18)는 지도성에 관한 연구들을 종합하면서 지도성의 의미를 12가지로 범주화하여 정리하고 있는데, 그 내용은 다음과 같다.

① 집단과정(group process)에 초점을 두는 지도성
② 성격과 그 효과(personality and its effects)로서의 지도성
③ 복종을 유인하는 기술(the art of inducing compliance)로서의 지도성
④ 영향력 행사(the exercise of influence)로서의 지도성
⑤ 행위 또는 행동(act or behavior)으로서의 지도성
⑥ 설득의 형태(a form of persuasion)로서의 지도성
⑦ 권력관계(power relation)로서의 지도성
⑧ 목표달성의 수단(instrument of goal achievement)으로서의 지도성
⑨ 상호작용의 효과를 부각시키는 것(emerging effect of interaction)으로서의 지도성
⑩ 차별화된 역할(differentiated role)로서의 지도성
⑪ 구조의 창안(the initiation of structure)으로서의 지도성
⑫ 요소들(앞에 언급된 다양한 관점)의 결합(combination of elements)으로서의 지도성

이상에서 살펴본 바와 같이 지도성이 함축하는 의미가 매우 다양하기 때문에 지도성의 개념을 한정하여 지도자를 자발적으로 추종하도록 하는 활동에만 국한하는 것이 아니라 지도자 복종(자발적, 비자발적) 및 직무를 충실히 수행하도록 하는 활동(구성원들의 현재능력의 활용 + 잠재역량의 개발)까지를 지도성의 의미로(박유진, 2009 : 18) 확대해 볼 필요가 있다.

지도성과 직권성

지도성(leadership)
조직목표 달성을 위해 집단행동에 영향을 미치는 의사결정 과정

한편 지도성(leadership)은 직권성(headship)과 차이점을 갖는다. 지도성이나 직권성 모두 공식적 지위에서 나오는 권위에 근거하고 있지만, 지도성은 조직이나 집단에서 지도자의 권위를 추종자들이 인정함으로써 심리적 유대감과 일체감이 형성되는 반면, 직권성은 조직의 상위에 있는 사람이 자신의 직위에 부여된 권력을 통해 구성원들을 통제함으로써 심리적 유대감이나 일체감을 형성하지 못한다. 따라서 직권성에서의 직권자-피직권자 관계는 공식적 조직상의 상하관계에 따라 큰 영향을 받지만, 지도성에서의 지도자-추종자 관계는 심리적 유대가 끝나지 않는 한 그 관계가 지속된다는 특징을 보인다.

지도성과 권력

지도성과 관련된 또 하나의 개념은 권력(power)이다. 권력이란 타인에게 영향력을 행사하는 능력이기 때문에 지도성과 불가분의 관계를 맺는다. 왜냐하면 교장이나 교사가 지도성을 발휘한다고 하는 것은 그들이 가지고 있는 권력을 실제적으로 활용하는 것이기 때문이다. French와 Raven(1959)은 권력의 원천에 따라 다음과 같이 5가지 권력의 형태를 제시하였다.

5가지 권력의 형태 (French & Raven)

① **보상적 권력**(reward power) : 영향력을 행사하는 사람이 중요한 자원과 보상을 통제하고 있는 것에서 나오는 권력이다. 영향력을 받는 사람의 복종의 근거는 보상에 대한 통제이다.

예 : 열심히 일하는 직원에게 급여를 인상하거나 승진을 시키는 경영주의 경우

② **강제적 권력**(coercive power) : 영향력을 행사하는 사람이 처벌의 권한을 가지고 있는 것에서 나오는 권력이다. 영향력을 받는 사람의 복종의 근거는 처벌에 대한 위협과 경고이다.

예 : 연습을 게을리하는 선수에게 벌칙을 주는 프로야구 감독의 경우

③ **합법적 권력**(legitimate power) : 영향력을 행사하는 사람이 공식적 직위와 합법적 권한을 가지고 있는 것에서 나오는 권력이다. 영향력을 받는 사람의 복종의 근거는 합법적 규칙이나 적법한 권리이다.

예 : 살인죄를 지은 사람에게 법정에서 사형선고를 하는 판사의 경우

④ **전문적 권력**(expert power) : 영향력을 행사하는 사람이 어떤 일을 하는 최선의 방법에 대한 특별한 지식이나 능력이 있는 것에서 나오는 권력이다. 영향력을 받는 사람의 복종의 근거는 전문적 지식이나 기술이다.
예 : 어떤 질병으로 병원을 찾는 환자에게 의약품 처방을 하는 의사의 경우

⑤ **준거적 권력**(referent power) : 영향력을 행사하는 사람이 개인적 매력이나 호감, 존경 등이 있는 것에서 나오는 권력이다. 이 권력은 카리스마의 한 형태이다. 영향력을 받는 사람의 복종의 근거는 존경이나 개인적 품성 등이다.
예 : 진실하고 온화한 성품으로 인해 학생들의 존경을 받는 교사의 경우

패러다임의 변화와 지도성 발휘

오늘날 급격한 사회변화와 조직을 둘러싼 외부 환경변화는 지도성 행사의 근본적 변화를 요청하고 있다. 안정에서 변화로, 통제에서 임파워먼트로, 경쟁에서 협력으로, 사물에서 관계로, 그리고 획일성에서 다양성으로의 패러다임의 변화(안성호 · 김일석, 2010)에 부응하는 성공적인 지도성의 발휘가 무엇보다도 중요하다고 할 것이다.

제2절 지도성의 구성요소

리더, 구성원, 상황

박유진(2009)은 지도성의 구성요소로 리더(성격, 행동, 영향력, 지식과 기술), 구성원(직무동기, 행동, 성숙도), 상황(직무/과업 특성, 조직 특성, 환경 특성)의 3가지를 들고 있는데, 상황은 리더십의 모습을 다양하게 변화하게 하는 변수로서 리더십 효과성에 영향을 미치는 요소로 보고 있다.

한편 Gibb(1990 : 91-94)은 지도성을 '지도하는 행위'(the act of leading)라고 정의하면서 다음과 같은 5가지의 기본적인 요소를 제시하고 있다.

지도성 구성요소(5가지)
- 지도자
- 집단
- 추종자
- 상황
- 과업

1. 지도자(leader)

지도자란 지도역할을 하는 사람이며, 지도역할에는 공식적인 것과 비공식적인 것이 모두 포함된다. 따라서 계층구조의 상위직을 점유한 사람만이 지도자라는 논리는 성립하지 않는다.

2. 집단(group)

집단이란 공동의 목표를 달성하기 위해서 서로 상호작용하는 두 사람 이상의 모임이며, 지도성은 집단 내에서 일어나는 행위로서 집단역할을 수행하는 것이다.

3. 추종자(follower)

추종자란 지도자에 대해 추종행위를 하는 대상자이며, 지도자에 대한 자발적 추종행위가 전제된다. 그러나 추종자와 지도자는 협력자(collaborators) 관계로서 추종자는 항상 추종자고 지도자는 항상 지도자라는 관계는 성립될 수 없다. 때로는 추종자에 의해 지도성이 발휘되는 경우도 있다.

4. 상황(situation)

상황이란 개인이나 집단들이 활동과정에서 의존하고 다루어야 할 일련의 가치 및 태도이며, 집단 내에서의 조직구성원 상호간의 관계구조, 집단의 특성, 집단을 둘러싸고 있는 문화의 성격, 집단의 활동을 제약하고 있는 물리적 조건, 이상의 요소들에 대한 지각상의 표현(perceptual representation) 등이 상황적 요소가 된다.

5. 과업(task)

과업이란 집단의 구성원들이 목표달성에 종사하는 모든 프로그램 및 활동의 총체이며, 과업의 다양성과 지도성과의 관계가 강조된다.

제3절 전통적 지도성 이론

지도성 이론의 발전과정은 〈표 10-1〉에서 보는 바와 같이 네 시기로 구분할 수 있다.

표 10-1 지도성 이론의 발전과정

구분	시기	이론	주요 특징
전통적 지도성 이론	1940~1950년대	특성이론	지도자의 천부적인 개인적 특성에 주목
	1950~1960년대	행동이론	지도자의 행동(과업중심, 관계중심)에 따른 지도성 효과의 차이에 주목
	1970년대	상황이론	상황적 요소에 따른 지도성 효과의 차이에 주목
새로운 지도성 이론	1980년대 이후	변혁적 지도성 카리스마적 지도성 감성적 지도성 문화적 지도성 도덕적 지도성 윤리적 지도성 서번트 지도성 분산적 지도성 정직한 지도성 여성 지도성 등	추종자를 지도자로 만드는 과정과 지도자의 비전과 헌신, 여성 지도성 등에 주목

그 첫 번째 시기는 1940~1950년대의 특성이론 시대로서 지도자의 개인적 자질이나 특성에 주목하였고, 두 번째 시기는 1950~1960년대까지의 지도성의 효과가 지도자의 행동에 따라 달라진다는 점을 강조한 행동이론 시대, 세 번째 시기는 1970년대의 지도성의 효과는 상황적 요소에 따라 달라진다고 보는 상황적합이론 시대, 그리고 네 번째 시기는 1980년대 이후의 추종자를 지도자로 만드는 과정이나 지도자의 비전과 헌신 등을 강조하는 새로운 지도성 이론 시대이다. 여기서는 특성이론, 행동이론, 상황이론을 전통적 지도성 이론으로 분류하여 각 이론의 배경과 핵심내용을 소개하고자 한다.

1. 특성이론

지도자는 선천적으로 타고 나는 것인가? 아니면 후천적으로 길러지는 것인가? 이 질문은 특성이론의 중심적 위치를 점한다. 지도자로 태어나는 사람이 따로 있는 것 같다는 인식은 역사상 위대한 지도자들이 보통 사람들과는 상당히 다르다는 사실에 주목한다. 즉 우리나라의 세종대왕이나 박정희 대통령, 미국의 링컨 대통령이나 루즈벨트 대통령, 영국의 처칠 수상이나 대처 수상, 알렉산더 대왕이나 징기스칸 등의 위대한 지도자들은 분명한 목표의식과 통찰력, 열정과 헌신 등을 소유한 그 시대의 선각자들이었다.

역사상 위대한 지도자들

초기의 지도성 연구자들은 이러한 위대한 지도자들이 지닌 공통적 특성을 찾고자 노력하여 소위 '위인론'(great man)을 만들어 내게 되었다. 특성론자들은 이러한 위인들에게서 나타나는 공통적 특성은 어느 집단이나 상황을 막론하고 보편적으로 존재한다고 가정하였으며, 지도자적 특성을 구비한 사람과 그렇지 못한 사람의 두 유형으로 명확히 구분하여 지도자가 공통적으로 가지고 있는 천부적 자질과 특성을 연구의 대상으로 하였다.

위인론
(great man theory)

Galton의 영향(천재의 유전)

특성이론의 연구자들이 밝히고자 했던 것은 첫째, 우수한 리더들이 지닌 공통적 특성, 둘째, 리더와 일반 사람과 구별되는 특성, 셋째, 리더의 지위에서 효과적인 리더와 비효과적인 리더의 특성 차이(박유진, 2009 : 68) 등이었다.

Stogdill(1904– 1978)
• 미국 오하이오 주립대 교수 역임

Stogdill은 1948년(124편)과 1970년(163편)에 지도성에 관한 많은 연구결과를 조사하여 그 결과를 비교하고 있는데, 양 연구의 차이점은 〈표 10-2〉에 제시된 바와 같다(Bass, 1990). Stogdill의 연구에서 확인된 개인적 특성 변인으로는 신체적 특징(5가지), 사회적 배경(3가지), 지능 및 능력(4가지), 인성(16가지), 과업관련 특성(6가지), 사회적 특성(9가지) 등이었으며, 연구결과 지도자가 소유해야 할 개인적 특성들이 일치되지 않고 있음을 알 수 있다.

특성이론의 한계

특성이론은 추종자와 구별되는 지도자들이 가지고 있는 개인적 특성을 통해 지도성의 본질을 밝혀 내려고 노력했다는 점에서 긍정적 평가를 내릴 수 있지만 몇 가지 비판점에 직면하였다. 첫째로는 특성론자들이 제시한 다양한 특성들 간의 공통성이 결여되어 있다는 것이고, 둘째, 특성들 간의 우선순위를 정할 수 없다는 한계, 셋째, 모든 집단과 상황에 적용될 수 있는 유능한 지도자의 특성내용에 대해서는 일치된 결론을 얻지 못하고 있다는 점(이형행, 1994 : 381), 넷째, 이러한 많은 특성들 가운데 어느 것이 지도적 위치를 달성하는 데 필요한 것이고 어느 것이 지도적 위치를 유지하는 데 필요한 것인지를 판별하기가 힘들다는 점 등이다.

표 10-2 1948년과 1970년의 연구결과에서 밝혀진 지도자의 특성

(단위 : N)

특성	정적 관계(+)의 수		0 또는 부적 관계(−)의 수
	1948년	1970년	1948년
신체적 특징(Physical Characteristics)			
−활동성, 정력	5	24	
−연령	10	6	8
−외모, 몸단장	13	4	3
−신장	9		4
−체중	7		4
사회적 배경(Social Background)			
−교육	22	14	5
−사회적 지위	15	19	2
−이동(mobility)	5	6	

지능과 능력(Intelligence and Ability)			
-지능	23	25	10
-판단력, 결단력	9	6	
-지식	11	12	
-언어유창성	13	15	
인성(Personality)			
-적응력	10		
-조정력, 정상상태(normality)		11	
-진취성, 단호함		12	
-민첩성	6	4	
-우월성, 지배성	11	31	6
-정서적 균형, 통제	11	14	8
-열의		3	
-외향성	5	1	6
-독립심, 비동조성(nonconformity)		13	
-객관성, 끈기		7	
-독창성, 창의성	7	13	
-개인적 통합, 윤리적 행위	6	9	
-기지(resourcefulness)		7	
-자신감	17	28	
-확신력	7		
-스트레스에의 인내심		9	
과업관련 특성(Task-oriented Characteristics)			
-성취동인, 탁월욕구	7	21	
-책임감	12	17	
-진취적 정신, 솔선		10	
-장애에 대한 인내력	12		
-목표달성에 대한 책임	17	6	
-과업지향성	6	13	
사회적 특성(Social Characteristics)			
-협력을 얻는 능력	7	3	
-행정능력		16	
-매력		4	
-협동성	11	5	
-양육(nurturance)		4	
-인기, 위신	10	1	
-사회성, 대인관계 기술	14	35	
-사회적 참여	20	9	
-재치, 외교성	8	4	

출처 : Bass(1990 : 80-81).

2. 행동이론

지도성을 이해하는 또 하나의 방법인 행동이론은 지도자가 어떤 특성을 구비하고 있느냐가 아니라 어떤 행동을 하느냐에 주목하는 이론적 접근방법이다. 1938년 미국 중부의 아이오와 대학교(Univ. of Iowa)에서 Lewin의 지도하에 수행된 지도성에 관한 실험연구(1939)는 지도자의 행위의 유형이 집단의 태도와 생산성에 어떤 영향을 미치는가를 규명해 보고자 하였다. 그 결과 민주적 지도자에 의한 지도성 발휘가 구성원의 만족감, 공작품의 질이나 작업에 대한 관심도, 생산성 등에서 매우 효과적이라는 사실이 밝혀지게 되었다. 1930년대 이후 인간관계론이 지배적이던 시대적 흐름 속에서 이러한 연구결과는 '민주적' 지도성이 가장 이상적이라는 그릇된 통념을 만연시키기도 하였다.

지도자가 어떤 행동을 하느냐에 주목

민주적 지도성

이 실험연구에 이어 1950년대 이후 수행된 지도성에 관한 행동과학적 접근은 효과적인 지도자와 비효과적인 지도자의 행동을 비교하여 지도자의 행동양식을 유형화하였다는 데에 그 의의가 있다. 대표적인 연구로는 오하이오 주립대학교(Ohio State University)의 연구, 미시간 대학교(Univ. of Michigan)의 연구, Blake와 Mouton의 관리망 연구 등이 있다.

1) 오하이오 주립대학교의 연구

지도자의 행동을 강조하는 새로운 연구는 Hemphill과 Coons(1950)가 '지도자 행동기술 질문지'(Leader Behavior Description Questionnaire : LBDQ)를 개발하여 지도자의 유형을 구분하는 데서 시작되었으며, Halpin과 Winer(1952)는 이 질문지를 공군지휘관에게 적용하면서 지도자의 행동을 양 차원으로 구분하였다. LBDQ는 지도자의 행동을 기술한 30개의 문항으로 구성되어 있으며, 이 중에 15개 문항은 구조성 차원(initiating structure)에 관한 것이고, 나머지 15개

LBDQ(30문항)

문항은 배려성 차원(consideration)에 관한 것이다. 이 질문지는 5단계 평정척도(항상, 자주, 가끔, 거의, 결코)로 되어 있으며 응답결과를 바탕으로 지도성의 유형을 구분하였다.

구조성(과업중심)

구조성(과업중심) 또는 구조주도성은 조직목표 수행에 초점을 두고 과업을 조직하고 설정하며, 일을 할당하고 의사소통 경로를 수립하며, 구성원과의 관계를 형성하고, 작업집단의 성취를 평가하는 정도를 말한다. 따라서 구조성 중심 지도자는 구성원 각자에게 기대되는 역할을 분명히 하고, 임무를 배정하고, 미리 계획을 세우고, 일처리 방법과 절차를 확립하며, 결실을 보기 위해 일을 추진한다.

배려성(인화중심)

배려성(인화중심)은 지도자가 신뢰, 존경, 온화, 지원, 집단 구성원에 대한 관심을 나타내는 정도를 말한다. 따라서 배려성 중심 지도자는 구성원의 아이디어를 청취하고, 친절하고 접근하기 용이하며, 모든 구성원을 공평하게 취급하며, 구성원의 아이디어를 자주 활용한다.

LBDQ를 활용한 연구결과는 두 차원의 조합에 의해 [그림 10-1]과 같이 4가지 유형의 지도성을 구분하였다.

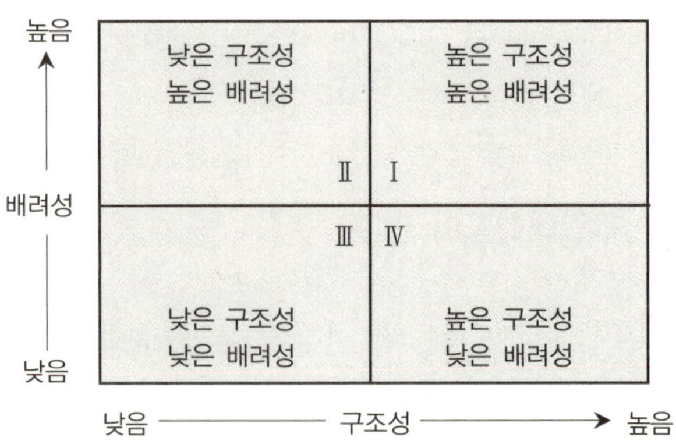

[그림 10-1] 구조성과 배려성 차원에 의한 지도성 유형

Halpin(1955; 1956)은 위의 4가지 지도성 유형 중 I 상한의 지도성 유형(높은 구조성과 높은 배려성)이 가장 효과적인 유형이라고 하였으며, 교육감과 공군지휘관에게 LBDQ를 적용하여 비교한 결과, 교육조직의 지도자는 공군지휘관에 비해 배려성 차원을 보다 강조하고, 구조성 차원을 덜 강조한다는 사실을 밝혀냈고, 존경을 받지 못하는 지도자의 대부분은 구조성 차원이나 배려성 차원의 양 차원 점수가 모두 평균점 이하라는 사실을 밝혀 내게 되었다.

가장 효과적인 지도성 유형(I 상한)

교육감과 공군지휘관의 차이

오하이오 주립대학교의 지도성 연구는 양 차원의 점수가 다 높은 경우가 효과적인 지도성임을 밝혀 주고 있지만 두 차원의 점수가 어떤 비율로 조합될 때 최선의 조화인지는 밝히지 못한 한계를 지닌다.

한편 LBDQ를 우리나라 초 · 중등학교 교사들을 대상으로 하여 수집된 자료를 토대로 학교장의 지도성 유형을 연구한 LBDQ-KOR의 내용을 개략적으로 살펴보면 다음과 같다(노종희, 1988, 1992).

LBDQ-KOR(한국판 LBDQ)

① 인간지향성 : 인간지향적 지도성 행동은 교사와의 관계에서 친밀, 온정, 관심, 칭찬, 이해를 나타내고, 또 교사들 상호간의 친목 증진을 유도하는 교장의 행동과 관련된다. 공통요인변량의 12.9%를 설명한다.

② 목표지향성 : 목표지향적 지도성 행동은 치밀한 계획과 실행, 그리고 일의 과정 및 결과의 확인, 교육 및 경영개선을 위한 새로운 방법의 시도, 개인보다 조직목표와 원칙의 강조 등을 나타내는 교장의 행동과 관련된다. 공통요인변량의 31.0%를 설명한다.

③ 관료지향성 : 관료지향적 지도성 행동은 겉치레 행정, 실적 중시, 독단, 몰인정성, 일방적 의사결정 등을 나타내는 교장의 행동과 관련된다. 공통요인변량의 56.1%를 설명한다.

표 10-3 LBDQ-KOR의 하위척도별 관련 문항

하위척도	관련 문항
인간지향성	우리 학교 교장은...... 1. 교사들의 애경사에 관심을 갖는다. 2. 교사들과 거리감 없이 지낸다. 3. 교사들과 동고동락한다. 4. 격의 없이 대화에 응한다. 5. 교사들 간의 상호 친목에 힘쓴다. 6. 교사 개개인의 신상에 관심을 갖는다. 7. 다정다감하다. 8. 교사들의 고충을 이해한다. 9. 교사들의 노고에 칭찬을 아끼지 않는다. 10. 교사들의 장점을 인정해 준다.
목표지향성	우리 학교 교장은...... 11. 교사들의 업무수행을 확인 · 점검한다. 12. 학교경영 방침을 분명하게 밝힌다. 13. 교사들의 실수를 잡아 준다. 14. 치밀하게 계획을 세워 일을 수행한다. 15. 계획된 일의 결과를 반드시 확인한다. 16. 새로운 수업방법을 사용하도록 요구한다. 17. 소신 있게 직무를 수행한다. 18. 학교경영 개선에 적극적이다. 19. 공사구분이 뚜렷하다. 20. 원리원칙을 중시한다.
관료지향성	우리 학교 교장은...... 21. 지나치게 일의 성과를 강조한다. 22. 교사들을 혹사시킨다. 23. 내실보다 겉치레를 중시한다. 24. 각종 행사를 통한 학교 홍보에 힘쓴다. 25. 행사교육에 치중한다. 26. 교사들을 부하처럼 다룬다. 27. 모든 일이 자기 뜻대로 행해지기를 원한다. 28. 계획된 일을 자기 마음대로 변경시킨다. 29. 자기 방식대로 교사들이 따라오기를 강요한다. 30. 혼자서 중요한 결정을 내린다.

출처 : 노종희(1992 : 292).

이상의 관료지향성, 목표지향성, 인간지향성 차원을 평균치를 기준으로 하여 높음과 낮음으로 구분한 다음, 상호조합을 시킨 결과 8개의 지도성 유형이 제시되었다. 이를 도식화하면 [그림 10-2]와 같다.

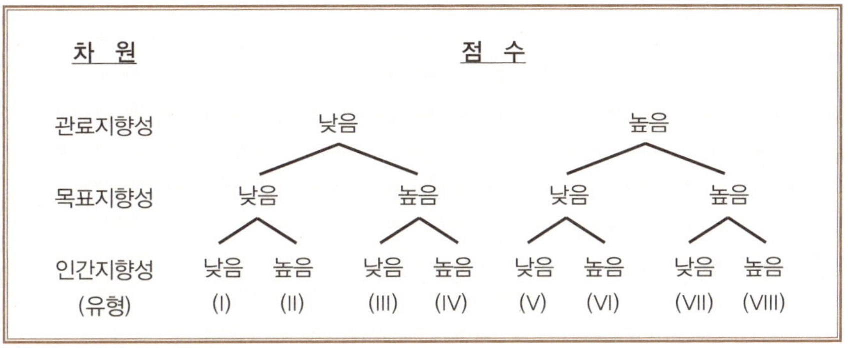

[그림 10-2] 우리나라 학교장의 지도성 유형

출처 : 노종희(1992 : 294)

[그림 10-2]에 제시된 8가지의 지도성 유형을 개념화한 내용은 다음과 같다.

① 태만형 : 학교장으로서의 직무를 수행하지 않을 뿐만 아니라 교사들의 문제에 대해서도 관심을 기울이지 않는 지도성 부재, 무사안일의 무기력한 교장을 지칭한다.

② 온정형 : 교사들의 욕구, 복지, 공적 · 사적 문제에 대해 관심을 가지고, 이들과의 친화관계를 유지하는 데에도 많은 노력을 기울이는 탈권위주의적인 교장을 지칭한다.

③ 과업형 : 학교조직목표 달성에 관심을 가지고 치밀한 계획수립, 합리적 업무분담, 과업수행과정의 확인 및 점검, 성과의 평가 및 피드백을 강조한다. 독단이나 전횡을 사용하지 않으면서도 교사들과는 소원한 관계를 유지하는 특징이 있다.

④ 민주적 과업형 : 학교조직의 목표달성을 위하여 과업의 계획, 실천, 평가의 각 단계에 높은 관심을 가지면서 동시에 교사들과도 온정적 관계를

형성 · 유지함으로써 조직과 개인을 적절히 강조하는 조화로운 교장을 지칭한다.

⑤ 전제형 : 학교조직의 목표달성이나 교사들의 욕구충족에는 별다른 관심을 두지 않으며, 교육의 본질추구보다는 전시적 겉치레 행정을 강조하고 일방적 의사결정에 의존하는 권위주의적인 교장을 지칭한다.

⑥ 가부장형 : 매사에 독단적이며 일방적이면서도 교사들의 공적 · 사적 문제를 해결하는 데 많은 관심을 기울이는, 권위주의적이면서 동시에 자애로운 교장을 지칭한다. 그러나 학교조직의 목표달성과 과업수행에 대해서는 별다른 열의를 보이지 않는다.

⑦ 전제적 과업형 : 독단적, 권위주의적으로 학교를 이끌어가면서 동시에 학교조직의 목표성취와 과업추진에도 많은 에너지를 쏟는 전제적, 과업지향적 교장을 지칭한다. 그러나 교사들의 문제, 욕구, 복지 등에는 전혀 관심을 기울이지 않는다.

⑧ 가부장적 과업형 : 독단적으로 학교를 이끌어가면서도, 교사들의 문제, 복지, 사기 등에 깊은 관심을 가지는 동시에 학교조직목표 달성을 위한 제반 과업을 적극적으로 추진하는 가부장적이면서도 과업지향적인 교장을 지칭한다.

2) 미시간 대학교의 연구

지도성 행동에 관한 두 번째 연구는 오하이오 주립대학교의 연구와 거의 비슷한 시기에 미시간 대학교 조사연구센터(Survey Research Center)를 통해 이루어졌다. 이 연구의 초점은 지도자 행동, 집단과정, 그리고 집단성과의 측정 간의 관계를 확인하는 데에 있었으며, 다양한 사회조직에 대한 조사연구를 통하여 직무중심 지도성(job-centered leadership)과 종업원중심 지도성(employee-centered leadership)의 두 유형으로 개념화하였다(Likert, 1961).

직무중심 지도성
종업원중심 지도성

직무중심 지도자의 행동은 구조성 차원이 높은 지도자의 행동과 매우 유사하다. 직무중심 지도자는 종업원의 과업과 과업성취를 위한 방법을 강조한다.

직무중심 지도자의 행동

또한 이들은 과업의 표준을 엄격하게 설정하고, 과업을 세심하게 조직하며, 종업원이 따라야 할 작업방법을 규정하고, 종업원의 작업을 면밀히 조언한다.

종업원중심 지도자의 행동은 배려성이 높은 지도자의 행동과 매우 유사하다. 이러한 지도자는 종업원의 개인적인 욕구와 인간관계의 개선을 강조한다. 종업원중심 지도자는 종업원과 우호적인 관계를 갖는 경향이 있으며, 개인적인 의사결정 대신에 집단의사결정 방법을 택하고, 높은 성취목표를 설정하고 달성하도록 구성원들을 격려하며, 구성원들을 민감하고 신중하게 대하려고 노력한다.

종업원중심 지도자의 행동

Likert(1961)는 생산성을 높이기 위해 구성원들에게 부단히 압력을 가하는 감독자를 직무중심 감독자(job-centered supervisor)로, 구성원들의 인간적인 측면과 높은 수행목표를 지닌 효과적인 작업집단을 만드는 데 최선을 다하는 감독자를 종업원중심 감독자(employee-centered supervisor)로 볼 때, 직무중심 감독자가 있는 부서의 생산성이 저하하는 것을 발견하였다. 즉 생산성이 높은 부서의 감독자는 구성원들에게 조직의 목적이 무엇이며, 무엇을 달성하지 않으면 안 된다는 것을 설명한 후 일의 수행방법에 대하여 위임하고 있으며, 이러한 방법이 세밀한 것까지 간섭하는 감독방법보다 생산성을 높인다는 사실을 발견하였는데, 이를 도형화하면 [그림 10-3]과 같다.

Likert(1903–1981)
직무중심 감독자
종업원중심 감독자
- 「New Patterns of Management」(1961)
- 5단계 Likert scale 창안자

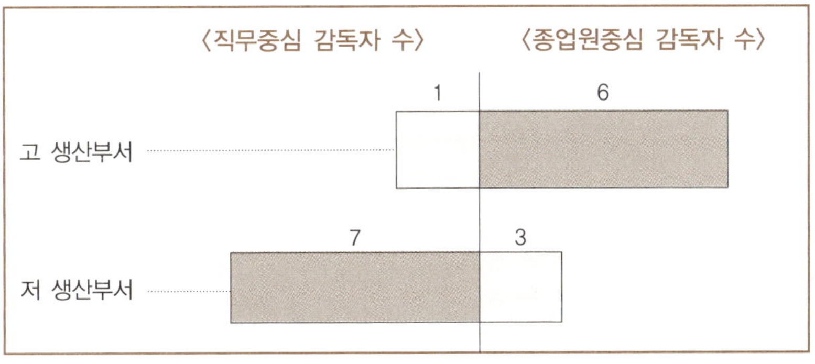

[그림 10-3] 생산성과 감독자의 지도성과의 관계

출처 : Likert(1961 : 7)

3) 관리망(관리격자) 연구

R.R.Blake와 J.Mouton
생산에 대한 관심
인간에 대한 관심
• 「The Managerial Grid : The Key to Leadership Excellence」(1964)

Blake와 Mouton(1964)은 관리망(managerial grid)이라는 개념적 도구를 창안하여 지도성 유형을 새롭게 개념화하였다. 관리망 연구는 앞에서 설명한 다른 행동이론의 유형들과 마찬가지로 양 차원, 즉 생산에 대한 관심(concern for production)과 인간에 대한 관심(concern for people)을 결합하여 지도성을 설명하고자 하였다.

[그림 10-4]에서 보는 바와 같이, 횡축에는 생산에 대한 관심의 정도를 파악할 수 있도록 9등급(관심이 높을수록 1에서 9로 올라감)으로 나누고, 종축에는 인간에 대한 관심의 정도를 파악할 수 있도록 9등급(관심이 높을수록 1에서 9로 올라감)으로 나누어 도식화하였다. 따라서 이론적으로는 모두 81개(9×9)의 지도성 유형을 상정할 수 있으나 Blake와 Mouton은 관리망의 네 구석과 한 중간에만 한정하여 5가지 지도성 유형에 대해서만 설명하고 있다.

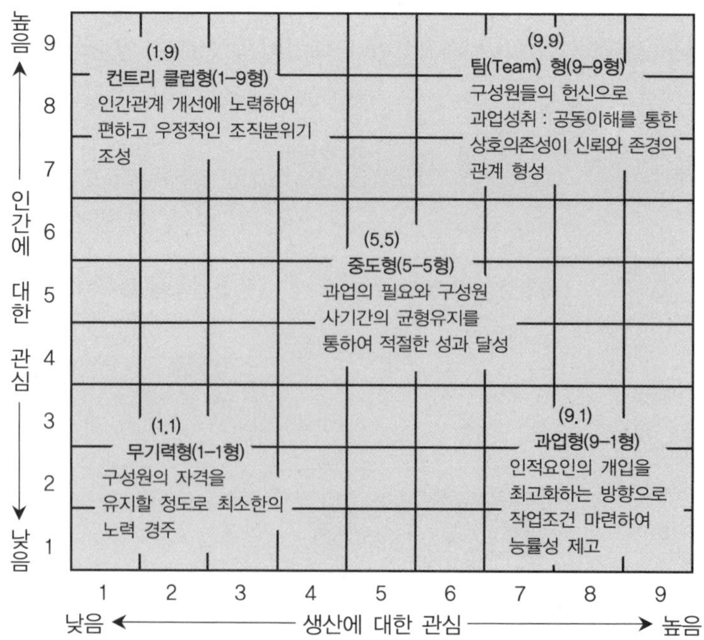

[그림 10-4] Blake와 Mouton의 관리망

출처 : Blake and Mouton(1964 : 10)

① **무관심형**(1-1형) : 생산과 인간에 대해 관심을 기울이지 않는 지도자 유형으로, 어떤 일에 책임을 지거나 관여하는 것을 꺼리는 방임적 지도성에 가깝다. 최소의 노력 투입과 최소한의 개입을 특징으로 한다.

방임적 지도성

② **컨트리 클럽형**(1-9형) : 생산에 대한 관심은 낮으나 인간에 대한 관심은 지대한 지도자 유형으로, 과업보다 구성원들과의 인간적 관계에 더 많은 관심을 갖는다. 같이 어울리기를 즐기고 친밀한 분위기를 조성하는 데 주력한다. 이 유형은 인화중심 지도성 유형이다.

인화중심 지도성

③ **중도형**(5-5형) : 생산에 대한 관심(높은 생산성)과 인간에 대한 관심(좋은 인간관계)이 균형을 이루는 지도자 유형으로, 극단적인 행동을 자제하고 균형 잡힌 해결책(중도노선)을 모색한다.

균형형 지도성

④ **과업형**(9-1형) : 생산에 대한 관심은 매우 높고 인간에 대한 관심은 매우 낮은 지도자 유형으로, 조직의 위계가 강조되고 구성원들에 대한 강제가 일상적이다. 이 유형은 과업중심 지도성 유형이다.

과업중심 지도성

⑤ **팀형**(9-9형) : 생산과 인간 모두에 적극적인 관심을 갖는 지도자 유형으로, 조직의 과업목표 달성과 관련하여 가장 효과적인 해결책을 모색하고 구성원들과의 인간적 관계의 증진에도 최선의 노력을 경주한다. 이 유형이 가장 이상적인 지도성 유형으로 분류된다.

가장 이상적인 지도성

Blake와 Mouton의 관리망 연구는 지도성 개발훈련의 필요성(이상적인 팀형에의 접근)을 강조하고 있지만, LBDQ에 비하여 아직 교육분야에서 광범위하게 활용되고 있지는 못하며 교육행정가의 지도성 유형을 분석하고 연구하는데 유용한 도구가 될 수 있음을 시사한다(이형행, 1994 : 398).

3. 상황이론(상황적합이론)

지도성에 관한 행동이론은 지도자의 행동을 양 차원으로 파악하는 데 머물고, 지도성을 조직성과나 조직구성원의 만족도와 같은 효과성 차원과는 연결

효과성 차원

시키지 못하였다. 따라서 어떠한 상황적 조건 하에서 어떠한 지도성 유형이 가장 효과적인가를 중시하는 상황중심적 접근이 새로운 지도성 이론으로 주목받기 시작하였다.

효과적인 지도성

상황적합이론에 의하면, 효과적인 지도성은 지도자의 개인적 특성, 지도자의 행동, 그리고 지도성 상황 요인들 간의 상호작용에 의하여 결정된다(Lunenburg and Ornstein, 2008 : 130)고 본다. 즉 상황이론에서의 지도성이란 사회적 상황과의 관계의 산물로서 상황이 다르면 지도자의 특성도 다르다고 전제하고, 조직이 처한 상황에 따라 지도성의 효과성이 결정된다(이병진, 2003 : 82)고 보는 것이다.

1) Fiedler의 상황적합이론(Contingency Theory)

Fideler(1922~)
미국 University of Washington 교수 역임

Fiedler(1967)의 상황적합이론(또는 우발성이론)에 의하면, 지도자의 효과성은 지도자의 동기체제와 지도자가 상황을 통제하고 영향력을 발휘할 수 있는 정도에 달려 있다고 본다. 즉 지도성의 효과(effectiveness)는 지도성 유형과 상황적 호의성의 적합성 여부에 의해 결정된다는 가정에서 출발한다(그림 10-5 참조).

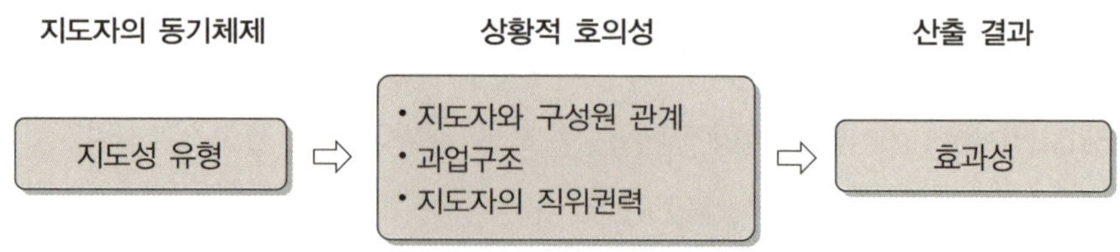

[그림 10-5] Fiedler의 상황적합이론의 주요 변인

출처 : Lunenburg and Ornstein(2008 : 131)

과업지향적 지도자
관계지향적 지도자

Fiedler(1967)는 이런 가정 하에 두 가지의 지도성 유형을 제시하고 있는데, 하나는 성공적인 과업의 성취를 강조하는 과업지향적 지도자(task-motivated leader)이고, 다른 하나는 조직구성원과의 좋은 인간관계를 강조하는 관계지향적 지도자(relationship-motivated leader)이다. 그는 LPC(least preferred co-worker : 가장 함께 일하기 싫은 동료)라는 개념척도를 개발하여 지도자의 유형을 분류하였다.

LPC는 16개로 구성된 의미변별 척도로서(표 10-4 참조) 과거나 현재에 함께 일하기가 가장 힘들었거나 힘든 동료를 각 문항에 표시하도록 하여 거기에서 얻은 점수, 즉 LPC 점수가 높으면(64점 이상) 관계지향적 지도자, LPC 점수가 낮으면(57점 이하) 과업지향적 지도자로 분류하였다.

LPC(의미변별 척도)

표 10-4 LPC(Least Preferred Co-worker) 척도

유쾌한 (사람)	8	7	6	5	4	3	2	1	불쾌한 (사람)
친절한	8	7	6	5	4	3	2	1	불친절한
거부적인	1	2	3	4	5	6	7	8	포용적인
도움을 주는	8	7	6	5	4	3	2	1	좌절시키는
열의가 없는	1	2	3	4	5	6	7	8	열성적인
긴장시키는	1	2	3	4	5	6	7	8	편안한
소원한	1	2	3	4	5	6	7	8	친근한
냉정한	1	2	3	4	5	6	7	8	다정한
협조적인	8	7	6	5	4	3	2	1	비협조적인
지원적인	8	7	6	5	4	3	2	1	적대적인
따분한	1	2	3	4	5	6	7	8	재밌는
호전적인	1	2	3	4	5	6	7	8	화평한
자신있는	8	7	6	5	4	3	2	1	주저하는
능률적인	8	7	6	5	4	3	2	1	비능률적인
우울한	1	2	3	4	5	6	7	8	명랑한
활달한	8	7	6	5	4	3	2	1	소심한

총점 : (   )

주 : LPC 척도의 문항 중 명사로 잘못 표기된 2개를 형용사로 바꾸어 표기함.
출처 : 안성호 · 김일석(2010 : 70)

Fiedler가 제시한 상황적 호의성(situational favorableness)의 구성 요인인 지도자와 구성원간의 관계, 과업구조, 그리고 직위권력의 내용을 살펴보면 다음과 같다(Lunenburg and Ornstein, 2008 : 132-133).

상황적 호의성의 구성 요인

① 지도자와 구성원간의 관계(leader-member relations) : 지도자와 구성원간의 관계는 지도자와 집단 간의 관계의 질을 말하는 것으로, 지도자가 부하들

로 받는 신임, 신뢰, 충성의 정도와 관련이 된다. 구성원들이 지도자를 존경하고 신뢰하면 과업을 성취하는 데 있어 영향력을 발휘하기가 더 용이한 반면, 지도자와 구성원들 간의 관계가 좋지 못하면 그만큼 영향력을 발휘하기가 힘들어지게 된다.

② 과업구조(task structure) : 과업구조는 하위자들의 과업의 성격을 말하는 것으로, 그것이 구조적(통상적인 과업)이냐 비구조적(복잡한 과업)이냐로 구분된다. 과업구조는 목표명료화의 정도, 목표경로의 다양성, 결정을 확인할 수 있는 정도, 해결책의 특별함 등에 의해 조작적으로 정의될 수 있다. 목표나 절차가 명료하고 고도로 구조화된 과업을 수행할 때 지도자는 하위자들에게 상당한 영향력을 행사할 수 있는 반면, 목표나 절차가 애매모호하고 비구조적이면 지도자가 지도성을 발휘하는데 어려움을 겪게 된다.

③ 직위권력(position power) : 직위권력은 지도자가 합법적, 보상적, 강제적 권력을 통하여 하위자들의 행동에 영향력을 행사할 수 있는 능력을 가지고 있는 정도를 말한다(예 : 고용과 해고, 임금 인상, 승진 등). 지도자가 갖는 직위권력이 더 강할수록 더 우호적인 지도성 상황이 조성될 수 있다.

상황적 호의성의 결합

이러한 상황적 호의성의 세 가지 요인들이 어떻게 결합되느냐에 따라 [그림 10-6]과 같이 상황은 지도자에게 보다 호의적일 수도 있고 비호의적일 수도 있게 된다. 즉 상황적 호의성이 집단상황 I, II, III과 같이 호의적이거나 또는 집단상황 VIII과 같이 비호의적일 경우에는 과업지향적 지도자(LPC 점수가 낮은 사람)가 관계지향적 지도자(LPC 점수가 높은 사람)보다 더 효과적이며, 상황적 호의성이 집단상황 IV, V와 같이 중간정도일 경우에는 관계지향적 지도자가 집단의 과업을 가장 잘 수행할 수 있다는 것이다. 여기서 상황적 호의성이 중간정도라는 것은 ① 과업이 명확하게 규정되어 있으나 구성원이 지도자를 싫어하므로 구성원의 감정을 중시하지 않으면 안 되는 상황이거나, ② 구성원이 지도자를 좋아하기는 하나 과업이 불명확하여 구성원의 창의성과 참여를 구해야만 하는 상황을 말한다.

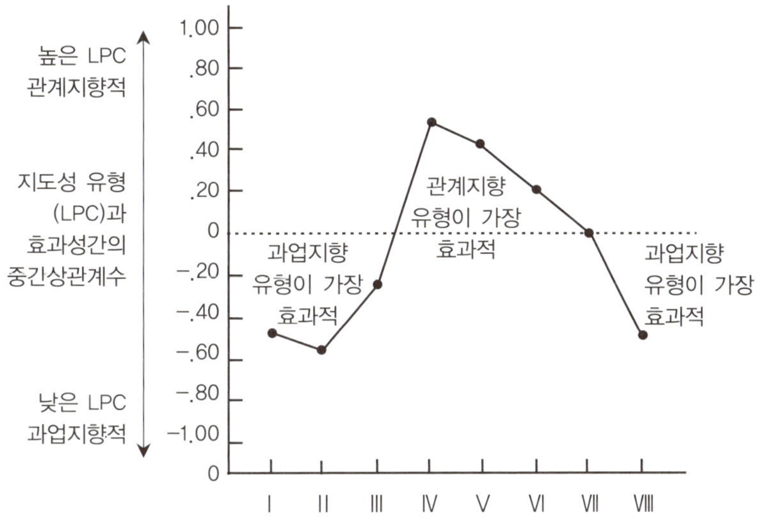

집단상황	호의적			중간 정도			비호의적	
지도자-구성원 관계	양호	양호	양호	양호	불량	불량	불량	불량
과업의 구조화 정도	명확		불명확		명확		불명확	
지도자의 지위권력	강	약	강	약	강	약	강	약

[그림 10-6] Fiedler의 지도성 효과성의 상황적합모형

출처 : Fiedler(1971 : 131)

Fiedler 이론의 의의와 한계

Fiedler의 이론은 상황변수를 도입한 최초의 이론이라는 점, 지도성 효과를 상황변수와 지도성 유형에 의해 결정함으로써 효과성을 높이는 데 공헌했다는 점, 지도자에게 도움이 되는 이론이라는 점, 그리고 지도성에 대한 과학적 연구의 새로운 계기를 마련함으로써 이를 검증하기 위한 많은 연구가 이후에 수행되었다는 점 등에서 그 의의를 인정받고 있다.

그러나 LPC척도 자체의 타당도와 신뢰도가 의심스럽다는 점, LPC 점수에 의해 지도성 유형을 구분했다는 점, 지도성 유형을 단지 이원화했다는 점, 구성원의 능력을 무시했다는 점, 그리고 LPC득점과 상황적 호의성간에 긍정적 함수관계가 성립될 수 없다는 점 등에서 비판을 받고 있다(한공우 · 임창원, 2009).

2) House의 경로-목표이론(Path-Goal Theory)

기대이론에 기초

지도성에 관한 또 하나의 상황접근이론은 House(1971)의 경로-목표이론이다. 경로-목표이론은 동기를 설명하는 이론 중의 하나인 기대이론에 기초하고 있고, 목표를 달성하기 위한 경로와 하위자들의 목표에 대한 지도자의 영향력을 강조한다. 기대이론에 의하면 조직의 구성원들은 자신들이 ① 노력하면 어떤 성과를 가져올 것이라고 믿을 때, ② 과업수행의 결과가 어떤 보상을 가져다 줄 것이라고 믿을 때, ③ 과업수행의 결과로 얻은 보상이 가치 있는 것이라고 믿을 때 동기가 유발된다. 따라서 지도자는 조직목표를 효과적으로 달성할 수 있는 경로와 목표를 하위자들에게 잘 마련해 주어야 한다.

경로-목표이론은 하위자의 목표달성 능력, 목표달성과 관련된 보상, 목표의 중요성에 대하여 지도자가 영향력을 행사한다고 보며, 하위자와 작업환경이라는 상황요인의 중재를 통해 하위자의 동기유발, 만족, 노력, 그리고 성과에 미치는 지도성 행동의 영향을 설명하고 있다(Lunenburg & Ornstein, 2008 : 135).

House의 경로-목표 모형을 구성하는 네 가지 지도자 행동의 유형과 상황적 요인의 내용은 다음과 같다(Lunenburg & Ornstein, 2008 : 135-137).

(1) 지도자 행동의 유형

구조성 차원과 유사

① **지시적 지도성**(directive leadership) : 지시적 지도자는 하위자들에게 기대하고 있는 것이 무엇인지를 알려주고, 해야 할 것과 그 방법에 대해 구체적인 지도를 하고, 성과기준을 마련하여 하위자들로 하여금 그 표준 규칙과 규정을 따르도록 요구하고, 집단의 지도자로서 자신의 역할을 설명한다. 이 지도성 유형은 오하이오 주립대학교 연구자들의 구조성 차원과 유사하다.

배려성 차원과 유사

② **지원적 지도성**(supportive leadership) : 지원적 지도자는 친절하고, 가까이 하기 쉽고, 하위자들의 욕구, 지위, 복지에 관심을 갖는다. 지원적 지도자

는 하위자들을 공평하게 대우하며, 작업환경을 더 즐겁고 재미있게 만들기 위해 노력한다. 이 지도성 유형은 오하이오 주립대학교 연구자들의 배려성 차원과 유사하다.

③ 참여적 지도성(participative leadership) : 참여적 지도자는 작업과 관련된 일에 관하여 하위자와 상의를 하고, 그들의 의견을 구하며, 의사결정시 하위자들의 아이디어를 활용하려고 한다.

④ 성취지향적 지도성(achievement-oriented leadership) : 성취지향적 지도자는 하위자들을 위한 도전적인 목표를 세우고, 과업수행의 수월성을 강조하며, 높은 수준의 성과를 달성하기 위한 하위자들의 능력에 신뢰를 보낸다.

(2) 상황적 요인

상황적 요인
- 하위자 특성
- 환경적 힘

① 하위자 특성

- 능력(ability) : 과업을 수행하는 능력에 대한 하위자들의 인식
- 통제의 소재(locus of control) : 개인이 자신의 행동에 대한 반응으로서 환경을 보는 정도. 내적 통제의 소재와 외적 통제의 소재가 있음
- 욕구와 동기(needs and motive) : 하위자의 지배적인 욕구, 동기, 그리고 인성 특성은 서로 다른 지도성 유형의 수용과 만족에 영향을 줌

② 환경적 힘

- 과업(tasks) : 하위자의 과업은 자신들의 산출에 대한 지도자 행동의 영향력을 중재하는 중요한 환경적 힘이 됨. 구조화된 과업과 비구조화된 과업에 따른 특정 지도성 유형에 대한 하위자의 만족 차이가 존재
- 작업집단(work group) : 작업집단의 성격은 특정한 지도성 유형의 수용에 대하여 하위자에게 영향을 미침
- 공식적 권위체제(formal authority system) : 과업수행을 관리하는 규칙, 규정, 정책, 절차에 대한 강조의 정도, 높은 스트레스의 상황, 불확실성이 큰 상황과 같은 문제와 관련됨

이상의 지도자 행동과 상황적 요인의 결합에 의한 지도성 행동의 효과는 [그림 10-7]에서 보는 바와 같다.

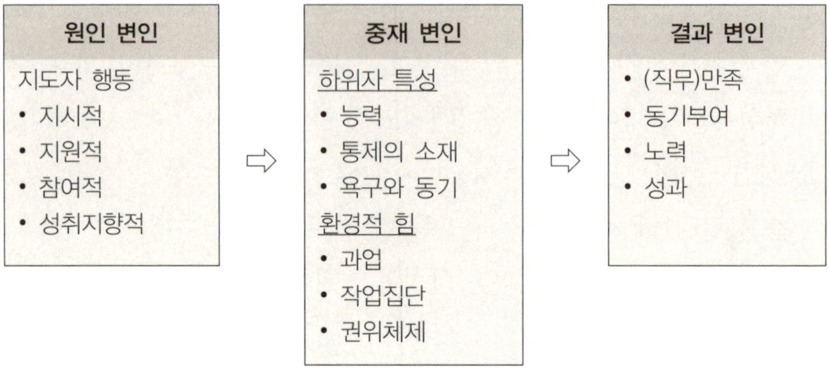

[그림 10-7] 경로-목표이론의 변인간의 관계

출처 : Lunenburg and Ornstein(2008 : 137)

House 이론의 의의와 한계

지도성 행동을 단일 차원으로 보는 Fiedler의 상황적합모형과 달리 House의 경로-목표이론은 네 가지의 지도성 유형과 복잡한 상황요인을 상호 연관시켜 특정한 지도성 행동의 효과가 달라지는 이유를 설명하고 있다는 점에서 지도성 이론의 발전에 크게 공헌하였다. 그러나 지도자와 하위자 사이에 존재하는 지각의 차이를 고려하지 못하고 있으며, 네 가지 지도성 유형을 분명하게 구분지어 발휘하기 어렵고, 지도자가 모든 상황조건을 고려한다는 것은 사실상 불가능하기 때문에 이론상의 한계를 지니고 있다고 하겠다(이병진, 2003).

3) Reddin의 3차원 지도성 이론

Reddin(1970)은 학교행정가의 지도성 유형을 확인하는데 유용한 모형을 개발하였으며, 초창기 오하이오 주립대학교의 과업행위와 관계행위의 차원에다 효과성 차원(effectiveness dimension)을 추가시킴으로써 지도성 유형의 개념과 특수한 환경의 상황적 요구를 통합하고자 하였다.

[그림 10-8]에 제시된 바와 같이 지도자 유형이 상황에 적절할 경우에는 효과적이지만, 지도자 유형이 상황에 부적절할 경우에는 비효과적이다.

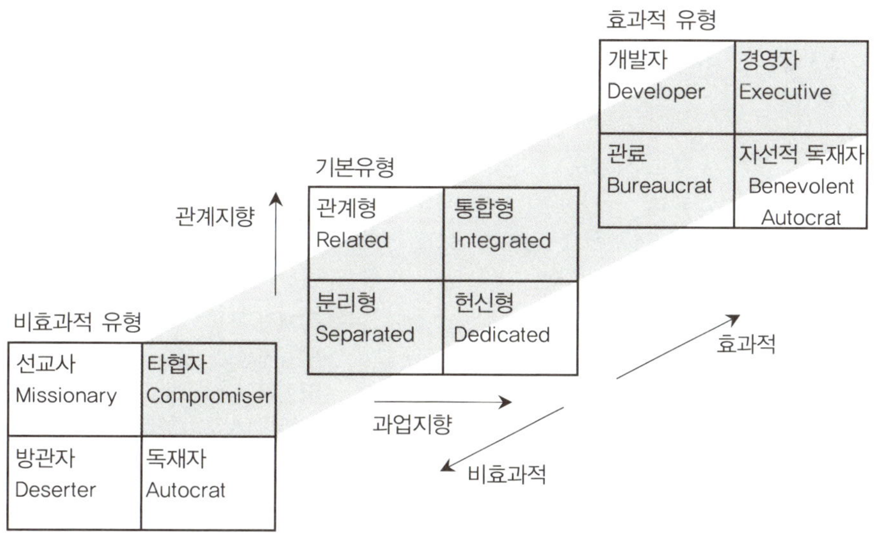

[그림 10-8] Reddin의 3차원 지도성 모형

출처 : Reddin(1970 : 230)

Reddin의 3차원 모형의 중간 부분은 기본적인 지도성 유형을 나타내는데, 여기에는 관계형, 통합형, 분리형, 헌신형의 네 가지가 있다. 이 네 가지 기본적인 지도성 유형은 상황에 따라 효과적일 수도 있고 비효과적일 수도 있다고 보기 때문에, 연속선상의 한쪽 끝에 효과적인 지도성 유형 네 가지가 놓이게 되고, 또 다른 쪽 끝에는 비효과적인 지도성 유형 네 가지가 놓이게 된다.

상황에 따른 지도성 유형

Reddin은 지도성 유형에 영향을 주는 상황적 요소로 기술(technology), 조직 철학(organization philosophy), 상위자(superior), 동료(co-workers), 하위자(subordinates)의 5가지를 들고 있다(Hoy & Miskel, 1982 : 254).

상황적 요소(5가지)

끝으로 효과성과 결합된 네 가지의 기본적 지도형 유형의 특징들을 요약하면 다음과 같다(표 10-5 참조).

표 10-5 효과성과 결합된 네 가지 기본적 지도성 유형

기본적 지도자 유형	보다 효과적	보다 덜 효과적
통합형 관계 + 과업 +	① 경영자 부하직원에게 동기를 부여하고, 높은 표준을 설정하며, 개인차에 관심을 두고 팀 접근방법을 선호하는 자	① 타협자 부당한 압력에 지나치게 영향을 받는 보잘것없는 의사결정자, 당장의 제약과 문제에 너무 쉽게 굴복하는 자
분리형 관계 − 과업 −	② 관료 공명정대하고, 규칙과 규정을 성실하게 수행하는 자	② 방관자 무관심하고, 때로는 남의 일에 간섭하며, 책임을 포기하는 자
헌신형 관계 − 과업 +	③ 자선적 독재자 해야 할 일을 알고, 적개심을 유발하지 않으면서 그것을 효율적으로 하는 역동적이고 적극적인 추진자	③ 독재자 무감각하고 고압적이고 완고하며 타인을 불신하며, 단지 현안 문제에만 관심을 가진 자
관계형 관계 + 과업 −	④ 개발자 타인을 신뢰하는 온화한 인간이며, 타인의 개인적 발전에 관심을 가진 자	④ 선교사 기본적으로 조화에 관심을 두며, 조직이 목적없이 표류하는 동안에도 선의를 전도하는 자

주 : 기본적 지도자 유형의 +는 높음(high)을, −는 낮음(low)을 나타냄.
출처 : Hoy & Miskel(1982 : 255).

4) Hersey와 Blanchard의 상황적 지도성 이론

Hersey와 Blanchard(2008)는 Tannenbaum과 Schmidt의 지도성 유형 연속선, Blake와 Mouton의 관리망, Reddin의 3차원 지도성 유형을 확장하여 지도성 행위를 분석하는데 유용한 상황적 지도성 모형을 개발하였다. Hersey와 Blanchard는 초기 오하이오 주립대학교 연구 등의 선행연구들을 검토하고 지도성 행동을 과업행동(task behavior)과 관계행동(relationship behavior)의 두 가지로 구분하였다.

지도성 행동
• 과업행동
• 관계행동

① 과업행동 : 지도자는 하위자에게 무슨 과업을 언제, 어디서, 어떻게 수행

해야 할 것인가를 설명함으로써 일방적 의사소통(one-way communication)에 관여한다.

② 관계행동 : 지도자는 사회-정서적인 지원, 즉 '심리적인 어루만짐'(psychological strokes)을 제공하고 '행동을 촉진'함으로써 쌍방 의사소통(two-way communication)에 관여한다.

또한 Hersey와 Blanchard는 구성원의 성숙도를 핵심적 상황변인으로 보고 이를 지도성 모형에 통합시켰다. 구성원의 성숙도에는 직무 성숙도(job maturity)와 심리적 성숙도(psychological maturity)의 두 가지가 있는데, 직무 성숙도는 교육과 경험에 의하여 영향을 받게 되는 개인적 직무수행 능력을 말하며, 심리적 성숙도는 성취욕구와 책임을 수용하려는 의지를 반영한 개인적 동기수준을 말한다(Lunenburg & Ornstein, 2008 : 143).

구성원의 성숙도
- 직무성숙도
- 심리적 성숙도

Hersey와 Blanchard는 두 가지의 지도성 행동(과업행동과 관계행동)과 구성원의 성숙도(직무 성숙도와 심리적 성숙도)를 조합한 상황적 지도성 모형(그림 10-9 참조)을 개발하였다. 이 모형에서 볼 수 있는 네 가지의 지도성 유형은 지시형(directing), 지도형(coaching), 지원형(supporting), 위임형(delegating)이며, 구성원의 성숙수준이 높아감에 따라 지도자는 지시적 지도성(높은 과업행동과 낮은 관계행동)으로부터 지도적 지도성(높은 과업행동과 높은 관계행동)으로 이행하고, 다음에는 지원적 지도성(낮은 과업행동과 높은 관계행동)으로, 그리고 위임적 지도성(낮은 과업행동과 낮은 관계행동)으로 변경해 지도성을 발휘해야 함을 시사하고 있다.

4가지 지도성 유형
- 지시형
- 지도형
- 지원형
- 위임형

① 지시형(directing) : 높은 과업, 낮은 관계의 지도성 유형으로, 구성원의 동기와 능력이 매우 낮을 때 효과적이다.

② 지도형(coaching) : 높은 과업, 높은 관계의 지도성 유형으로, 구성원이 적절한 동기와 낮은 능력을 갖고 있는 경우에 효과적이다.

③ 지원형(supporting) : 낮은 과업, 높은 관계의 지도성 유형으로, 구성원이 적절한 능력과 낮은 동기를 갖고 있는 경우에 효과적이다.

④ 위임형(delegating) : 낮은 과업, 낮은 관계의 지도성 유형으로, 구성원이

매우 높은 능력과 동기를 갖고 있는 경우에 효과적이다.

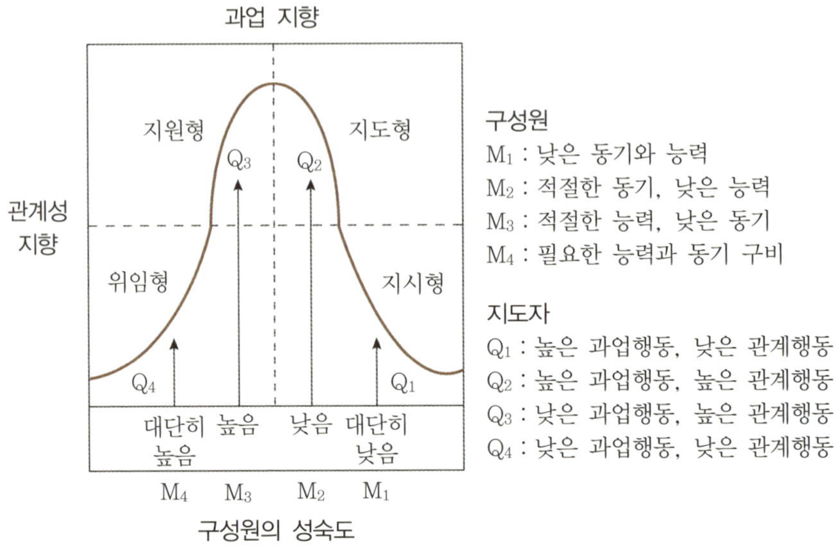

[그림 10-9] Hersey와 Blanchard의 상황적 지도성 모형

출처 : Hersey & Blanchard(1988 : 171)

제4절 현대의 지도성 이론

1. 교환적 지도성과 변혁적 지도성

교환적 지도성
지도자의 뜻에 따르는 조건으로 구성원들에게 보상을 제공하는 교환 거래적 성격으로 접근

변혁적 지도성을 연구한 학자들은 기존 지도성의 특징을 하나의 교환적 지도성으로 범주화시켜 이를 변혁적 지도성과 비교하면서 전개시켰다. Burns는 정치적 지도성의 과정을 교환적 형태와 변혁적 형태로 구별하였다. 교환적 지도성은 교환관계에 기초를 둔 것으로 지도자는 구성원이 바라는 것을 제공해 줌으로써 구성원의 행동을 유도하는 것으로 구성원의 상호욕구가 교환관계를 통해 만족되는 한 지속된다(한공우 · 임창원, 2009).

Bass(1985)는 교환적 지도성을 지도자의 뜻에 따르는 조건으로 구성원들에게 보상을 제공하는 교환으로 보고, 교환적 지도자에 대한 개념 정의를 다음과 같이 하였다.

교환적 지도자

① 교환적 지도자는 구성원들이 그들의 업무를 통하여 얻고자 하는 것이 무엇인가를 인식하고, 소기의 업무성과가 있을 때 그들이 원하는 것을 얻을 수 있도록 힘쓴다.

② 교환적 지도자는 구성원들의 노력과 보상 및 보상약속(promise of reward)을 교환한다.

③ 교환적 지도자는 구성원들이 업무수행을 통하여 달성할 수 있는 그들의 직접적인 이익에 반응한다.

변혁적 지도자

반면에 변혁적 지도성은 구성원의 현재 욕구수준을 중심으로 한 교환관계에 의한 것이 아니고 구성원의 욕구수준을 높여 더 높은 수준의 욕구, 즉 두려움, 욕심, 질투, 또는 방종이 아닌 자유, 평등, 평화 또는 인도주의에 호소하는 것이다.

변혁적 지도성은 구성원을 단순히 기본적인 욕구만을 가진 사람으로서가 아니라 전인으로 취급하며, 상위수준의 욕구를 충족시키는 데까지 배려한다. 결국 변혁적 지도성은 도덕적 지도성이 된다고 할 수 있는데, 그것은 지도자와 구성원의 인간적 행위와 도덕적 열망을 고양시키게 되기 때문이다.

Bass(1985)는 변혁적 지도자에 대해 다음과 같이 정의하고 있다.

① 변혁적 지도자는 명시된 결과들의 중요성과 가치, 이들 결과를 성취하기 위한 방법들에 관한 구성원의 의식수준을 고양시킨다.

② 변혁적 지도자는 집단, 부서, 조직의 이익을 위하여 구성원에게 자신의 이해관계를 초월하도록 한다.

③ 변혁적 지도자는 Maslow 또는 Alderfer의 욕구계층에 있어서 구성원의 욕구를 안정, 소속의 욕구와 같은 하위 욕구에서 자아실현과 같은 상위 수준의 욕구로 변화시킨다.

Bass는 Burns(1978)의 정치적 지도성 개념을 일반 조직에 적용하여 교환적 지도성과 변혁적 지도성을 상호 배타적인 것이 아닌 상호 독립적인 것으로 구별하였다.

변혁적 지도성
구성원으로 하여금 자신의 개인적 이해관계를 넘어서 집단의 목적을 이해하고 달성하도록 유도하고 높은 수준의 욕구를 충족시키며 업무성과의 의미를 인식시켜 구성원의 적극적 참여와 동기를 유발하는 지도성

교환적 지도성의 구성 요인으로는 예외에 의한 관리와 상황적 보상을 들 수 있다. 예외에 의한 관리는 성과기준에 부합되지 않는 경우에만 수정 조치를 취하는 것을 의미하는 소극적인 성격을 지닌 반면, 상황적 보상은 성과기준에 부합되는 경우 이에 대한 보상을 강조하는 적극적인 성격을 지니고 있다. 이러한 교환적 지도성 요인은 구성원의 현재 욕구를 파악하고 이를 기초로 교환관계를 통해 지도자가 바라는 결과를 얻으려고 하는 것이다.

변혁적 지도성은 교환적 지도성과는 달리 구성원으로 하여금 자신의 개인적 이해관계를 넘어서 집단의 목적을 이해하고 달성하도록 유도하고 높은 수준의 욕구를 충족시키며 업무성과의 중요성과 가치를 잘 인식시킴으로써 구성원을 동기부여시키는 것이다.

변혁적 지도성의 요소
- 카리스마
- 개인적 고려
- 지적 자극

Bass(1985)에 따르면 변혁적 지도성은 카리스마, 개인적 고려, 그리고 지적 자극의 3요인으로 구성되어 있다. 이중 카리스마는 변혁적 지도성의 충분조건이긴 하지만 필요조건은 아니다. 따라서 변혁적 지도성은 위의 3가지 요인을 모두 포함하는 것이기 때문에 구성원의 맹목적 복종을 자아내는 전통적인 의미의 카리스마 지도성과는 구별된다.

첫째, 카리스마는 변혁적 지도성의 핵심 요인으로 이는 구성원이 지도자에 대해 어떻게 인식하고 행동하는가 하는 측면에서 정의된다. 즉, 구성원은 지도자를 신뢰하고 지도자의 가치관과 비전을 수용하고 지원하며 지도자와 강한 감정적 유대를 형성하는데 지도자는 이를 통해 구성원을 자극한다.

둘째, 개인적 고려는 구성원을 일대일에 기초하여 개별적으로 다루며 구성원의 욕구에 관심을 기울이고 이를 파악하여 만족시킬 뿐만 아니라 멘토링(mentoring)이나 코칭(coaching)을 통해 구성원의 욕구를 자극하고 높임으로써 구성원을 개발하고자 한다. 따라서 개인적 고려는 지원, 격려, 개발해 주는 것이다.

셋째, 지적 자극은 구성원으로 하여금 업무수행의 낡은 방식에 대해 의문을 제기하고 새로운 방식을 사용하도록 도와주며, 구성원 자신의 가치관, 믿음,

기대에 대해서 뿐만 아니라 지도자 조직의 그러한 개념에 대해서도 적절하지 못하면 의문을 제기하도록 지원해 준다. 지도자에 의한 지적 자극의 결과 구성원은 미래에 직면하게 될 문제를 해결할 수 있는 능력을 개발하고, 구성원 스스로 문제를 해결하는 것을 배우게 된다. 이러한 과정을 통해 변혁적 지도성은 구성원의 추가적인 노력을 이끌어 내고 기대 이상의 성과를 올리도록 동기부여를 시킨다.

2. 층 지도성

개개의 학교 구성원들은 저마다 자신의 위치에서 리더십을 발휘해야 하는데, 이런 점에서 층(layer) 리더십이 필요하다. 층 리더십은 행정가 층, 교사 층, 학생 층 등과 같은 행위자 층으로 분리될 수 있다. 혹은 개인 층, 집단 층, 학교 층 등과 같은 수준으로 분리될 수 있다. 학교의 경영 단위는 매트릭스의 셀이 아니라 층에 기초한다. 행정가 층은 경영을 통해 교사 층에 영향을 미치고, 교사 층은 교수(teaching)를 통해 학생 층에 영향을 미친다. 학생 층은 개인, 집단, 학교 수준에서 학습을 통해 정의적, 인지적, 행동적 영역에서 학교의 성과를 결정한다.

층 지도성
모든 조직은 위계가 다른 층으로 구성되어 있는데 구성원들이 자신의 위치에서 각자 자신의 지도성을 발휘해야 하는데 이를 층 지도성이라 함

층 리더십의 개념에서 지도자는 개인으로 한정되지 않는다. 학교구성원 각자가 차지하고 있는 위치를 조직 구조로 보면 층(layer)이 되며 구성원들은 각자의 위치에서 자신의 지도성을 발휘해야 한다는 개념이 층 리더십의 골자이다 (박종렬 · 김순남 공역, 2001).

3. 감성적 지도성

감성적 지도성이란 리더가 가지고 있는 감성적이고 사회적인 능력과 기술을 통해 추종자를 감화 · 감동시켜 주도적인 참여와 동기를 유발하도록 영향력을 행사하는 것이다. Goleman 등은 감성역량을 기초로 해서 감성리더십을 "리더 스스로 자신의 내면을 이해하고, 구성원의 감성 및 필요를 배려함과 동시에 조직의

감성적 지도성
리더가 가지고 있는 감성적이고 사회적인 능력과 기술을 통해 추종자를 감화 · 감동시켜 주도적인 참여와 동기를 유발하도록 영향력을 행사하는 것을 강조

감성리더십의 기본 요인
- 자기인식능력
- 자기관리능력
- 사회적 인식능력
- 관계관리능력

구성원들과의 관계를 자연스럽게 형성하여 조직의 감성역량을 높이는 능력"이라고 하였다. Goleman은 감성리더십의 기본 요인을 자기인식능력, 자기관리능력, 사회적 인식능력, 관계관리능력으로 제시했다.

여기서 자기인식능력은 자신의 감성을 명확하게 이해할 수 있는 감성이해력과 정확한 자기평가에 대한 능력을 말한다. 자기관리능력은 자기 자신의 감성을 효과적으로 관리하는 자기통제력, 신뢰성, 책임의식, 주도성, 적응력 등의 능력을 말한다. 사회적 인식능력은 다른 사람의 감성을 명확하게 이해하는 능력으로 감정이입, 조직파악력, 고객서비스정신 등의 능력을 말한다. 관계관리능력은 다른 사람의 감성을 효과적으로 관리할 수 있는 타인지원성, 유대감 형성, 의사소통, 위기관리능력 등을 말한다.

감성리더십을 효과적으로 발휘하기 위해서는 무엇보다 리더 스스로가 감성지능을 구성하는 다양한 감성적 역량을 갖추기 위하여 노력해야 한다. 따라서 리더는 냉철하게 자아를 관찰하고 이해해야 하며 도전정신과 열정이 뒷받침되어야 한다. 자신과 타인의 감정을 이해하고 관리하는 감성리더십은 일반적인 조직사회에서만 필요한 것이 아니다. 학교장도 일반적인 리더와 마찬가지로 학교조직의 목표를 달성할 수 있도록 영향력을 행사해야 하기 때문에 감성적인 측면에서의 리더십을 발휘할 필요가 있다. 특히 학교는 자율적인 성격이 강한 조직이기 때문에 보다 광범위하게 감성리더십의 발휘가 필요하다.

4. 문화적 지도성

문화적 지도성
비전, 동료관계, 신뢰와 지원, 개방적 의사소통, 민주성 등의 문화요인에 의해 더 잘 조직을 이끌 수 있음을 강조

Sergiovanni(1992)는 "교사와 학생들은 관료제적 규칙, 관리지침, 상황의존적 교환, 합리적 실체의 이미지보다는 규범, 집단의 관습, 신념의 유형, 가치와 사회화 과정, 사회적으로 구조화된 실체의 이미지에 의해 더 잘 움직여진다"고 보았다. Cunningham과 Gresso(1993)는 문화는 교직원 개개인에게 수용될 수 있는 방법을 규정하며 그들이 생활하는 기초가 되어 사람들의 마음에 영향을

주고, 자기 자신을 지각하고 결부시키며, 해석하는 모형이 되기 때문에 학교 교육을 개선하기 위해서 반드시 고려되어야 한다고 하였다. 이렇듯 조직문화는 모든 행정적 노력의 구심점이 되어 조직구조, 조직행동 그리고 조직의 직무수행에 영향을 주고 직무수행을 개선하기 위한 기제가 된다. 그래서 조직행동과 조직구조는 직무수행 개선을 위한 교정적 행위를 통해 적절한 조직문화를 발전시키고 지원한다.

Cunningham과 Gresso(1993)는 학교조직에서 효과적인 문화를 형성할 수 있는 구성요소로서 '버티컬 슬라이스(vertical slice; 조직에서 각 계층 대표자들이 직위에 관계없이 허심탄회하게 토론하고 조정하는 의사소통 방법), 비전, 동료관계, 신뢰와 지원, 폭넓은 참여, 지속적 성장, 장기적 전망에 따른 현재의 생활, 질 높은 정보에 대한 용이한 접근, 개선의 유지와 지속 그리고 개인적인 권한부여 등을 들었다. 이러한 문화의 형성은 학교조직의 수월성을 높일 수 있다고 보았다.

5. 도덕적 지도성

도덕적 지도성은 지도성을 발휘하는 성원이 가지고 있는 도덕적 · 정신적 비전, 목표관, 가치의식, 문화, 행동이 조직의 의사결정과 성과에 영향을 미치는 점을 강조

도덕적 지도성에 대해서 Burns(1978)는 일상의 결핍과 필요와 기대에 대한 다양성의 요구를 초월하고, 도덕적 발달의 더 높은 차원에 부응하며, 지도성 행동을 이성적이고, 비교적 명백하며, 의식적인 가치에 관련되는 리더십으로 제시하였다. 도덕적 지도성이 고려되는 이유는 지도성을 발휘하는 성원이 가지고 있는 도덕적 · 정신적 비전, 목표관, 가치의식, 문화, 행동이 교육실천 행위에 대한 의사결정과 성과에 영향을 미치기 때문이다. Segiovanni(1992)는 학교가 도덕적인 측면을 지닌 조직임을 강조하기 위해서 도덕적 측면에서의 선의와 관리적 측면에서의 성공이라는 두 차원을 조합하여 다음 네 가지 유형을 제시했다.

I 도덕적인 학교	II 도덕적이고 효과적인 학교
III 비도덕적이고 비효과적인 학교	IV 정략적인 학교

[그림 10-10] 학교의 네 가지 유형

선의와 성공에 의한 결합

Sergiovanni(1992)는 [그림 10-10]과 같이 학교는 도덕적이고 효과적인 학교, 도덕적인 학교, 비도덕적이고 비효과적인 학교, 그리고 정략적인 학교로 분류하였다. 도덕적인 학교는 교직원들이 선의에 의해 동기가 유발되지만 목적의 성취에 있어서는 성공적이지 못하다. 반면에 정략적인 학교는 교직원들은 선의에 의해 동기가 유발되지 않았지만 목적 성취에 있어서는 성공적이다. 도덕적인 학교는 교직원들이 선의에 기초한 교장의 지도성을 이해하게 되면서 성공할 가능성이 증대되는 것이다. 그러나 단기적인 성공을 지향하는 정략적인 학교보다는 선의를 강조하는 도덕적인 학교가 장기적으로 효과적인 학교가 될 가능성이 더 높게 된다. 따라서 도덕적 지도성은 성공보다 선의를 중시하는 도덕적인 학교와 도덕적이고 효과적인 학교를 만드는 지도성이라 할 수 있다.

이러한 도덕적인 학교를 만들기 위해서 지도자는 학교 목표에 부합한 분명한 교육비전과 철학을 가지고 교직원들에게 다양한 영역의 권한부여를 통해 학교조직에 보다 더 적극적으로 헌신하고, 참여하며, 협력하도록 유도하는 변화지향적인 행위를 해야 할 것이다. 이를 위하여 도덕적 지도자들은 Segiovanni(1992)가 제안한 것처럼 전문직업적 사회화, 목적설정과 공유가치, 동료의식과 상호의존성을 제시하고, 이러한 전략을 통해서 추종자들로 하여금 일에 헌신하도록 하는데 필요한 규범적 권력을 제공함으로써 학교에서 통제문제를 해결할 수 있고, 이러한 전략들이 성공할 경우 그것들은 교사들을 추종자에서 자기관리자로 변혁시킬 수 있을 것이다. 뿐만 아니라 전문 직업적 사회화, 목적설정과 공유가치, 동료의식과 상호의존성이 강조될 경우 이것들은 지도성을 대신할 수 있으며, 지도자의 지도력은 그만큼 필요가 없게 된다. 수업이 교사들 자신의 지혜와 동료들에 의존하여 자율적으로 해결되고 그에 따라 행정가들에 대한 업무 부담은 완화될 것이다.

6. 서번트 지도성

서번트 지도성(servant leadership)은 리더와 구성원 간의 관계를 상하 관계라기보다는 수평적인 동료관계로 본다. 서번트 지도자는 구성원들이 자율적으로 업무를 수행하도록 권한과 책임을 위임하고, 그들을 지원하게 된다. 구성원들과 대안에 대해 토의하고 결정을 내린다. 결정된 사안에 대해서는 구성원들이 협력하여 일을 추진해 나가며, 서번트 지도자는 결정된 일이 잘 진행될 수 있도록 지원하고 환경을 조성해 주는 일을 한다. 또한 서번트 지도자는 질책보다는 격려를 통해 구성원들이 업무를 잘 수행할 수 있도록 동기를 부여한다. 이러한 과정들을 통해 구성원들은 자신의 다양성과 창의성을 자유롭게 발휘할 수 있게 되며, 업무에 대해 주인의식과 책임감을 가지고 환경의 변화에 능동적으로 대처하게 된다.

서번트 지도성
인간존중을 바탕으로 구성원들에 대한 지원과 권한위임 및 책임을 통해 구성원의 잠재력을 발현하도록 도우며 최대의 성과를 얻는 지도성

서번트 지도성은 Greenleaf에 의해 처음으로 제시되었다. 그는 서번트 지도성 5원칙을 제시했는데, 그것들은 존중, 봉사, 정의, 정직, 공동체 윤리를 제시했다. 그가 제시한 이러한 5원칙에 근거하여 Spears는 서번트 지도성의 특징을 경청, 공감, 치유, 설득, 인지, 통찰, 비전제시, 청지기의식, 구성원의 성장, 공동체 형성으로 제시했다. 이러한 점에서 서번트 지도성은 인간존중을 바탕으로 구성원들에 대한 지원을 통해 그들의 잠재적 능력을 발현시키며 이를 통해 최대의 성과를 얻는 지도성이라고 할 수 있다.

7. 분산적 지도성

분산적 지도성
학교 구성원의 능동적 참여와 협동행위를 통해 집단적 · 위임적 · 참여적 · 민주적 지도성을 지도자와 조직구성원이 공동으로 발휘하는 것을 강조

다원화되고 복잡다단한 개방 체제로서의 학교조직은 단위학교 책임경영제의 실천과 함께 학업성취도 평가를 통한 책무성 요구에 부응해야 하는 정책 환경에 직면하고 있다. 이러한 조직 환경 속에서 효과적인 학교 지도성 구현은 그 성패를 좌우하는 핵심 요소일 것이다. 분산적 지도성은 책무성과 자율성 기반 학교 개선을 위한 새로운 지도성 유형으로서 각광받고 있다(Harris, 2008b, 2009).

분산적 지도성은 다양한 전문적 지식과 기술을 지닌 구성원 간의 공유, 상호의존, 신뢰를 바탕으로 지도성이 공동 구성 · 실행되며 이 과정에서 창출된 조직학습을 통해 확대된 지도자들이 학교개선과 책무성을 도모한다는 점을 강조한다. 분산적 지도성은 최근 대두되고 있는 이론이지만, 실제로는 학교현장에서 이미 실행되어 왔다.

예를 들면, 수업 및 교육과정에 대해 다수의 선임교사 또는 멘토들이 후임교사들을 코칭하는 경우, 학교운영에 관한 계획을 학교운영위원회를 통해서 공동으로 수립 이행하는 경우, 학년 및 부서 계획을 해당 부장이 중심이 되어 수립 이행하는 경우, 교내 체육대회, 경진대회 등 이벤트 행사가 담당 교과팀이나 특별팀을 통해 수행되는 경우, 시범학교나 연구학교 운영에 있어서 해당 분야 전문성을 지닌 교사가 주된 역할을 수행하는 경우 등을 대표적으로 열거할 수 있다.

생각해 볼 문제

1. 학교 내에서 발생한 학교폭력과 관련하여 학교장이나 학생부장은 어떠한 지도성을 발휘하는 것이 적절한 것인가를 토의해 보자.
2. 변혁적 지도자로서의 학교장의 효과적인 지도성에 대해 논의해 보자.
3. Hersey와 Blanchard의 상황적 지도성 모형을 우리나라 인문계 고등학교 교실상황에 적용하여 토의해 보자.
4. 최근에 부상하고 있는 도덕적 지도성과 여성 지도성, 그리고 감성지도성의 과제를 학교현장에 적용하여 논의해 보자.

제11장

교육정책

제1절 교육정책의 개념과 특성
제2절 교육정책 이론
제3절 교육정책 형성
제4절 교육정책 형성의 제약 요인

학습목표

1. 교육정책의 개념과 특성을 의사결정, 정치적 과정, 교육적 효과 측면에서 이해할 수 있다.
2. 학자별로 제시한 교육정책 이론들을 예를 들어 설명할 수 있다.
3. 교육정책 형성 과정과 그 제약조건을 논리적으로 설명할 수 있다.
4. 교육법규의 개념과 성격 및 존재 형식을 이해할 수 있다.
5. 교육법규의 기본원리, 구조와 내용, 입법 절차를 이해할 수 있다.
6. 우리나라 학제의 구조와 특징을 외국의 사례와 비교하여 설명할 수 있다.

제1절 교육정책의 개념과 특성

1. 교육정책의 개념

교육정책
교육의 공공적 활동과 목표달성을 위해 정부에 의해 이루어진 체계적인 기본방침

정책의 개념은 중요한 결정이나 정치체제가 내린 권위적 결정이라는 의미도 가지고 있으며, 한편으로 목표달성을 위한 수단의 기획 혹은 행동과정이라는 의미도 포함하고 있다. 그리하여 최근에는 정책의 개념을 정의하면서 그러한 여러 가지 관점들을 혼용하여 비교적 포괄적인 정의를 내리고 있다. 이러한 포괄적인 정의 속에는 다음과 같은 개념적 속성들을 포함하고 있다(한공우 · 임창원, 2009).

첫째, 정책이란 목적지향적 활동이라는 것이다. 어떤 결과를 산출하기 위한 활동이 아닌 무의도적인 활동이나 우연적 결과는 정책과는 무관한 것이다.

둘째, 정부에 의해 이루어지는 체계적인 활동이라는 것이다. 정책은 개인의 계획이나 방침이 아니라 법률이나 공적 활동 등에 의해 이루어지고 조직적 활동을 통해 체계적으로 집행되는 결정인 것이다.

셋째, 실제로 이루어지는 활동이라는 것이다. 일에 대한 계획만으로는 정책이라고 할 수 없으며, 적어도 의도된 목적달성을 위한 실제적인 행동과정을 포함하고 이를 추진하는 것이 정책이라고 할 수 있는 것이다.

넷째, 공공성을 가져야 한다는 것이다. 정책은 그 결과로서 영향을 받게 되는 국민들의 이익에 합치해야 하는 것이다.

다섯째, 권위를 바탕으로 한다는 것이다. 정책은 공익에 기초한 국민의 동의를 바탕으로 국가의 정치권력을 동원하여 강제적으로 결정하는 것이다.

정책이란 보통 외교 · 안보 · 경제 · 사회 · 문화 등 국민생활의 제영역에 걸친 공공의 업무에 있어서 중요한 목표 · 수단 · 방법 등에 관한 국가의 기본방침을 의미한다. 즉, 공공활동에 대한 국가의 기본지침 또는 방향을 결정한

것을 말한다. 그것은 두 가지 요인을 필수적인 요건으로 한다. 하나는 국가권력을 배경으로 하는 강제성이며 다른 하나는 국민의 동의이다. 다시 말해서 정책이란 외교 · 국방 · 경제 · 교육 · 문화 등 여러 측면에 걸쳐 국민생활에 중요한 의미를 가진 공공활동의 목표, 기본수단과 방법 등에 관하여 국민적 동의를 바탕으로 하면서도 국가의 권위체제로서의 공권력을 배경으로 강행되는 국가적 기본방향의 설정을 의미하는 것이다. 엄밀히 말하면 정책결정이란 정책을 결정하는 과정을, 정책이란 정책결정의 결과를 뜻하는 것이다.

정책은 정책결정의 결과

이와 같은 의미에 있어서의 정책과 정책결정은 여러 대안 가운데 최적의 대안을 의도적이며 합리적으로 선택 · 결정하는 것을 그 본질로 한다. 그것은 개인적으로나 집단적으로나 수많은 갈등의 상황 속에서 서로 경쟁적 위치에 놓여 있는 대안 가운데 최선의 대안을 선택하는 것을 의미하기 때문이다.

이러한 점에서 교육정책은 공권력, 즉 국가와 권력과의 관계를 나타낼 뿐만 아니라 국가의 교육이념을 구현하는 기본적인 수단이다. 국가의 의사를 실질적으로 형성하는 권력과정의 문제나 권력의 교육지배 양식을 정치과정으로 분석하는 일을 필요로 한다고 볼 수 있다.

2. 교육정책의 특성

앞에서 살펴본 바와 같이, 교육정책은 정치적 과정을 통해 형성된 하나의 의사결정으로서 국민교육에 중대한 영향을 미치는 정부의 통치행위라는 특성을 갖는다. 여기서 그 구체적 특성을 의사결정으로서의 측면, 정치적 과정으로서의 측면, 교육적 효과라는 측면으로 나누어 살펴보면 다음과 같다(한공우 · 임창원, 2009).

1) 의사결정의 측면

교육정책이 교육활동을 위한 정부의 공적인 의사결정이라는 점에서, 그것은 다른 종류의 결정과 마찬가지로 다음과 같은 특성을 갖는다.

교육정책은 국민의 이익에 부합되도록 교육활동을 운영해 나가기 위한 그리고 교육문제를 해결하기 위한 기본방침을 제시하려는 의사결정 활동임

⑴ 교육정책은 본질적으로 합리적이고 목적지향적인 특성을 갖는다. 즉, 교육정책은 국민의 이익에 부합되도록 교육활동을 운영해 나가기 위한 기본지침을 제시하려 하는 의도적 · 계획적 활동이고 가치지향적 활동이기 때문에 선택과 결정에 있어서의 합리성을 가장 기본적인 특성으로 삼는다는 것이다.

⑵ 교육정책은 교육문제의 해결을 위한 대안을 제시한다는 의미에서 과학적 문제해결을 그 특징으로 삼는다. 인간의 문제해결 방식은 합리성을 추구하기 위하여 과학적 문제해결 방식을 따르게 된다. 그것은 대체로 몇 가지 정해진 단계나 절차를 거치는 것이 보통이다. 즉, ① 문제의 제기와 확인, ② 경험적 준거나 객관적 자료 등을 토대로 한 가설의 설정, ③ 자료의 수집과 정리 및 해석, ④ 수집된 자료를 토대로 한 결론의 도출, ⑤ 가설의 수용 또는 기각 등의 단계와 절차를 거쳐 나가는 것이다. 과학적 문제해결 과정에는 귀납과 연역의 논리와 환원적 사고방식이 적용되며 분석과 종합의 방법이 병용되고 직접적 · 간접적 경험이 모두 활용될 수 있음은 물론이다.

⑶ 교육정책은 또한 최적의 대안을 선정하는 일이라는 뜻에서 최적화를 지향하는 하나의 선택행위라는 특성을 갖는다. 최선의 선택이 가장 좋은 것이지만, 여러 가지 사정으로 그것이 항상 가능하지는 않기 때문에 때로는 차선의 길이나 차차선의 길에 만족하지 않으면 안 되는 경우가 대단히 많다. 따라서 선택행위는 현실 가능성의 차원에서 많은 제약을 받으면서 그 중에서도 최적화를 추구하게 되는데, 이것은 교육정책의 본질적 측면을 구성한다.

의사결정에 있어서 정보와 자료의 부족, 인간의 예견능력과 자질의 미흡, 기타 결정자와 환경에 내재해 있는 저해요인 등 많은 현실적 조건들 때문에 최적의 대안을 선택하기는 대단히 어려운 것이 사실이다. 그래서 실제적인 선택은 최적의 최선이 되지 못하는 경우가 대단히 많다. 그럼에도 불구하고 최적화를 지향하여 보다 적합하고 보다 효율적인 선택을 하고자 하는 의도를 가지고 자유로운 노력을 한다는 사실은 의사결정 과정으로서 교육정책이 가지는 중요성을 보여주고 있다.

2) 정치적 과정의 측면

교육정책은 정치적 과정을 거쳐서 형성 · 결정되며, 정치체제의 하위체제로서의 행정체제 속에서 운영되기 때문에 본질적으로 정치력(power)의 문제라는 특성을 갖는다. 즉, 권력이 어떻게 작용 · 전개되느냐의 측면에서 볼 때, 교육정책은 필연적으로 정치적 과정, 권력관계의 역동과정으로서의 특색을 나타내기 때문에 정치권력과 관련해서 그 특성을 논의해야 한다는 것이다.

일반적으로 권력이란 어떤 개인이나 집단이 다른 개인이나 집단에 대하여 미치는 영향력을 의미한다. 정책과 관련해 보면 그것은 어떤 개인이나 집단이 정책결정과 그 집행에 관련하여 다른 개인이나 집단에 대하여 미칠 수 있는 영향력을 의미한다고 볼 수 있다. 따라서 권력을 행사하는 사람은 특정의 개인일 수도 있고 어떤 조직체나 집단일 수도 있다. 대통령이나 교육부장관 혹은 교직단체 등은 모두 교육정책의 결정과 집행에 관하여 권력을 행사할 수 있는 개인과 집단이다. 그리하여 교육정책을 권력관계의 측면에서 분석하고자 할 때는 이들 주요 당사자와 당사자의 정치행태에 주목할 필요가 있는 것이다.

교육정책은 교육에 직 · 간접적으로 관련이 있는 당사자들간의 정치적 권력관계와 그 권력관계의 역동과정을 분석하는 것임

또한 정치권력의 행사와 관련해서 중요한 점은 사회적으로 승인된 권력의 속성과 그 행사방식이 어떠한 것인가를 이해하는 일이다. 교육정책을 정치적 과정으로 볼 때 그를 이해하는 방식은 사회의 가치체제나 정치의 체제와 문화 혹은 행태에 따라 매우 다른 결과를 나타낼 것이기 때문이다. 그러나 이때 분명한 점은 민주주의를 신조로 하는 현대사회에 있어서는 자유와 평등의 실현, 기본적 인권 등과 같은 국가운영의 기본 원리가 있으며, 그에 기초한 국가적 교육이념이 존재하고 있다는 점이다. 따라서 정치적 과정으로서의 교육정책은 공공적 이익과 국민의 동의를 바탕으로 삼아 그러한 국가의 기본이념과 교육이념을 실현하기 위한 합리적인 결정을 특징으로 하고 있다고 볼 수 있다.

3) 교육적 효과의 측면

교육정책은 교육활동을 이끌고 조장하며 지원하기 위한 기본지침과 대안 마련을 위한 정부의 공식적 활동임

교육정책은 교육활동을 이끌고 조장하며 지원하기 위한 기본지침을 제시하려 한다는 근본적인 목적을 가지고 있다. 따라서 교육정책의 특성은 그것이 교육에 대하여 어떠한 효과를 가져왔느냐 하는 측면에서 고찰할 필요가 있다. 그것은 다음과 같은 세 가지 측면을 고찰할 수 있다.

⑴ 교육정책이 교육의 발전에 얼마나 기여했는가 혹은 기여할 수 있는가 하는 점이다. 즉, 교육정책이 교육의 양적 성장, 교육기회의 확대와 균등화, 교육의 질적 향상과 수월성 증대 등 교육내적 조건의 성장과 발전에 얼마나 기여하느냐에 따라 교육정책의 특성을 확인할 수 있다는 것이다. 사실 특정의 교육정책이 교육발전에 얼마나 기여하였는가 또는 기여할 것인가를 평가하는 것은 대단히 어려운 일이다. 그러나 분명한 점은 적어도 교육정책은 교육발전의 진작을 통해 교육에 의해 영향을 받는 대다수 사람들의 이익 증진에 봉사해야 한다는 특징을 갖고 있는 것이다.

⑵ 교육정책은 교육의 외적 조건을 정비하고 교육의 환경을 개선하는데 얼마나 기여하였는가를 살펴봄으로써 그 타당성과 효율성을 측정할 수 있다. 즉 교사, 시설, 재정 등의 조건을 정비하고 교육경영의 환경요인을 정비·개선하는 정도에 따라 교육정책의 기여도를 판단할 수 있다고 보는 것이다. 외적 조건의 경우는 비교적 가시적인 것이 많고 측정도 비교적 용이하므로 교육발전의 지표로서 확인하기가 그만큼 쉽기 때문에 많은 교육정책이 그와 같은 외적 조건의 정비·개선에 역점을 두어 결정·집행되어 왔다고 볼 수 있다. 그러나 한편으로 그러한 용이성 뿐만 아니라 외적·환경적 조건의 정비·개선은 교육의 내적 조건과도 직결되며 교육력의 신장과 교육발전에 기여할 수도 있다. 그리하여 교육정책은 교육의 내적·외적 조건을 정비하고 확충함으로써 교육의 발전을 도모한다는 특징을 가지고 있다는 것이다.

⑶ 교육정책의 성과를 교육의 국가발전과 사회발전에 대한 기여도에서 찾을 수도 있다. 예컨대, 교육이 경제성장이나 사회적 통합에 얼마나 기여하였고

또 기여할 수 있는가 하는 측면에서 교육발전의 지표를 찾고, 그에 비추어 교육정책의 성과를 평가하려는 입장이 있다. 물론 이 경우도 교육의 발전이나 교육환경의 정비 개선과 무관한 것은 아니지만 교육을 그 자체로서 독립시켜 보는 것이 아니고 국가와 사회와의 연관 속에서 보고자 하는 점에서 차이가 있다. 그와 같은 관련에서 보면 교육발전의 지표 역시 달라질 수밖에 없다.

따라서 교육정책의 특성은 이와 같이 여러 각도에서 다양한 준거와 척도로 조명되고 평가된 후 이해되어야 할 것이다. 어떤 단일의 준거와 척도만으로 교육정책의 효과나 영향을 이해하기는 어려울 것이다. 그런 점에서 교육정책은 다른 사회정책과 구별될 수 있는 특징적인 요소를 가지고 있다고 볼 수 있다.

제2절 교육정책 이론

1. Griffiths의 정책결정론

Griffiths(1959)는 교육행정학의 이론수립에 선도적인 역할을 수행했다. 그는 행정이란 모든 인간조직에서 볼 수 있는 하나의 일반적인 행위이며, 그 구체적인 기능은 가능한 한 효과적인 방법을 사용하여 의사결정 과정을 개발 · 조정하는 것이라 하여 의사결정을 행정에서 가장 핵심적인 기능으로 부각시키고 그에 관한 이론적 발달을 주도하였다. 특히 과학적 문제해결 과정으로서 정책결정의 과정을 중시하여 그 과정을 (1) 문제의 인지, 정의 및 한계 설정, (2) 문제의 분석 및 평가, (3) 평가기준의 설정, (4) 자료의 수집, (5) 해결방안들의 우선순위 결정과 최적안의 선택, (6) 해결방안의 시행 등 여섯 단계로 제시하여 의사결정 및 정책형성이론의 정립에 크게 공헌하였다.

2. Dill의 정책결정론

Griffiths와 같이 Dill(1964)도 과학적 방법을 사용한 의사결정 과정을 강조하였다. 그는 어떠한 문제를 발견하고 정의하는 일에서부터 대안을 탐색 · 선택하고 그에 따른 결과의 평가에 이르는 일련의 의사결정 과정을 하나의 순환과정으로 보고 그 구체적 과정을 (1) 의제의 작성, (2) 대안의 탐색, (3) 최적의 대안 선택, (4) 실행, (5) 평가 등의 다섯 단계로 나누어 제시하였다. 문제해결을 위한 과학적 방법의 채택, 타당도와 신뢰도를 갖춘 도구의 제작과 활용 등을 강조하여 정책결정 과정의 객관화를 도모함으로써 교육정책 결정과 관련하여 주목할 만한 업적을 남겼다.

3. Stuffebeam과 Guba의 교육정책 결정론

Stuffebeam과 Guba(1971)는 교육평가와 관련시켜 정책결정의 이론을 발전시켰다. 그들은 정책결정을 (1) 필요성의 인식, (2) 설계, (3) 대안의 선택, (4) 실행이라는 네 단계의 과정을 거치는 것으로 보고, 상황에 따른 정책결정 모형을 제시하였다. 우선 정책결정을 위한 상황을 ① 현상유지적 상황, ② 점진적 변화 상황, ③ 혁신적 상황, ④ 혁명적 상황의 네 가지로 구분하고 실제로 결정의 표준적인 모형의 제시에 난점을 가지고 있는 혁명적 상황을 제외한 나머지 각각에 적합한 정책결정모형으로 ㉮ 이상형, ㉯ 점진형, ㉰ 변화형을 제시하였다. 결정을 위한 상황에 따라 정책결정의 모형을 제시하고 맥락평가, 투입평가, 과정평가, 산출평가 등의 체계적인 평가과정을 통해 정책결정의 합리성을 촉진하는 모형을 구안하여 정책결정과 교육평가의 이론적 발달에 크게 공헌하였다.

4. Hoy와 Miskel의 순환적 정책결정 과정론

Hoy와 Miskel(2008)은 정책결정 과정의 문제를 확인 · 진단하여 해결방안을 수립하고, 그 방안을 실행 · 평가하는 일련의 순환과정으로 보았다.

[그림 11-1]에서 볼 수 있듯이 정책결정 과정을 (1) 문제의 인식과 정의, (2) 문제의 분석(문제의 분류, 자료수집, 문제의 명료화), (3) 문제해결을 위한 준거의 설정, (4) 실행을 위한 계획과 전략의 개발(대안의 상세화, 결과의 예측, 숙고, 행동노선의 선택), (5) 활동계획의 착수(계획의 작성, 의사소통, 감독과 평가) 등의 순환과정으로 보았으며, 상황의 변화에 따라 그 과정의 내용이 약간씩 변화한다고 하였다. 그들은 완전히 합리적인 정책결정은 불가능하다고 보았으며, 그 때문에 정책결정은 그 과정을 최대한 효율화하여 최상의 만족을 이룰 수 있는 상태를 추구할 수밖에 없음을 강조하였다.

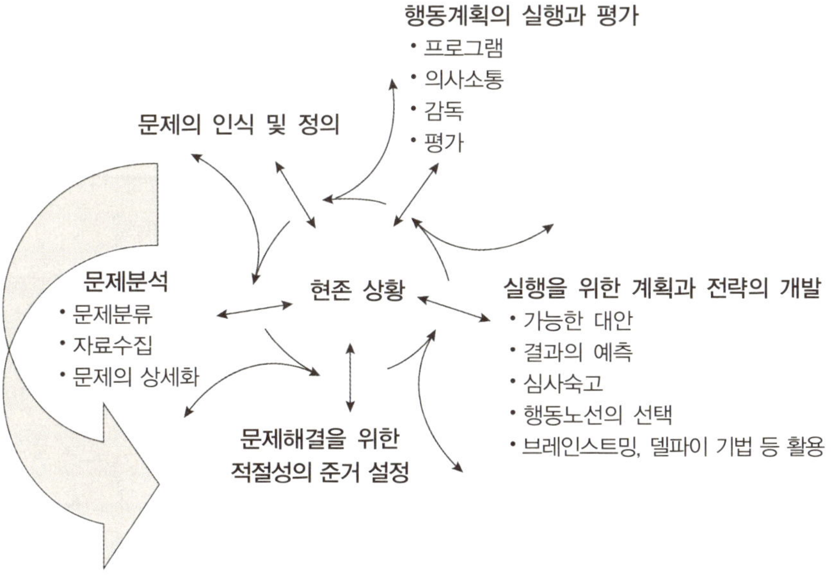

[그림 11-1] 정책결정의 순환과정

출처 : 주삼환 외(2011 : 195)

5. Campbell 등의 교육정책 결정론

Campbell 등(1971)은 교육정책 결정과정의 분석을 통해 그 과정을 네 가지 흐름으로 모형화하였다. 즉, 교육정책이란 사회적 힘의 영향, 선행운동, 정치적 활동, 입법이라는 네 단계를 거쳐 결정된다고 보았다.

Campbell은 정책에서의 '기본적인' 힘을 강조하는데, 그것은 교육체제에 영향을 미치는 사회적 · 정치적 · 경제적 · 기술적 영향력이다.

그가 개발한 모델에 의하면 교육정책은 다음과 같은 4단계 과정을 통하여 형성된다고 했다. 첫 단계는 '기본적 힘(basic force)'이라 불리는데 이는 전국적이거나 때로는 세계적인 규모에서 발생하는 중요한 정치적, 경제적, 사회적 운동을 의미한다. 학교란 사회체제 내에 있는 다른 기관과 같이 기본적인 사회적, 정치적, 경제적, 기술적 발전에 의하여 영향을 받게 된다.

예를 들면, IT와 첨단기술 등의 기반이라는 산업육성에 우선순위를 둠으로써 최근 우리나라의 정보통신교육과 창의력신장 능력은 그 어느 때보다도 강조되었다는 것은 사회적, 정치적, 경제적 제요인들이 우리나라 교육정책에 어떻게 영향을 미치고 있는가를 말해 주고 있다. Campbell 등에 의하면 교육정책 수립은 이와 같은 '기본적 힘'과 더불어 시작한다고 했다.

다음은 '선행운동(antecedent movement)'이라고 불리는데, 이는 존경을 받는 개인이나 또는 전문집단에 의하여 시작된 교육개혁 건의서와 같이 상당히 주의를 끄는 '기본적인 힘'에 대한 일종의 현저한 반응으로 생각할 수 있다. 예를 들면, 교육부 산하에 있는 각종 자문위원회의 활동이라든지, 한국교육개발원이 작성한 각종 연구보고서 또는 각 대학의 소속된 교육연구소에서 작성한 연구보고서들이 그 실례들이라 하겠다. 모든 이와 같은 활동은 한국 교육정책 수립에 대한 선행운동으로 볼 수 있다. 이 두 단계, '기본적 힘'과 '선행운동'은 교육의 변화를 가져오는 데 필요성과 관심을 불러일으킨다.

세 번째 단계는 '정치적 활동(political action)'이라 불리며, 이는 정책결정에 선행되는 공공의제 토의나 논쟁을 의미한다. 정책을 고려한 연구결과가 밝혀지면 이는 보고서로 끝나는 것이 아니라 정부 내외의 정치적 활동을 환기시킨다. 즉 개인전문가 또는 전문가 집단에 의해서 교육개혁을 위한 주의를 끄는 연구보고서가 일단 작성되면, 이는 교육부를 위시하여 국무회의나 국회에 반영되며, 또 매스컴을 통하여 일반시민을 자극하며 나아가서는 정책형성의 분위기를 조성하게 된다. 때때로 이와 같은 활동은 지방 및 전국 수준에서 정당의 강령에도 반영된다.

네 번째 단계는 '입법(formal enactment)'이라 불리어지며, 이는 정책형성의 최종단계를 말한다. Campbell 등은 입법단계를 논하는 가운데서 기본적 조건의 변화나 전국적인 선행운동의 조직 및 정부 내외의 정치활동과 같은 단계들은 종종 정책결정의 정점을 이룬다고 했다. 보통 정책은 일종의 입법조치를 필요로 하기 때문에 중앙정부 수준에서는 국회나 국무회의나 교육부와 공인된 공공기관에 의하여 수립된다. 지방수준에 있어서 교육정책은 각 시 · 도교육청에 의하여 수립되나 이들은 중간 정책수립 기관이라 볼 수 있다. 왜냐하면, 상급기관의 시책이나 방침에 기준을 두고 정책결정을 하기 때문이다. 예를 들면, 각 시 · 도교육청은 교육법령과 교육부의 주요 교육시책의 테두리 안에서 정책을 결정하는 경향이 높기 때문이다. 교육정책이 수립되는 4단계는 [그림 11-2]와 같은 Campbell 등의 '교육정책결정 플로차트'에 잘 나타나 있다.

Campbell 등의 플로차트는 교육정책 수립과정의 개념을 이해하는 데 도움을 주기 때문에 우리나라 교육정책 수립 과정을 이해하기 위한 유용한 틀로 사용할 수 있다. 교육정책연구에 대한 Campbell 등의 접근방법을 정책연구에 사용되는 합리적이고 자기발견적인 방법의 실례라고 볼 수 있다.

Ⅰ단계	Ⅱ단계	Ⅲ단계	Ⅳ단계
기본적 힘의 작용 (Basic Forces) →	선행운동 (Antecedent Movements) →	정치적 행동화 (Political Action) →	공식적 결정 (Formal Enactment)
사회적 · 경제적 · 정치적 · 기술공학적 힘의 작용 (보통 전국적 또는 전세계 범위에서)	보통 국가적 범위에서, 예컨대, 특정위원회, 조사연구보고서 등에 의하여 선도됨.	전국적으로나 또는 지역 단위로 직능단체, 예컨대, 교직단체 등이 앞장서서 전개하게 됨	행정부나 입법부 등에 의한 공식적 결정

[그림 11-2] 교육정책의 형성과정모형

출처 : 한공우 · 임창원(2008 : 159)

6. Dror의 정책결정을 위한 최적모형

최적모형 : 어떤 주어진 정책목표 달성을 위해 합리적 요소와 비합리적 요소를 통해 최적 수준의 대안 탐색에 관심

Dror(1968)는 정책결정을 위한 최적모형을 제시하였다. 최적(optimum)이란 '모든 것이 고려되어 있다'란 뜻에서 최량을 의미한다. 그러나 그것은 '진정한 최량(the very best)'을 의미하지 않고 어떤 주어진 목표에 도움이 되는 가장 최적한 상태를 의미한다. Dror는 정책결정에 있어서 비록 그것이 비현실적인 것이라 해도 언제나 이상을 갖고 가능성의 영역을 부단히 개척하여 합리적 요소 또는 국면을 확대 발전시켜서 평가와 진단을 계속하여 최적수준에 도달하는 방법이라고 했다.

Dror의 최적모형은 직관(intuition), 판단, 창의와 같은 초합리성(extrarationality)을 중요시하면서 초합리적 과정이 정책결정에 있어서 적극적이고 불가결한 역할을 하는 것으로 파악하고 있다. 제한된 자원, 불확실한 상황, 지식 및 정보의 결여 등이 정책결정과정에서 합리적 요인을 제약하기 때문에 직관, 판단과 같은 초합리적 요인을 중요시해야 한다는 것이다.

Dror의 최적모형이 제시하는 정책결정 과정을 요약해 보면 다음과 같다.

1) 정책결정 전 단계(meta-policy-making stage)

정책결정 체제를 설계하고 정책결정의 전략을 결정하는 단계로서 이는 세부적으로 7단계, 즉 ① 가치처리, ② 사실처리, ③ 문제처리, ④ 자원의 조사, 처리 및 개발, ⑤ 정책결정 체제의 정립, ⑥ 문제, 가치 및 자원의 배분, ⑦ 정책결정의 전략 확정으로 나누어진다.

2) 정책결정 단계(policy-making stage)

구체적인 정책목표를 세우고 그 목표달성을 위한 대안을 모색하며, 그들 각 대안의 집행과정 중에 예기되는 제반 파급효과들을 추정하여서 그 효과와 비용을 비교 · 분석 내지 평가하는 등의 작업을 포함하는 단계이다. 이는 세부

적으로 7단계, 즉 ① 목적의 설정, ② 자원목표의 작성, ③ 대안의 작성, ④ 각 대안의 효과 및 비용의 예측, ⑤ 각 대안의 가능성 추정, ⑥ 가능한 대안의 비교, ⑦ 최적의 평가 및 선정으로 나누어진다.

3) 정책결정 이후 단계(post policy-making stage)

이 단계는 전 단계에서 채택된 정책대안의 실천을 추진하고 그 결과를 사후 평가하는 과정으로서 3단계, 즉 ① 정책시행의 추진, ② 정책시행, ③ 정책시행의 평가로 나누어져 있다.

4) 환류단계(feedback)

의사전달과 환류통로에 의하여 모든 단계를 상호연결하는 과정이다. 이를 그림으로 표시하면 [그림 11-3]과 같다.

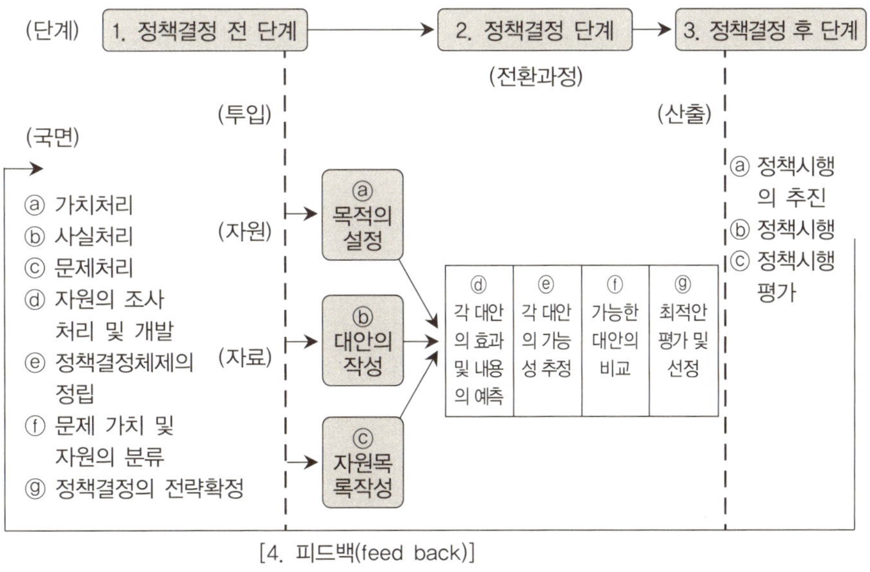

[그림 11-3] Dror의 정책결정을 위한 최적모형(Optimal model)

즉 최적모형에서 나타난 정책과정은 상술한 바와 같이 크게 4단계이며, 세부적으로 나누면 18단계이다. 이러한 결정과정에서 결정자는 합리성 · 경제성과 초합리성의 기준 위에서 최적대안을 선택해야 한다. 그러나 Dror의 최적모형은 정책학(policy-science)이라는 대명제의 실현을 위한 거시적인 정책결정론임에는 틀림없으나 너무나 이상적 정책결정모형이라는 점에서 비판을 받고 있다.

제3절 교육정책 형성

교육정책의 형성은 일종의 정치적 과정(political process)을 거쳐서 이루어지는 것이므로 저마다 독자성을 지니고 있는 정치체제와 정치문화의 차이에 따라서 서로 다르다고 할 수 있다. 즉, 정책결정의 주체와 환경, 정치권력의 성격과 양태 등에 따라서 정책결정의 과정이나 거기에 적용되는 여러 요인의 경중이 서로 다를 것임은 논리적으로 당연한 일이다.

Easton(1969)은 체제분석(system analysis)의 개념에 의거하여 정책형성의 일반적 과정을 투입-과정-산출의 흐름으로 이해하고 [그림 11-4]와 같이 그것을 도식화하고 있다.

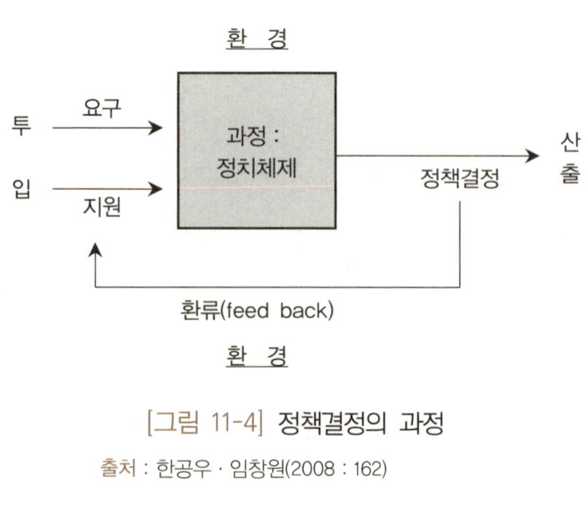

[그림 11-4] 정책결정의 과정

출처 : 한공우 · 임창원(2008 : 162)

Easton에 의하면 사회환경에서 정책에 대한 요구와 더불어 지원이 투입되며 그것이 정치체제 속에서 전환의 과정을 거쳐 사회환경으로 산출되는 것이 곧 정책결정이라는 것이며, 그것이 또한 정치체제에 대한 지원으로서 환류되는 것이다. Easton 역시 정치체제의 여러 하위체제(subsystem)나 그 외에 작용하는 구체적인 요인에 대한 분석을 하지 않았으나 그의 모형은 교육정책 형성에 관해서, ① 정책환경(사회문화 환경 및 조직체의 환경 포함), ② 정책결정자, ③ 정책과정, ④ 정책과업, ⑤ 정책효과 등에 관한 다양한 변인이 관련되어 있음을 간접적으로 시사해 주고 있다.

Dror(1968)는 정책결정의 과정을 먼저 전 단계(meta-policy-making stage), 결정단계(policy-making stage), 후 단계(post-policy-making stage)로 3분한 다음 각 단계에서 다시 그것을 세분화했는데 정책결정의 단계에 관해서는 ㉮ 목적의 설정, ㉯ 지원자금의 작성, ㉰ 대안의 작성, ㉱ 각 대안의 효과 및 손실의 예측, ㉲ 각 대안의 실현 가능성 추정, ㉳ 가능한 대안의 비교, ㉴ 최적안 평가 및 선정 등의 단계를 제시한 바 있다. 그의 견해는 과학적 문제해결의 절차를 따른 것이라 하겠다.

여기서는 국내외 학자들의 견해를 종합적으로 검토하여 교육정책의 형성과정을 단계별로 체계화한 한공우 · 임창원(2009)의 관점을 적용하여 ㉠ 교육문제의 제기, ㉡ 정부귀속과 정책 의제화, ㉢ 교육정책의 목표설정, ㉣ 정책대안의 탐색과 선택, ㉤ 정책대안의 심의 결정과 합법화 등 5단계로 구분하여 살펴본다.

1. 교육문제의 제기

일반적으로 문제란 욕구의 충족을 가로막는 장애물을 의미하며, 그와 같은 장애물의 제거를 통한 욕구의 충족, 갈등 및 긴장의 해소 등을 필요로 하는 불만족스러운 상태나 조건을 의미한다. 즉, 그것은 심리적 · 사회적 갈등과 긴장상태의 존재를 의미하며, 해소되어야 할 불만족스러운 상태 혹은 불안정한 상황의 지속을 뜻한다.

교육문제
교육과 관련하여 개인이나 집단에 있어 불만족과 갈등 혹은 긴장이 존재하는 상태나 조건을 의미

교육문제는 교육과 관련하여 개인이나 집단에 있어 불만족과 갈등 혹은 긴장이 존재하는 상태나 조건을 의미하며 다음과 같은 의미를 가지고 있다.

(1) 교육문제란 교육에 관한 사회적 논쟁점 그 자체를 의미한다. 즉, 교육의 목표, 수단, 방법 등은 물론 교육활동의 여러 영역에 걸쳐 사회적 합의의 결여와 쟁점이 존재하고 있음을 나타낼 때 사용되는 용어이다. 희망하는 모든 사람에게 대학교육의 문호를 개방할 것이냐 시장을 고려하여 대학정원을 조절할 것이냐, 혹은 조기에 외국어교육을 실시할 것이냐 말 것이냐 하는 문제 등은 그러한 쟁점으로서의 교육문제인 것이다.

(2) 교육문제는 교육활동에 관련하여 부딪치는 장애물 혹은 극복해야 할 곤란을 의미하기도 한다. 교육의 목적, 수단, 방법 등에 대하여 어떠한 사회적 합의가 전제되더라도 그 목표를 달성하는데 있어 제약과 곤란이 제기된다면 그것은 새로운 문제가 된다. 교원의 자질과 지위를 향상시키고자 하는 목표가 설정되었고 사회적 합의가 이루어졌다 하더라도 재정상의 제약이 있다면 그것은 하나의 문제가 된다. 즉, 재원의 확보나 재정의 효율화 등이 교육문제로 제기되는 것이다.

(3) 교육문제는 교육에서 성취해야 할 미결의 과제를 의미하기도 한다. 대학평가인정제도를 실시하여 대학교육의 질을 고양하겠다거나 교육예산을 GDP 6%까지 향상시켜 교육의 질을 획기적으로 개선하고 교육개혁을 추진하겠다는 계획 등은 바로 교육발전의 과제로서의 교육문제라 할 수 있는 것이다.

이러한 교육문제 중 그 중요성이나 심각성이 중요한 인사(예 : 대통령, 교육부장관, 교육감 등)에 의해 특별히 인식되거나 사회적으로 인정될 때 교육정책화 될 문제로 제기된다. 즉, 인식의 주체, 문제의 중요성 혹은 심각성의 정도와 영속성, 그리고 사회적 인식의 범위 등이 중요한 요인이 되어 교육문제가 정책의 문제로 제기되는 것이다. 사실 정책결정에 직접 · 간접으로 영향을 미치는 중요한 인사들이 문제를 인정하거나 다수의 국민들과 강력한 조직력을 동원할 수 있는 사람들이 문제성을 인식함으로써 정책결정자들에게 강한 영향력이나 사회적 압력을 가하는 경우 그 문제는 교육정책의 문제로 발전할 가능성이 크다.

2. 정부 귀속과 교육정책 의제화

앞에서는 교육문제가 사회적 차원의 문제임을 전제로 논하였으나, 엄밀하게 말해 그것은 특정한 개인이 그 문제의 중요성 혹은 심각성을 인식함으로써 제기된다. 그 후 개인에 의해 제기된 그 문제의식이 사회의 불특정 다수에 의해 인식되고 그 문제의 심각성이 지속되어 사회적으로 중대하고 심각한 것이라는 평가를 얻게 되면 그것은 사회문제화 된다. 사회문제화 된 교육문제가 다시 교육정책 문제로 부각될 때, 그것을 가리켜 교육문제의 정부 귀속과 정책 의제화라 한다. 어떤 교육문제가 정부에 귀속되어 정책 의제로 되는 경우는 그 문제가 다음과 같은 특징을 가질 때 이다.

정책의제
교육문제가 정책담당자에 의해 공식적으로 채택되는 것

(1) 정치체제에 의해 그 중요성이나 심각성이 인식될 수 있는 교육문제가 정책의 문제로 된다. 심각성의 정도가 크고, 그에 대한 공감의 폭이 넓으며 문제해결이나 개혁의 방향이 사회규범과 대의명분에 부합될수록 그 가능성은 높다. 어떤 우발사태가 촉발장치의 역할을 하며 그 심각성을 크게 부각시키는 경우가 많다.

(2) 당면한 사회문제를 해결할 주체가 없거나 있더라도 관련자간의 해결이 어려울 경우 그 문제가 정책의 문제로 된다. 예컨대, 지역간 교육의 불균형 문제 같은 것이 그러한 경우이다. 그것은 해결주체가 구체화될 수 없고, 설혹 지방정부가 주체가 될 수 있다 하더라도 재정능력상 실질적 해결이 불가능하기 때문에 중앙정부의 정책 개입이 없는 한 해결이 불가능한 문제인 것이다.

(3) 문제해결을 위해 소요되는 재원의 규모가 방대할 때 그 문제는 정책의 문제로 된다. 예컨대, 교육세를 영구세로 전환하고 지방교육재정교부금법을 개정하여 지방교육재정을 개선한 이유로 살펴보면 짐작할 수 있을 것이다. 대부분의 국가적 교육문제는 그 공공성과 문제해결을 위한 방대한 재정수요로 말미암아 정책적인 배려를 필요로 하는 것이다.

(4) 민간투자 유인력이 저조함으로써 정부지원이 요청될 때 그 교육문제는

교육정책의 대상이 된다. 예컨대, 교원자질을 향상시키기 위해 현직연수를 강화한다거나 국가학력 평가기능을 강화하기 위해 어떤 평가기관을 설치하고자 할 때 그러한 사업을 민간에 맡기는 것은 거의 불가능하다. 그러한 것은 정부의 개입을 필요로 하지 않을 수 없는 것이다.

(5) 당면한 교육문제를 방치하는 경우 그것이 정치적으로 중대한 의미를 가질 때 그 문제는 정책의 문제로 된다. 대학교육의 지역간 불균형의 해결이 중요한 정책과제로 부각되고 있는 것은 그와 같은 불균형 상태의 방치가 지역간의 화합을 저해하는 주요 요인으로 간주될 수 있는 정치성을 띤 문제이기 때문이다.

이러한 여러 요인들의 작용은 교육문제의 정부 귀속과 정책 의제화를 촉진한다고 할 수 있다. 다른 영역의 문제와 마찬가지로 교육문제도 그것이 사회문제로서 부각되는 과정은 외부의 주도에 의한 경우, 내부접근에 의한 경우, 정부내부에서 먼저 문제의식을 갖고 여론을 동원하여 공공의제로 전환시키는 경우 등이 있다. 또한 문제의식은 처음에는 일부집단에 국한되어 제기되나 그것이 구체화되고 확산되면서 본격적으로 정책의제로 채택되면 구체적인 교육정책 수립의 단계로 들어서게 되는 것이다.

3. 교육정책의 목표설정

교육문제가 정부에 귀속되고 공식적인 정책의제로 결정되면 그 해결을 위한 여러 가지 대안의 검토에 앞서 우선적으로 교육정책의 목표를 설정하게 된다. 목표란 달성하고자 하는 바람직한 상태를 의미하는데, 대체로 심리적 욕구의 충족과 사회적 당위성을 가진 목표를 포함한다. 정책의 목표는 다음과 같은 특성을 갖는다.

(1) 정책의 목표는 미래를 지향한다. 모든 교육정책은 그 목표로 적어도 현재보다는 바람직하다고 생각되는 개선된 상태를 표방하고 있는 것이다.

(2) 대의명분을 표방한다. 모든 교육정책은 그 목표로 사회적으로 타당한

명분과 그를 정당화할 수 있는 논리적 근거를 제시하고 있는 것이다.

(3) 공공의 이익을 우선시한다. 모든 교육정책은 국민대중에게 공공적 이익이나 선을 보장하려 한다는 점을 강조하고 있는 것이다.

(4) 공식적으로 표방한 목표와 실제의 목표는 다를 수 있으며 목표가 위장되거나 목표의 일부가 숨겨진 채 제시되는 경우도 있을 수 있다.

(5) 정책목표는 최종목표, 중간목표, 당면목표 등으로 구분되거나 상위목표, 하위목표 등으로 구분되어 있다. 따라서 목표에는 언제나 본말과 경중 그리고 우선순위가 있는 것이다.

(6) 교육정책의 목표는 정책의 집행과정에서나 집행 후 평가의 중요한 준거가 되며, 정책수행의 효과성 측정을 위한 기준이 된다.

(7) 교육정책의 목표는 형성과정에서나 집행과정에서 변동될 수 있다. 환경의 변화, 자원의 제약 기타 여러 가변적인 요인의 작용으로 목표의 변동이 불가피하게 될 수 있는 것이다.

4. 대안의 탐색과 선택

어떤 교육문제가 공식적으로 정책 의제화되어 그 정책목표가 설정되면 그와 동시에 정책대안에 대한 탐색이 구체화된다. 대안은 미래에 대한 예측과 계획을 담고 있는 가능한 행동의 경로이며 정책수행을 위한 구체적 방안을 의미하는데, 대안의 탐색과 선택과정은 다음과 같다.

(1) 대안의 탐색에 앞서 교육문제의 실태와 문제점, 미래의 환경변화 등에 대한 충분한 정보를 확보해야 한다.

(2) 여러 대안을 충분히 검토하여야 한다. 물론 예측의 한계, 정보의 부족, 미래상황의 가변성 등으로 많은 한계와 제약이 있기는 하지만, 가능하면 모든 대안을 검토하여 가장 합리적인 대안을 모색하여야 한다.

(3) 대안의 기술적 · 정치적 가능성을 검토하여야 한다. 기술적 가능성은 재정적 가능성을 포함하여 교육현장에서의 기술과 능력, 교육행정 당국의 지

원능력 등 실질적인 면에서의 실현 가능성을 의미한다. 정치적 가능성은 그 대안에 대한 정치체제의 반응과 관련된 것으로 국회, 정당, 이익단체 등의 역학관계와 공약이나 여론 등 현실적인 면에서의 실현 가능성을 의미한다.

(4) 대안의 작성과정에는 정부관료, 자문기구와 연구기관, 언론매체, 정책결정자 등 여러 요소가 참여하여 직·간접적인 영향을 미치게 된다.

(5) 대안을 실험적으로 시행해 볼 수 있다. 모형실험뿐만 아니라 실제로 대상과 범위를 한정하여 특정한 기간동안 실험적으로 시행해 보고, 그 시행평가의 결과에 따라 전면적으로 실시하거나 수정 혹은 보류, 기각할 수 있다.

5. 심의 결정과 합법화

대안이 선택되면 그를 심의·평가하고 정부의 교육정책으로 결정하여 합법화하는 과정을 거치게 된다. 교육정책의 종류에 따라서는 행정부 내에서의 정책결정기구 속에서 절차를 밟아 심의·결정되는 것도 있으며, 국회에서의 심의와 결정이 필요한 것도 있다. 어떤 교육정책은 교육부 내부에서 국과장의 검토와 실국장회의의 협의·결정, 그리고 소관 자문위원회의 심의 등을 통해 결정되며, 어떤 교육정책은 그와 함께 국무회의의 심의를 거쳐 결정된다. 어떤 중요한 교육정책은 그러한 절차를 거치고 그 과정에서 혹은 그 후 정책안의 수정과정에서 당정실무기획위원회, 당정조정협의회, 청와대회의 등에서의 정책조정을 통해 결정된다. 보다 중요한 교육정책은 그러한 절차를 모두 거치고 국회에 제출되어 관련 상임교육위원회의 심의와 전체회의에서의 의결을 거쳐 결정되기도 한다.

이러한 여러 과정과 절차를 거쳐 교육정책이 결정되고, 교육부장관이나 대통령의 이름으로 공포되거나 국회에서의 심의·의결을 통해 관련 법률안이 정부의 이름으로 공포되면 교육정책은 합법성이 공인된다. 법률안으로의 공포는 교육정책에 대한 공식적인 정당성을 부여하는 것이며, 행정부 내에서의 결정도 합법적인 정부기능의 일환으로 정당성이 인정된다.

제4절 교육정책 형성의 제약 요인

교육정책의 형성에 있어 가장 핵심적인 사항은 어떻게 합리적인 교육정책을 수립하느냐 하는 점이다. 정책형성의 이론모형에서 살펴본 바와 같이, 모든 모형과 이론은 합리성을 지향하지만, 여러 가지 현실적 이유 때문에 결국에는 제한된 합리성을 가진 교육정책을 수립하기 위한 모형만을 제시하고 있는 것이다. 사실 교육조직은 다른 조직에 비해 정책결정에 주관적인 요소가 개입될 여지가 많기 때문에 교육정책의 형성에서 합리적 선택을 할 가능성이 비교적 낮다. 즉, 교육목표의 불명료성 때문에 교육정책의 목표를 명확하게 정립하기가 어렵고, 대상과 범위의 광범위성으로 대안의 구안이 어려운 측면이 있으며, 그 효과의 지루성으로 즉각적인 호소력조차 없기 때문에 인적 · 물적 자원의 충분한 지원을 보장받기 어려운 측면을 가지고 있는 것이다. 따라서 여기서는 교육정책의 그러한 본질적 난점과 관련된 몇 가지 제약 요인을 우리나라 현실에 비추어 인적 요인, 조직적 요인, 환경적 요인으로 나누어 간단히 살펴본다(한공우 · 임창원, 2009).

1. 인적 요인

정책결정자나 참여자들이 가지고 있는 인성, 지식과 기술 및 경험, 가치관과 태도 등 개인적 요인이 합리적인 교육정책 수립을 제약한다.

(1) 정책결정자나 참여자들의 인성이나 사회 · 경제적 배경 등의 차이가 갈등을 야기하고 비합리적 결정과 편협한 정책 수립을 야기할 수 있다.

(2) 정책결정자나 참여자들의 정책결정에 관한 전문적 지식과 기술 그리고 경험 등의 부족이 좋지 않은 교육정책을 수립하는 결과를 초래할 수 있다.

(3) 정책결정자들의 권위주의적 태도가 권위주의적 행정풍토를 형성시켜 과학적이고 합리적인 정책결정을 저해할 수 있다.

2. 조직 내적 요인

중앙집권적인 조직구조와 관료제적 특성, 의사소통 체제의 미비, 자원 · 정보 · 시간의 부족 등 조직과 관련된 제약 요인들이 합리적 정책결정을 제약한다.

(1) 교육정책의 결정이 교육부장관을 위시한 제한된 참여자에 한정되고 막료보다는 계선중심의 통제 위주의 행정에 의하여 이루어지는 경우가 많다.

(2) 교육정책 업무만을 담당하는 기구가 존재하지 않는다. 기획관리실이 그러한 업무를 담당하고 있으나 주업무가 조정 업무이기 때문에 효율적이지 못하다.

(3) 하향적 의사소통에 비해 상향적 · 횡적 의사소통 체제가 원활하지 못하다.

(4) 정책결정에는 많은 인적 · 물적 자원이 필요하나 각 부분에 걸쳐 자원이 적당히 배정되어야 하므로 자원의 제약이 뒤따르게 된다.

(5) 정책결정에는 정확하고 신속한 정보를 필요로 하나 그러한 정보의 수집, 분석, 처리, 보관을 위한 체제가 제대로 갖추어 있지 않다.

(6) 정책결정에는 그 과정상 적당한 시간이 필요하나 긴급사태 등 많은 경우에는 시간의 제약을 받게 되므로 정책의 질이 저하될 수도 있다.

(7) 기존의 정책을 무시하기가 어렵다.

3. 환경적 요인

조직을 둘러싸고 있는 정치적 풍토, 문화적 배경이 정책결정에 영향을 미친다.

(1) 교육정책의 결정과정에서 정치풍토, 사회관습, 법률적 · 문화적 요인 등에 의해 교육 이외의 비합리적 요인이 작용하게 된다.

(2) 교육정책의 결정에 대해 여론, 언론, 전문가 집단, 이익단체, 정당, 국회 등이 너무 민감하게 반응함으로써 합리적인 결정을 저해한다.

(3) 정책결정자들의 재임기간이 짧기 때문에 단기적인 활동에 치중하고, 책임만을 모면하려는 보신주의적 관료풍토가 교육정책의 질을 저하시킨다.

생각해 볼 문제

1. 교육정책 결정에 있어서 합리적으로 이루어진 사례와 비합리적으로 이루어진 사례에 대해서 찾아보고 그 장점과 단점을 발표해 보자.
2. 학자들의 여러 교육정책 관련 이론을 통하여 우리 사회에서 쟁점이 되고 있는 교육정책의 구체적인 적용 사례를 설명해 보자.
3. 최근 우리 사회에서 쟁점이 되고 있는 교육정책의 예를 들고 자신의 견해를 논리적으로 설명해 보자.

제12장

의사결정과 참여

제1절 의사결정의 개념
제2절 참여적 의사결정
제3절 학교 내 의사결정 기구
제4절 교내 회의 유형과 방법

학습목표

1. 의사결정의 정의와 모형들을 비교하여 이해할 수 있다.
2. 참여적 의사결정의 특징과 방식을 설명할 수 있다.
3. 학교 방문을 통하여 학교 내 의사결정 기구들의 유형과 기능을 이해할 수 있다.
4. 교내 회의의 유형과 방법을 설명하고 그 특징과 장·단점을 설명할 수 있다.

제1절 의사결정의 개념

1. 의사결정의 정의

의사결정
어떤 문제해결과 관련한 여러 대안 중에서 한 가지 대안을 판단하여 선택 · 결정하는 행위

교육행정을 교수 · 학습(teaching-learning) 활동을 촉진하고 조장하기 위한 지원적 활동으로 정의한다면, 교육행정가는 이러한 활동이 가능하도록 인적 · 물적 자원의 활용 및 배분에 관하여 끊임없이 의사결정을 해야 한다. 그러면 의사결정이란 무엇인가? 국내외 학자들의 의사결정의 개념을 정의해 보면 다음과 같다.

- 둘 또는 그 이상의 대안 중에서 의식적인 선택(Etzioni, 1967 : 51)
- 보통 행동에 선행되는 과정으로서 목표의 수립, 수단의 선택 및 결과의 판정 등 합리적 행동의 제 단계에 있어서 불가결의 요소(김종철, 1982 : 25).
- 조직 문제를 해결하거나 그 문제 해결 과정에서 또 다른 문제를 야기하는 역동적인 과정(Hoy & Miskel, 2008)

이러한 점에서 의사결정은 '어떤 문제해결과 관련한 여러 가지 대안 중에서 한 가지 대안을 판단하여 선택 · 결정하는 행위'라고 정의할 수 있다. 의사결정은 일상적이냐 특정한 것인가 또는 단독적인 것이냐 집단적인 것이냐에 따라 그 성격을 달리한다.

우선 의사결정이 일상적인가 아니면 특정한 것인가에 따라 정형적 결정과 비정형적 결정으로 구분될 수 있다.

정형적 결정(programmed decision)은 반복적이며 일상화된 결정이며 의사결정을 해야 할 사안이 예측되는 결정이다. 정형적 의사결정은 과거에 했던 의사결정 선례를 바탕으로 하기 때문에 그만큼 위험도가 적다. 예를 들어, 입학식, 소풍, 체육대회, 졸업식 등 학교 연중계획표에 따라 이루어지는 의사결정 사안이 이에 속한다. 반면에 비정형적 결정(nonprogrammed decision)은 일상적이지 않으며 중요하고 긴급한 문제가 생겼을 때 내리는 결정이다. 비정형적 결정은 과거 선례가 명확하지 않기 때문에 대안의 탐색과 결과를 예상하기가 매우 어렵고 위험부담도 크다. 그래서 비정형적 의사결정을 할 때는 매우 심사숙고해야 할 필요가 있다. 예를 들어, 교원의 정년을 단축하는 일이나 소규모 학교를 통폐합하는 일, 학교에서 예측하지 못했던 새로운 문제(교사인 경우에 자신이 맡고 있는 학급에서 도난사고) 등은 어렵고 복잡한 비정형적인 의사결정이다.

정형적 결정
반복적이고 일상화되어 예측가능한 결정

비정형적 결정
중요하고 긴급한 문제가 생겼을 때 내리는 결정

한편 의사결정은 단독으로 이루어진 것이냐 집단으로 이루어진 것이냐에 따라 분류되기도 한다. 단독결정(individual decision)은 최고경영자나 관리자가 혼자서 결정하는 방법으로써 신속한 결정을 요하는 경우나 결정에 따른 이의나 논쟁이 없는 경우 또는 결정에 비밀을 요하는 경우에 일어난다. 집단결정(group decision)은 공동의 의견을 수렴하여 결정하는 방법으로써 고도의 기술성과 전문성이 요구되거나 구성원들의 참여의식을 높이고자 할 경우에 일어난다. 집단결정은 대체로 위원회의 성격을 갖고 이루어지기 때문에 단독결정보다 신속하지 못하다. 하지만 전문성이나 이해관계에 대한 충분한 논의를 거치기 때문에 오류를 범하지 않고, 다른 사람에게 수용성이 높다.

최근의 의사결정은 단독결정에 의해 이루어지기보다는 위원회 등 집단 결정을 이용하는 추세다. 대부분 조직들이 위원회 형태를 이용하여 전문적 지식이나 정보 또는 자료를 바탕으로 의사결정이 이루어지고 또한 계층별로 의사가 반영되어서 최종 의사결정이 이루어지고 있다. 하지만 위원회도 그 성격이 의결기관이냐 또는 자문기관이냐 그리고 최고결정권자가 그 위원회에서 어떤 권한을 부여했는가에 따라 차이가 있다. 또한 집단결정에서 집단 내의 강한 응집력과 획일성을 유발하여 무비판적으로 같은 의견을 모으려는 마음을 불러일으킬 수 있는데 이러한 집단사고 증후군(group think syndrome)을 조심해야 한다.

2. 의사결정 모형들

의사결정 이론모형은 학자에 따라 여러 가지 모형이 제시되고 있다. 여기서는 Hoy와 Miskel(2008)이 제시한 합리모형, 만족모형, 점증모형, 혼합모형, 쓰레기통 모형을 살펴볼 것이다.

1) 합리모형

합리모형
조직목표 달성을 위한 최선의 해결책을 합리적으로 선택할 수 있다는 점을 강조

합리모형(rational model)은 의미 그대로 합리성을 강조하는 고전적인 모형이다. 인간은 의사결정을 위해 필요한 모든 지식과 정보를 수집하고, 이를 객관적으로 분석 · 종합하여 최적의 대안을 선택할 수 있다는 인간의 전지 전능성을 전제로 한다. 결국 합리모형은 인간이 조직의 목표 달성을 극대화하기 위한 최선의 해결책을 합리적으로 선택할 수 있다는 것이다. 이 모형은 구체적으로 ① 모든 가능한 해결대안을 인식하고, ② 각 대안의 모든 가능한 결과를 알아내고, ③ 그의 가치체제와 반대되는 결과를 평가할 수 있고, ④ 목표를 충족하는 정도에 따른 대안의 순서를 정하고 나서, ⑤ 목표달성도를 극대화할 수 있는 대안을 선택하는 순으로 전개된다.

2) 만족모형

만족모형
인간은 인간의 한계로 인해 최적의 대안을 합리적으로 찾기보다는 만족할 만한 최적 대안을 선택한다는 점을 강조

만족모형(satisfying model)은 지나치게 객관성을 강조한 합리모형의 제약을 극복하기 위해 의사결정자의 주관적인 입장을 고려한 모형이다. 이 모형은 객관적인 자료를 바탕으로 여러 대안을 모색하지만 최종적인 대안을 결정할 때는 더 만족스러운 대안을 선택한다는 접근방법이다. 만족모형은 의사결정의 객관적인 상황보다 오히려 주관적인 입장에 서서 의사결정자가 어떻게 행동하는가를 중요시하고 있다. 객관적으로 의사결정을 위한 개념적인 틀, 정보, 가치 등이 제공된다고 할지라도 대안을 찾고, 결과를 예언하는 인간의 능력에는

한계가 있다고 보았다. 따라서 현실적으로 인간은 최적의 대안을 선택할 수 없으므로 단지 만족할 만한 대안을 선택한다고 보았다. 하지만 만족의 정도가 주관적이기 때문에 보편타당성이 부족하다는 한계를 가질 수밖에 없다.

3) 점증모형

점증모형(incremental model)은 점증이라는 용어가 의미하듯이 기존의 정책이나 결정을 점진적으로 수정해 나가는 것이다. 문제가 되고 있는 사안이나 문제에 대한 기존의 틀을 완전히 탈바꿈하는 것이 아니라 기존의 틀 속에서 한 발짝 더 수정하여 보다 개선된 대안을 추구하는 모형이다. 이 모형은 문제가 복잡하고 불확실하며 갈등이 많은 문제인 경우, 현재의 상황과 유사한 매우 제한된 몇 가지 대안에 대하여 그 결과를 계속적으로 비교함으로써 의사결정자들이 상당한 수준까지 동의를 하게 될 때 최종대안을 선택하게 된다. 이러한 점증모형의 특징은 구체적이고 실제적인 대안들을 계속적으로 비교하는 것이므로 보수적인 의사결정모형에 적합한 반면에 개혁이나 혁신적인 의사결정에는 부적합하다.

점증모형
문제의 복잡성과 불확실성 때문에 대안의 계속적인 비교를 통해 점진적으로 최종적인 대안을 선택한다는 점을 강조

4) 혼합모형

혼합모형(mixed scanning model)은 혼합이라는 용어에서 암시하듯이 합리모형과 점증모형을 혼합한 것으로 Etzioni가 제시한 모형이다. 혼합모형은 인간의 완벽함에 의존하여 최적의 대안을 선택한다는 것은 비현실적이라는 합리모형의 단점과 커다란 기존의 틀과 정책은 변화하지 않는 가운데 정책결정이 이루어져 보수적이라는 점증모형의 단점을 보완하기 위해서 제3의 모형으로 제시되었다. 정책의 기본방향 설정은 합리모형에 의해 결정하고, 기본 방향이 설정된 후의 세부적인 문제는 점증모형을 따름으로써 두 입장을 절충하였다. 따라서 이 모형은 먼저 넓은 영역에 대한 의사결정을 합리모형에 근거하여 개괄적으로 탐색하고, 그 중에서 세부적인 관심을 가져야 할 좁은 영역은 점증모형의

혼합모형
정책의 기본방향 설정은 합리모형에 따르고, 구체적인 대안 탐색은 점증모형에 따라야 함을 강조

입장에서 면밀하게 비교 · 탐색한다. 그러나 혼합모형은 의사결정 과정이 다소 불분명하고, 합리모형과 점증모형을 절충한 모형이라고 하지만 의사결정자의 기본 방향에 대한 통제의식을 제외하면 점증모형과 크게 다를 것이 없다.

표 12-1 의사결정 모형들의 내용

구 분	합리모형	만족모형	점증모형	혼합모형
목표	목표는 대안 수립 전 설정	목표는 대안 수립 전 설정	목표와 대안 마련의 혼재	일반적인 정책 가이드라인은 대안 수립 전 설정
수단과 목표간의 관계	수단-목표 분석. 먼저 목표가 결정되고 다음에 그것을 달성하기 위한 수단 탐색	수단-목표 분석. 그러나 경우에 따라 목적은 분석의 결과에 따라 수정	수단과 목적이 분리되지 않기 때문에 수단-목표 분석은 부적절함	일반적 목표와 잠정적 수단에 초점을 둠
좋은 결정 기준	목표 달성을 위한 최선의 대안인가?	목표 달성을 위한 만족스러운 대안인가?	실제 무엇인가 잘못되었다고 판명될 때 바로잡기 위한 대안으로 적합하다고 의사결정자가 동의할 수 있는가?	조직정책과 일관성이 있다고 만족하는 결정을 가져올 수 있는가?
분석	종합분석. 가급적 가능한 모든 대안과 결과 고려	합리적인 대안이 탐색될 때까지 문제탐구	탐색과 분석이 제한되며 현재 상태와 비슷한 대안에 초점. 많은 대안과 중요한 결과가 간과되기 쉬움	문제와 가까운 대안들에 탐색과 분석이 제한됨. 그러나 일반적인 정책의 관점에서 잠정적 대안을 평가함.
이론 및 실천	이론에 상당히 의존	이론과 실제 모두 의존	계속적인 비교는 이론에 대한 필요를 줄이거나 제거함	이론 및 경험과 계속적인 비교가 혼용됨

출처 : Hoy & Miskel(2008 : 340)

5) 쓰레기통 모형

쓰레기통(the garbage can model) 모형은 의사결정에 있어서 비합리적, 우연적 선택으로 의사결정이 이루어진다고 보고 있다. Cohen과 March가 주장하는 목표의 모호성, 목표달성을 위한 방법적 체제의 불분명성, 유동적 참여 등을 특징으로 하는 '조직화된 무정부 조직' 상황에서 일어나는 의사결정 모형이다. 여기서 문제성 있는 선호는 결정과정에서 참여자가 자신의 선호에 터하여 특정한 행동을 하는 경우 뿐만 아니라 불분명한 선호일 때 일단 행동해 나가다가 특정한 선택을 갖는 경우가 많다는 것이다. 불분명한 기술은 문제해결을 위해서 제안된 대안과 그 대안이 초래할 결과 간의 인과관계를 분명히 알고 있다기 보다는 시행착오, 실수, 과거 경험으로부터 우연히 문제해결의 방법을 알게 된다는 것이다. 유동적인 참여는 결정과정에 참여하는 사람들(행정가, 교사, 학생, 학부모, 지역사회 인사 등)이 시간적 제약 때문에 참여시간과 노력의 양이 각기 다르다는 것이다. 학생은 일정기간 수학하다 졸업하고, 교장이나 교사도 일정기간 근무하다 전근을 가기 때문에 어떤 결정이 내려질 때까지는 여러 참여자가 계속해서 바뀌게 되어, 개개인은 결정 전체로 볼 때 극히 부분적으로 관여하게 된다.

쓰레기통 모형
목표의 모호성, 목표달성을 위한 수단의 불분명성, 유동적 참여 등에 의해 파생된 대안이 우연적으로 탐색된다는 점을 강조

쓰레기통 모형은 이렇게 문제, 해결책, 참여자, 선택기회가 독립적으로 서로 다른 시간에 통 안으로 흘러 들어와서 하나의 산물로 될 때 결정된다는 것이다.

요컨대, 쓰레기통 모형은 아이디어가 의도적이며 체계적인 방법에 의해서 수집되기 보다는 그때그때 별 생각 없이 수집되고 선택이 이루어진 후에 행동으로 옮기는 경우도 있지만 행동해 나가다가 선택이 이루어질 경우도 있고, 문제와 해결책이 섞여 있다가 우연히 하나의 해결책을 선택하여 결정이 이루어진다는 점을 강조한다.

제2절 참여적 의사결정

의사결정에서 참여는 중요하다. 학교의 의사결정에의 교사의 참여는 긍정적이라는 연구 결과가 대부분이다. Hoy와 Miskel(2008)은 여러 연구와 문헌에 나타난 교사의 의사결정에 관해 다음과 같은 일반적인 결론을 제시했다. ① 정책형성 참여의 기회는 교사의 사기와 학교에 대한 열성에 중요한 요인이다. ② 의사결정의 참여는 교직에 대한 교사의 만족도에 긍정적으로 관계된다. ③ 교사들은 의사결정에 관여시키는 교장을 더 좋아한다. ④ 질이 낮거나 부하들이 수락하지 않는 의사결정은 실패한다. ⑤ 교사들은 모든 의사결정에 관여하기를 기대하지도, 원하지도 않는다. ⑥ 사실 지나친 관여는 지나치게 관여하지 않는 것과 같이 해로울 수 있다. ⑦ 의사결정에서 교사와 행정가의 역할과 기능은 문제의 성격에 따라 달라져야 한다.

의사결정에의 참여는 참여하는 사람들의 의견을 수렴하여 다양하게 결정할 수 있게 할 뿐만 아니라, 참여하는 사람들의 관심과 동기를 유발하여 추진하는 일을 성공적으로 수행할 수 있게 해 준다. 이 절에서는 Bridges 모형과 Hoy와 Tater 모형을 살펴본다.

1. Bridges의 참여적 의사결정 모형

Bridges의 참여적 의사결정 모형은 무관심의 영역(zone of indifference)과 수용의 영역(zone of acceptance)에 기반을 두고 있다(Hoy & Miskel, 2008 : 365-367). 무관심의 영역은 지도자의 결정에 대해 구성원들이 관심을 갖지 않은 영역이다. 그 이유는 지도자가 결정한 사항이 구성원과 전혀 관계가 없기 때문이다. 그렇기 때문에 지도자의 결정에 구성원이 관심을 표하고 관여를 하는 것은 오히려 문제가 된다. 지도자의 개인적 사안이나 가족적인 문제를 결정하는 과정에서 교원이나 학생이 참여하는 것은 적절하지 않고 관심을 표하지 않는 것이 바람직할 것이다. 이와 같이 관심을 보이지 않아야 할 영역을 무관심의 영역이라 하였다.

지도자가 어떤 결정을 하여도 구성원은 이해관계가 없기 때문에 당연히 수용을 하는 부분이다. 즉, 리더가 자신의 전문성 개발을 어떻게 하든 교사나 학생이 관여할 일이 아니다. 이와 같이 교장의 결정에 대해 교사들이 전혀 참여하거나 관여할 필요가 없는 영역을 수용의 영역이라 한다. 의사결정을 하는 과정에서 수용의 영역에 해당되는 내용은 참여할 필요가 없다. 그렇지만 수용의 영역 밖에 있는 사안에 대해서는 참여를 할 필요가 있다. 수용의 영역 밖에 있는 문제에 참여하기 위한 기준으로 Bridges는 관련성(relevance)과 전문성(expertise)을 들고 있다. 구성원들이 결정할 문제에 대해 관련성이 있는가, 전문성이 있는가에 따라 구성원의 참여가 결정된다. 관련성과 전문성이 모두 있는 경우는 적극적으로 참여를 해야 하며, 관련성이 있지만 전문성이 없는 경우와 관련성은 없지만 전문성이 있는 경우에는 제한적으로 참여를 하고, 관련성과 전문성이 없는 경우는 수용의 영역에 해당하므로 참여를 해서는 안 된다.

이를 좀 더 자세히 설명하면 첫째, 관련성과 전문성이 있는 경우는 결정해야 할 사안이 구성원과 이해관계가 있으며, 구성원이 문제를 잘 알고 있기 때문에 적극적으로 참여를 해야 구성원과 관련하여 좋은 결정이 내려질 수 있다.

둘째, 관련성은 있으나 전문성이 없는 경우는 결정해야 할 사안이 구성원과 관계가 있으나 구성원이 문제를 잘 알지 못하고 있기 때문에 구성원의 이해관계에 관한 사항에 대해서만 참여를 해야 할 것이다.

셋째, 관련성은 없으나 전문성이 있는 경우도 역시 제한적으로 참여해야 할 것이다.

끝으로 관련성과 전문성이 없을 경우는 참여해서는 안 된다. 이런 상황에서 참여를 할 경우 갈등이 발생할 가능성이 높다.

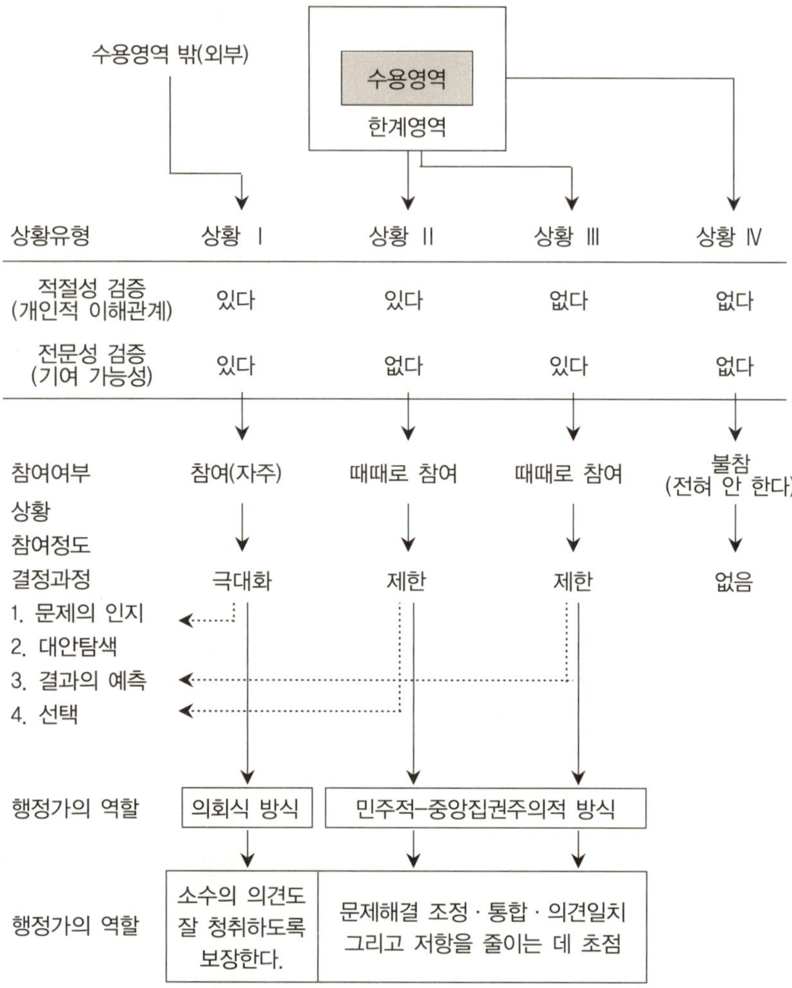

[그림 12-1] Bridges의 참여적 의사결정 모형

출처 : 신현석 · 안선희 외(2011 : 185)

2. Hoy & Tater의 참여적 의사결정 모형

Hoy & Tater는 수용영역의 밖에 있는 문제에 대해 관련성과 전문지식을 토대로 참여의 정도를 제시하면서 의사결정의 형태와 지도자가 어떻게 의사결정을 하고 이 과정에서 지도자가 어떤 역할을 해야 하는가에 대한 관점에서 합리적인 의사결정의 틀을 제시하였다(Hoy & Miskel, 2008). Hoy & Tater는 결정

해야 할 사안이 구성원들에게 관련성도 있고 전문성이 있을 경우 구성원의 참여는 필요한데, 항상 참여가 이루어지는 것이 아니고 구성원의 신뢰관계에 따라 참여의 정도가 달라져야 함을 제시하고 있다. 구성원들이 조직에 대해 신뢰가 형성되어 있는 경우 항상 참여하는 것이 바람직하고 참여의 형태는 집단적 합의나 집단적 다수가 될 수 있다. 집단적 합의는 모든 구성원들이 참여하여 만장일치로 결정하는 참여이며, 이때 지도자는 모든 사람의 의견을 수렴하여 합의에 이르는 통합자의 역할을 수행해야 한다. 집단적 다수는 다수의 의견을 통해 의사결정을 하는 형태로, 지도자는 의회의 의원과 같이 다수의 의견을 합리적으로 수렴하도록 노력해야 한다. 구성원이 조직에 대해 신뢰가 없을 경우 제한적으로 참여하는 것이 바람직하며, 지도자는 의사를 직접 결정하기보다는 의사결정을 하는 데 도움을 주는 조언자, 교육자의 역할을 수행하는 것이 바람직하다.

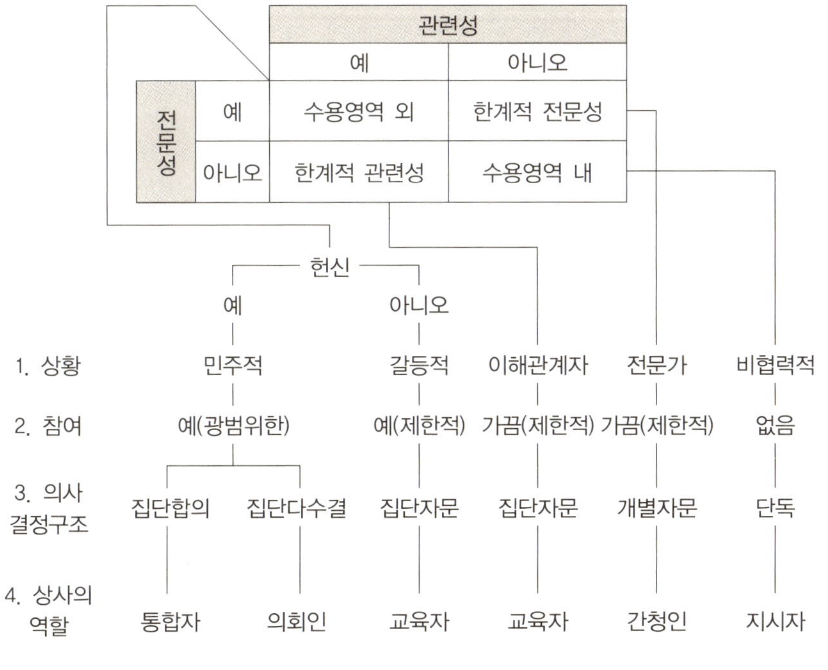

[그림 12-2] Hoy & Tater의 참여적 의사결정 모형

출처 : Hoy & Miskel(2008 : 370)

제3절 학교 내 의사결정 기구

학교는 교육기본법 제5조 제2항에 따라 교직원 · 학생 · 학부모 · 지역주민 등의 학교운영 참여를 보장해야 한다. 이를 위하여 초 · 중등교육법 제31조에 따라 학교운영의 자율성을 높이고 지역의 실정과 특성에 맞는 다양한 교육을 창의적으로 실시할 수 있도록 하기 위하여 학교운영위원회를 구성 · 운영해야 한다. 이는 국가 및 지방자치단체가 설립한 국 · 공립학교와 개인 및 법인이 경영하는 사립학교에 모두 포함된다. 또한 단위학교 구성 주체들이 교육행정기관으로부터 위임된 권한의 범위 내에서 학교교육에 관한 사항을 심의 · 의결하는 각종 위원회가 있다. 이와 함께 개인 및 법인이 경영하는 사립학교의 최종 의사결정 기구로서의 이사회가 있다. 여기서는 단위학교 의사결정 기구인 학교운영위원회, 교내위원회, 이사회 등을 살펴보고자 한다. 그리고 이들 의사결정기구의 성격은 집단 성격의 토론과 논의를 목적으로 하는 것임으로 학교에서 행해질 수 있는 회의유형과 회의진행방법에 대해서 살펴본다.

1. 학교운영위원회

학교운영위원회
학교운영에 학부모, 교직원, 지역인사가 참여함으로써 학교 정책결정의 민주성 및 투명성을 확보하고, 지역실정과 학교 특성에 맞는 다양한 교육을 창의적으로 실시할 수 있도록 심의 · 자문하는 기구

학교운영위원회는 학교운영에 학부모, 교직원, 지역인사가 참여함으로써 학교 정책결정의 민주성 및 투명성을 확보하고, 지역실정과 학교 특성에 맞는 다양한 교육을 창의적으로 실시할 수 있도록 심의 · 자문하는 기구이다. 학교운영위원회는 학교운영의 중요한 사항에 대해서 학교구성원인 교사, 학부모, 지역사회인사 등이 참여하여 민주적인 절차에 따라 자율적으로 결정하는 단위학교 차원의 자치기구이며, 학교 구성원들이 학교운영의 중요한 의사결정에 참여하는 학교공동체 형성의 일환이고, 학교규모, 학교환경 등 학교의 실정과 특색에 맞게 다양하고 창의적인 교육을 가능하게 하는 제도적인 장치이다.

학교운영위원회는 1995년 2학기부터 시범 실시하였고, 1996학년도부터 단계적으로 확대 실시하여 1998년도부터 국 · 공립학교에 전면 실시되었고, 2000년부터는 사립학교에도 의무적으로 설치하도록 하였다. 공립과 사립의 학교운영위원회는 기능이 다른데, 국 · 공립 학교운영위원회는 심의기구이고 사립의 학교운영위원회는 자문기구이다(임연기 · 최준렬, 2010).

학교운영위원회는 초 · 중등교육법(법률 제11384호, 2012. 3. 21 일부개정) 제31조에 의거 설치 · 운영되고 있다. 제32조에는 학교운영위원회가 수행하는 기능들을 규정하고 있으며 그것들은 다음과 같다.

① 학교헌장 및 학칙의 제정 또는 개정에 관한 사항
② 학교의 예산안 및 결산에 관한 사항
③ 학교교육과정의 운영 방법에 관한 사항
④ 교과용도서 및 교육자료의 선정에 관한 사항
⑤ 교복 · 체육복 · 졸업앨범 등 학부모가 경비를 부담하는 사항
⑥ 정규학습시간 종료후 또는 방학기간 중의 교육활동 및 수련활동에 관한 사항
⑦ 교육공무원법 제31조 제2항의 규정에 의한 초빙교원의 추천에 관한 사항
⑧ 학교운영지원비의 조성 · 운용 및 사용에 관한 사항
⑨ 학교급식에 관한 사항
⑩ 대학입학 특별전형 중 학교장 추천에 관한 사항
⑪ 학교운동부의 구성 · 운영에 관한 사항
⑫ 학교운영에 대한 제안 및 건의 사항
⑬ 학교발전기금의 조성 · 운용 및 사용에 관한 사항
⑭ 기타 대통령령, 시 · 도의 조례로 정하는 사항

학교운영위원회 구성 비율은 다음과 같다.

표 12-2 학교운영위원회 위원 구성 비율

위원별 / 학교별	학부모 위원	교원 위원	지역 위원
일반계학교	40~50%	30~40%	10~30%
전문계고등학교	30~40%	20~30%	30~50%

※ 전문계고등학교 지역 위원 중 1/2 이상은 사업자로 구성.

위원의 정수는 학생수 200명 미만인 학교는 5인 이상 8인 이내, 학생수가 200명 이상 1천명 미만인 학교는 9인 이상 12인 이내, 학생수가 1천명 이상인 학교는 13인 이상 15인 이내로 규정하였다.

표 12-3 학교운영위원회 위원 정수 : 5인 이상 15인 이내

학생수	200명 미만	200명 이상 1천명 미만	1천명 이상
위원수	5~8인	9~12인	13~15인

학교장은 학교운영위원회의 당연직 교원위원이 된다. 학부모위원은 학부모 중에서 민주적 대의절차에 따라 학부모 전체회의에서 직접 선출한다. 다만, 학교의 규모·시설 등을 고려하여 위원회 규정이 정하는 전체회의에서 선출하기 곤란한 사유가 있는 경우에는 당해 위원회 규정이 정하는 바에 의하여 학급별 대표로 구성된 학부모 대표회의에서 선출할 수 있다. 당연직 교원위원을 제외한 교원위원은 교원 중에서 선출하되, 교직원 전체회의에서 무기명투표로 선출한다. 지역위원은 학부모위원 또는 교원위원의 추천을 받아 학부모위원 및 교원위원이 무기명투표로 선출한다. 학교운영위원회에는 위원장 및 부위원장 각 1인을 두되, 교원위원이 아닌 위원 중에서 무기명투표로 선출한다.

학교운영위원회의 회의는 위원장이 소집한다. 위원장이 회의를 소집하려면

회의 일시, 장소 및 안건을 정하여 회의 개최 7일 전까지 각 위원에게 알려야 한다. 다만, 긴급한 사유가 있는 경우에는 그러하지 아니한다. 학교운영위원회의 위원장은 회의 일시를 정할 때에는 일과 후, 주말 등 위원들이 참석하기 편리한 시간으로 정하여야 한다.

학교운영위원회의 회의를 개최하였을 때에는 회의 일시, 장소, 참석자, 안건, 발언요지, 결정사항 등이 포함된 회의록을 작성하여야 한다. 작성한 회의록은 학교홈페이지 등을 통해 공개하여야 한다. 다만, 회의록에 포함되어 있는 이름, 주민등록번호 등 개인 정보에 관한 사항으로서 공개될 경우 개인의 사생활의 비밀 또는 자유를 침해할 우려가 있다고 인정하는 사항은 학교운영위원회 의결을 통해 공개하지 않을 수 있다.

학교운영위원회는 학부모가 경비를 부담하는 사항을 심의하려는 때에는 국립학교의 경우에는 학칙으로, 공립학교의 경우에는 시 · 도의 조례로 정하는 바에 따라 미리 학부모의 의견을 수렴하여야 한다. 학교운영위원회는 학생의 학교생활에 밀접하게 관련된 사항을 심의하기 위하여 필요하다고 인정하는 때에는 학생 대표 등을 회의에 참석하게 하여 의견을 들을 수 있다. 학교운영위원회는 국립학교의 경우에는 학칙으로, 공립학교의 경우에는 시 · 도의 조례로 정하는 바에 따라 학생 대표가 학생의 학교생활에 관련된 사항에 관하여 학생들의 의견을 수렴하여 학교운영위원회에 제안하게 할 수 있다.

학교장은 학교운영위원회의 심의결과를 최대한 존중하여야 하며, 그 심의결과와 다르게 시행하고자 하는 경우에는 이를 학교운영위원회와 관할청에 서면으로 보고하여야 한다. 학교장은 학교운영위원회의 심의를 거치는 경우 교육활동 및 학교운영에 중대한 차질이 발생할 우려가 있거나 천재지변 기타 불가항력의 사유로 학교운영위원회를 소집할 여유가 없는 때에는 학교운영위원회의 심의를 거치지 아니하고 이를 시행할 수 있다. 그러나 학교장은 운영위원회의 심의를 거치지 아니하고 시행한 때에는 관련사항과 그 사유를 지체 없이 학교운영위원회와 관할청에 서면으로 보고하여야 한다.

2. 사립학교 이사회

사립학교는 학교법인 또는 공공단체 외의 법인 기타 사인이 설치하는 학교를 말한다. 여기서 학교법인이라고 함은 사립학교만을 설치 · 경영함을 목적으로 사립학교법에 의하여 설립되는 법인을 말하고, 사립학교 경영자는 사립학교를 설치 · 경영하는 공공단체 외의 법인 또는 사인을 말한다(사립학교법 제2조 참조).

사립학교법 제15조에 의하면 학교법인은 이사회를 두어야 하며, 이사회는 이사로서 구성되고 이사장이 소집하며 이사장이 그 의장이 된다. 이사회는 ① 학교법인의 예산 · 결산 · 차입금 및 재산의 취득 · 처분과 관리에 관한 사항, ② 정관의 변경에 관한 사항, ③ 학교법인의 합병 또는 해산에 관한 사항, ④ 임원의 임면에 관한 사항, ⑤ 학교법인이 설치한 사립학교의 장 및 교원의 임면에 관한 사항, ⑥ 학교법인이 설치한 사립학교의 경영에 관한 중요사항, ⑦ 수익사업에 관한 사항, ⑧ 기타 법령이나 정관에 의하여 그 권한에 속하는 사항 등을 심의 · 의결하는 기능을 수행한다. 이사장 또는 이사가 학교법인과 이해관계가 상반하는 때에는 그 이사장 또는 이사는 당해 사항에 관한 의결에 참여하지 못한다.

이사회는 이사장이 필요하다고 인정할 때에 이사회를 소집함으로써 열리게 된다. 이와 같이 이사장이 판단하여 이사회를 소집하지만 재적이사 과반수 이상이 회의의 목적을 제시하여 소집을 요구한 때, 그리고 감사는 학교법인의 재산상 변동이 있을 때 또는 이사회의 운영과 그 업무에 관한 사항을 감사한 결과 부정 또는 불비한 점이 있음을 발견한 때 이를 이사회와 감독청에 보고하는 일을 하는데 이 때의 보고를 하기 위하여 이사회의 소집을 요구하는 경우에는 이사장은 이사회를 소집하여야 한다. 이사회를 소집하여야 할 경우에 그 소집권자가 궐위되거나 또는 이를 기피함으로써 7일 이상 이사회의 소집이 불가능할 때에는 재적이사 과반수의 찬성으로 이를 소집할 수 있다.

이사회가 개최된 후에는 다음 사항을 기재한 회의록을 작성 · 공개하여야 한다. ① 개의 · 회의중지 및 산회의 일시, ② 안건, ③ 의사, ④ 출석한 임원과 직원의 성명, ⑤ 표결수, ⑥ 그 밖에 이사장이 필요하다고 인정하는 사항 등이다. 다만, 이사회 개최 당일에 회의록 작성이 어려운 사정이 있는 경우에는 안건별로 심의 · 의결 결과를 기록한 회의조서를 작성할 수 있다. 회의록 및 회의조서에는 출석임원 전원이 그 성명을 알 수 있도록 자필로 서명하고, 그 회의록 또는 회의조서가 2매 이상인 경우에는 간(間)서명하여야 한다. 다만, 이사회는 출석임원 중 3인을 호선하여 이사회 회의록 및 회의조서에 대표로 간(間)서명 또는 간(間)인하게 할 수 있다. 회의조서를 작성한 경우에는 조속한 시일 내에 회의록을 작성하여야 한다. 다만, 긴급한 필요가 있는 때에는 회의록을 대신하여 회의조서를 관할청에 제출할 수 있다. 회의록은 공개하여야 한다. 다만, 대통령령이 정하는 사항에 대해서는 이사회의 의결로 공개하지 아니할 수 있다.

제4절 교내 회의 유형과 방법

1. 교내 회의 유형

교내 회의는 공식적이거나 혹은 비공식적으로 이루어지는 교내 위원회 및 협의회 등의 형태로 이루어지는 모임을 말한다. 교내 위원회는 교내 의사결정의 민주화, 전문화, 합리화를 위한 것이다. 협의회의 대표적인 것은 전체 교직원이 참여하는 교직원회의, 부장회의를 비롯하여 각종 위원회(운영위원회, 기획위원회, 교육과정위원회, 생활지도위원회 등)와 각종 협의회(교과협의회, 학년협의회 등)를 들 수 있다. 교내에서 이러한 운영협의 조직은 전문가로서 교사가 학교경영 과정에 참가할 수 있는 민주적 운영체제이다. 이와 같은 운영조직은 교사에게 경영 참가의 기회를 제공하며, 의사결정 과정에 기여하도록 하는 협의 내지 의사결정 조직의 성격을 가지고 있다(김수영 · 전제상, 2005). 여기서는 단위학교의 주요 협의회 또는 위원회인 교직원회의, 기획위원회 및 교육과정위원회를 중심으로 살펴보고자 한다.

교직원회의는 학교운영상의 문제를 협의하고 상부로부터의 지시를 전달하고 보고하며 학교운영 방침 등을 결정하기 위해서 교장이 소집하여 교장의 주관하에 행해지는 회의이다. 이와 같은 교직원회의를 통해서 교장은 교육행정기관의 지시 사항을 전달하고 자신의 견해를 피력하며, 교직원들의 의견을 수렴하여 학교운영상의 문제를 해결하기 위하여 합리적 의사결정을 하는데 협의체제로서의 기능을 하고 있다. 교직원회의는 자문기관인가 아니면 의결기관인가를 결정하는 명확한 기준이 없다. 학교경영의 최종 의사결정 책임자가 교장이라는 점에서 교직원회의는 자문기관의 성격이 강하다고 볼 수 있으나, 교장이 독단적인 판단에서가 아니라 교직원회의를 통해 교직원들의 의견을 존중하고 민주적 과정을 통하여 의사결정을 한다면 이와 같은 경우에는 의결기관의 성격이 있다. 교직원회의에 대한 법적 규정이 없기 때문에 교직원회의를 운영하는 교장에 의해 교직원회의의 성격이 결정된다고 볼 수 있다. 교직원회의는 교장, 교감과 교사들 간의 계층적 경직성을 완화하고 의사소통을 원활하게 하며, 협의적 과정을 증진시킨다. 교직원회의의 효율적 운영은 교직원의 참여의식을 증진시키며 사기를 높여 주고, 창의성을 발휘하게 한다. 뿐만 아니라 새로운 지식과 정보가 교환이 되고 전체적인 조정이 이루어지며, 교직원회의를 통해서 결정된 사항은 실천하기가 쉬울 뿐만 아니라 안정성과 계속성이 확보된다고 하겠다(김창걸, 2001 : 469).

일반적으로 간부회의로서 일컬어지고 있는 기획위원회는 학교운영의 기본적 주요 사항에 대한 사전 협의와 연구, 직원회의에서 논의할 사항의 사전 입안, 학교교육의 전반적 계획의 수립 등의 기능을 수행하는 교장의 자문기구이다. 기획위원회는 교장, 교감과 부장교사들로 구성된다. 직원회는 전 직원으로 구성되는 것이기 때문에 제한된 시간 내에 충분한 토의와 결론이 어렵다. 그리하여 학교운영의 기본적 사항을 사전에 조사 · 연구 · 계획하여 직원회에 회부하고 직원회에서 결론 없이 논의된 사항을 위임받아 사후에 결정하는데 교무분장 상의 각 부서를 대표하는 실무 책임자이며 학교의 중간 관리층인 부장교사들을 주축으로 구성된 기획위원회의 기능은 대단히 중요하다(남정걸, 2006).

학교교육과정위원회는 교육부 고시 제2009-41호인 '초 · 중등학교 교육과정(2009 개정 교육과정이라고도 함)'에서 그 설치 근거를 찾아볼 수 있다. 이 위원회의 기능은 교육과정의 합리적 편성과 효율적인 운영을 위하여 교장의 교육과정 운영 및 의사결정에 관해 자문활동을 하는 것인데 주요 구성원은 교원, 교육과정 전문가, 학부모 등으로 구성된다(이형행 · 고전, 1999).

2. 교내 회의 방법

교직원회의, 부장교사회의, 학년협의회, 교과협의회, 교사동아리 등은 토론과 협의라는 형식을 통해 이루어지는 의사결정 기구들이다. 이것들은 흔히 말하는 회의 형태로 진행된다. 회의는 당면한 문제를 많은 사람들의 지식과 지혜를 모아 종합적으로 해결하며, 공동의 문제를 주고받음으로써 조직구성원 간의 연대감을 조성하고, 해결하기 어려워 보이는 문제에 대한 뜻밖의 아이디어를 창출하며, 구성원의 참여의식을 제고하기 위해서 실시한다. 즉 회의는 조직 구성원이 함께 공동의 문제를 탐색하고 논의하는 것이다. 여기서는 교내에서 이루어지고 있거나 교내에서 활용할 수 있는 집단 및 그룹회의의 유형과 방법에 대해서 간략하게 제시해 보고자 한다[1].

1) 워크숍(Workshop)

워크숍은 큰 집단의 참여도를 높이기 위해 몇 개의 소집단으로 나누어 이

1) 조량제 편저(2008 : 212-225)를 요약 · 재구성함.

소집단마다 지도자를 정해 주어진 의제에 대한 토론을 행하게 하여 결론을 내는 방식이다. 그런데 이 소집단이 여기저기에 출현하여 상호 활발한 토의를 전개하고 있어서 마치 전체의 양상이 질서 없이 통제되어 있지 않은 것 같으므로 마치 벌떼가 붕붕 소리를 지르는 것 같다 하여 이것을 버즈식 회의(buzz session)라고 부르고 있다. 이러한 방식으로 정해진 시간이 끝나면 소집단마다 내놓은 결론을 각기 선출된 대표가 상호 발표토록 하고 그 결론에 대해서 대표자간에 토론하거나 또는 참석자 전원에게 질의응답을 행하는 것이다.

2) 필립스 66(Phillips 66)

이것은 워크숍과 마찬가지로 소집단으로 나누어 토론을 하도록 하는 것이다. J. D. Phillips라는 사람이 고안한 것으로 처음에 집단을 6명씩 소집단으로 나누고 한 의제에 대하여 각기 6분간의 토의를 행하게 한 연유로 이러한 명칭이 생긴 것이다. 그러나 이것을 실제로 행할 때에는 반드시 6명씩의 소집단에 한정할 필요가 없고 시간도 6분간으로 한정하는 것은 아니다. 이 회의 방식의 특징은 ① 각 소집단의 사무적인 토의의 방식, ② 종료 후의 기록원이 작성한 보고서 중에는 시종 '우리들'이라는 글씨로 표현된다는 점, ③ 한 소집단이 자기들의 결론이 다른 소집단의 결론과 거의 같았을 경우의 실망감, 반대로 이 실망감을 없애기 위해 노력하는 충실감 등이다.

3) 패널토의(Panel discussion)

패널토의는 미리 몇 명의 강연자를 패널 멤버로 선정한다. 패널 멤버의 수는 일반적으로 4~5명이 알맞으며 많아도 8명을 넘지 않도록 한다. 이들 패널 멤버가 주어진 의제에 대하여 청중 앞에서 토의한다. 물론 회의 진행을 하는 사회자가 정해져 있어 토론을 하는 사람의 소개, 토론의 방법과 결론을 내는 방법 등 기타 사항을 관리한다. 그리하여 예정 시간의 약 2/3를 경과했을 때 토론을 완료하고 지도자가 그 토론 및 토론의 결과를 청중 전체에게 밝힌다.

이때 지도자는 그때까지 토론된 내용을 되도록 간단히 설명한다. 그 다음 청중으로부터 질문을 받아 이에 대하여 토론자의 한 사람이 답변하도록 한다든가 다시 토론자 상호간에 토론을 시켜 청중의 질문에 응답하는 형태를 취한다.

페널토의의 특징은 강연식 회의처럼 형식에 치우치지 않고 자유로이 자발적으로 많은 사람을 토의에 참가시킬 수 있는 점인데 이 패널식 토의를 지도함에 있어서 다음과 같은 점에 유의해야 한다.

① 패널 멤버와 사전 의논을 너무 상세하게 행하지 말 것
② 될 수 있는 대로 패널 멤버와 일반 참석자와는 서로 가까워질 수 있을 만한 좌석의 배치를 할 것
③ 패널 멤버와 참석자와는 서로 마주 보도록 좌석을 배치하되 특별히 자그마한 단을 설치하여 그 위에다 패널 멤버의 자리를 마련하는 등의 일은 하지 말 것

이와 같이 청중과 토론자와의 질의응답에 의해 일체감을 깊게 하며 출석자 전원이 참가하는 형식을 실행함으로써 토의가 활발해지며 출석자에게는 토론에 참여했다는 만족감을 주는 것이 패널토의이다.

4) 심포지엄(Symposium)

패널토의와 같은 형식으로 평론식 토의 방식이다. 다만 패널토의는 토론자가 특정한 의제에 대해 각기 견해를 밝혀 상호토론하여 어떤 결론을 찾아내는 반면에, 심포지엄은 그 나름의 독립된 분야에서 의제에 관한 독자적 견해나 전문적 의견을 밝히는 것이다. 따라서 심포지엄에 있어서 토론자간 의견의 충돌이 없고 상호의 토론도 서로 주고받지를 않는다. 때문에 청중으로부터의 질의도 개인을 향해 던져지며 답변도 마찬가지로 개별적으로 행하는 것이 일반적인 예이다. 그 외의 것은 패널토의와 같다고 볼 수 있다.

5) 대담(Colloquium)

대담은 패널토의와 같은 형식이며, 패널 형식 외에 여기에 정보제공자로서 몇 명의 전문가를 출석시키는 것이 추가된다. 사회자는 토의 도중이나 토의가 끝난 뒤에 토론자 또는 청중의 양해를 얻어 전문가에게 의견을 들어보도록 하는 것이다. 이 경우 전문가는 다만 전문적 지식을 제공하는데 그쳐야 하며 그로 인해 토론의 방향에 일방적으로 영향을 끼쳐 지배해서는 안 된다.

6) 포럼(Forum)

포럼은 강연회 형식의 포럼과 토의식 포럼으로 구분될 수 있다. 강연회 형식의 포럼은 먼저 전문가가 어떤 주제를 강연하고 그것이 끝나고 나면 질의 · 응답하는 방식이다. 사회자는 강연에 앞서서 강연자의 소개를 하고 또 전반적인 의사 진행을 행한다. 사회자는 미리 강연자와 의논하여 제시의 내용을 알아두고 또 필요한 자료를 충분히 조사해 두어야 한다. 참석자의 발언을 재촉할 경우엔, "무슨 질문은 없습니까?"라는 식으로 말을 꺼내고 질문하기 전에 사회자로서의 견해를 얘기하거나 어떤 중요한 사실을 지적하거나 해서 관심을 집중시킨 뒤에 주요 질문을 던져야 한다.

한편 토의식 포럼은 특정한 문제에 대하여 양론이 있을 경우에 쓰는 방식으로 토론회 또는 분할 토의회라고도 한다. 이를테면 그 문제에 대한 찬성 · 반대 등으로 참석자 가운데서 두 그룹의 토의군을 만들어서 서로 논의시키고 양자의 장단점을 검토 · 비판시킨다. 이 방식은 논의가 경쟁적이기 때문에 참석자의 주의와 관심을 끌며 대표자의 토의도 활발한 것이 된다. 그러나 사회자가 양론을 교묘히 다루지 않는 한 수습할 수가 없으리만큼 토론이 완전히 분열될 위험성이 있다. 그러므로 이 방식으로 토의를 지도함에 있어서는 먼저 해결안의 장단점을 양쪽에 번갈아 발표시켜서 그것을 흑판에 기록한다. 양쪽의 의견이 거의 다 나왔을 즈음에 지도자는 문제의 요점을 일반 참석자에게로 옮겨서 전반 토의를 시키고 마지막에 총괄적으로 의견을 요약해야 한다.

7) 브레인스토밍(Brainstorming)

브레인스토밍은 미국의 Osborn에 의해 제안되었다. 브레인스토밍은 새로운 아이디어를 찾아내는 방법으로 특정한 과제에 대하여 회의 참가자는 각기 자유분방하게 자기의 의견이나 사고방식을 서로 발표하는 방법이다. 참가자에게 자유로이 발언시키는 것이 이 방법의 장점이다. 그 발언은 창의적이고 기발한 것일수록 환영받는다. 그래서 아무리 가치 없는 의견을 발표해도 이에 대한 비판을 하지 않는 것이 원칙이다. 또한 브레인스토밍은 다양하고 창의적인 사고를 하기 위해서 자유로운 분위기를 조성해야 하며, 창의적 아이디어는 많은 제안 가운데 나올 수 있기 때문에 질보다 양을 선택한다. 많은 안을 낼 수 있도록 질을 중시하는 질문은 피해야 한다. 다른 사람의 안을 듣고서 좋은 점을 결합시켜 자신의 안으로 발언해도 좋다. 그러기 때문에 타인의 아이디어에 무임승차하는 것은 바람직하다. 브레인스토밍의 사회자는 기록계를 되도록 여러 명 동원하여 리더의 지시에 따라 발표된 의견이나 착상을 전부 기록하도록 한다. 그리고 그 자리에서 또는 다른 날 같은 멤버로 또는 전혀 다른 멤버로 기록된 것을 정리 분류하여 구체적인 아이디어를 만들어 간다.

생각해 볼 문제

1. 왜 학교교육에서 혁명적인 의사결정보다는 점진적인 의사결정이 많은가에 대해서 생각해 보자.
2. 학교 구성원들이 참여하는 교내 의사결정에서의 학생 참여의 범위와 한계성에 대해서 생각해 보자.
3. 학교에서 나타날 수 있는 의사결정의 장애 요인과 그 해결책을 발표해 보자.
4. 여러분이 교장이라면 어떤 의사결정 방법을 주로 활용할 것인가? 그 이유는 무엇인가?

제13장

교육법규와 제도

제1절 교육법

제2절 교육법의 구조

제3절 교육제도와 학제

학습목표

1. 교육법규의 개념과 성격 및 존재 형식을 이해할 수 있다.
2. 헌법과 기타 법령에서 정하고 있는 교육 관련 규정의 의미를 특징을 설명할 수 있다.
3. 교육법규의 기본원리, 구조와 내용을 이해할 수 있다.
4. 우리나라 학제의 구조와 특징을 외국의 사례와 비교하여 설명할 수 있다.

제1절 교육법

1. 교육법의 개념

교육법규
교육 또는 교육정책이나 교육제도 및 그 운영에 관한 사항을 규정한 법규로서 조장적 성격, 특별법이면서 일반법적인 성격, 특수법적 성격, 윤리적 성격을 가짐

교육법은 교육에 관한 법규범 또는 교육행정에 관한 법규를 통칭한 개념이다. 교육법은 교육과 법이라는 두 개의 용어로 성립한다. '법규'는 사회질서를 유지하기 위한 하나의 강제적 규범이며, 이것을 위반하는 행위에 대해서는 외부로부터 일종의 제재가 주어진다. 국가백년대계로서의 교육제도는 공공성을 띠고 있으므로 강제력을 가진 법규범의 제재가 필요하게 된다. 따라서 교육과 법규는 상호보완적 · 보충적인 관계를 가지며, 양자의 장점을 잘 조화해 가는데 교육법의 목표와 기능이 존재한다. 교육법규는 교육 또는 교육정책이나 교육제도 및 그 운영에 관한 사항을 규정한 법규로서 다른 법규와는 달리 조장적 성격, 특별법이면서 일반법적인 성격, 특수법적 성격, 윤리적 성격을 갖는다(한공우 · 임창원, 2009).

1) 조장적 성격

교육법은 비권력적이고 지도 · 육성의 성격이 강하며 점차로 전문성 · 기술성이 강조되고 있다. 교육법은 교육에 관한 법률인 만큼 공권력을 행사하는 지휘 · 복종의 관계보다는 오히려 지도 · 조언 · 육성 · 이해의 전문적 기술성을 요하는 조장적 성격을 지닌다.

2) 특별법이면서 일반법적인 성격

교육법은 교육에 관한 한 다른 법률에 대하여 특별법인 동시에 일반법의 성격을 갖는다. 즉, 교육법은 교육에 관한 한 다른 모든 일반법에 대하여 특별법의 지위를 가지며, 교육에 관하여 다른 일반법이 교육법에 저촉될 경우에는 교육법이 우선한다. 반면에 교육법은 다른 교육관계 법률(광의의 교육법)에 대하여는 일반법의 성격을 갖는다. 이는 다른 일반법률에 대하여 교육법이 갖는 성격과 반대되는 개념이다.

3) 특수법적 성격

교육법은 공법과 사법의 구별이 명확치 아니한 특수법의 성격을 갖는다. 시대의 흐름에 따라 교육권은 공권력 개념으로만 해석하기에는 논리정립이 어렵게 되었다. 특히 국민교육의 사회보장적 경향과 교육의 개방 및 평생교육 등의 등장은 '교육법의 특수법적 성격'을 더욱 뚜렷하게 하여 주고 있다.

4) 윤리적 성격

교육법은 윤리적인 면이 특히 강조되는 법령이다. 교육법에서 공 · 사립의 교육기관을 불문하고 국가와 민족에 대한 의무와 책임이 다른 법률에 비하여 현저하게 강조되고 있음은 이 윤리적 성격 때문이다.

2. 교육법의 존재 형식(法源)

교육법은 넓은 의미에서 볼 때 교육에 관한 조직 및 작용을 규정한 법령이다. 이러한 뜻에서 '교육법'에는 교육법 및 교육관계 법률 이외에도 대통령령, 총리령 및 교육부령 등 하위법령이 있고, 조례 및 규칙 등 지방자치단체의 법령이 있으며, 이러한 성문법 이외의 판례 · 관습 · 조리 등과 같은 불문법이 있다. 이를 통칭하여 교육법규라고 한다. 교육법규의 법원은 성문법원을 원칙으로 하나 성문법이 불비된 한도 내에서 불문법도 법원이 되고 있다.

교육법원
교육은 헌법, 법률, 시행령, 조례, 규칙 등의 성문법과 관습법과 판례 및 조리 등의 불문법에 근거하여 실시

1) 성문법원

성문법원의 형식으로는 헌법, 법률, 조약 및 국제법규, 명령, 자치법규 등이 있는데, 이들 상호간에는 상위법 우선의 원칙, 신법 우선의 원칙, 특별법 우선의 원칙이 적용되며, 불문법에 대해서는 성문법이 우선한다.

- 법원
  - 성문법
    - 헌법(전문 및 31조 등 교육관련 조항)
    - 법률(교육기본법 등 교육관련 법률)
    - 국제조약 · 국제법규
    - 명령(초 · 중등교육법시행령 등의 대통령령, 총리령, 부령, 훈령)
    - 자치법규(조례 및 교육규칙)
  - 불문법
    - 관습법(행정선례, 유권해석 등)
    - 판례법(법원의 판례)
    - 조리(사회정의, 도덕률)

[그림 13-1] 교육법의 법원

2) 불문법원

(1) 관습법

관습법은 사회의 관행이 불문의 형태로 국민 일반의 법적 확신에 의하여 승인되고 강행되는 것을 말한다.

(2) 판례법

판례법은 법원의 판결이 그 후의 동일한 사건에 대하여 사실상 속력을 갖게 되는 것을 말한다.

(3) 조리

조리는 어떤 문제에 대하여 성문법이나 관습법 또는 판례법 등이 존재하지 않는 경우 그 문제의 본질에 적합한 처리를 하기 위한 최후의 보충적 법원이 되는 것을 말한다.

3. 교육법의 기본 원리

헌법 및 교육기본법 등에 제시된 교육법의 기본원리는 교육제도의 법정주의, 교육 자주성의 원리, 교육권 보장의 원리, 교육 전문성의 원리, 교육의 기회균등 원리, 교육의 중립성 원리라는 여섯 가지로 요약해 볼 수 있다.

1) 교육제도의 법정주의

이는 교육제도는 법으로 정해져야 한다는 것으로서 교육 입법상의 법률주의 또는 법률에 의한 교육행정의 원리라고도 한다. 헌법 제31조는 교육에 관한 중요 사항은 반드시 법률로 정하도록 하는 원칙을 확립하고 있다.

교육제도 법정주의는 국민주권을 기저로 하는 민주국가 행정에 있어서 법치주의적 행정의 일면을 구현하는 것이며, 국가권력적 교육행정제도에서 가장 중요한 위치를 차지하는 행정상의 원리이다. 교육관계의 모든 법률은 교육의 근간이 되는 사항을 규정함과 동시에 대통령령 이하의 모든 관계 법령에서는 그 시행상 필요한 세부적인 사항을 규정하고 있다. 다만, 교육제도의 법정주의에서 법규만능이나 법의 홍수 등은 경계되어야 한다. 이는 교육에 대한 지나친 국가개입으로서 교육의 자주성·전문성·중립성의 보장에 장애가 될 수도 있다.

2) 교육 자주성의 원리

이는 민주교육의 원리라고도 하며, 지방교육자치의 원리라고도 한다. 이의 지방교육재정의 독립을 위해 지방교육재정교부금제도를 실시하는 것도 교육의 자주성 보장의 원리에 해당된다.

3) 교육권 보장의 원리

대부분의 나라에서 '교육을 받을 권리'를 보장하기 위한 규정은 헌법상의 국가적 의무로서 명시되어 있는데, 우리나라에서도 예외는 아니다. 현행 교육관계법에서는 교육권을 보장하기 위하여 모든 아동의 보호자에 대하여 그 자녀의 교육을 받게 할 의무를 지우고 있으며, 무상의무교육을 보장하고 있다.

4) 교육전문성의 원리

우리의 교육관계법은 교육의 전문성을 보장하기 위해서 교육의 자유 및 학문의 자유를 명시하고 있다. 이는 모두 헌법에서 규정하고 있는 학문의 자유와 관련되어 있다.

5) 교육 기회균등의 원리

국가는 국민에게 가능한 한 평등한 교육의 기회를 주도록 힘써야 할 의무가 있다. 즉, 헌법 제31조 제1항은 '모든 국민은 능력에 따라 균등하게 교육을 받을 권리를 가진다'고 규정하고 있다. 여기에는 사회적 신분에 의한 차별금지, 의무교육의 무상원칙, 단선형 학교체계의 확립 등이 포함된다.

6) 교육 중립성의 원리

공교육체제는 교육의 기회균등을 실현하는 외적 조건을 보장뿐 아니라, 교육의 중립성이라는 그 내적 사항의 보장을 본질로 하고 있으며, 이에 따라 학생은 중립적인 교육을 받을 권리를 지니고 있다. 교육의 중립성은 종교적 중립성과 정치적 중립성을 포함한다.

제2절 교육법의 구조

1. 헌법

우리 헌법은 제31조에서 교육에 관하여 제1항부터 제6항까지 규정하고 있다. 즉, 교육을 받을 권리, 의무교육의 무상과 보호자의 의무, 교육의 자주성 · 전문성 · 정치적 중립성 및 대학의 자율성 보장, 평생교육의 진흥, 교육제도의 법률주의 등이 그것이다.

1) 교육을 받을 권리

헌법 제31조 제1항에서는 "모든 국민은 능력에 따라 균등하게 교육을 받을 권리를 가진다"라고 규정하고 있다. 능력에 따른 교육이라 함은 정신적 · 육체적 능력에 상응한 적절한 교육을 말한다.

2) 의무교육의 무상과 보호자의 의무

헌법 제31조 제2항과 제3항은 "모든 국민은 그가 보호하는 자녀에게 초등교육과 법률이 정하는 교육을 받게 할 의무를 진다", "의무교육은 무상으로 한다"

고 규정하여 균등하게 교육을 받을 권리를 최저한도에서 실효성 있게 보장하기 위하여 그 의무성을 명문화하고 있다.

3) 교육의 자주성, 전문성, 정치적 중립성 및 대학의 자율성

헌법 제31조 제4항은 교육의 자주성 · 전문성 · 정치적 중립성 및 대학의 자율성의 보장에 관한 내용을 규정하고 있다. 교육의 자주성은 교육조직과 교육내용이 교육자에 의하여 자주적으로 결정되고 행정권력에 의한 통제가 배제되어야 한다는 의미이다. 교육의 정치적 중립성이란 복수의 여러 정치이념 및 상황 중에서 어떤 하나만을 강제하지 않는다는 것으로 볼 수 있다.

4) 평생교육의 진흥

헌법 제31조 제5항의 "국가는 평생교육을 진흥하여야 한다"는 규정은 오늘날 급격한 사회변화에 능동적으로 대처하기 위해서 평생교육체제의 구축이 필연적이라는 입법취지이다.

5) 교육제도의 법률주의

헌법 제31조 제6항은 "학교교육 및 평생교육을 포함한 교육제도와 그 운영, 교육재정 및 교원의 지위에 관한 기본적인 사항은 법률로 정한다"라고 규정하여 교육의 자주성 보장을 뒷받침하고 있다. 여기에서 교육제도란 교육의 이념, 기본방침, 내용, 교육행정의 조직, 학제 등을 포함한다.

6) 기타 간접조항

교육과 관련된 간접조항으로는 국제조약과 국제법규(6조), 공무원의 지위와 책임(7조), 기본적 인권존중(10조), 만인의 평등(11조), 종교의 자유(20조), 언론 ·

출판의 자유(21조), 학문·예술의 자유(22조), 근로의 권리·의무 및 연소자의 보호(32조), 지방자치단체(117, 118조) 등에 관한 것들이 있다.

2. 교육기본법

교육기본법(법률 제11690호, 2013.3.2)은 교육에 관한 국민의 권리·의무 및 국가·지방자치단체의 책임을 정하고 교육제도와 그 운영에 관한 기본적 사항을 규정하고 있다. 제1장 총칙, 제2장 교육당사자, 제3장 교육의 진흥 등 총 29개 조로 구성되어 있다.

3. 유아교육법

유아교육법(법률 제12336호, 2014.1.28)은 총 5장 35조로 구성되어 있다. 제1장 총칙은 목적(제1조), 정의(제2조), 책임(제3조), 유아교육·보육위원회(제4조), 유아교육위원회(제5조), 유아교육진흥원(제6조) 등으로 구성되어 있다. 제2장은 유치원의 설립 등과 관련된 장으로서 유치원의 구분(제7조), 유치원의 설립(제8조), 유치원의 병설(제9조), 유치원 규칙(제10조), 입학 연령(제11조), 학년도(제12조), 교육과정(제13조), 유치원생활기록(제14조), 특수학교(제15조), 외국인 유치원(제16조), 건강검진 및 급식(제17조), 지도·감독(제18조), 평가(제19조) 등으로 구성되어 있다. 제3장은 교직원과 관련된 장으로서 교직원의 구분(제20조), 교직원의 임무(제21조), 교직원의 자격(제22조), 강사(제23조) 등으로 구성되어 있다. 제4장은 비용과 관련된 장이고, 제5장은 보칙 및 벌칙에 관한 규정으로 구성되어 있다.

4. 초·중등교육법

초·중등교육법(법률 제12338호, 2014.1.28)은 총 5장 68조로 구성되어 있다. 제1장은 총칙으로서 목적(제1조), 학교의 종류(제2조), 국·공·사립학교의 구분(제3조), 학교의 설립(제4조), 학교의 병설(제5조), 지도 · 감독(제6조), 장학지도(제7조), 학교규칙(제8조), 평가(제9조), 수업료(제10조), 학교시설 이용(제11조) 등으로 구성되어 있다.

제2장은 의무교육에 관한 장으로서 의무교육(제12조), 취학의무(제13조), 취학의무의 면제(제14조), 고용자의 의무(제15조), 친권자 등에 대한 보조(제16조)로 구성되어 있다.

제3장은 학생과 교직원에 관한 장이다. 먼저 학생에 대한 법 조항을 살펴보면 학생자치활동(제17조), 학생의 징계(제18조), 재심청구(제18조의2), 시 · 도학생징계조정위원회의 설치(제18조의3), 학생의 인권보장(제18조의4) 등으로 구성되어 있다. 교직원 관련 법조항으로는 교직원의 구분(제19조), 전문상담교사의 배치 등(제19조의2), 교직원의 임무(제20조), 교원의 자격(제21조), 산학겸임교사(제22조) 등으로 구성되어 있다.

제4장은 학교에 관한 장으로서 크게 통칙, 학교운영위원회, 초등학교, 중학교, 고등학교, 각종학교 등과 관련된 조항들로 구성되어 있다. 통칙에는 교육과정(제23조), 수업(제24조), 학교생활기록(제25조), 학년제(제26조), 조기진급 및 조기졸업(제27조), 학습부진아동에 대한 교육(제28조), 교과용도서의 사용(제29조), 초 · 중 · 고등학교의 통합 · 운영(제30조), 학교회계의 설치(제30조의2), 학교회계의 운영(제30조의3), 교육정보시스템의 구축 · 운영(제30조의4), 정보시스템에 의한 업무처리(제30조의5), 학생 관련 자료제공의 제한(제30조의6), 정보시스템에 의한 업무처리 등에 대한 지도 · 감독(제30조의7) 등으로 구성되어 있다. 학교운영위원회에 관한 규정은 학교운영위원회의 설치(제31조), 결격사유(제31조의2), 기능(제32조), 학교발전기금(제33조), 학교운영위원회의 구성 · 운영(제34조), 학교운영위원회 위원의 연수(제34조의2) 등으로 구성되어 있다. 학교유형과 관련된 조항들로서 초등학교 · 공민학교(제38조~40조), 중학교 · 고등공민학교(제41조~제44조), 고등학교 · 고등기술학교(제45조~제54조), 특수학교(제55조~제59조), 각종학교(제60조~제60조의3) 등으로 구성되어 있다.

제5장은 보칙 및 벌칙에 관한 장으로서 학교 및 교육과정 운영의 특례(제61조), 권한의 위임 및 위탁(제62조), 시정 또는 변경명령(제63조), 휴업 및 휴교명령

(제64조), 학교 등의 폐쇄(제65조), 청문(제66조), 벌칙(제67조), 과태료(제68조) 등으로 구성되어 있다.

5. 고등교육법

고등교육법(법률 제12174호, 2014.1.1)은 총 4장 제64조로 구성되어 있다. 제1장은 총칙으로서 목적(제1조), 학교의 종류(제2조), 국립·공립·사립 학교의 구분(제3조), 학교의 설립(제4조), 지도·감독(제5조), 학교규칙(제6조), 교육재정(제7조), 실험실습비 지급(제8조), 학교 간 상호 협조의 지원(제9조), 학교협의체(제10조), 등록금 및 등록금심의위원회(제11조), 평가(제11조의2) 등으로 구성되어 있다. 제2장은 학생과 교직에 관련된 장이고, 제3장은 학교에 관한 내용을 규정하고 있다. 제4장은 보칙 및 벌칙에 관한 장으로 구성되어 있다.

6. 지방교육자치에 관한 법률

지방교육자치에 관한 법률(법률 제12844호, 2014.11.19)은 제8장 59조로 구성되어 있으며, 주요 내용은 이 책의 제3장 5절에 자세하게 정리되어 있다.

7. 기타 교육관련 법령

앞에서와 같은 헌법의 교육조항과 교육기본법의 기본이념 및 조문을 시행하기 위하여 각종 법령이 제정되어 있다. 먼저 앞의 교육관계법을 보다 구체화한 초·중등교육법시행령, 고등교육법시행령, 지방교육자치에 관한 법률 시행령(이상 대통령령)이 있다. 다음으로 교육조직과 편제에 관해서는 정부조직법, 교육부와 그 소속기관 직제, 서울대학교 설치령, 국립학교 설치령 등이, 인사에 관해서는 교육공무원법, 교원지위 향상을 위한 특별법, 교육공무원 승진규정, 교원자격 검정령, 공무원 보수규정, 공무원 수당 규정, 국가공무원 복무규정

등이, 학사에 관해서는 대학설립 운영규정 및 동 시행규칙, 고등학교 이하 각급 학교설립운영규정 등이, 사학에 관해서는 사립학교법 및 동 시행령, 고등학교 이하 각급 학교설립운영규정, 한국사학진흥재단법 등이, 과학 · 사회 · 체육에 관해서는 산업교육진흥법, 과학교육진흥법, 사회교육법, 학원의 설립 운영에 관한 법률, 유아교육진흥법, 학교보건법 등이 있다.

제3절 교육제도와 학제

현행 학제는 [그림 13-2]에서와 같이 유치원, 초등학교, 중학교, 고등학교, 대학교가 근간을 이룬다. 학제는 기본학제와 특별학제로 구분된다. 기본학제는 유치원, 초등학교, 중학교, 고등학교, 대학교로 이어지는 학제의 근간을 말하며, 특별학제는 기본학제의 보완적 기능을 수행하거나 사회교육의 성격을 가지고 정규학교의 교육과정에 준하는 교육을 실시하기 위한 학교제도를 말한다. 이들 학교 유형들은 설립주체에 따라 국가가 설립 · 경영하는 학교(국립학교), 지방자치단체가 설립 · 경영하는 학교(공립학교), 법인 또는 사인(私人)이 설립 · 경영하는 사립학교로 구분된다. 여기서는 유 · 초 · 중등학교와 대학교를 구분하여 현행 학제를 제시해 보고자 한다.

1. 유 · 초 · 중등학교

1) 유치원

유아교육법(법률 제12336호, 2014.1.28)에 따라 3세부터 초등학교 취학전까지의 어린이를 대상으로 설립 · 운영되는 학교를 말한다. 유치원은 초 · 중등교육법 제2조에 따른 초등학교 · 중학교 및 고등학교에 병설될 수 있다. 유치원의 학년

<table>
<tr><th>기간</th><th>만
연령</th><th>교육
구분</th><th colspan="6">학 교 분 류</th></tr>
<tr><td>22</td><td>27</td><td rowspan="10">고등
교육</td><td rowspan="3">대학원</td><td rowspan="3"></td><td colspan="4" rowspan="3"></td></tr>
<tr><td>21</td><td>26</td></tr>
<tr><td>20</td><td>25</td></tr>
<tr><td>19</td><td>24</td><td></td><td></td><td colspan="4" rowspan="3"></td></tr>
<tr><td>18</td><td>23</td><td rowspan="2"></td><td rowspan="2">대학원</td></tr>
<tr><td>17</td><td>22</td></tr>
<tr><td>16</td><td>21</td><td rowspan="4">대학교</td><td rowspan="4">교육
대학교</td><td rowspan="4">산업
대학교</td><td></td><td></td><td rowspan="4">기타
(방통대,
사이버대
등)</td></tr>
<tr><td>15</td><td>20</td><td></td><td></td></tr>
<tr><td>14</td><td>19</td><td rowspan="2">전문대학</td><td rowspan="2"></td></tr>
<tr><td>13</td><td>18</td></tr>
<tr><td>12</td><td>17</td><td rowspan="6">중등
교육</td><td rowspan="3">일반
고등학교</td><td rowspan="3">특성화
고등학교</td><td colspan="2" rowspan="3">특수목적
고등학교</td><td colspan="2" rowspan="3">자율
고등학교</td></tr>
<tr><td>11</td><td>16</td></tr>
<tr><td>10</td><td>15</td></tr>
<tr><td>9</td><td>14</td><td colspan="4" rowspan="3">중학교</td><td rowspan="3">국제
중학교</td><td rowspan="9">의무
교육
기간</td></tr>
<tr><td>8</td><td>13</td></tr>
<tr><td>7</td><td>12</td></tr>
<tr><td>6</td><td>11</td><td rowspan="6">초등
교육</td><td colspan="5" rowspan="6">초 등 학 교</td></tr>
<tr><td>5</td><td>10</td></tr>
<tr><td>4</td><td>9</td></tr>
<tr><td>3</td><td>8</td></tr>
<tr><td>2</td><td>7</td></tr>
<tr><td>1</td><td>6</td></tr>
<tr><td rowspan="3"></td><td>5</td><td>유치원</td><td colspan="5">유 치 원</td><td rowspan="3">취학전</td></tr>
<tr><td>4</td><td rowspan="2">유아원</td><td colspan="5" rowspan="2">유 아 원</td></tr>
<tr><td>3</td></tr>
</table>

* 고등학교체재개편안내

제7차 교육과정을 수정한 새로운 고등학교 교육과정이 선택과정으로 바뀌면서 교육에 대한 다양한 욕구와 그 욕구를 충족시키기 위하여 고등학교 종류가 다양해졌다. 이에 교육부에서는 혼동을 줄이기 위해 고등학교를 일반고등학교, 특성화고등학교, 특수목적고등학교, 자율고등학교의 4종류로 분류하여 2010. 6월 개정안을 국무회의 의결을 통과 확정 · 발표했다.

[그림 13-2] 한국의 현행 학제

도는 제3월 1일부터 다음해 2월 말일까지로 하며, 유치원은 보호자의 요구 및 지역실정에 따라 반일제 · 시간연장제 · 종일제 등을 운영할 수 있다(제12조). 여기서 반일제는 1일 3시간 이상 5시간 미만의 교육과정을, 시간연장제는 1일 5시간 이상 8시간 미만의 교육과정을, 종일제는 1일 8시간 이상의 교육과정을 말한다.

2) 초등학교

기본학제로서 초등학교는 초 · 중등교육법(법률 제12338호, 2014.1.28) 제38조와 제39조에 근거를 두고 있다. 초등학교는 국민생활에 필요한 기초적인 초등교육을 하는 것을 목적으로 한다(제38조). 초등학교의 수업연한은 6년으로 한다(제39조). 반면 특별학제로서의 초등학교는 공민학교로 불리워진다. 초 · 중등교육법 제40조에 따라 공민학교는 초등교육을 받지 못하고 취학연령을 초과한 자에 대하여 국민생활에 필요한 교육을 하는 것을 목적으로 한다. 공민학교의 수업연한은 3년으로 한다. 마을회관 · 공장 또는 사업장 기타 교사(校舍)로 사용가능한 건물은 공민학교의 교사로 사용할 수 있다.

3) 중학교

기본학제로서의 중학교는 초 · 중등교육법(법률 제12338호, 2014.1.28) 제41조에 따라 초등학교에서 받은 교육의 기초 위에 중등교육을 하는 것을 목적으로 하며, 그 수학연한은 3년이다. 반면 특별학제로서의 고등공민학교는 제44조에 따라 중학교과정의 교육을 받지 못하고 취학연령을 초과한 자 또는 일반 성인에게 국민생활에 필요한 중등교육 및 직업교육을 하는 것을 목적으로 한다. 고등공민학교의 수업연한은 1년 내지 3년으로 한다. 고등공민학교에 입학할 수 있는 자는 초등학교 또는 공민학교를 졸업한 자 또는 법령에 의하여 이와 동등 이상의 학력이 있다고 인정된 자로 한다.

4) 고등학교

고등학교는 초 · 중등교육법(법률 제12338호, 2014.1.28) 제45조에 따라 중학교에서 받은 교육의 기초 위에 중등교육 및 기초적인 전문교육을 하는 것을 목적으로 한다. 수업연한은 고등학교의 수업연한은 3년으로 한다. 다만, 시간제 및 통신제과정의 수업연한은 4년으로 한다(제46조). 입학자격은 고등학교에 입학할 수 있는 자는 중학교를 졸업한 자 또는 법령에 의하여 이와 동등 이상의 학력이 있다고 인정된 자로 한다(제47조). 고등학교에 학과를 둘 수 있으며, 고등학교의 교과 및 교육과정은 학생이 개인적 필요 · 적성 및 능력에 따라 진로를 선택할 수 있도록 하고 있다(제48조). 고등학교에 관할청의 인가를 받아 전일제의 과정 외에 시간제 또는 통신제의 과정을 둘 수 있다(제49조). 특별학제로서의 고등학교들은 방송통신고등학교(제51조), 근로청소년을 위한 특별학급(제52조), 고등기술학교(제54조) 등이 있다. 방송통신고등학교는 일반계고등학교에 부설하여 인터넷수업, 출석수업 등의 방식으로 고등학교를 졸업하지 못한 자에게 교육의 기회를 제공하고 있다. 근로청소년을 위한 특별학급은 산업체에 근무하는 청소년에 대한 중학교 및 고등학교 과정의 교육을 위하여 산업체에 인접한 중학교 및 고등학교에 야간수업을 주로 하는 특별학급을 말한다. 고등기술학교는 국민생활에 직접 필요한 직업기술교육을 하는 것을 목적으로 하는 학교로서, 수업연한은 1년 내지 3년이다.

고등학교는 일반고, 특목고, 특성화고, 자율고 등으로 구분되며, 설립목적, 학생선발, 교육과정의 특징은 〈표 13-1〉 현행 고등학교 유형의 내용과 같다.

표 13-1 현행 고등학교 유형 비교

구분		일반고	특목고				특성화고		자율고	
			과학고	외국어고 · 국제고	예술고 · 체육고	마이스터고	특성(직업)	체험(대안)	자율형 사립고	자율형 공립고
개요	목적	· 중학교 교육 기초 위에 중등교육 실시	· 과학인재양성	· 외국어에 능숙한 인재양성(외국어고)/국제전문 인재양성(국제고)	· 예술인 양성(예술고) · 체육인 양성(체육고)	· 전문적인 직업교육을 위한 맞춤형 교육과정 운영	· 소질과 적성 및 능력이 유사한 학생을 대상으로 특정분야 인재양성	· 자연현장 실습 등 체험 위주 교육	· 학교별 다양한 교육 실시, 사립학교의 자율성 확보	· 교육과정, 학사운영의 자율성 제고 및 전인교육 구현
	법적 근거	· 초 · 중등교육법 시행령 제76조의 2	· 초 · 중등교육법 시행령 제76조의 2 제90조	· 초 · 중등교육법 시행령 제76조의 2 제90조	· 초 · 중등교육법 시행령 제76조의 2 제90조	· 초 · 중등교육법 시행령 제76조의 2 제90조	· 초 · 중등교육법 시행령 제76조의 2 제91조	· 초 · 중등교육법 시행령 제76조의 2 제91조	· 초 · 중등교육법 제61조 · 초 · 중등교육법 시행령 제76조의 2 제91조의 3	· 초 · 중등교육법 제61조 · 초 · 중등교육법 시행령 제76조의 2 제91조의 4
	현황	· 1,299교	· 18교('11년 19교)	· 외고(33개교) · 국제고(4개교)	· 40교(예술 25/체육 15)	· 21교	· 670교	· 23교	· 50교	· 58교
학생선발	모집단위	· 지역/광역단위	· 광역단위	· 광역단위	· 전국단위	· 전국단위	· 광역/전국단위	· 광역/전국단위	· 광역단위	· 광역단위
	입학전형	· 평준화 : 추첨 · 배정 · 비평준화 : 내신+선발고사	· 자기주도학습전형+과학 창의성 전형	· 자기주도 학습전형으로 선발	· 내신, 면접, 실기 등	· 내신, 면접, 실기 등	· 내신, 면접, 실기 등	· 내신, 면접, 실기 등	· 평준화 : 추첨 등(내신성적 반영) · 비평준화 : 자기 주도 학습전형(필기고사 금지)	· 평준화 : 선지원 후 추첨 · 비평준화 : 학교 자율(필기고사 금지)
	사회적 배려대상자	–	· 자기주도 학습전형의 20%	· 20%(사립학교는 연차적으로 확대)	–	–	–	–	· 모집정원의 20%	–
교육과정 (2009 개정교육과정기준)		· 필수이수단위 116단위	· 필수이수단위 72단위 · 전문교과 80단위 이상	· 필수이수단위 72단위 · 전문교과 80단위 이상	· 필수이수단위 72단위 · 전문교과 80단위 이상	· 좌동 (학교별 교육과정을 자율 운영 가능)	· 필수이수단위 72단위 · 전문교과 80단위 이상	· 필수이수단위 72단위(시 · 도 지침으로 조정가능)	· 필수이수단위 58단위 이상 · 교과군별 이수단위 준수 의무 없음	· 필수이수단위 72단위 · 교과군별 이수단위의 50% 증감

출처 : 교육부 내부자료.

*교육과정 : 초 · 중등교육법 시행령 제105조에 따라 자율학교로 지정받은 학교의 경우 필수 이수단위는 72단위임.

5) 각종학교

초·중등교육법상 각종학교는 정규학교에서 가르칠 수 없는 내용을 가르치는 학교의 한 종류이다. 각종학교에는 중학교·고등학교·대학의 수준이 있는데, 중학교 수준으로는 실업학교·예술학교가 있고, 고등학교 수준에는 전수학교·실업학교·국악학교·예술학교 등이 있으며, 대학 수준으로 신학교·예술학교·승가학교 등이 있다. 이와 같은 각종학교는 국민경제·생활수준의 향상과 정규학교에서의 다양한 교육 프로그램 제공으로 점차 감소되고 있다.

초·중등교육법(법률 제12338호, 2014.1.28)에는 각종학교로서 외국인 학교와 대안학교에 대한 규정이 있다. 외국인 학교(제60조의2)는 국내에 체류 중인 외국인의 자녀와 외국에서 일정기간 거주하고 귀국한 내국인 중 대통령령이 정하는 자에 대한 교육을 위하여 설립된 학교이다. 외국인 학교는 유치원·초등학교·중학교·고등학교의 과정을 통합하여 운영할 수 있다. 한편 대안학교(제60조의3)는 학업을 중단하거나 개인적 특성에 맞는 교육을 받고자 하는 학생을 대상으로 현장 실습 등 체험위주의 교육, 인성위주의 교육 또는 개인의 소질·적성 개발위주의 교육 등 다양한 교육을 실시하는 학교이다. 대안학교는 초등학교·중학교·고등학교의 과정을 통합하여 운영할 수 있다.

2. 대학교

대학교는 고등교육법(법률 제12174호, 2014.1.1) 제2조에서 고등교육을 실시하기 위한 학교의 종류로서 규정된 학교들을 말한다. 여기에는 대학, 산업대학, 교육대학, 전문대학, 방송통신대학 및 사이버대학(이하 원격대학이라 한다), 기술대학, 각종학교를 포함한다.

대학은 고등교육법 제28조에 따라 인격을 도야(陶冶)하고, 국가와 인류사회의 발전에 필요한 심오한 학술이론과 그 응용방법을 가르치고 연구하며, 국가와 인류사회에 이바지함을 목적으로 설립된 학교이다.

산업대학은 제37조에 따라 산업사회에서 필요로 하는 학술 또는 전문적인 지식이나 기술의 연구와 연마를 위한 교육을 계속하여 받으려는 사람에게 고등교육의 기회를 제공하여 국가와 사회의 발전에 이바지할 산업인력을 양성함을 목적으로 설립된 학교이다.

교육대학은 초등학교 교원양성을 목적으로 하며, 사범대학은 중등학교 교원을 양성함을 목적으로 한다(제41조의 1항과 2항). 전문대학은 제47조에 의거 사회 각 분야에 관한 전문적인 지식과 이론을 가르치고 연구하며 재능을 연마하여 국가사회의 발전에 필요한 전문직업인을 양성함을 목적으로 하는 학교이다.

원격대학은 제52조에 따라 국민에게 정보 · 통신 매체를 통한 원격교육(遠隔教育)으로 고등교육을 받을 기회를 제공하여 국가와 사회가 필요로 하는 인재를 양성함과 동시에 열린 학습사회를 구현함으로써 평생교육의 발전에 이바지함을 목적으로 하는 학교이다. 기술대학은 제55조에 따라 산업체 근로자가 산업현장에서 전문적인 지식 · 기술의 연구 · 연마를 위한 교육을 계속하여 받을 수 있도록 함으로써 이론과 실무능력을 고루 갖춘 전문인력을 양성함을 목적으로 한다. 각종학교는 전술한 대학 유형과 유사한 교육기관을 말하며 신학교(神學校) · 예술학교 · 유도학교 등이 있다.

한편, 대학(산업대학 · 교육대학 및 원격대학을 포함한다)에 대학원을 둘 수 있다(제29조). 대학원에는 필요에 따라 학위과정 외에 학위를 수여하지 아니하는 연구과정을 둘 수 있다. 대학원은 제29조의2에서 규정된 바에 따라 학문의 기초이론과 고도의 학술연구를 주된 교육목적으로 하는 일반대학원, 전문직업 분야의 인력양성에 필요한 실천적 이론의 적용과 연구개발을 주된 교육목적으로 하는 전문대학원, 직업인 또는 일반 성인을 위한 계속교육을 주된 교육목적으로 하는 특수대학원으로 구분된다. 대학원을 둔 대학은 제29조의3(학위과정의 통합)에 따라 학사학위 및 석사학위의 과정이 통합된 과정을 둘 수 있다. 또한 박사학위과정이 설치되어 있는 대학원에 석사학위 및 박사학위의 과정이 통합된 과정을 둘 수 있다. 또한 제30조에 따라 특정한 분야의 전문인력을 양성하기 위하여 필요하면 제29조 제1항에도 불구하고 대학원만을 두는 대학(이하 '대학원

대학'이라 한다)을 설립할 수 있다.

대학의 수업연한은 학사학위과정은 4년 이상 6년 이하로 하고 있다. 학사학위과정과 석사학위과정의 통합과정은 6년 이상으로 하되, 학사학위과정과 석사학위과정의 수업연한을 합한 연한 이상으로 한다. 석사학위과정 및 박사학위과정은 각각 2년 이상으로 한다. 석사학위과정과 박사학위과정의 통합과정은 4년 이상으로 하되, 석사학위과정과 박사학위과정의 수업연한을 합한 연한 이상으로 한다.

생각해 볼 문제

1. 교육관련 법규가 잘 준수되고 있는 사례와 비합리적으로 적용되고 있는 사례에 대해서 찾아보고 그 문제점과 해결 방안을 발표해 보자.
2. 교육관련 법규가 자주 바뀌는 원인을 알아보고 그 대책을 발표해 보자.
3. 우리나라 학제의 특징을 외국의 사례와 비교하여 설명하며, 학제 개정의 당위성을 발표해 보자.

참고 문헌

강경석 · 고광혁(2010). 학교장의 서번트 리더십, 교사효능감 및 학교조직몰입이 학교조직효과성에 미치는 영향. **교육문화연구**, 16(1), 29-58.

강성철 외(2008). **새인사행정론**. 서울 : 대영문화사.

강성호(1999). 기업내 비공식조직이 조직유효성에 미치는 영향에 관한 연구. **사회과학연구**(대구대), 5(2), 369-395.

공은배 · 천세영(1990). **한국의 교육비 수준**. 서울 : 한국교육개발원.

권기욱 외(2000). **교육행정 및 교육경영**. 서울 : 원미사.

권기호(1990). **학교조직에 있어서 교사를 중심으로 한 인간관계 연구**. 석사학위논문, 경희대학교.

권혁운(2011). 교육감 직선제의 쟁점과 개선방안. **교육정치학연구**, 18(2), 33-56.

김규정(1988). **신고 행정학원론**. 서울 : 법문사.

김규정(1999). **신판 행정학원론**. 서울 : 법문사.

김규태(2001). 교육적 책무성의 개념적 구조. **교육행정학연구**, 19(2), 287-307.

김규태(2012). **교육책무성 : 이론 · 정책 · 제도**. 서울 : 원미사.

김규태 · 주영효(2009). 분산적 지도성 실행의 평가영역 및 준거 개발. **교육행정학연구**, 27(3). 351-374.

김남순(1992). **교육재정과 교육비 연구**. 서울 : 교육과학사.

김동건(1997). **현대재정학 – 공공경제의 이론과 정책–**(전정판). 서울 : 박영사.

김세기(1988). **학교 학년 학급경영**. 서울 : 배영사.

김수영 · 전제상(2005). **신 교육행정의 이해**. 파주 : 양서원.

김용주 외(2006). **학교 및 학급경영의 이해**. 파주 : 양서원.

김윤태(1984). **교육행정학**. 서울 : 배영사.

김윤태(1986). **교육행정 · 경영신론 : 교육행정 및 교육경영**. 서울 : 배영사.

김윤태(2006). **교육행정 · 경영의 이해**(수정판). 서울 : 동문사.

김재범(1977). **교육재정론**. 서울 : 교육출판사.

김정한(2002). **장학론**. 서울 : 학지사.

김종철(1982). **교육행정의 이론과 실제**. 서울 : 교육과학사.

김종철(1983). **교육행정학신강**. 서울 : 세영사.

김종철 · 이종재(1994). **교육행정의 이론과 실제**(신정증보판). 서울 : 교육과학사.

김창걸(1985). **교육행정학**. 서울 : 박문각.

김창걸(2001). **교육행정 및 교육경영의 이론과 실제의 탐구**. 서울 : 형설출판사.

남정걸(1997). **교육조직행위론**. 서울 : 교육과학사.

남정걸(2009). **교육행정 및 교육경영**(제5판). 서울 : 교육과학사.

남정걸(2012). **교육행정 및 교육경영**(제6판). 서울 : 교육과학사.

노종희(1988). 학교행정가의 지도성행동의 개념화 및 측정에 관한 연구. **교육학연구**. 26(1). 1-13.

노종희(1994). **교육행정학 : 이론과 연구**. 서울 : 문음사.

목영해(1991). 포스트모더니즘과 교육적 인간상. **교육학연구**, 29(1), 115-130.

박경효(2013). **재미있는 행정학**(제2판). 서울 : ㈜윌비스.

박동서(1981). 교육행정의 개선방안. **행정논총**, 19(2).

박동서(1987). **한국행정론**(제2전정판). 서울 : 법문사.

박병량 · 주철안(2005). **학교 · 학급경영**. 서울 : 학지사.

박성식(2011). **교육행정학**. 서울 : 학지사.

박세훈 외(2008). **교육행정 및 교육경영**. 서울 : 학지사.

박연호(1991). **인간관계론**(전정판). 서울 : 박영사.

박연호(2001). **행정학신론**(신정2판). 서울 : 박영사.

박연호 · 이종호 · 임영재(2010). **행정학개론**(제3판). 서울 : 박영사.

박유진(2009). **현대사회의 조직과 리더십**(개정2판). 서울 : 양서각.

박의수 외(2003). **교육의 역사와 철학**(개정증보판). 서울 : 동문사.

박종렬 · 김순남(역)(2001). Yin Cheong Cheng(저). **학교단위책임경영의 이론과 실제**. 서울 : 원미사.

배종근 · 정태범(편)(1988). **교육행정 · 교육경영**. 경기 : 정민사.

백승기(2009). **행정학원론**. 대구 : 도서출판 대명.

백완기(1989). **행정학**. 서울 : 박영사.

백현기(1956). **교육행정학**. 서울 : 을유문화사.

백현기(1964). **교장학**. 서울 : 교육출판사.

백현기(1976). **교육행정의 기초**. 서울 : 배영사.

서울대사대교육연구소편(1981). **교육학용어사전**. 서울 : 배영사.

서정화(1989). **교육인사행정**. 서울 : 세영사.

송기창 외(2009). **중등교직실무**. 서울 : 학지사.

송화섭(1992). **교육행정이론과 경영론**. 파주 : 양서원.

신유근(1985). **조직행위론**. 서울 : 다산출판사.

신유근(1991). **조직론**. 서울 : 다산출판사.

신재흡(2010). **교육행정 및 교육경영**. 서울 : 동문사.

신중식 외(2003). **교육지도성 및 인간관계론**(한국교육행정학회. 교육행정학전문서 15). 서울 : 도서출판 하우.

신중식외(1982). **현대 교육행정학**. 서울: 교육출판사.

신철순(1995). **교육행정 및 경영**. 서울 : 교육과학사.

신현석(1994). 교육행정학연구의 주류 패러다임과 포스트모더니즘적 반성. **교육행정학연구**, 12(3), 88-113.

신현석(1996). 포스트모더니즘 시대의 교육행정학(I) : 포스트모던 교육행정학의 철학적 기초에 대한 탐색을 중심으로. **교육행정학연구**, 14(4), 202-226.

신현석 · 안선회 외(2011). **학습사회의 교육행정 및 교육경영**. 서울 : 학지사.

안길훈(2007). 학생들의 선호-교사상(選好-敎師像)에 대한 내용분석적 연구. **교육행정학연구**, 25(4), 117-140.

안성호 · 김일석(2010). **현대 리더십의 이해**. 경기 : 신광문화사.

양정호(2004). 한국 교육부 장관에 대한 연구 : 장관, 그들은 누구인가. **교육행정학연구**, 22(4), 213-229.

양창삼(1990). **조직이론**. 서울 : 박영사.

오석홍(2004). **신판 행정학**. 서울 : 박영사.

오석홍(2008). **인사행정론**. 서울 : 박영사.

왕기항(1986). **교육조직론**. 서울 : 집문당.

유종해(1998). **현대 행정학**. 서울 : 박영사.

유훈(1991). **행정학원론**. 서울 : 법문사.

유훈(2000). **행정학원론**. 서울 : 법문사.

윤정일 외(1994). **교육행정학원론**. 서울 : 학지사.

윤정일 외(2007). **교육행정학원론**(4판). 서울 : 학지사.
윤정일 외(2008). **교육행정학원론**. 서울 : 학지사.
윤정일(1992). **교육재정학**. 서울 : 세영사.
이병진(2003). **교육리더십**. 서울 : 학지사.
이병환 · 장기풍 · 김규태(2012). **최신 교육행정 및 교육경영**. 서울 : 태영출판사.
이병환 · 김진규 · 차성현(2011). **학교컨설팅 장학 모형 및 평가지표 개발 연구**. 2010 교육과학기술부 교육정책연구보고서.
이병환 · 박미란(2012). **예비교사를 위한 지침서 : 교직실무**(제2판). 서울 : 교육과학사.
이상기 · 옥장흠(2007). **교육행정 및 교육경영 신강**. 서울 : 형설출판사.
이상철(2011). 교육감 주민직선제 주요 쟁점과 향후 과제 : 2010년 전국동시 교육감 선거결과를 중심으로. **교육문제연구**. 41, 247-274.
이석열(2006). 교장의 감성리더십 진단 척도 개발. **교육행정학연구**. 24(3), 51-78.
이윤식(1993). **장학론 논고 : 교내 자율장학론**. 서울 : 과학과 예술.
이형행(1992). **신교육행정론**(개정판). 서울 : 문음사.
이형행(1994). **교육행정 : 이론적 접근**. 서울 : 문음사.
이형행 · 고전(2001). **교육행정론 –이론, 법제, 실제–**. 파주 : 양서원.
임연기 · 최준렬(2010). **교육행정 및 경영탐구**. 경기 : 공동체.
임창희(2008). **경영학원론**. 서울 : 학현사.
장영광 · 정기만(2010). **생활 속의 경영학**(제3판). 서울 : 신영사.
장이권(2002). 초등학교 교장의 도덕적 리더십에 관한 연구. **초등교육연구논총**(대구교육대학교). 18(2), 261-290.
정용덕(2002). **현대국가의 행정학**. 서울 : 법문사.
정일환(1996). **교육행정학 : 이론과 적용**. 서울 : 중앙적성출판사.
정일환(2002). **교육행정 및 교육경영**(개정3판). 경산 : 대구가톨릭대학교출판부.
정일환(2003). **교육행정학의 탐구 –개념과 실제–** . 서울 : 원미사.
정진환(1987). **교육경영의 이해**. 서울 : 문음사.
정태범 외(1995). **학교 · 학급경영론**. 서울 : 도서출판 하우.
정태범(1998). **교육행정학** : 기초와 발전. 파주 : 양서원.
정태범(2000). **학교경영론**. 서울 : 교육과학사.
조량제(2008). **성공하는 리더의 회의 진행 핸드북**. 서울 : 일신서적출판사.
조병효(1991). **현대장학론**. 서울 : 교육과학사.
조성일 · 신재흡(2006). **교육조직행위론의 탐구**. 서울 : 동문사.
주삼환 외(2009). **교육행정 및 교육경영**(4판). 서울 : 학지사.
주삼환(1974). **Herzberg의 동기–위생이론의 검증**. 석사학위논문. 서울대학교 교육대학원.

지호준(2006). **알기 쉽게 배우는 21세기 경영학**(제3판). 서울 : 법문사.

진동섭 외(2009). 학교컨설팅에 대한 초등 예비교사의 인식 연구. **초등교육연구**, 22(3), 245-269.

진동섭 · 이윤식 · 김재웅(2011). **교육행정 및 학교경영의 이해**(제2판). 서울 : 교육과학사.

진원중(1962). **교육사회학 원론**. 서울 : 법문사.

차병권(1987). **재정학개론**. 서울 : 박영사.

천세영(2001). **한국교육과 교육재정연구**. 서울 : 학지사.

최병만(2005). **교육예산의 배분에 관한 연구**. 경기대학교대학원. 박사학위논문.

최창호(2000). **새 행정학**. 서울 : 삼영사.

하연섭(2002). **재정학의 기초**. 서울 : 다산출판사.

한공우 · 임창원(2009). **교육행정 및 교육경영**. 서울 : 태영출판사.

한공우 · 황희철(1975). **교육과 경영**. 서울 : 진명출판사.

한국교육행정학회(2010). **학교경영론**. 서울 : 교육과학사.

한상길(2011). **교직실무**. 경기 : 공동체.

연합뉴스(www.yonhapnews.co.kr). 2014. 9. 18

울산매일. 2007. 12. 5.

조선일보. 2010. 3. 15 / 2007. 6. 17 /2005. 1. 8.

조선일보. 2013. 7. 27

한국경제신문. 2011. 9. 28.

Acheson, K., & Gall, M. D.(1980). *Techniques in the clinical supervision of teachers.* New York : Longman.

Adams, J. E., & Kirst, M.(1999). New demands for educational accountability : Striving for results in an era of excellence. In J. Murphy and K. S. Louis(ed.). *Handbook of research in educational administration*(2nd ed.). San Francisco : Jossey-Bass.

Adams, J. S.(1963). Toward an understanding of inequity. *Journal of Abnormal and Social Psychology, 67*(5), 422-436.

Alderfer, C. P.(1972). *Existence, relatedness, and growth : Human needs in organizational settings.* New York : The Free Press.

Alderfer, C. P., & Guzzo, R. A.(1979). Life experiences and adults enduring strength of desires in organizations. *Administrative Science Quarterly, 24*(3), 347-361.

Alfonso, R. J. et al.(1981). *Instructional supervision.* Boston : Allyn and Bacon.

Barnard, C. I.(1938). *The functions of the executive.* Cambridge, Mass. : Harvard University

Press.

Bass, B. M.(1985). *Leadership and performance beyond expectations*. New York : The Free Press.

Bass, B. M.(1990). *Bass & Stogdill's Handbook of Leadership: Theory, Research, and Managerial Applications*(3rd ed.). New York: The Free Press.

Blake, R. R. & J. S. Mouton(1964). *The Managerial Grid*. Houston, Texas: Gulf Publishing Co.

Blake, R. R., & Mouton, S. J.(1985). *The managerial grid Ⅲ : The key to leadership excellence*. Houston : Gulf.

Blau, P. M., & Scott, W. R.(1962). *Formal organizations : A comparative approach*. San Francisco : Chandler Publishing Co.

Burns, J. M.(1978). *Leadership*. New York : Harper & Row.

Burton, W. H., & Brueckener, L. J.(1955). *Supervision : A social process*(3rd ed.). New York : Appleton-Century-Crofts.

Campbell, J. P. et al.(1970). *Managerial behavior, performance, and effectiveness*. New York : McGraw-Hill.

Campbell, R. F.(1971). *NCPEA-Then and now*. National conference of professors of educational administration meeting, University of Utah.

Campbell, R. F., (E.M. Bridges, & R.O. Nystrand(1977)). *Introduction to Educational Administration*(5th ed.). Boston: Allyn & Bacon, Inc.

Campbell, R. F., Corbally, J. E., Ramseyer, J. A.(1964). *Introduction to educational administration* (3rd ed.). Boston : Allyn and Bacon, Inc.

Carlson, R. O.(1964). Environmental constraints and organizational consequences : The Public School and Its Clients. In Daniel E. Griffiths(ed.), *Behavioral Science and Educational Administration*. ed. by Danil E. Griffiths, The Sixty-third Yearbook of the NSSE, Part II. Chicago : Univ. of Chicago Press.

Castetter, W. B.(1986). *The Personnel function in educational administration*(4th ed.). New York : Macmillan.

Cogan, M. L.(1973). *Clinical supervision*. Boston : Houghton Mifflin Co.

Cohen, M. D., March, J. G., and Olsen, J. P.(1972). A garbage can model of organizational choice. *Administrative Science Quarterly, 17*(1), 1-25.

Darling-Hammond, L.(2004). Standards, accountability, and school reform. *Teachers College Record, 106*(6), 1047-1085.

Dewey, J.(1916). *Democracy and education*. New York : The Free Press.

Dill, William R.(1964). "Decision Making", In D. E. Griffiths(ed.), *Behavioral science and educational administration.* The 63th Yearbook of the NSSE, Chicago : University of Chicago Press.

Dror, Y.(1968). *Public policy-making reexamined.* San Francisco : Chandler Publishing Co.

Dubin, R.(1968). *Human relations in administration*(2nd ed.). Englewood Gliffs, N.J. : Prentice-Hall.

Easton, D.(1969). The new revolution in political science. *APSR, 63*(4).

Etzioni, A.(1961). *A comparative analysis of complex organizations.* New York : Free Press.

Etzioni, A.(1964). *Modern organizations.* Englewood Cliffs, N.J. : Prentice-Hall, Inc.

Etzioni, A.(1967). Mixed-scanning : A third approach to decision-making. *Public Administation Review,* 27.

Fayol, H.(1949). *General and industrial management.* London : Sir Isaac Pitman.

Fesler, J. W.(1980). *Public Administration: Theory and Practice.* Englewood Cliffs, N.J.: Prentice-Hall.

Fiedler, F. E.(1967). *A theory of leadership effectiveness.* New York : McGraw-Hill Book Company.

Fiedler, F. E.(1971). "Validation and Extension of the Contingency Model of Leadership Effectiveness: A Review of Empirical Findings", *Psychological Bulletin.* Vol. 76. 131.

Fiedler, F. E., & Chermers, M. M.(1984). *Improving leadership effectiveness : The leader match concept*(2nd ed.). New York : Wiley.

Firth, W. H., & Neville, J. D.(1983). *Supervision in thought and action.* New York : McGraw-Hill.

Fisher, R., & Ury, W.(1981). *Getting to yes.* Boston : Houghton Mifflin.

French, J. & B. Raven(1959). "The Bases of Social Power", in D. Cartwright(ed.) *Studies of Social Power.* Ann Arbor, MI: Institute for Social Research. 150-167.

Getzels, J. W., & Thelen, H. A.(1960). The classroom group as a unique social system. In N. B. Henry(ed.). *The dynamics of instructional group, The 59th Yearbook of Nsse.* Chicago : Univ. of Chicago Press.

Gibb, C. A.(1968). "Leadership", D. L. Sills(ed). International *Encyclopedia of the Social Sciences.* Vol. 9. New York : The Macmillan Company & The Free Press.

Glathorn, A. A.(1984). *Differentiated supervision.* Alexandria, Virginia : Association for Supervision and Curriculum Development.

Glickman, C. D.(1981). *Supervision of instruction.* Boston : Allyn and Bacon.

Greenfield, T. B.(1980). The man who comes back through the door in the wall : Discovering truth, discovering self, discovering organizations. *Educational Administration Quarterly*, 16(3), 26-59.

Gregg, R. T.(1957). *Administrative Behavior in Education*(ed.). by R. F. Campbell and (R. T. Gregg.) New York: Harper & Brothers.

Griffith, F.(1979). *Administrative theory in education : Text and readings.* Midland, Mic h. : Pendell Publishing Co.

Griffiths, D. E.(1956). *Human relations in school administration.* New York : Appleton- Century-Crofts, Inc.

Griffiths, D. E.(1959). *Administrative theory.* New York : Appleton-Century-Crofts, Inc.

Griffiths, D. E.(1964). *Administrative theory and change in organizations, in innovation in education*(ed.). By Miles, M. B. New York : Teachers College, Columbia University.

Griffiths, D. E.(1964). 'The nature and meaning of theory. D. E. Griffiths(ed.), *Behavioral science and educational administration.* The 63th Yearbook of NSSE, New York : Macmillan.

Gulick, L.(1937). Organization as a technical problem, in *Papers on the Science of Administration*(ed.). by Gulick, L. and Urwick, L. New York : Institute of Public Administration, Columbia University.

Halpin, A. W. & B.J. Winer(1952). *The Leadership Behavior of Airplane Commander.* Columbus, Ohio : Ohio State University.

Halpin, A. W.(1955). The leader behavior and leadership ideology of educational administrators and aircraft commanders. *Harvard Educational Review*, 25(1), 18-32.

Halpin, A. W.(1956). *The Leadership Behavior of School Superintendents: the Perceptions and Expectations of a Board Members, Staff Members and Superintendents.* Chicago: Midwest Administration Center, University of Chicago.

Halpin, Andrew W.(1956). *The leadership behavior of school superintedent.* Columbus, Ohio : College of Education, The Ohio State University.

Hanson, E. M.(2003). *Educational administration and organizational behavior*(5th ed.).

Boston : Pearson Education, Inc.

Harris, B. M.(1985). *Supervisory behavior in education*(3rd ed.). Englewood Cliffs, N.J. : Prentice-Hall.

Hemphill, J. K. & A.E. Coons(1950). *Leader Behavior Description*. Columbus, Ohio: Personnel Research Board, Ohio State University.

Hersey, P., & Blanchard, K. H. and Johnson, D. E.(2001). *Management of organizational behavior : Leading human resources*(9th ed.). Upper Saddle River, N.J. : Prentice- Hall, Inc.

Hersey, P., & Blanchard, K. H.(1988). *Management of organizational behavior : Utilizing human resources*(9th ed.). Englewood Cliffs, N.J. : Prentice-Hall, Inc.

Hersey, P., Blanchard, K. H., & D. E. Johnson(2008). *Management of Organizational Behavior : Leading Human Resources*. 9th ed. Upper Sadder River, N.J. : Pearson Prentice-Hall.

Herzberg, F., Mauser, B., & Snyderman, B. B.(1959). *The motivation to work*. New York : McGraw-Hill.

Herzberg, Frederick(1966). *Work and the nature man*. Cleveland, Ohio : The World Publishing Co.

House, R. J.(1971). "Path-Goal Theory of Leadership Effectiveness", *Administrative Science Quarterly*. 16, 321-338.

Hoy, W. K. & C. G. Miskel(1982). *Educational Administration: Theory, Research, and Practice*(2th ed.). New York : Random House, Inc.

Hoy, W. K., & Miskel C. G.(1978). *Educational administration : Theory, research and practice*(3rd ed.). New York : Random House.

Hoy, W. K., & Miskel, C. G.(1991). *Educational administration : Theory, research, and practice*(4th ed.). New York : McGraw-Hill, Inc.

Hoy, W. K., & Miskel, C. G.(2001). *Educational administration : Theory, research, and practice*(6th ed.). New York : McGraw-Hill.

Hoy, W. K., & Miskel, C. G.(2008). *Educational administration : Theory, research and practice*(8th ed.). New York : McGraw-Hill, Inc.

Immegart, G. L., & Pilecki, F. J.(1973). *An Introduction to systems for the educational administrators*. Reading, Mass. : Addison-Wesley Publishing Co.

Johnson, S. M.(1990). *Teachers at work : Achieving success in our schools*. New York : Basic Books.

Katz, D.(1951). Skills of an effective administrators. *Harvard Business Review*, *33*(1),

32-42.

Katz, D., & Kahn, R. L.(1966). *The social psychology of organizations.* New York : John Wiley & Sons, Inc.

Katz, D., & Kahn, R. L.(1978). *The social psychology of organizations*(2nd ed.). New York : John Wiley & Sons, Inc.

Katz, R. L.(1972). Developmental stages of preschool teachers. *Elementary School Journal,* 33(Oct).

Kaufman, R. A.(1972). *Education system planning.* New Jersey : Prentice-Hall.

Knezevich, S. J.(1975). *Administration of public education* (3rd ed.). New York : Harper & Row, Publishers.

Koopman, G. R. et al.(1943). *Democracy in school administration.* New York : D. Appleton- Century Co.

Lewin, K., Lippitt, R., & White, R. K.(1939). Patterns of aggressive behavior in experimentally created 'social climate'. *Journal of Social Psychology, 10,* 271-299.

Lieberman, M.(1956). *Education as a profession.* Englewood Cliffs, N.J. : Prentice-Hall, Inc.

Likert, R.(1961). *New patterns of management.* New York : McGraw-Hill.

Lipham, J. M.(1964). Leadership and administration. In D. E. Griffiths(Ed.), *Behavioral science and educational administration.* The 63th Yearbook of NSSE, New York : Macmillan.

Lipham, J. M., & Campbell, R. F.(1968). *The principalship : Foundation and functions.* New York : Harper and Row.

Locke, E. A.(1968). Toward a theory of task motivation and incentives. *Organizational Behavior and Human Performance, 3,* 157-189.

Locke, E. A., & Latham, G. P.(1990). *A Theory of goal setting and task performance.* Englewood Cliffs, N.J. : Prentice-Hall, Inc.

Lunenburg, F. C., & Ornstein, A. C.(1991). *Educational administration : Concepts and practices.* Belmont, CA : Wadsworth.

Lunenburg, F. C., & Ornstein, A. C.(2004). *Educational administration : Concepts and practices*(3rd ed.). Belmont. CA : Wadsworth/Thomson Learning.

Lunenberg, F. C., & Ornstein, A. C.(2008). *Educational administration : Concepts and practices*(5th ed.). Belmont, CA : Thomson Brooks/Cole.

Luthans, F.(1981). *Organizational behavior*(3rd ed.). New York : McGraw-Hill.

Macpherson, R. J. S.(1996). *Educative accountability : Theory, practice, policy and research*. Tarrytown. New York : Elsevier Science.

March, J. G., & Simon, H. A.(1985). *Organization*. New York : John Wiley & Sons.

Maslow, A.(1954). *Motivation and personality*. New York : Harper & Row, Publishers.

Maslow, A.(1965). *Eupsychian management*. Homewood, Ill. : Richard D. Irwin, Inc.

Maslow, A.(1970). *Motivation and personality*(2nd ed.). New York : Harper & Row, Publishers.

Minzberg, H.(1979). *The Structuring of organizations*. Englewood Cliffs, N.J. : Prentice- Hall, Inc.

Moehlman, A. B.(1951). *School administration*(2nd ed.). Boston : Houghton Mifflin Co.

Moreno, J. L.(1953). *Who shall survive?*(rev. ed.). New York : Beacon House.

Neave, G.(1985). Accontability in edcuation, In Torsten Husen and T. Neville Postlethwaith(ed). *The International Encyclopedia of Edcuation*, Vol. 1. New York : Pergamon Press.

Nigro, F. A.(1976). *The new public personnel administration*. Itasca, Ill. : Peacock Publishers, Inc.

OECD(2010). *Education at a Glance : OECD indicators*. Paris : OECD.

OECD(2013). *Education at a Glance : OECD indicators*. Paris : OECD.

Owens, R. G.(1991). *Organizational behavior in education*.(4th ed.). Englewood Cliffs, N.J. : Prentice-Hall, Inc.

Owens, R. G.(2004). *Organizational behavior in education*(8th ed.). Boston : Allyn and Bacon.

Parsons, T.(1960). *Structure and process in modern society*. New York : The Free Press.

Pigors, P., & Myers, C. A.(1969). *Personnel administration : A point of view and method* (9th ed.). New York : McGraw-Hill.

Porter, L. W.(1963). Need fulfillment as a function of job level. *Journal of Applied Psychology, 47*(6), 386-397.

Porter, L. W.(1964). *Organizational patterns of managerial job attitude*. New York : American Foundation for Management Research.

Porter, L. W., & Lawler, E. E. III(1968). *Managerial attitudes and performance*. Homewood, Ill. : Richard D. Irwins, Inc.

Reddin, W. J.(1970). *Managerial effectiveness*. New York : McGraw-Hill.

Rogers, C. R.(1951). *Client-centered therapy*. Boston : Houghton Mifflin.

Schein, E. H.(1980). *Organizational psychology*(3rd ed.). Englewood Cliffs, N.J. : Prentice-Hall, Inc.

Schmidt, G. L.(1976). Job satisfaction among secondary school administrators. *Educational Administration Quarterly, 12*(2), 68-86.

Sears, J. B.(1950). The Nature of the Administrative Process. New York: McGraw-Hill.

Selznick, P.(1957). *Leadership in administration : A sociological interpretation.* Evanston, Ill. : Row, Peterson and Co.

Sergiovanni, T. J.(1967). Factors which affect satisfaction and dissatisfaction of teachers. *Journal of Educational Administration, 5*, 66-82.

Sergiovanni, T. J., & Carver, F. D.(1980). *The new school executive : A theory of administration*(2nd ed.). New York : Harper & Row, Publishers.

Sergiovanni, T. J., & Kellerher, P., McCarthy, M. M., & Wirt, F. M.(2009). *Educational governance and administration.* 한유경 외 역(2011). **교육행정**. 서울 : 아카데미프레스.

Sergiovanni, T. J., & Starratt, R. J.(1979). *Supervision : human perspectives*(2nd ed.). New York : McGraw-Hill, Inc.

Shipps, D., & White, M.(2009). A new politics of the principalship? Accountablity-driven change in New York City. *Peabody Journal of Education, 84*(3), 350-373.

Silver, P.(1983). *Educational administration : Theoretical perspectives on practice and research.* New York : Harper & Row, Publishers.

Simon, H. A.(1976). *Administrative behavior : A study of decision-making process in administrative organization*(3rd ed.). New York : The Free Press.

Simon, H. A., V. A. Thompson, & D. W. Smithburg(1991). *Public Administration.* New Brunswick: Transaction Publishers.

Stahl, O. G.(1983). *Public personnel administration.* New York : Harper & Row.

Steers, R. M.(1988). *Introduction to organizational behavior*(3rd ed.). Glenview, Ill. : Scott, Foresman, and Company.

Stogdill, R. M.(1948). Personal factors associated with leadership : A survey of the literature. *Journal of Psychology, 25*, 35-71.

Stogdill, R. M., & Coons, A. E.(1957). *Leader behavior : Its description on measurement.* Columbus, Ohio : Bureau of Business, Ohio State University.

Stogdill, R. M.(1974). *Handbook of Leadership : A Survey of Theory and Research.* New York : The Free Press.

Stuffebeam, D. L., & Guba, E.(1971). *Educational evaluation and decision-making.*

Itaca, Ill. : F. E. Peacock.

Tannenbaum, R., & Schmidt, W.(1973). "How to choose a leadership pattern," *Harvard Business Review*, 51.

Taylor, F. W.(1911). *The principles of scientific management.* New York : Harper & Row, Publishers.

Thomas, K.(1976). Conflict and conflict management. In M. D. Dunnette(ed.). *Handbook of industrial and organizational psychology.* Chicago : Rand McNally.

Thomas, K.(1977). Toward multi-dimensional values in teaching : the example of conflict behavior. *Academy of Management Review*, 20.

Turner, J. H.(1972). *Patterns of social organization : A survey of social institutions.* New York : McGraw-Hill, Inc.

Villers, R.(1960). *Dynamic management in industry.* Englewood Cliffs, N.J. : Prentice-Hall, Inc.

Vroom, V. H.(1964). *Work and motivation.* New York : Wiley & Sons, Inc.

Wagner, Robert B.(1989). *Accountability in education : A philosophical inquiry.* New York : Routledge.

Waldo, D.(1955). *The Study of Public Administration.* New York : Random House.

Waldo, D.(1980). *The Enterprise of Public Administration : A Summary View.* Novato, Calif.: Chandler & Sharp Publishers.

Weber, M.(1947). *The theory of social and economic organization.* translated by Henderson, A. M. and Parsons, T. New York : The Free Press.

Weick, K.(1976). Educational organizations as loosely coupled systems. *Administrative Science Quarterly, 21*(1), 1-19.

Wiles, K.(1967). *Supervision for better schools*(3rd ed.). Englewood Cliffs, N.J. : Prentice- Hall.

Wiles, K., & Lovell, J.(1975). *Supervision for better school*(5th ed.). Englewood Cliffs, N.J. : Prentice-Hall.

Wiles, L., & Bondi, J.(1980). *Supervision.* Columbus, Ohio : A Bell & Howell Co.

Yoder, D.(1959). *Principles and policies.* Englewood Cliffs, N.J. : Prentice-Hall.

www.law.go.kr(법제처 국가법령정보센터)

www.moe.go.kr(교육부)

http://cesi.kedi.re.kr/index.jsp(한국교육개발원 교육통계서비스)

http://likms.assembly.go.kr/bill/jsp(국회의안정보시스템)

찾아 보기

인 명

내 용

저자 소개

✍ 이병환

경북대학교 대학원에서 교육학 석사 및 박사학위를 받았으며 교육부 교육연구사와 국가전문행정연수원 교수요원을 거쳐 현재 국립순천대학교 사범대학 교직과 및 동 대학원 교육학과 교수로 재직 중이다. 주요 저서로는 「대안교육의 실천과 모색」(학지사 : 2009년 대한민국 학술원 우수추천도서), 「교육사회학(역서)」(교육과학사 : 2006년 문화체육관광부 우수추천도서), 「예비교사를 위한 지침서 : 교직실무」(교육과학사), 「새로운 교육사회학」(태영출판사) 등이 있으며, 「시민 주도 평생교육 활성화 방안 탐색」, 「학교컨설팅 장학 운영 절차 탐색」 등 다수의 논문을 발표하였다. 미국 피츠버그대학교의 초청으로 미국 교육정책의 최신 동향을 연구한 바 있으며, 대안학교를 비롯하여 새로운 학교모형 구상 관련 연구를 하고 있다.

✍ 장기풍

서울에서 출생하여 연세대학교 문과대학 교육학과와 동 대학원 교육학과(석 · 박사과정 : 교육행정 및 고등교육 전공)에서 공부하였으며, 대학원 연구조교를 거쳐 울산대학교 전임강사, 조교수, 부교수를 역임하였다.

미국 뉴욕대학교(NYU) Visiting Scholar와 아프리카 케냐의 케냐타대학교(Kenyatta University, Nairobi 소재) Visiting Professor로 있으면서 Faculty Evaluation System, Free Compulsory Education 등을 연구하였으며, 현재 울산대학교 교육대학원 교육학과 교수로서 학과장과 교육행정전공 주임교수를 맡고 있다.

연구보고서 및 저서로는 「대학원교육의 평가적 연구」(문교부 학술과제, 연구조교), 「한국 교육의 역사와 문화 재조명」(학지사, 공저), 「최신 교육행정 및 교육경영」(태영출판사, 공저) 등이 있으며, 연구적 관심사는 대학총장의 리더십, 대학교수의 스트레스와 적응, 교육개혁과 교사 스트레스 등이다.

장교수는 울산대학교에서 '심리학개론', '현대사회와 청년문화' 등의 교양강좌를 담당하였고, 학부 교직과정, 교육대학원 교육행정전공과정, 일반대학원 박사과정을 통해 교육학일반과 교육행정학 관련 강의를 진행하고 있다. 그는 학교 현장의 변화와 실생활과 관련된 풍부한 실례를 위주로 쉽고 명쾌하게 강의하는 '열정적 강의자'로 알려져 있다.

교육행정 및 교육경영의 이론과 실제 -개정판-

초판발행 2015년 9월 5일
개정3쇄 2020년 8월 30일

2020. 8.

저 자 이병환 · 장기풍
(책임)
발행인 김현태
발행처 태영출판사

주 소 (08371) 서울시 구로구 디지털로31길 90, 115-1601
전 화 02 · 839-3757, 839-3752
팩 스 02 · 837-3754
등 록 2005년 5월 30일 제12-421호
http://www.taeyeongbook.co.kr
E-mail tys2005@hanmail.net
ISBN 978-89-6302-228-4 93370
정 가 20,000원

* 잘못 만들어진 책은 교환해 드립니다.

NAVER
태영출판사